普通高等教育经济与管理类专业系列教材

管理运筹学

主　编　田世海
副主编　兰小春　黄永涛
参　编　田文婧　于　越
　　　　邓舒予　王　欢

机械工业出版社

本书依据现代管理运筹学理念，紧紧抓住管理运筹学的特点与发展趋势，全面、系统地阐述了管理运筹学的相关理论与操作方法。主要包括线性规划及单纯形法、线性规划的对偶问题、运输问题、整数规划、目标规划、动态规划、图与网络分析、存储论、无约束非线性规划、有约束非线性规划和排队论等内容。

本书不仅全面介绍了管理运筹学的基本理论，而且详尽介绍了这些理论的运用技巧，从我国经济管理类相关专业教学的实际出发，充分参考和借鉴国内外大量运筹学教材的优点，在学习并融会诸多运筹学课程优秀教师经验的基础上，精选内容，强调运筹学的应用，突出实践能力，详细介绍了如何使用 Excel 2021、LINGO 17 和 MATLAB 2018B 软件来完成模型的建立和最优化方案的求解，课后附有多种形式的练习题，以锻炼和提高学生分析、解决实际问题的能力。

本书可作为普通高等院校经济管理类相关专业本科生、研究生的教材，也可作为物流工程、工业工程等专业学生的参考用书，还可作为自学最优化方法的读者的辅助读物。

图书在版编目（CIP）数据

管理运筹学 / 田世海主编 . —北京：机械工业出版社，2023. 12（2025. 1 重印）
普通高等教育经济与管理类专业系列教材
ISBN 978-7-111-74545-7

Ⅰ. ①管…　Ⅱ. ①田…　Ⅲ. ①管理学-运筹学-高等学校-教材
Ⅳ. ①C931. 1

中国国家版本馆 CIP 数据核字（2024）第 032327 号

机械工业出版社（北京市百万庄大街 22 号　邮政编码 100037）
策划编辑：刘鑫佳　裴　泱　　责任编辑：刘鑫佳　裴　泱　李　乐
责任校对：曹若菲　牟丽英　　封面设计：张　静
责任印制：邓　博
北京盛通数码印刷有限公司印刷
2025 年 1 月第 1 版第 2 次印刷
184mm×260mm · 19. 5 印张 · 484 千字
标准书号：ISBN 978-7-111-74545-7
定价：59. 80 元

电话服务　　　　　　　　　网络服务
客服电话：010-88361066　　机　工　官　网：www. cmpbook. com
　　　　　010-88379833　　机　工　官　博：weibo. com/cmp1952
　　　　　010-68326294　　金　　书　　网：www. golden-book. com
封底无防伪标均为盗版　　机工教育服务网：www. cmpedu. com

前　言

运筹学是一门基础性的应用学科，主要研究系统最优化的问题，通过建立实际问题的数学模型并求解，为决策者进行决策提供科学依据。运筹学的英文名称是 Operations Research（美）或 Operational Research（英），缩写为 O. R.，直译是运作研究或作战研究，运筹学是 O. R. 的意译，取自西汉司马迁《史记·高祖本纪》“夫运筹策帷帐之中，决胜于千里之外”，具有运用筹划、出谋献策、以策略取胜等内涵。随着我国经济的发展和产业结构的调整与转型，现代企业将面临更加纷繁复杂的内外部环境，企业之间的竞争更趋激烈。要想在激烈的竞争中拔得头筹，企业必须重构全新的管理体系，特别是在人力、物资和资本等方面的优化。我国企业的发展急需一批既拥有较好的专业技术背景，又熟悉管理运筹技能的专业人才。正是在这种情况下，由一批多年从事管理运筹学一线教学的专业教师编写了本书。本书的主要特点表现在以下几个方面。

一是基于 OBE 理念对每章的教学目标重新设计。采用布鲁姆教育目标分类法，运用认识、知道、识别、辨认、学会和灵活应用等教育目标动词，对素养、知识和能力目标重新梳理，以便教学活动设计形成性评价与终结性评价的实现，更有效地达成各个教学目标，同时每章后又附有适当的习题，以使读者更好地掌握学习过的内容，加强对建立运筹学模型能力的训练。

二是注重管理运筹学的基本概念、理论和方法，避免复杂的数学论证。在本书的体系设计上，遵循突出重点、兼顾一般的原则。以各种实际问题为背景，引出运筹学各分支的基本概念、基本模型和基本方法，并且侧重各种方法及其应用。尽量避免较深的数学论证，对于复杂的运筹学算法，尽可能运用比较直观的手段和通俗的语言来说明其基本思想，并辅以较丰富的算例和实例来说明求解的步骤。

三是强调运筹学的应用，突出实践能力。使用 Excel、LINGO 和 MATLAB 软件已经成为国内外企业工作、学科竞赛和运筹学教学的一个明显的新趋势。运用功能强大的优化软件来完成模型的建立、求解最优化方案，不需要具备深厚的数学功底，注重培养运用运筹学理念解决实际管理问题的能力。将优化技术和管理进行有机结合，强调技能性和操作性，突出实践的特色。

四是融入课程思政元素。每章后面都精选了一段与现代管理运筹学有关的思政内容，加载相关视频资源二维码，通过介绍现代管理运筹学的重要发祥地“两弹一星”、无人驾驶、人工智能的“引擎”、乌东德水电站、北斗精神赋能照亮智慧城市、统筹谋划川藏路等内容，重温“两弹一星”的功勋伟绩，了解中国创造的世界之最，追寻中国共产党人的精神谱系，探索抗洪抗疫贡献的伟大力量，懂得大国工匠、大勇不惧，学习能运筹帷幄、决胜千里的“中国精神”。

本书编写大纲由田世海起草，并由全体参编人员多次讨论修改完善后确定。本书由田世海任主编，兰小春、黄永涛任副主编。具体编写分工如下：第1~5章由田世海编写，第6~8章由黄永涛编写，第9章由田文婧编写，第10~11章由兰小春编写，第12章由于越、邓舒予、王欢编写。

本书由黑龙江省高等学校教改工程项目“数据驱动下的运筹学精准教学模式与实施路径研究”（编号：SJGY20220323）、哈尔滨理工大学教学重点研究项目“信息管理与信息系统国家级一流本科专业建设点教学模式改革与创新”（编号：220210011）资助。

在本书的编写过程中，我们参阅了大量的管理运筹学方面的经典著作、教材和源码程序等，在这里向这些未曾谋面的文献资料的作者致以衷心的感谢和崇高的敬意。本书的编写力求准确，并有所创新，但由于编者水平有限，难免有错误和不当之处，恳请各位专家和其他读者不吝赐教，以便我们能够修正。

编　者

目　录

前　言

第 1 章　绪论 …… 1

1.1　运筹学发展简史 …… 1

1.2　中国历史上的运筹学思想 …… 2

1.3　运筹学的主要分支 …… 3

1.4　运筹学的应用 …… 4

扩展 …… 6

习题 1 …… 6

第 2 章　线性规划及单纯形法 …… 7

2.1　线性规划问题的提出与数学模型 …… 7

2.2　两个变量的图解法 …… 13

2.3　线性规划的标准形与各种解 …… 15

2.4　单纯形法原理 …… 19

2.5　单纯形法 …… 19

2.6　单纯形法的进一步讨论 …… 23

2.7　应用举例 …… 31

2.8　用 Excel、LINGO 和 MATLAB 求解线性规划问题 …… 33

扩展 …… 40

习题 2 …… 40

第 3 章　线性规划的对偶问题 …… 43

3.1　对偶问题的提出 …… 43

3.2　原问题与对偶问题的关系 …… 45

3.3　对偶问题的基本性质 …… 46

3.4　对偶单纯形法 …… 50

3.5　影子价格 …… 52

3.6　灵敏度分析 …… 53

3.7 参数规划 …… 59
3.8 用 Excel 和 LINGO 进行灵敏度分析 …… 61
扩展 …… 65
习题 3 …… 65
第 4 章 运输问题 …… 69
4.1 运输问题的数学模型及其特点 …… 69
4.2 表上作业法 …… 72
4.3 产销不平衡的运输问题 …… 78
4.4 转运问题 …… 83
4.5 运输问题的灵敏度分析 …… 85
4.6 用 Excel、LINGO 和 MATLAB 求解运输问题 …… 86
扩展 …… 89
习题 4 …… 89
第 5 章 整数规划 …… 93
5.1 整数规划问题及其数学模型 …… 94
5.2 分支定界法 …… 95
5.3 割平面法 …… 98
5.4 0-1 整数规划与隐枚举法 …… 101
5.5 指派问题与匈牙利法 …… 106
5.6 用 Excel、LINGO 和 MATLAB 求解整数规划问题 …… 110
扩展 …… 114
习题 5 …… 114
第 6 章 目标规划 …… 117
6.1 目标规划问题及其数学模型 …… 117
6.2 目标规划的解法 …… 121
6.3 目标规划的灵敏度分析 …… 125
6.4 用 Excel、LINGO 和 MATLAB 求解目标规划问题 …… 131
扩展 …… 137
习题 6 …… 138
第 7 章 动态规划 …… 141
7.1 多阶段决策问题 …… 141
7.2 动态规划的基本概念及最优化原理 …… 141
7.3 动态规划的应用 …… 145
7.4 用 Excel、LINGO 和 MATLAB 求解动态规划问题 …… 158

扩展…… 161
习题 7 …… 161
第 8 章 图与网络分析 …… 164
8.1 图的基本概念 …… 164
8.2 树 …… 166
8.3 最短路问题 …… 170
8.4 最大流最小割 …… 173
8.5 最小费用最大流问题 …… 177
8.6 用 Excel、LINGO 和 MATLAB 求解图与网络问题 …… 178
扩展…… 182
习题 8 …… 183
第 9 章 存储论 …… 186
9.1 基本概念 …… 186
9.2 定性存储模型 …… 188
9.3 随机性存储模型 …… 200
9.4 用 Excel 和 LINGO 求解存储问题 …… 209
扩展…… 213
习题 9 …… 213
第 10 章 无约束非线性规划 …… 215
10.1 基本概念…… 216
10.2 凸函数与凸规划…… 222
10.3 一维搜索…… 228
10.4 梯度法与共轭梯度法…… 239
10.5 用 Excel、LINGO 和 MATLAB 求解无约束非线性规划问题 …… 245
扩展…… 248
习题 10 …… 248
第 11 章 有约束非线性规划 …… 250
11.1 基本概念…… 250
11.2 最优性条件（基本定理） …… 251
11.3 特殊非线性规划…… 256
11.4 制约函数法…… 260
11.5 用 Excel、LINGO 和 MATLAB 求解有约束非线性规划问题 …… 267
扩展…… 270
习题 11 …… 271

第 12 章　排队论 ………………………………………………………… 273
12.1　排队论的基本概念与模型 ………………………………………… 273
12.2　排队模型及其分类 ………………………………………………… 278
12.3　单服务台负指数分布排队系统的分析 …………………………… 280
12.4　多服务台负指数分布排队系统的分析 …………………………… 290
12.5　排队系统最优化问题 ……………………………………………… 296
12.6　用 Excel 和 LINGO 求解排队论问题 …………………………… 299
扩展 ……………………………………………………………………… 301
习题 12 …………………………………………………………………… 301
参考文献 ……………………………………………………………… 304

第 1 章 绪论

教学目标:

通过本章的学习，认识运筹学发展简史，知道运筹学内涵，能识别中国古代运筹学思想，描述运筹学主要分支，说明我国运筹学的应用现状及工业工程诺贝尔奖。

1.1 运筹学发展简史

运筹学（Operations Research，O. R.）是20世纪40年代第二次世界大战期间由于战争的需要发展起来的一门学科。战争结束以后，逐步形成了学科理论体系，由于运筹学涉及的主要领域是管理问题，研究的基本手段是建立数学模型，并比较多地运用各种数学工具。从这点出发，有人将运筹学称作“管理数学”。1957年我国从“夫运筹策帷帐之中，决胜于千里之外”（见《史记·高祖本纪》）这句古语中摘取“运筹”二字，将O. R. 正式译作运筹学，包含运用筹划、以策略取胜之义，比较恰当地反映了这门学科的性质和内涵。

作为一门应用科学，运筹学至今还没有统一的定义。以下给出运筹学的两种主要释义：一是《大英百科全书》释义，“运筹学是一门应用于管理有组织系统的科学”，“运筹学为掌管这类系统的人提供决策支持和数量分析的工具”。二是《中国企业管理百科全书》（1984年版）中的释义，“运筹学应用分析、试验、量化的方法，对经济管理系统中人、财、物等有限资源进行统筹安排，为决策者提供有依据的最优方案，以实现最有效的管理”。当然除了管理领域外，其他社会、经济和军事等领域也可以应用运筹学来预测发展趋势，制订行动计划或优选可行方案，因此本书取名“管理运筹学”以示区别。

1.1.1 创建时期（1940—1950）

此阶段的特点是从事运筹学研究的人数不多，范围较小，运筹学的出版物、学会等寥寥无几。1942年，英国、美国对德国作战，研制了雷达、深水炸弹等新型武器，但新武器的使用远远落后于其武器的先进性，不能有效阻击敌军。海上商船常遭德国潜艇袭击，因此物理学家布莱克特（Blackett）组织11人运筹学小组研究“防空袭问题”，即雷达站的信息以及雷达站同整个防空作战系统的协调问题。

最早英国一些战时从事运筹学研究的人积极讨论如何将运筹学方法应用于民用部门，于1948年成立了运筹学俱乐部，在煤炭、电力等部门推广应用运筹学取得一些进展。1948年，美国麻省理工学院把运筹学作为一门课程。1950年，英国伯明翰大学正式开设运筹学课程。1952年，美国卡斯工业大学设立了运筹学的硕士和博士学位。1950年，第一本运筹学杂志《运筹学季刊》（O. R. Quarterly）于英国创刊，第一个运筹学会——美国运筹学会于1952年成立，并于同年出版《运筹学学报》（Journal of ORSA）。1947 年，丹齐格（Dantzig）在研究美国空军资源的优化配置时提出了线性规划及其通用解法——单纯形法。20 世纪 50 年代初用电子计算机求解线性规划获得成功。1951 年，莫尔斯（Morse）和金博尔（Kimball）合著的《运筹学方法》一书正式出版。所有这些，标志着运筹学这门学科基本形成。

1.1.2 成长时期（1950—1960）

此阶段的一个特点是计算机技术迅速发展，使得运筹学中一些方法（单纯形法、动态规划方法等）得以用来解决实际管理系统中的优化问题，促进了运筹学的推广应用。20 世纪 50 年代末，美国大约有半数的大公司在自己的经营管理中应用运筹学，如用于制定生产计划、物资储备、资源分配、设备更新等方面的决策。另一个特点是有更多刊物、学会出现。从 1956 年到 1959 年，就有法国、印度、日本、荷兰、比利时等 10 个国家成立运筹学学会，又有 6 种运筹学刊物问世。1957 年，第一次国际运筹学会议在英国牛津大学召开，以后每 3 年举行一次。1959 年，国际运筹学联合会（International Federation of Operational Research Societies，IFORS）成立。

我国第一个运筹学小组于 1956 年在中国科学院力学研究所成立，1958 年建立了运筹学研究室。世界各地均成立研究中心。同时，计算机技术的发展使运筹学得到相应的发展。

1.1.3 普及和迅速发展的时期（1960 年至今）

此阶段的特点是运筹学进一步细分为各个分支，专业学术团体迅速增多、更多期刊创办、运筹学书籍大量出版，以及更多学校将运筹学课程纳入教学计划之中。第三代数字计算机的出现，促使运筹学得以用来研究一些大的复杂系统，如城市交通、环境污染、国民经济计划等。

1980 年 4 月，中国运筹学学会成立。在农林、交通运输、建筑、机械、冶金、石油化工、水利、邮电、纺织等部门，运筹学的方法已开始得到应用推广。除中国运筹学学会外，中国系统工程学学会以及与国民经济各部门有关的专业学会，也都把运筹学应用作为重要的研究领域。我国各高等院校，特别是各经济管理类专业中已普遍把运筹学作为一门专业的主干课程列入教学计划之中。中国对运筹学的理论研究达世界水平，但应用还很落后。

1.2 中国历史上的运筹学思想

1.2.1 田忌赛马

齐王要与大臣田忌赛马，双方各出上、中、下马各一匹，对局三次，输者每输一次要付给胜者黄金一千两。如果按同等级的马比赛，齐王可获全胜，但田忌在著名的军事谋略家孙膑的指导下，以下马对齐王的上马，以上马对齐王的中马，以中马对齐王的下马，结果田忌反以二比一获胜，最终净胜一局，赢得一千两黄金。

1.2.2 丁谓修皇宫

北宋年间，皇宫因火焚毁，由丁谓主持修复工作。他的施工方案是：先将皇宫前的一条大街挖成一条大沟，将大沟与汴水相通；使用挖出的土就地制砖，令与汴水相连形成的河道承担繁重的运输任务。修复工程完成后，实施大沟排水，并将原废墟回填，修复成原来的大街，做到减少和方便运输，加快了工程进度。丁谓将取材、生产、运输及废墟的处理用“一沟三用”巧妙地解决了。

1.2.3 都江堰水利工程

都江堰水利工程是战国时期（约公元前256年）蜀郡太守李冰父子主持修建的。其目标是：利用岷江上游的水资源灌溉川西平原，追求的效益还有防洪与航运。其总体构思是系统思想的杰出运用。都江堰由三大工程及120多项配套工程组成：①“鱼嘴”岷江分水工程，将岷江水有控制地引入内江；②“飞沙堰”分洪排沙工程，将泥沙排入外江；③“宝瓶口”引水工程，将除沙后的江水引入水网干道。它们巧妙结合，完整而严密，相得益彰。两千多年来，这项工程一直发挥着巨大的效益，是非常成功的水利工程。

1.3 运筹学的主要分支

运筹学具有科学性、实践性、系统性和综合性的特征，与许多学科领域、各种有关因素有着横向和纵向的联系，按所解决问题性质的差别，将实际的问题归结为不同类型的数学模型。这些不同类型的数学模型构成了运筹学的各个分支。

（1）线性规划。线性规划（linear programming）研究的是企业经营管理中如何有效地利用现有人力物力完成更多的任务，或在预定的任务目标下，如何耗用最少的人力物力去实现。这类问题的目标用变量的函数形式表示（称为目标函数），对问题的限制条件用有关变量的等式或不等式表达（称为约束条件）。当变量连续取值，且目标函数和约束条件均为线性时，称这类模型为线性规划模型。线性规划是运筹学中应用最为广泛的一个分支。典型问题有运输问题、生产计划问题、下料问题、混合配料问题等。

（2）非线性规划。如果线性规划模型中目标函数或约束条件不全是线性的，对这类模型的研究构成非线性规划（nonlinear programming）。由于大多数工程物理量的表达式是非线性的，因此非线性规划在各类工程的优化设计中得到较多应用，是优化设计的有力工具。

（3）动态规划。动态规划（dynamic programming）是研究多阶段决策过程最优化的运筹学分支。动态规划是研究一个多阶段决策过程总体优化的问题，即从系统总体出发，要求各阶段决策所构成的决策序列使目标函数值达到最优。

（4）图与网络分析（graph theory and network analysis）。生产管理中经常碰到工序间的合理衔接搭配问题，设计中经常碰到研究各种管道、线路的通过能力以及仓库、附属设施的布局等问题。运筹学中把一些研究对象用节点表示，对象之间的联系用连线（边）表示，用点、边的集合构成图。图论是研究由节点和边所组成图形的数学理论和方法。网络分析还包括利用网络图形来描述一项工程中各项作业的进度和结构关系，以便对工程进度进行优化控制。

（5）存储论。存储论（inventory theory）是一种研究最优存储策略的理论和方法。存储论为了保证企业生产正常进行，需要一定数量材料和物资的储备，以调节供需之间的不平衡，研究在各种供应和需求条件下，应当在什么时间，提出多大的订货批量来补充储备，使得用于采购、存储和可能发生短缺的费用损失总和最小等问题。

(6) 排队论。排队论（queuing theory）是一种研究排队服务系统工作过程优化的数学理论和方法。在这类系统中，服务对象何时到达以及系统对每个对象的服务时间是随机的。排队论通过找出这类系统工作特征的数值，为设计新的服务系统和改进现有系统提供数量依据。工业企业生产中多台设备的看管、机修服务等都属于这类服务系统。

(7) 对策论。对策论（game theory）是一种用来研究具有对抗性局势的模型。为局中人在高度不确定和充满竞争的环境中，提供一套完整的、定量化和程序化的选择策略的理论和方法。对策论已应用于商品、消费者、生产者之间的供求平衡分析，利益集团间的协商和谈判，以及军事上各种作战模型的研究等。

(8) 决策论。决策论（decision theory）中决策是指为最优地达到目标，依据一定准则，对若干备选行动方案进行的抉择。决策论是对整个决策过程中涉及方案目标选取、度量、概率值确定、效用值计算，一直到最优方案和策略选取的有关科学理论。

1.4 运筹学的应用

运筹学的早期应用主要是在军事领域，第二次世界大战后运筹学的应用才转向民用。经过几十年的发展，运筹学的应用已经深入社会、政治、经济、军事、科学、技术等各个领域，对各领域的发展发挥了巨大作用。这里选择几个管理方面的应用给予简单介绍。

(1) 生产运作。生产总体计划要求从总体确定生产、存储和劳动力的配合规划，以适应波动的需求计划。运筹学的应用主要在生产作业计划、日程表编排、合理下料、配料问题、物料管理等方面。

(2) 库存管理。运筹学在库存管理中的应用包括多种物资库存的系统组织与安排管理，确定某些设备的能力或容量，如停车场的大小、新增发电设备的容量、计算机的内存量、合理的水库容量等。将库存理论与计算机的物资管理信息系统相结合，可以确定合理的库存方式、计算最佳的库存量等。

(3) 运输问题。运筹学在运输问题中的应用涉及空运、水运、公路运输、铁路运输、管道运输、厂内运输等。常常涉及班次和人员服务时间安排等，需要确定最小成本的运输线路、物资的调拨、运输工具的调度等。

(4) 组织人事管理。运筹学在组织人事管理中的应用包括对人员的需求和使用方面的预测，确定人员编制、人员合理分配，建立人才评价体系、人才开发的规划、激励机制的研究等。

(5) 市场营销。运筹学在市场营销中的应用包括广告预算、媒介选择、产品定价、新产品的引入和开发、销售计划制订、市场模拟研究等。

(6) 财务管理和会计。运筹学在财务管理和会计中的应用包括各经济项目的预测、预算、贷款、成本分析、证券管理、现金管理等。常使用的方法有统计分析、数学规划、决策分析、盈亏点分析法、价值分析法等。

(7) 计算机应用和信息系统开发。运筹学中的数学规划方法、网络图论、排队论、存储论、模拟与仿真方法等对其均起到巨大作用。

（8）城市管理。运筹学在城市管理中的应用包括各种紧急服务系统的设计和运用，城市垃圾的清扫、搬运和处理，城市供水和污水处理系统的规划，区域规划，市区交通网络的规划与管理等。

此外，运筹学还成功地应用于设备更新、系统可靠性分析、工程优化设计以及城市应急服务系统的设计与管理上。国际运筹学与管理科学学会（INFORMS）及其下属的管理科学实践学会主持评定的弗兰兹·厄德曼（Franz Edelman）奖是全球运筹和管理科学界的最高奖项，素有工业工程界“诺贝尔”奖之称。从1972年开始，该奖授予全世界年度运筹学在管理中的最佳应用。该奖每年评选一次，一般有6位优胜者进入决赛，获奖项目可在INFORMS官网上查询。表1-1列出了近几年的部分优胜者项目。

表1-1 近几年的部分优胜者项目

时间	组 织	应 用	效 果
2017年	假期退休	改善美国300多个高级生活社区的定价模式（获奖）	年收入约达10亿美元，实现同时为每个社区的每个单元提供最优定价
2018年	美国联邦通信委员会（FCC）	针对无线服务的爆炸性增长而开发的世界首个双面“激励拍卖”体系，分布式优化无线频谱的拍卖流程（获奖）	无线频谱供应商产生了近200亿美元营收，电视广播公司获得了超过100亿美元的营收，减少了73亿美元美国联邦财政赤字
2018年	中石油	运输管道优化项目，优化了天然气的生产、运输、储存和销售的决策问题（入围）	自2014年实施以来，兼容了快速求解优化模型的软件帮助中石油实现了大约5.3亿美元的直接节省开支和额外收入
2019年	加拿大工程服务公司德照科技	历史上第一次由高科技进行污水处理，改善下水网络布局，解决城市水资源管理的顽疾，缓解不合理管道布局对Beargrass溪与俄亥俄河的污染（获奖）	为路易维尔节省逾2亿美元
2021年	京东	无人仓调度算法应用，中国供应链领域首次入围，引领全球供应链基础设施数智化升级（入围）	帮助京东仓储效率提升5倍以上，将平均存储成本降低50%，2020年全年净收入为7458亿元人民币，同比增长29.3%
2021年	阿里巴巴	菜鸟智能路径规划算法，可以在小于0.01s的时间内得到最优解98%~99%的最优性（入围）	菜鸟智能路径规划算法自2018年开始已率先打破60余项VRPTW和PDPTW计算模型的世界纪录
2022年	阿里巴巴	数字供应链，集成预测、库存、价格推荐的优化决策算法，成功实现了全自动订货和全自动打折出清与流量调控（入围）	通过大数据与运筹模型，有效降低生鲜农产品的损耗和缺货率。到2021年1—9月，生鲜电商交易额超2300亿元人民币
2022年	智利政府、卫生部和科学、知识与创新部	利用运筹学改进对COVID-19大流行的应对策略（获奖）	保守估计挽救了2800多条生命，为国家节省超2亿美元，避免超6.5万多例新冠肺炎感染病例

【扩展】

“两弹一星”功勋科学家：钱学森

“两弹一星”精神

“两弹一星”现代管理运筹学的重要发祥地

作为中国两弹元勋第一人的钱学森，是把运筹学最先引入我国的人[25]。“两弹一星”这种大科学大技术是现代管理运筹学的重要发祥地，在中国更是第一发祥地。

“两弹一星”具体子系统的研究进程、资源分配、质量可靠性和试验可靠性等微观计算，都用到了运筹学，通过长期实践，微观上的管理成果，包括大量的软科学、软技术，上升到宏观理论层面，提炼出具有中国特色的航天系统工程理论，最终影响了国家对“两弹一星”工程管理的科学化进程。尤其是系统科学理论，在科学统筹导弹、原子弹和卫星研制力量，整体规划研发机构方面，起到了决定成败的关键作用。

习题 1

1.1 判断对错。

(1) 运筹学作为一门科学正式诞生于 20 世纪 40 年代。 ( )

(2) 运筹学在英国一般被译作 Operational Research。 ( )

(3) 田忌赛马属于决策论部分的内容。 ( )

(4) 运筹学是一门以决策支持为目标的学科。 ( )

(5) 第一次世界大战大量新式武器的使用，促进了现代运筹学的诞生。 ( )

1.2 试举例说明管理运筹学的具体应用。

1.3 运筹学的主要分支有哪些？

第 2 章 线性规划及单纯形法

教学目标：

通过本章的学习，能够辨认线性规划问题，学会建立线性规划模型，知道线性规划的含义，能熟练运用两个变量的图解法、非标准形线性规划问题的标准化、线性规划的多解分析及单纯形法的原理及计算步骤进行优化分析和计算，能灵活应用线性规划软件建模和求解。

2.1 线性规划问题的提出与数学模型

2.1.1 线性规划问题的提出

在实践中，根据实际问题的要求，通常可以建立线性规划问题的数学模型。线性规划是研究在线性不等式以及等式的约束条件下，使得某一线性目标函数取得最大（或最小）的极值问题。下面我们通过具体例子来介绍线性规划的数学模型。

例 2-1 生产计划问题：

假设某工厂要根据拥有的资源和设备，计划生产甲、乙两种产品。其主要资源有钢材 4t，铜材 3t。专用设备能力 8 千台时。资源与设备能力的消耗定额及单位产品所获利润如表 2-1 所示。问如何安排生产，才能使该厂获得的利润最大？

表 2-1 生产计划问题的数据表

项　目		产　品		现有资源的限制
		甲	乙	
单位产品资源消耗	钢材	1t	0	4t
	铜材	0	1t	3t
	设备能力	1 千台时	2 千台时	8 千台时
单位产品的利润		2 万元	2 万元	

解：假设甲、乙两种产品的计划生产量分别为 x_1 和 x_2，总利润为 f，那么我们的任务就是求变量 x_1 和 x_2 的值为多少时，才能使总利润 $f=2x_1+2x_2$ 最大。根据题意，我们知道两种产品的生产受到下列条件的限制：生产甲、乙两种产品所用钢材的总量不能超过现有的钢材量，得不等式 $x_1+0x_2\leqslant 4$；生产甲、乙两种产品所用铜材的总量不能超过现有的铜材量，得不等式 $0x_1+x_2\leqslant 3$；生产甲、乙两种产品所用的设备总能力不能超过现有设备能力，得不等式 $x_1+2x_2\leqslant 8$。综上所述，在加工时间和利润与产品产量呈线性关系的假设下，考虑到甲、乙两种产品的生产量不能为负数，即 $x_1,x_2\geqslant 0$。最优方案写成线性规划的数学模型为

$$\max f=2x_1+2x_2 \qquad \text{目标函数}$$

$$\text{s.t.}\begin{cases} x_1 \leqslant 4 \\ x_2 \leqslant 3 \qquad \text{约束条件} \\ x_1+2x_2 \leqslant 8 \\ x_1,\ x_2 \geqslant 0, \qquad \text{且为整数} \end{cases}$$

这是一个典型的利润最大化的生产计划问题。其中“max”是 maximize 的缩写，表示最大化的含义；“s. t.”是 subject to 的缩写，表示“满足于或受制于……”。上述模型的含义是：在给定的限制条件下，求使得目标函数达到最大时决策变量（x_1,x_2）的取值。同理可以推广为：某工厂要根据拥有的 m 种资源和设备，计划生产 n 种产品，其主要资源与设备能力的消耗定额及单位产品所获利润如表 2-2 所示。问如何安排生产，才能使该厂获得的利润最大？

表 2-2　利润表

项　目		产　品				现有资源的限制
		B_1	B_2	…	B_n	
单位产品资源消耗	A_1	a_{11}	a_{12}	…	a_{1n}	b_1
	A_2	a_{21}	a_{22}	…	a_{2n}	b_2
	⋮	⋮	⋮	…	⋮	⋮
	A_m	a_{m1}	a_{m2}	…	a_{mn}	b_m
单位产品的利润		c_1	c_2	…	c_n	

线性规划的数学模型为

$$\max f=c_1x_1+c_2x_2+\cdots+c_nx_n$$

$$\text{s.t.}\begin{cases} a_{11}x_1+a_{12}x_2+\cdots+a_{1n}x_n \leqslant b_1 \\ a_{21}x_1+a_{22}x_2+\cdots+a_{2n}x_n \leqslant b_2 \\ \quad\vdots \\ a_{m1}x_1+a_{m2}x_2+\cdots+a_{mn}x_n \leqslant b_m \\ x_1,x_2,\cdots,x_n \geqslant 0 \end{cases}$$

令 $\boldsymbol{A}=\begin{pmatrix} a_{11} & a_{12} & \cdots & a_{1n} \\ a_{21} & a_{22} & \cdots & a_{2n} \\ \vdots & \vdots & & \vdots \\ a_{m1} & a_{m2} & \cdots & a_{mn} \end{pmatrix}$，$\boldsymbol{x}=\begin{pmatrix} x_1 \\ x_2 \\ \vdots \\ x_n \end{pmatrix}=(x_1,x_2,\cdots,x_n)^{\mathrm{T}}$，$\boldsymbol{c}=(c_1,\ c_2,\ \cdots,\ c_n)$，

$\boldsymbol{b}=(b_1,b_2,\cdots,b_m)^{\mathrm{T}}$，则模型的矩阵形式为

$$\max f=\boldsymbol{cx}$$

$$\text{s.t.}\begin{cases} \boldsymbol{Ax} \leqslant \boldsymbol{b} \\ \boldsymbol{x} \geqslant \boldsymbol{0} \end{cases}$$

若 $\boldsymbol{A}=(\boldsymbol{p}_1,\boldsymbol{p}_2,\cdots,\boldsymbol{p}_n)$，其中 $\boldsymbol{p}_j=(a_{1j},a_{2j},\cdots,a_{mj})^{\mathrm{T}}(j=1,2,\cdots,n)$ 是 x_j 列的系数，则模型的向量矩阵形式为

$$\max f = \sum_{j=1}^{n} c_j x_j$$

$$\text{s. t.} \begin{cases} \sum_{j=1}^{n} \boldsymbol{p}_j x_j \leqslant \boldsymbol{b} \\ x_j \geqslant 0 (j = 1,2,\cdots,n) \end{cases}$$

若$\boldsymbol{A}=(\boldsymbol{A}_1,\boldsymbol{A}_2,\cdots,\boldsymbol{A}_m)^{\mathrm{T}}$，其中$\boldsymbol{A}_i=(a_{i1},a_{i2},\cdots,a_{in})(i=1,2,\cdots,m)$是$x_i$行的系数，则模型的分块矩阵形式为

$$\max f=\boldsymbol{cx}$$

$$\text{s. t.} \begin{cases} \boldsymbol{A}_i\boldsymbol{x}\leqslant b_i(i=1,2,\cdots,m) \\ \boldsymbol{x}\geqslant\boldsymbol{0} \end{cases}$$

例 2-2　产销平衡的运输问题：

设有两个产地A_1，A_2生产某种物资，三个销地B_1，B_2，B_3需要该种物资，各产地的产量和销地的销量以及产地运往销地的单位运价如表2-3所示。问：如何调运，才能使总运费最少？

表 2-3　运价表

项目		销地			产量
		B_1	B_2	B_3	
产地	A_1	2	3	1	4
	A_2	4	2	5	6
销量		3	4	3	

解：设x_{ij}（$i=1,2$；$j=1,2,3$）表示从A_i产地运往B_j销地的运量，如表2-4所示，f为总运费，则问题就转化为求一组变量x_{11}，x_{12}，x_{13}，x_{21}，x_{22}，x_{23}的值，使总的运费

$$f=2x_{11}+3x_{12}+1x_{13}+4x_{21}+2x_{22}+5x_{23}$$

为最小，且满足如下条件：

（1）从A_i（$i=1,2$）运到B_j（$j=1,2,3$）的物资数量之和应等于A_i的产量，即

$$x_{11}+x_{12}+x_{13}=4;\ x_{21}+x_{22}+x_{23}=6$$

（2）在B_j（$j=1,2,3$）收到A_i（$i=1,2$）的物资数量之和应等于B_j的销量，即

$$x_{11}+x_{21}=3;\ x_{12}+x_{22}=4;\ x_{13}+x_{23}=3$$

（3）在不允许倒运的条件下，运量必须非负，即$x_{ij}\geqslant 0$（$i=1,2$；$j=1,2,3$）。

表 2-4　运量表

项目		销地			产量
		B_1	B_2	B_3	
产地	A_1	x_{11}	x_{12}	x_{13}	4
	A_2	x_{21}	x_{22}	x_{23}	6
销量		3	4	3	

建模为

$$\min f=2x_{11}+3x_{12}+1x_{13}+4x_{21}+2x_{22}+5x_{23}$$

$$\text{s. t.}\begin{cases}x_{11}+x_{12}+x_{13}=4\\x_{21}+x_{22}+x_{23}=6\\x_{11}+x_{21}=3\\x_{12}+x_{22}=4\\x_{13}+x_{23}=3\\x_{ij}\geqslant 0(i=1,2;j=1,2,3)\end{cases}$$

将上述运输问题推广到一般形式，如表 2-5 所示，其中：a_i为产地A_i的产量，$i=1,2,\cdots,m$；b_j为销地B_j的销量，$j=1,2,\cdots,n$；c_{ij}为A_i产地运往B_j销地的单位运价（元/t）$i=1,2,\cdots,m$；$j=1,2,\cdots,n$。问题是如何调运，才能使总运费最小？

表 2-5 运价表

项目		销地				产量
		B_1	B_2	…	B_n	
产地	A_1	c_{11}	c_{12}	…	c_{1n}	a_1
	A_2	c_{21}	c_{22}	…	c_{2n}	a_2
	⋮	⋮	⋮	…	⋮	⋮
	A_m	c_{m1}	c_{m2}	…	c_{mn}	a_m
销量		b_1	b_2	…	b_n	

解：设 x_{ij}（$i=1,2,\cdots,m$；$j=1,2,\cdots,n$）表示从A_i产地运往B_j销地的运量，f为总运费，写成线性规划的数学模型为

$$\min f=\sum_{i=1}^{m}\sum_{j=1}^{n}c_{ij}x_{ij}$$

$$\text{s. t.}\begin{cases}\sum\limits_{j=1}^{n}x_{ij}=a_i(i=1,2,\cdots,m)\\\sum\limits_{i=1}^{m}x_{ij}=b_j(j=1,2,\cdots,n)\\x_{ij}\geqslant 0(i=1,2,\cdots,m;j=1,2,\cdots,n)\end{cases}$$

产地A_i运到所有销地的总和应等于A_i的产量a_i；各个运到销地B_j的总和应等于B_j的销量b_j；同时调运量不能为负值。

例 2-3 配料问题（营养食谱问题）：

设有菜、肉、蛋三种食品，每斤食品所含营养成分及市场价格如表 2-6 所示。问：如何采购才能在满足营养的前提下，使所花的总费用最少？

表 2-6 三种食品所含营养成分及市场价格

项目		原料			需求量
		菜	肉	蛋	
成分	维生素 A	a_{11}	a_{12}	a_{13}	b_1
	维生素 B	a_{21}	a_{22}	a_{23}	b_2
	维生素 C	a_{31}	a_{32}	a_{33}	b_3
单价		c_1	c_2	c_3	

解：设购置菜、肉、蛋的数量分别为 x_1，x_2，x_3，建模

$$\min f = \sum_{j=1}^{3} c_j x_j$$

$$\text{s.t.} \begin{cases} \sum_{j=1}^{3} a_{ij} x_j \geqslant b_i (i = 1,2,3) \\ x_j \geqslant 0 (j = 1,2,3) \end{cases}$$

例 2-4 合理下料问题：

某钢筋车间现用的原材料是长度 10m 的钢筋（直径相同），需要制作一批长度为 3m 的钢筋 90 根，长度为 4m 的钢筋 60 根，问怎样下料既满足需要，又使原材料最少？

解：根据题意，可有如下三种下料方式：①截成 3m 的 3 根；②截成 3m 的 2 根，4m 的 1 根；③截成 4m 的 2 根。设三种下料方式 B_1、B_2、B_3分别用原材料（10m）x_1，x_2，x_3根，如表 2-7 所示。

表 2-7 下料方式表

项目		下料方式			需求量
		B_1	B_2	B_3	
零件名称	3m 钢筋	3	2	0	90
	4m 钢筋	0	1	2	60
余料		1	0	2	

可转化成下面的线性规划问题：

$$\min f = \sum_{j=1}^{3} x_j$$

$$\text{s.t.} \begin{cases} 3x_1 + 2x_2 \geqslant 90 \\ x_2 + 2x_3 \geqslant 60 \\ x_j \geqslant 0, \text{且为整数} (j = 1,2,3) \end{cases}$$

上述问题的一般形式如表 2-8 所示。

表 2-8 例 2-4 的一般形式

零件名称	下料方式				零件需要量
	B_1	B_2	…	B_n	
A_1	c_{11}	c_{12}	…	c_{1n}	a_1
A_2	c_{21}	c_{22}	…	c_{2n}	a_2
⋮	⋮	⋮		⋮	⋮
A_m	c_{m1}	c_{m2}	…	c_{mn}	a_m

解：设 x_j（$j=1,2,\cdots,n$）表示为 B_j（$j=1,2,\cdots,n$）种下料方式所用原材料的数量，f 为总根数，写成线性规划的数学模型为

$$\min f=\sum_{j=1}^{n}x_j$$

$$\text{s. t.}\begin{cases}\sum_{j=1}^{n}c_{ij}x_j\geqslant a_i(i=1,2,\cdots,m)\\x_j\geqslant 0,\text{且为整数}(j=1,2,\cdots,n)\end{cases}$$

2.1.2 线性规划问题的一般形式

从上述例子看到规划问题的数学模型包含三个组成要素：①决策变量，指决策者为实现规划目标采取的方案和措施，是问题中要确定的未知量；②目标函数，指问题要达到的目的要求，表示为决策变量的函数；③约束条件，指决策变量取值时受到的各种可用资源的限制，表示为含决策变量的等式或不等式。如果在规划问题的数学模型中，决策变量为可控的连续变量，目标函数和约束条件都是线性的，这类模型称作线性规划问题的数学模型。一般线性规划问题的数学模型可表示为以下几种形式：

$$\max(\min)f=c_1x_1+c_2x_2+\cdots+c_nx_n$$

$$\text{s. t.}\begin{cases}a_{11}x_1+a_{12}x_2+\cdots+a_{1n}x_n\leqslant(\text{或}=,\geqslant)b_1\\a_{21}x_1+a_{22}x_2+\cdots+a_{2n}x_n\leqslant(\text{或}=,\geqslant)b_2\\\qquad\vdots\\a_{m1}x_1+a_{m2}x_2+\cdots+a_{mn}x_n\leqslant(\text{或}=,\geqslant)b_m\\x_1,x_2,\cdots,x_n\geqslant 0\end{cases}$$

简记为

$$\max(\min)f=\sum_{j=1}^{n}c_jx_j$$

$$\text{s. t.}\begin{cases}\sum_{j=1}^{n}a_{ij}x_j\leqslant(\text{或}=,\geqslant)b_i(i=1,2,\cdots,m)\\x_j\geqslant 0(j=1,2,\cdots,n)\end{cases}$$

写成矩阵的形式：

$$\max(\min) f=\boldsymbol{CX}$$
$$\text{s.t.}\begin{cases}\boldsymbol{AX}\leqslant(\text{或}=,\geqslant)\boldsymbol{b}\\ \boldsymbol{X}\geqslant 0\end{cases}$$

2.2　两个变量的图解法

2.2.1　图解法的基本步骤

图解法存在缺陷，只能对两个变量求解，但它可提供一些思路，并且简单、直观，可看出线性规划的可行解、最优解的情况。我们用例子说明当变量个数为 2 时图解法的过程。

例 2-5　用图解法求其最大值：

$$\max f=2x_1+2x_2$$
$$\text{s.t.}\begin{cases}x_1 \leqslant 4\\ x_2\leqslant 3\\ x_1+2x_2\leqslant 8\\ x_1,x_2\geqslant 0\end{cases}$$

解：对于上述具有两个变量的线性规划问题，我们可以在直角坐标系中进行求解。

（1）建立 Ox_1x_2 直角坐标系。

（2）求满足线性规划问题约束条件的可行域，首先考虑约束条件 $x_1\leqslant 4$ 在直角坐标系中等式 $x_1=4$ 这条直线的左侧，类似地，$x_2\leqslant 3$ 在直角坐标系中等式 $x_2=3$ 所确定直线的下侧；同样地，$x_1+2x_2\leqslant 8$：在直角坐标系中等式 $x_1+2x_2=8$ 所确定直线的左下侧；又 x_1，$x_2\geqslant 0$ 在第一象限内，所以凸多边形 *OABCD* 为可行域，如图 2-1 中的阴影部分。

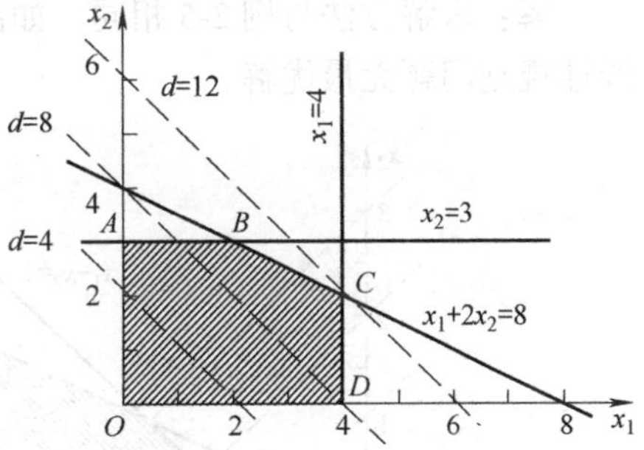

图 2-1　例 2-5 用图

（3）求目标函数的最优解，要求目标函数 $f=2x_1+2x_2$ 达到最大值的点。考虑以常数 d 为参数的直线 f_d：$2x_1+2x_2=d$。对不同的 d 值，在直角坐标系的平面上可描绘出一组平行线。因此，可以根据 d 的不同取值，通过观察即可直接判断目标函数的变化趋势，进而获得目标函数的最优解：①d 取不同的值 4，8，即令目标函数 $x_1+2x_2=d=4$ 或 8（常数）；②平行移动上述直线，方向按法线方向（高度增加方向），到 $C(4,2)$ 点止，最优解为 $x_1=4$，$x_2=2$；最优值为 12；若求最小，则直线按法线反方向移动。

例 2-6　若目标函数变为 $\max f=x_1+2x_2$，其中 x_1 和 x_2 的系数与第三个约束条件变量系数相同将是什么结果？

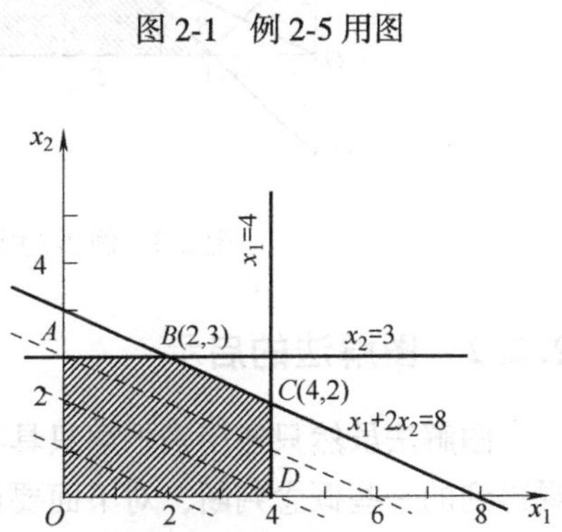

图 2-2　例 2-6 用图

解：求解方法与例 2-5 相同，先建立直角坐标系，然后求满足线性规划问题约束条件的可行域，之后求目标函数最优解，如图 2-2 所示。点 $B(2,3)$、点

$C(4,2)$、中间点$(3,2.5)$最优值都是 8。

所以，只要有两个最优解，两个顶点连线都是最优解，即无穷多最优解，不可能有有限多个最优解。

例 2-7 用图解法求下列线性规划的最优值：

$$\max f=2x_1+2x_2$$

$$\text{s. t.}\begin{cases}x_1-x_2\geqslant 1\\ x_1-2x_2\geqslant 0\\ x_1,x_2\geqslant 0\end{cases}$$

解：求解方法与例 2-5 相同，先建立直角坐标系，然后求满足线性规划问题约束条件的可行域，之后求目标函数的最优解。如图 2-3 所示。$x_1-x_2\geqslant 1$ 在直角坐标系中等式 $x_1-x_2=1$ 所确定直线的右下方；同样，$x_1-2x_2\geqslant 0$ 在直角坐标系中等式 $x_1-2x_2=0$ 所确定直线的右下侧，又 x_1，$x_2\geqslant 0$ 在第一象限内，由图可看出可行域是无界域。等高线 $2x_1+2x_2=4$，显然，目标函数无上界，即无最优解。

例 2-8 例 2-7 求最小值，有最优解，沿负法线方向移动 $x_1=1$，$x_2=0$，$\min f=2$。

例 2-9 用图解法求下列线性规划的最优解和最优值：

$$\max f=2x_1+3x_2$$

$$\text{s. t.}\begin{cases}x_1+x_2\leqslant 2\\ x_1+2x_2\geqslant 8\\ x_1,x_2\geqslant 0\end{cases}$$

解：求解方法与例 2-5 相同，如图 2-4 所示。其可行域为 $R=\varnothing$，即无可行解，所以原线性规划问题无最优解。

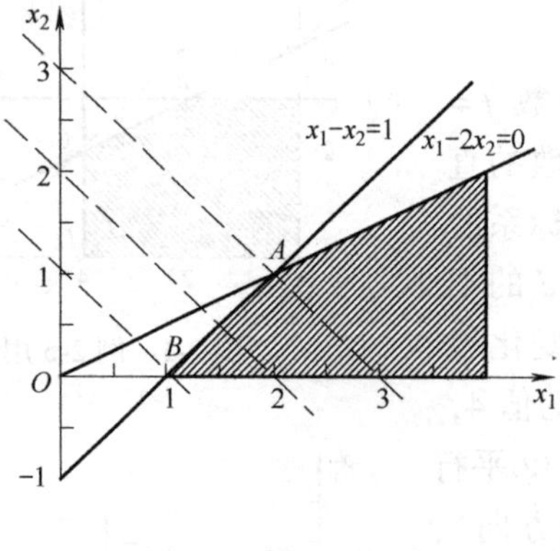

图 2-3 例 2-7 用图

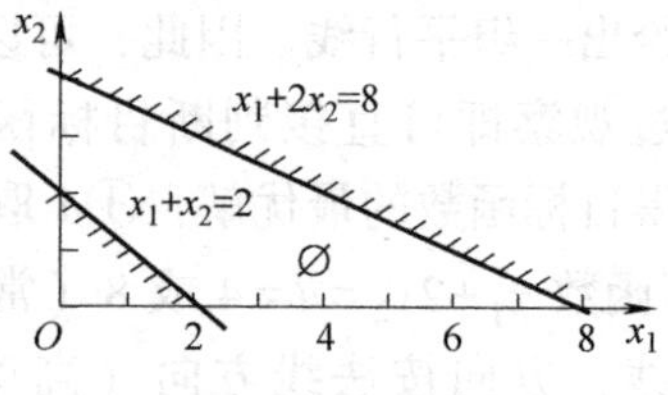

图 2-4 例 2-9 用图

2.2.2 图解法的启示

图解法虽然只能用来求解只具有两个变量的线性规划问题，但它的解题思路和几何上直观得到的一些概念判断，对下面要讲的求解一般线性规划问题的单纯形法有很大启示：

（1）求解线性规划问题时，解的情况有：唯一最优解、无穷多最优解、无界解、无可行解；

（2）若线性规划问题的可行域存在，则可行域是一个凸集；

（3）若线性规划问题的最优解存在，则最优解或最优解之一（如果有无穷多的话）一定能够在可行域（凸集）的某个顶点找到；

（4）解题思路是，先找出凸集的任一顶点，计算在顶点处的目标函数值。比较周围相邻顶点的目标函数值是否比这个值更优，如果为否，则该顶点就是最优解的点或最优解的点之一，否则转到比这个点的目标函数值更优的另一顶点。重复上述过程，直到找出使目标函数值达到最优的顶点为止。

2.3　线性规划的标准形与各种解

2.3.1　线性规划的标准形

具体的线性规划问题，其数学模型常常是各式各样的，我们已经介绍了线性规划的一般情形，为了讨论方便，常常需要对目标函数或约束条件采用一定的变换方法进行转换，称如下线性规划的形式为标准形。

（1）定义式。

$$\max f=c_1x_1+c_2x_2+\cdots+c_nx_n$$

$$\text{s.t.}\begin{cases}a_{11}x_1+a_{12}x_2+\cdots+a_{1n}x_n=b_1\\a_{21}x_1+a_{22}x_2+\cdots+a_{2n}x_n=b_2\\\quad\vdots\\a_{m1}x_1+a_{m2}x_2+\cdots+a_{mn}x_n=b_m\\x_1,x_2,\cdots,x_n\geqslant 0\end{cases}$$

（2）标准形的特点：①目标函数求极大值；②约束方程全为等式；③变量全为非负；④约束条件右端常数项 $b_i\geqslant 0(i=1,2,\cdots,m)$。对于各种非标准形的线性规划问题，可以通过以下的变换，将其转化为标准形。

（3）非标准形标准化。

① 极小化目标函数的问题。设目标函数为

$$\min f=c_1x_1+c_2x_2+\cdots+c_nx_n=\sum_{j=1}^{n}c_jx_j$$

令 $f'=-f$，则以上极小化问题和以下极大化问题有相同的最优解，但它们最优解的目标函数值却相差一个符号，即

$$\max f'=-c_1x_1-c_2x_2-\cdots-c_nx_n=-\sum_{j=1}^{n}c_jx_j$$

② 变量无符号限制的问题。在标准形中，每一个变量都有非负约束，当某变量 x_j 无限制（自由变量）时，可正可负，则令 $x_j=x_j'-x_j''$，x_j'，$x_j''\geqslant 0$，即用两个非负变量之差来表示一个无符号限制的变量，注意：此时解的是 x_j'，x_j''，还需代回原式求 x_j。

③ 约束条件不是等式的问题。当约束条件为

$$a_{i1}x_1+a_{i2}x_2+\cdots+a_{in}x_n\leqslant b_i(i=1,2,\cdots,m)$$

引进一个新的变量 x_{n+i}，使它等于约束右边与左边之差，即

$$x_{n+i}=b_i-(a_{i1}x_1+a_{i2}x_2+\cdots+a_{in}x_n)$$

显然 x_{n+i} 也具有非负约束，即 $x_{n+i} \geqslant 0$ 称为松弛变量，这时新的约束条件成为

$$a_{i1}x_1+a_{i2}x_2+\cdots+a_{in}x_n+x_{n+i}=b_i$$

当约束条件为

$$a_{i1}x_1+a_{i2}x_2+\cdots+a_{in}x_n \geqslant b_i(i=1,2,\cdots,m)$$

类似地，令

$$x_{n+i}=(a_{i1}x_1+a_{i2}x_2+\cdots+a_{in}x_n)-b_i$$

则同样有 $x_{n+i} \geqslant 0$ 称为剩余变量，新的约束条件成为

$$a_{i1}x_1+a_{i2}x_2+\cdots+a_{in}x_n-x_{n+i}=b_i$$

④ 变量小于等于零的问题。如 $x_j \leqslant 0$，可令 $x_j'=-x_j \geqslant 0$。

⑤ 若 b_i 为负，则约束等式两边同乘（-1）。

⑥ 变量为有界变量的问题。如变量 $x_j \in [a,b]$，即 $a \leqslant x_j \leqslant b$，$0 \leqslant x_j-a \leqslant b-a$，令 $x_j'=x_j-a \geqslant 0$，则可得 $x_j'+x_{n+1}=b-a$ 且 $x_{n+1} \geqslant 0$。

例 2-10 把下面问题标准化：

$$\min f=3x_1-2x_2+x_3$$
$$\text{s. t.}\begin{cases}2x_1-3x_2+x_3 \geqslant 2\\ x_1 \quad -2x_3 \leqslant 4\\ x_1 \geqslant 0,\ x_3 \leqslant 0\end{cases}$$

解：令 $x_2=x_2'-x_2''$，x_2'，$x_2'' \geqslant 0$，$x_3'=-x_3 \geqslant 0$，则标准形为

$$\max f=-3x_1+2x_2'-2x_2''+x_3'$$
$$\text{s. t.}\begin{cases}2x_1-3x_2'+3x_2''-x_3'-x_4 \qquad =2\\ x_1 \qquad +2x_3' \qquad +x_5=4\\ x_1,x_2',x_2'',x_3',x_4,x_5 \geqslant 0\end{cases}$$

（4）标准形的其他形式。

① 矩阵形式：

$$\max f=\boldsymbol{cx}$$
$$\text{s. t.}\begin{cases}\boldsymbol{Ax}=\boldsymbol{b}\\ \boldsymbol{x} \geqslant \boldsymbol{0}\end{cases}$$

② 分块矩阵式：令 $\boldsymbol{A}=(\boldsymbol{B},\boldsymbol{N})$

$$\boldsymbol{A}=\begin{pmatrix}a_{11} & \cdots & a_{1m} & \cdots & a_{1,m+1} & \cdots & a_{1n}\\ a_{21} & \cdots & a_{2m} & \cdots & a_{2,m+1} & \cdots & a_{2n}\\ \vdots & & \vdots & & \vdots & & \vdots\\ a_{m1} & \cdots & a_{mm} & \cdots & a_{m,m+1} & \cdots & a_{mn}\end{pmatrix}=(\boldsymbol{B}_{m\times m} \vdots \boldsymbol{N}_{m\times(n-m)})$$

$$\boldsymbol{x}=(x_1,\cdots,x_m,\cdots,x_n)^{\mathrm{T}}=(\boldsymbol{x}_B,\boldsymbol{x}_N)^{\mathrm{T}},\boldsymbol{c}=(c_1,\cdots,c_m,\vdots c_{m+1},\cdots,c_n)=(\boldsymbol{c}_B,\boldsymbol{c}_N)$$

$$\max f=(\boldsymbol{c}_B,\boldsymbol{c}_N)\begin{pmatrix}\boldsymbol{x}_B\\\boldsymbol{x}_N\end{pmatrix}=\boldsymbol{c}_B\boldsymbol{x}_B+\boldsymbol{c}_N\boldsymbol{x}_N$$

$$\text{s. t.}\begin{cases}\boldsymbol{A}\boldsymbol{x}=(\boldsymbol{B},\boldsymbol{N})\begin{pmatrix}\boldsymbol{x}_B\\\boldsymbol{x}_N\end{pmatrix}=\boldsymbol{B}\boldsymbol{x}_B+\boldsymbol{N}\boldsymbol{x}_N=\boldsymbol{b}\\(\boldsymbol{x}_B,\boldsymbol{x}_N)^{\mathrm{T}}\geqslant\boldsymbol{0}\end{cases}$$

③ $\sum$ 形式：

$$\max f=\sum_{j=1}^{n}c_jx_j \qquad \max f=\sum_{j=1}^{n}c_jx_j$$

$$\text{s. t.}\begin{cases}\sum_{j=1}^{n}\boldsymbol{p}_jx_j=\boldsymbol{b}\\x_j\geqslant 0(j=1,2,\cdots,n)\end{cases} \qquad \text{s. t.}\begin{cases}\sum_{j=1}^{n}a_{ij}x_j=b_i(i=1,2\cdots,m)\\x_j\geqslant 0(j=1,2,\cdots,n)\end{cases}$$

④ 集合形式：

$$\max\{\boldsymbol{CX}\mid\boldsymbol{AX}=\boldsymbol{b},\boldsymbol{X}\geqslant\boldsymbol{0}\}$$

2.3.2　线性规划标准形下的各种解

标准化的线性规划问题约束系数为 $m\times n$ 矩阵，以下用分块矩阵详细说明线性规划标准形下各种解的含义：

$$\max f=\boldsymbol{c}_B\boldsymbol{x}_B+\boldsymbol{c}_N\boldsymbol{x}_N \tag{2-1}$$

$$\text{s. t.}\begin{cases}\boldsymbol{B}\boldsymbol{x}_B+\boldsymbol{N}\boldsymbol{x}_N=\boldsymbol{b} & (2\text{-}2)\\(\boldsymbol{x}_B,\boldsymbol{x}_N)^{\mathrm{T}}\geqslant\boldsymbol{0} & (2\text{-}3)\end{cases}$$

（1）可行解：满足式（2-2）、式（2-3）的一组 x 值称为可行解。

（2）最优解：使目标函数取得极大值的可行解，即满足式（2-1）的可行解。

（3）基：设 $\boldsymbol{A}_{m\times n}(m<n)$ 为满秩矩阵（m 个方程都有效，线性无关），$\boldsymbol{A}_{m\times n}$ 中任取一个子阵 $\boldsymbol{B}_{m\times m}$，且 $|\boldsymbol{B}|\neq 0$，则称 $\boldsymbol{B}$ 是线性规划的一个基。

例 2-11　对下列线性规划问题求基：

$$\max f=2x_1+2x_2$$

$$\text{s. t.}\begin{cases}x_1\quad +x_3\quad =4\\x_2\quad +x_4\quad =3\\x_1+2x_2\quad +x_5=8\\x_j\geqslant 0(j=1,2,3,4,5)\end{cases}$$

解：

$$\boldsymbol{A}=\begin{pmatrix}1&0&1&0&0\\0&1&0&1&0\\1&2&0&0&1\end{pmatrix}=(\boldsymbol{p}_1,\boldsymbol{p}_2,\boldsymbol{p}_3,\boldsymbol{p}_4,\boldsymbol{p}_5),\boldsymbol{B}_1=(\boldsymbol{P}_3,\boldsymbol{P}_4,\boldsymbol{P}_5)\ |\boldsymbol{B}_1|=1\neq 0$$

所以 $\boldsymbol{B}_1$ 是基。$\boldsymbol{B}_2=(\boldsymbol{P}_1,\boldsymbol{P}_4,\boldsymbol{P}_5)\ |\boldsymbol{B}_2|\neq 0$，所以 $\boldsymbol{B}_2$ 是基。而 $|\boldsymbol{P}_2,\boldsymbol{P}_4,\boldsymbol{P}_5|=0$ 所以不构成基。构成的基最多 C_5^3（一般最多为 C_n^m）个，再减去不存在逆的个数。

(4) 基向量：组成基 $\boldsymbol{B}$ 的向量 $\boldsymbol{p}_1$，$\boldsymbol{p}_2$，…，$\boldsymbol{p}_m$ 称为基向量。

基变量：基向量对应的变量 x_1，x_2，…，x_m 称为基变量。

即 $\boldsymbol{A}=(\boldsymbol{p}_1,\boldsymbol{p}_2,\cdots,\boldsymbol{p}_m,\boldsymbol{p}_{m+1},\cdots,\boldsymbol{p}_n)=(\boldsymbol{B},\boldsymbol{N})$，$\boldsymbol{X}=(x_1,x_2,\cdots,x_m,x_{m+1},\cdots,x_n)^{\mathrm{T}}=(\boldsymbol{x}_B,\boldsymbol{x}_N)^{\mathrm{T}}$，$\boldsymbol{C}=(C_1,C_2,\cdots,C_m,C_{m+1},\cdots,C_n)=(\boldsymbol{C}_B,\boldsymbol{C}_N)$，上例分析，得

$$\begin{cases}x_3=4-x_1\\x_4=3-x_2\\x_5=8-x_1-2x_2\end{cases}$$

因为 x_1，x_2 不同，所以 x_3，x_4，x_5 取值不同。找特解，令 $x_1=x_2=0$，则 $\boldsymbol{X}=(0,0,4,3,8)^{\mathrm{T}}$。

(5) 基本解：令 $\boldsymbol{x}_N=\boldsymbol{0}$，由式（2-2）可知 $\boldsymbol{x}_B=\boldsymbol{B}^{-1}\boldsymbol{b}$，则称 $\boldsymbol{X}=(\boldsymbol{x}_B,\boldsymbol{x}_N)^{\mathrm{T}}=(\boldsymbol{B}^{-1}\boldsymbol{b},\boldsymbol{0})^{\mathrm{T}}$ 为线性规划的基本解。

$$(x_1,x_4,x_5)^{\mathrm{T}}=\boldsymbol{x}_B=\boldsymbol{B}^{-1}\boldsymbol{b}=\begin{pmatrix}1&0&0\\0&1&0\\1&0&1\end{pmatrix}^{-1}\begin{pmatrix}4\\3\\8\end{pmatrix}=\begin{pmatrix}1&0&0\\0&1&0\\-1&0&1\end{pmatrix}\begin{pmatrix}4\\3\\8\end{pmatrix}=\begin{pmatrix}4\\3\\4\end{pmatrix}$$

解方程组的过程实质为求逆的过程，所以要选单位阵为基，可使计算简单。

(6) 基本可行解：满足式（2-3）的基本解，称为基本可行解。

即 $\boldsymbol{X}=(\boldsymbol{x}_B,\boldsymbol{x}_N)^{\mathrm{T}}=(\boldsymbol{B}^{-1}\boldsymbol{b},\boldsymbol{0})^{\mathrm{T}}\geqslant\boldsymbol{0}$，称为基本可行解。若 $\boldsymbol{B}^{-1}\boldsymbol{b}$ 中至少出现一个 0 元素的，叫作退化的基本可行解，将导致计算失常，一般考虑 $\boldsymbol{B}^{-1}\boldsymbol{b}>\boldsymbol{0}$。

(7) 基本最优解：使目标函数取最大值的基本可行解，即满足式（2-1）的基本可行解。

(8) 可行基：基本可行解对应的基。

(9) 最优基：基本最优解对应的基。

如例 2-11：

$$\max f=2x_1+2x_2$$

$$\text{s. t.}\begin{cases}x_1\quad\quad+x_3\quad\quad\quad=4\\\quad x_2\quad\quad+x_4\quad=3\\x_1+2x_2\quad\quad\quad+x_5=8\\x_j\geqslant0(j=1,2,3,4,5)\end{cases}$$

其图解如图 2-5 所示。基本解是题中约束条件的任意两条直线的交点 O,A,B,C,D,E,F,G 共 8 个，基本可行解是凸多边形的顶点 O,A,B,C,D 共 5 个。线性规划解的集合之间的关系如图 2-6 所示。

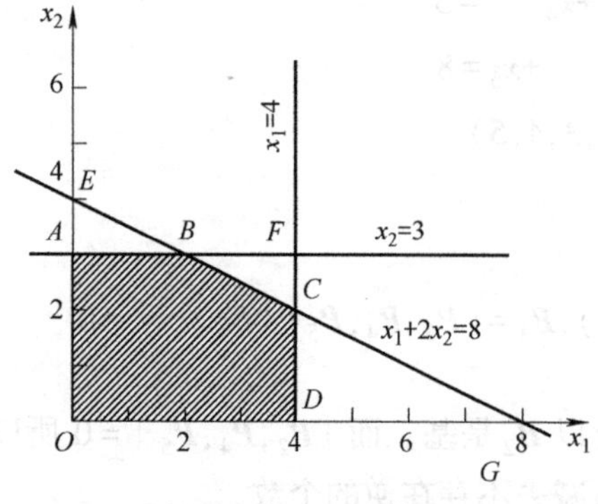

图 2-5 例 2-11 的图解

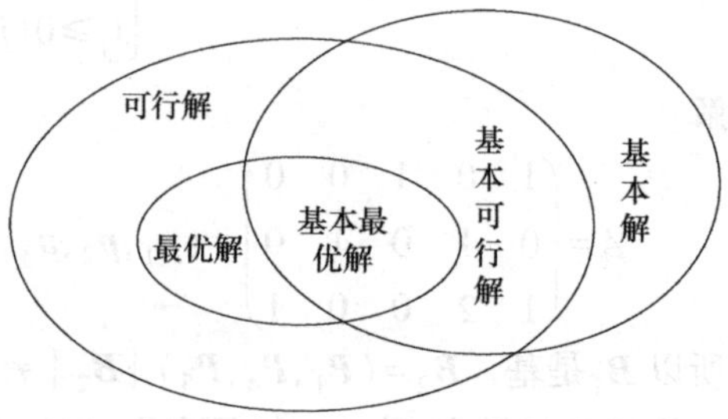

图 2-6 线性规划解的集合之间的关系

2.4　单纯形法原理

2.4.1　凸集的几个基本概念

定义 2.1　凸集：设 S 是 n 维空间中的一个点集（$S \subset E^n$），若对任意 $x^{(1)}$，$x^{(2)} \in S$，存在 $\alpha \in [0,1]$，恒有 $x = \alpha x^{(1)} + (1-\alpha)x^{(2)} \in S$，则称集合 S 为凸集（convex set）。也称 x 是 $x^{(1)}$，$x^{(2)}$ 的凸组合。

定义 2.2　顶点：设 S 是 n 维向量组成的凸集，若任意 $\boldsymbol{x}^{(1)}$，$\boldsymbol{x}^{(2)} \in S$ 且 $\boldsymbol{x}^{(1)} \neq \boldsymbol{x}^{(2)}$，存在 $\alpha \in (0,1)$，对于 $\boldsymbol{x}^* \in S$，$\boldsymbol{x}^*$ 不能使 $\boldsymbol{x}^* = \alpha \boldsymbol{x}^{(1)} + (1-\alpha)\boldsymbol{x}^{(2)}$ 成立，则称 $\boldsymbol{x}^*$ 为凸集的顶点（极点）。

以上定义有明显的几何意义，如图 2-7 所示，它表示凸集 S 中任意两个不相同的点连线上的所有点（包括这两个端点），都位于凸集 S 之中。

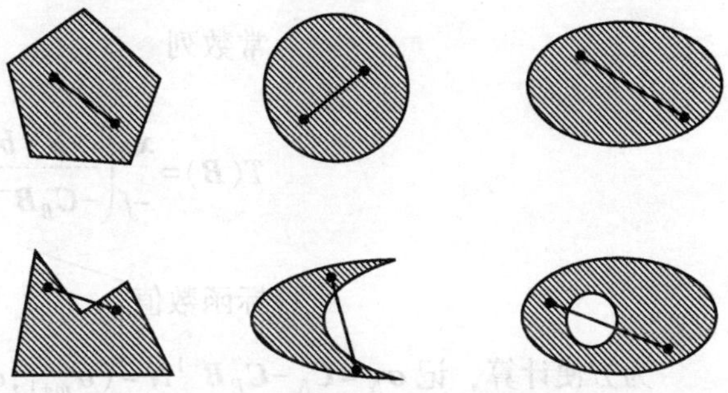

图 2-7　顶点定义的几何判断

2.4.2　线性规划问题解的基本定理

定理 2.1　线性规划可行解集，$R = \{\boldsymbol{X} \mid \boldsymbol{AX} = \boldsymbol{b}, \boldsymbol{X} \geqslant \boldsymbol{0}\}$ 是一个凸集。

证明　不妨设 $R \neq \varnothing$（若 $R = \varnothing$ 显然是凸集），任取 $\boldsymbol{x}^{(1)}$，$\boldsymbol{x}^{(2)} \in R$ 且 $\boldsymbol{x}^{(1)} \neq \boldsymbol{x}^{(2)}$，以及数 $\alpha \in [0,1]$，因为 $\boldsymbol{Ax}^{(1)} = \boldsymbol{b}$，$\boldsymbol{x}^{(1)} \geqslant \boldsymbol{0}$；$\boldsymbol{Ax}^{(2)} = \boldsymbol{b}$，$\boldsymbol{x}^{(2)} \geqslant \boldsymbol{0}$。所以，

$$\boldsymbol{AX} = \boldsymbol{A}[\alpha \boldsymbol{x}^{(1)} + (1-\alpha)\boldsymbol{x}^{(2)}] = \alpha \boldsymbol{Ax}^{(1)} + (1-\alpha)\boldsymbol{Ax}^{(2)} = \boldsymbol{b}$$

$$\boldsymbol{x} = \alpha \boldsymbol{x}^{(1)} + (1-\alpha)\boldsymbol{x}^{(2)} \geqslant \boldsymbol{0}$$

因此可行解集是一个凸集。

定理 2.2　设 $\boldsymbol{x}^{(0)} \in R$，则 $\boldsymbol{x}^{(0)}$ 是线性规划基本可行解的充分必要条件是 $\boldsymbol{x}^{(0)}$ 是 R 的顶点。

定理 2.3　若线性规划问题有可行解，则一定有基本可行解。

定理 2.4　若线性规划问题有最优解，则一定有基本最优解。

2.5　单纯形法

2.5.1　单纯形表的推导

$$\max f = \boldsymbol{C}_B \boldsymbol{x}_B + \boldsymbol{C}_N \boldsymbol{x}_N$$

$$\text{s.t.} \begin{cases} \boldsymbol{B}\boldsymbol{x}_B + \boldsymbol{N}\boldsymbol{x}_N = \boldsymbol{b} \\ (\boldsymbol{x}_B, \boldsymbol{x}_N)^{\mathrm{T}} \geqslant \boldsymbol{0} \end{cases} \Rightarrow \begin{cases} f = \boldsymbol{C}_B \boldsymbol{x}_B + \boldsymbol{C}_N \boldsymbol{x}_N & (2\text{-}4) \\ \boldsymbol{x}_B = \boldsymbol{B}^{-1}\boldsymbol{b} - \boldsymbol{B}^{-1}\boldsymbol{N}\boldsymbol{x}_N & (2\text{-}5) \end{cases}$$

把式（2-5）代入式（2-4）得 $f = \boldsymbol{C}_B(\boldsymbol{B}^{-1}\boldsymbol{b} - \boldsymbol{B}^{-1}\boldsymbol{N}\boldsymbol{x}_N) + \boldsymbol{C}_N\boldsymbol{x}_N = \boldsymbol{C}_B\boldsymbol{B}^{-1}\boldsymbol{b} + (\boldsymbol{C}_N - \boldsymbol{C}_B\boldsymbol{B}^{-1}\boldsymbol{N})\boldsymbol{x}_N$，把 f 和 $\boldsymbol{x}$ 都看成未知变量即

$$B^{-1}b=0f+Ex_B+(B^{-1}N)x_N \tag{2-6}$$

$$-C_BB^{-1}b=-f+0x_B+(C_N-C_BB^{-1}N)x_N \tag{2-7}$$

把式（2-6）、式（2-7）写成矩阵形式

$$\begin{pmatrix} B^{-1}b \\ -C_BB^{-1}b \end{pmatrix}=\begin{pmatrix} 0 & E & B^{-1}N \\ -1 & 0 & C_N-C_BB^{-1}N \end{pmatrix}\begin{pmatrix} f \\ x_B \\ x_N \end{pmatrix}$$

把系数凑到一个表上叫作单纯形表，4 块为

常数列　　　　系数矩阵

$$T(B)=\begin{matrix} x_B \\ -f \end{matrix}\left(\begin{array}{c|cc} B^{-1}b & E & B^{-1}N \\ \hline -C_BB^{-1}b & 0 & C_N-C_BB^{-1}N \end{array}\right)$$

目标函数值　　　　检验数

为方便计算，记 $\sigma_N=C_N-C_BB^{-1}N=(\sigma_{m+1},\sigma_{m+2},\cdots,\sigma_n)$，可以对每块部分元素详细刻画，如表 2-9 所示。基变量对应的列，检验数一定为 0，系数为单位矩阵。

表 2-9　单纯形表各块详细刻画

$C_j\to$			C_1	C_2	$\cdots$	C_m	C_{m+1}	C_{m+2}	$\cdots$	C_n
C_B	x_B	$B^{-1}b$	x_1	x_2	$\cdots$	x_m	x_{m+1}	x_{m+2}	$\cdots$	x_n
C_1	x_1	b'_1	1	0	$\cdots$	0	$a'_{1,m+1}$	$a'_{1,m+2}$	$\cdots$	a'_{1n}
C_2	x_2	b'_2	0	1	$\cdots$	0	$a'_{2,m+1}$	$a'_{2,m+2}$	$\cdots$	a'_{2n}
$\vdots$	$\vdots$	$\vdots$	$\vdots$	$\vdots$		$\vdots$	$\vdots$	$\vdots$		$\vdots$
C_m	x_m	b'_m	0	0	$\cdots$	1	$a'_{m,m+1}$	$a'_{m,m+2}$	$\cdots$	a'_{mn}
C_j-Z_j			0	0	$\cdots$	0	σ_{m+1}	σ_{m+2}	$\cdots$	σ_n

而且，单纯形表求出的都是基本可行解。给定单纯形表能写出其方程。

例 2-12　求初始单纯形表 $T(B_1)$。

$$\max f=x_1+2x_2$$

$$\text{s.t.}\begin{cases} x_1+x_3=4 \\ x_2+x_4=3 \\ x_1+2x_2+x_5=8 \\ x_j\geqslant 0(j=1,2,3,4,5) \end{cases}$$

解： 取初始可行基 $B_1=(P_3,P_4,P_5)$，则得 $T(B_1)$ 如表 2-10 所示。

$T(B_1)$ 对应的基本可行解 $x^{(1)}=(0,0,4,3,8)^{\mathrm{T}}$，函数值 $f_1(x^{(1)})=0$。由于

表 2-10　例 2-12 初始单纯形表

$C_j \rightarrow$			1	2	0	0	0
C_B	x_B	$B^{-1}b$	x_1	x_2	x_3	x_4	x_5
0	x_3	4	1	0	1	0	0
0	x_4	3	0	1	0	1	0
0	x_5	8	1	2	0	0	1
C_j-Z_j			1	2	0	0	0

$$\begin{aligned}(\boldsymbol{C}-\boldsymbol{C}_B\boldsymbol{B}^{-1}\boldsymbol{A}) &= ((\boldsymbol{C}_B,\boldsymbol{C}_N)-\boldsymbol{C}_B\boldsymbol{B}^{-1}(\boldsymbol{B},\boldsymbol{N}))\\ &= (\boldsymbol{C}_B,\boldsymbol{C}_N)-(\boldsymbol{C}_B\boldsymbol{B}^{-1}\boldsymbol{B},\boldsymbol{C}_B\boldsymbol{B}^{-1}\boldsymbol{N})\\ &= (\boldsymbol{0},\boldsymbol{C}_N-\boldsymbol{C}_B\boldsymbol{B}^{-1}\boldsymbol{N})\end{aligned}$$

$$(\boldsymbol{B}^{-1}\boldsymbol{A})=(\boldsymbol{B}^{-1}(\boldsymbol{B},\boldsymbol{N}))=(\boldsymbol{E},\boldsymbol{B}^{-1}\boldsymbol{N})$$

$$T(\boldsymbol{B})=\left(\begin{array}{c|c}\boldsymbol{B}^{-1}\boldsymbol{b} & \boldsymbol{B}^{-1}\boldsymbol{A}\\ \hline -\boldsymbol{C}_B\boldsymbol{B}^{-1}\boldsymbol{b} & \boldsymbol{C}-\boldsymbol{C}_B\boldsymbol{B}^{-1}\boldsymbol{A}\end{array}\right)$$

同样，无论基变量、非基变量在何处，是一个通式。因为 $\boldsymbol{A}=(\boldsymbol{P}_1,\boldsymbol{P}_2,\cdots,\boldsymbol{P}_n)$，$\boldsymbol{C}=(C_1,C_2,\cdots,C_n)$。

$$T(\boldsymbol{B})=\left(\begin{array}{c|cccc}\boldsymbol{B}^{-1}\boldsymbol{b} & \boldsymbol{B}^{-1}\boldsymbol{P}_1 & \boldsymbol{B}^{-1}\boldsymbol{P}_2 & \cdots & \boldsymbol{B}^{-1}\boldsymbol{P}_n\\ \hline -\boldsymbol{C}_B\boldsymbol{B}^{-1}\boldsymbol{b} & C_1-\boldsymbol{C}_B\boldsymbol{B}^{-1}\boldsymbol{P}_1 & C_2-\boldsymbol{C}_B\boldsymbol{B}^{-1}\boldsymbol{P}_2 & \cdots & C_n-\boldsymbol{C}_B\boldsymbol{B}^{-1}\boldsymbol{P}_n\end{array}\right)$$

若 $\boldsymbol{B}=\boldsymbol{E}$，则 $\boldsymbol{B}^{-1}\boldsymbol{b}=\boldsymbol{b}$，$\boldsymbol{B}^{-1}\boldsymbol{A}=\boldsymbol{A}$，所以第一个基最好找单位阵。

$$T(\boldsymbol{B})\xrightarrow[\boldsymbol{B}=\boldsymbol{E}]{\boldsymbol{C}_B=\boldsymbol{0}}\left(\begin{array}{c|c}\boldsymbol{b} & \boldsymbol{A}\\ \hline \boldsymbol{0} & \boldsymbol{C}\end{array}\right)$$

2.5.2　单纯形法的计算步骤

（1）选取一个可行基 $\boldsymbol{B}$，求其初始 $T(\boldsymbol{B})$。

（2）最优性检验：若 $\boldsymbol{\sigma}=\boldsymbol{C}-\boldsymbol{C}_B\boldsymbol{B}^{-1}\boldsymbol{A}\leqslant\boldsymbol{0}$ 时，已获基本最优解（最优解）。即

$$\bar{\boldsymbol{x}}=\begin{pmatrix}\bar{\boldsymbol{x}}_B\\ \bar{\boldsymbol{x}}_N\end{pmatrix}=\begin{pmatrix}\boldsymbol{B}^{-1}\boldsymbol{b}\\ \boldsymbol{0}\end{pmatrix}=(\bar{x}_1,\cdots,\bar{x}_m,0,\cdots,0)^{\mathrm{T}},\ f_{\max}(\bar{\boldsymbol{x}})=\boldsymbol{C}_B\boldsymbol{B}^{-1}\boldsymbol{b}$$

否则转到（3）。

（3）无界性检验：若某 $\sigma_j>0$ 且 $\boldsymbol{B}^{-1}\boldsymbol{P}_j\leqslant\boldsymbol{0}$ 时，则目标函数无上界（只要存在一列即无界），否则转到（4）。

（4）选主元：先选主元列 k，$\sigma_k=\max\{\sigma_j \mid \sigma_j>0,1\leqslant j\leqslant n\}$（这种方法运算速度不一定最快，只是一种习惯，从左到右扫描，字典法）。

后选主元行 l，

$$\theta=\frac{b_l'}{a_{lk}'}=\min\left\{\frac{b_i'}{a_{ik}'}\ \middle|\ a_{ik}'>0,1\leqslant i\leqslant m\right\}$$

此时 a_{lk}' 为主元。其中 $a_{ik}'>0$ 为保证常数列为正，即还是可行基。

（5）迭代换基：利用线性代数的初等行变换，把主元化为 1，主元列的其他元素化为 0，得到新基 $\overline{\boldsymbol{B}}$，转到（2），如表 2-11 所示。

表 2-11　选主元方法示例

$C_j \rightarrow$			C_1	C_2	…	C_m	C_{m+1}	…	C_k	…	C_n
$\boldsymbol{C_B}$	$\boldsymbol{x_B}$	$\boldsymbol{B^{-1}b}$	x_1	x_2	…	x_m	x_{m+1}	…	x_k	…	x_n
C_1	x_1	b'_1	1	0	…	0	$a'_{1,m+1}$	…	a'_{1k}	…	a'_{1n}
⋮	⋮	⋮	⋮	⋮		⋮	⋮		⋮		⋮
C_l	x_l	b'_l	0	1	…	0	$a'_{l,m+1}$	…	a'_{lk}	…	a'_{ln}
⋮	⋮	⋮	⋮	⋮		⋮	⋮		⋮		⋮
C_m	x_m	b'_m	0	0	…	1	$a'_{m,m+1}$	…	a'_{mk}	…	a'_{mn}
C_j-Z_j			0	0	…	0	σ_{m+1}	…	σ_k	…	σ_n

例 2-13　用单纯形法求解例 2-12。

解：（1）标准化后取可行基 $\boldsymbol{B}_1=(\boldsymbol{P}_3,\boldsymbol{P}_4,\boldsymbol{P}_5)=\boldsymbol{E}$，求其 $T(\boldsymbol{B})$ 如表 2-12 所示。

表 2-12　例 2-13 用表

$C_j \rightarrow$			1	2	0	0	0
$\boldsymbol{C_B}$	$\boldsymbol{x_B}$	$\boldsymbol{B^{-1}b}$	x_1	x_2	x_3	x_4	x_5
0	x_3	4	1	0	1	0	0
0	x_4	3	0	1*	0	1	0
0	x_5	8	1	2	0	0	1
C_j-Z_j			1	2	0	0	0

（2）选主元：因为检验数行中第二列 2 最大，所以选第二列为主元列，又因为 $\min\{3/1, 8/2\}=3/1$，所以选第二行为主元行，即对应 1 为主元且用 * 号标注。迭代换基后的结果如表 2-13 所示。

表 2-13　选主元迭代换基后的结果

$C_j \rightarrow$			1	2	0	0	0
$\boldsymbol{C_B}$	$\boldsymbol{x_B}$	$\boldsymbol{B^{-1}b}$	x_1	x_2	x_3	x_4	x_5
0	x_3	4	1	0	1	0	0
2	x_2	3	0	1	0	1	0
0	x_5	2	1*	0	0	−2	1
C_j-Z_j			1	0	0	−2	0

对应的基为

$$\boldsymbol{B}_2=(\boldsymbol{P}_3,\boldsymbol{P}_2,\boldsymbol{P}_5)=\begin{pmatrix}1 & 0 & 0\\0 & 1 & 0\\0 & 2 & 1\end{pmatrix}$$

而表 2-13 中

$$\begin{pmatrix}1&0&0\\0&1&0\\0&0&1\end{pmatrix}=\boldsymbol{B}_2^{-1}(\boldsymbol{P}_3,\boldsymbol{P}_2,\boldsymbol{P}_5)=\boldsymbol{B}_2^{-1}\boldsymbol{B}_2$$

$$\boldsymbol{B}_2^{-1}=\begin{pmatrix}1&0&0\\0&1&0\\0&-2&1\end{pmatrix}$$

单纯形表中对应如表 2-13 画框处所示，最优单纯形表如表 2-14 所示。

表 2-14　最优单纯形表

$C_j\to$			1	2	0	0	0
C_B	x_B	$B^{-1}b$	x_1	x_2	x_3	x_4	x_5
0	x_3	2	0	0	1	2	−1
2	x_2	3	0	1	0	1	0
1	x_1	2	1	0	0	−2	1
	C_j-Z_j		0	0	0	0	−1

则基本最优解 $\boldsymbol{x}^*=(2,3,2,0,0)^{\mathrm{T}}$，最优值 $f_{\max}=8$。且最优基为

$$\boldsymbol{B}_3=(\boldsymbol{P}_3,\boldsymbol{P}_2,\boldsymbol{P}_1)=\begin{pmatrix}1&0&1\\0&1&0\\0&2&1\end{pmatrix}$$

最优基的逆为

$$\boldsymbol{B}_3^{-1}=\begin{pmatrix}1&2&-1\\0&1&0\\0&-2&1\end{pmatrix}$$

2.6　单纯形法的进一步讨论

当标准形问题的 $\boldsymbol{A}$ 矩阵中不含有单位矩阵或虽含有单位矩阵但 $\boldsymbol{b}$ 不全为非负时，因此无法直接获得初始可行基。

2.6.1　大 *M* 法

大 M 法的基本步骤如下：

(1) 引进松弛变量，使约束条件成为等式。

(2) 如果约束条件的系数矩阵中不存在一个单位矩阵，则引进人工变量。

(3) 在原目标函数中，加上人工变量，每个人工变量的系数为一个足够大的正数 M。

如原问题化为标准形后，

$$\max f=C_1x_1+C_2x_2+\cdots+C_nx_n$$

$$\text{s.t.}\begin{cases}a_{11}x_1+a_{12}x_2+\cdots+a_{1n}x_n=b_1\\a_{21}x_1+a_{22}x_2+\cdots+a_{2n}x_n=b_2\\\quad\vdots\\a_{m1}x_1+a_{m2}x_2+\cdots+a_{mn}x_n=b_m\\x_1,x_2,\cdots,x_n\geqslant 0(i=1,\cdots,m;j=1,\cdots,n)\end{cases}$$

因无单位初始可行基，则添加人工变量进行如下构造转化为

$$\max f'=C_1x_1+C_2x_2+\cdots+C_nx_n-Mx_{n+1}-Mx_{n+2}-\cdots-Mx_{n+m}$$

$$\text{s.t.}\begin{cases}a_{11}x_1+a_{12}x_2+\cdots+a_{1n}x_n+x_{n+1}=b_1\\a_{21}x_1+a_{22}x_2+\cdots+a_{2n}x_n+x_{n+2}=b_2\\\quad\vdots\\a_{m1}x_1+a_{m2}x_2+\cdots+a_{mn}x_n+x_{n+m}=b_m\\x_1,x_2,\cdots,x_n,x_{n+1},\cdots,x_{n+m}\geqslant 0\end{cases}$$

其中 $x_{n+1},\cdots,x_{n+m}\geqslant 0$ 为人工变量，此模型若和原题同解，在最优解中人工变量的取值必须为零。令目标函数中人工变量的系数为任意大的一个负数，用“$-M$”代表，只要人工变量的取值不为零，目标函数就不可能取极大值。f' 的初始可行基对应的单纯形表如表 2-15 所示。

表 2-15　f'的初始可行基对应的单纯形表

$C_j\to$			C_1	C_2	$\cdots$	C_n	$-M$	$-M$	$\cdots$	$-M$
C_B	x_B	$B^{-1}b$	x_1	x_2	$\cdots$	x_n	x_{n+1}	x_{n+2}	$\cdots$	x_{n+m}
$-M$	x_1	b'_1	a_{11}	a_{12}	$\cdots$	a_{1n}	1			
$-M$	x_2	b'_2	a_{21}	a_{22}	$\cdots$	a_{2n}		1		
$\vdots$	$\vdots$	$\vdots$	$\vdots$	$\vdots$		$\vdots$			$\ddots$	
$-M$	x_m	b'_m	a_{m1}	a_{m2}	$\cdots$	a_{mn}				1
C_j-Z_j			$C_1+\sum_{i=1}^{m}Ma_{i1}$	$C_2+\sum_{i=1}^{m}Ma_{i2}$	$\cdots$	$C_n+\sum_{i=1}^{m}Ma_{in}$	0	0	$\cdots$	0

检验数 $C_1-C_BB^{-1}P_1=C_1-(-M,\cdots,-M)(a_{11},\cdots,a_{m1})^{\mathrm{T}}=C_1+\sum_{i=1}^{m}Ma_{i1}$。

例 2-14　用单纯形法求解线性规划问题。

$$\max z=-3x_1+x_3$$

$$\text{s.t.}\begin{cases}x_1+x_2+x_3\leqslant 4\\-2x_1+x_2-x_3\geqslant 1\\3x_2+x_3=9\\x_1,x_2,x_3\geqslant 0\end{cases}$$

解：先化为标准形

$$\max z = -3x_1 + x_3 - Mx_6 - Mx_7$$

$$\text{s.t.}\begin{cases} x_1 + x_2 + x_3 \quad\quad + x_4 \quad\quad\quad = 4 \\ -2x_1 + x_2 - x_3 \quad\quad - x_5 + x_6 \quad = 1 \\ \quad 3x_2 + x_3 \quad\quad\quad\quad\quad + x_7 = 9 \\ x_1, x_2, x_3, x_4, x_5, x_6, x_7 \geqslant 0 \end{cases}$$

初始可行基单纯形表及迭代过程如表 2-16 所示。

表 2-16　初始可行基单纯形表及迭代过程

$C_j \to$			-3	0	1	0	0	$-M$	$-M$
C_B	x_B	$B^{-1}b$	x_1	x_2	x_3	x_4	x_5	x_6	x_7
0	x_4	4	1	1	1	1	0	0	0
$-M$	x_6	1	-2	1^*	-1	0	-1	1	0
$-M$	x_7	9	0	3	1	0	0	0	1
$C_j - Z_j$			$-3-2M$	$4M$	1	0	$-M$	0	0
0	x_4	3	3	0	2	1	1	-1	0
0	x_2	1	-2	1	-1	0	-1	1	0
$-M$	x_7	6	6^*	0	4	0	3	-3	1
$C_j - Z_j$			$6M-3$	0	$4M+1$	0	$3M$	$-4M$	0
0	x_4	0	0	0	0	1	$-\frac{1}{2}$	$\frac{1}{2}$	$-\frac{1}{2}$
0	x_2	3	0	1	$\frac{1}{3}$	0	0	0	$\frac{1}{3}$
-3	x_1	1	1	0	$\frac{2}{3}^*$	0	$\frac{1}{2}$	$-\frac{1}{2}$	$\frac{1}{6}$
$C_j - Z_j$			0	0	3	0	$\frac{3}{2}$	$-\frac{3}{2}-M$	$\frac{1}{2}-M$
0	x_4	0	0	0	0	1	$-\frac{1}{2}$	$\frac{1}{2}$	$-\frac{1}{2}$
0	x_2	$\frac{5}{2}$	$-\frac{1}{2}$	1	0	0	$-\frac{1}{4}$	$\frac{1}{4}$	$\frac{1}{4}$
1	x_3	$\frac{3}{2}$	$\frac{3}{2}$	0	1	0	$\frac{3}{4}$	$-\frac{3}{4}$	$\frac{1}{4}$
$C_j - Z_j$			$-\frac{9}{2}$	0	0	0	$\frac{3}{4}$	$\frac{3}{4}-M$	$-\frac{1}{4}-M$

由表 2-16 可知，基本最优解 $\boldsymbol{x} = (0, 5/2, 3/2, 0, 0, 0, 0)^{\mathrm{T}}$，最优值 $z_{\max} = 3/2$。

2.6.2　两阶段法

用大 M 法处理人工变量（artificial variable），用手工计算求解时不会遇到麻烦，但在计算机求解中有误，M 受限于计算机内允许输入的最大字长，且 M 过大使线性规划失真，M 过小则没作用。设线性规划问题标准形后为（P）问题：

$$\max f=C_1x_1+C_2x_2+\cdots+C_nx_n$$

$$\text{s. t.}\begin{cases}a_{11}x_1+a_{12}x_2+\cdots+a_{1n}x_n=b_1\\a_{21}x_1+a_{22}x_2+\cdots+a_{2n}x_n=b_2\\\quad\vdots\\a_{m1}x_1+a_{m2}x_2+\cdots+a_{mn}x_n=b_m\\x_1,x_2,\cdots,x_n\geqslant 0\end{cases}$$

第一阶段：引进人工变量（$x_{n+1},x_{n+2},\cdots,x_{n+m}$）^{T} 构造辅助问题（$P^*$），求解（$P^*$）。若辅助问题的最优基 $\boldsymbol{B}$ 全部在（P）问题的 $\boldsymbol{A}$ 中，即$(x_{n+1},x_{n+2},\cdots,x_{n+m})^{\mathrm{T}}$ 全部是非基变量（$\max T=0$），则 $\boldsymbol{B}$ 为（P）问题的一个可行基。转第二阶段。若辅助问题的最优目标函数值 $\max T<0$，则至少有一个人工变量留在第一阶段问题最优解的基变量中，这时（P）问题无可行解。

$$\max T=-x_{n+1}-x_{n+2}-\cdots-x_{n+m}$$

$$(P^*)\quad\text{s. t.}\begin{cases}a_{11}x_1+a_{12}x_2+\cdots+a_{1n}x_n+x_{n+1}=b_1\\a_{21}x_1+a_{22}x_2+\cdots+a_{2n}x_n+x_{n+2}=b_2\\\quad\vdots\\a_{m1}x_1+a_{m2}x_2+\cdots+a_{mn}x_n+x_{n+m}=b_m\\x_1,x_2,\cdots,x_n,x_{n+1},\cdots,x_{n+m}\geqslant 0\end{cases}$$

第二阶段：以第一阶段辅助问题的最优基 $\boldsymbol{B}$ 作为（P）问题的初始可行基，求解（P）问题，得到（P）问题的最优基和最优解。

例 2-15 已知：（P）问题没有一个明显的可行基。

$$\max f=C_1x_1+C_2x_2+\cdots+C_nx_n$$

$$(P)\quad\text{s. t.}\begin{cases}a_{11}x_1+a_{12}x_2+\cdots+a_{1n}x_n=b_1\\a_{21}x_1+a_{22}x_2+\cdots+a_{2n}x_n=b_2\\\quad\vdots\\a_{m1}x_1+a_{m2}x_2+\cdots+a_{mn}x_n=b_m\\x_1,x_2,\cdots,x_n\geqslant 0\end{cases}$$

解： 第一阶段，求其辅助问题（P^*）最优解，即取可行基 $\boldsymbol{B}_1=(\boldsymbol{P}_{n+1},\cdots,\boldsymbol{P}_{n+m})=\boldsymbol{E}$，其中，$C_1-\boldsymbol{c}_B\boldsymbol{B}^{-1}\boldsymbol{p}_1=0-(-1,\cdots,-1)(a_{11},\cdots,a_{m1})^{\mathrm{T}}=\sum_{i=1}^{m}a_{i1}$。

如果线性规划问题标准形后的（P）问题约束条件中有一列的系数是单位阵的某一列，则人工变量可以少设一个，如（P）问题如下：

$$\max T=-x_{n+1}-x_{n+2}-\cdots-x_{n+m-1}$$

$$(P)\quad \text{s. t.}\begin{cases} a_{11}x_1+a_{12}x_2+\cdots+x_n & =b_1 \\ a_{21}x_1+a_{22}x_2+\cdots+0x_n \quad +x_{n+1} & =b_2 \\ \quad\vdots \\ a_{m1}x_1+a_{m2}x_2+\cdots+0x_n \quad +x_{n+m-1} & =b_m \\ x_1,x_2,\cdots,x_{n+m-1}\geqslant 0 \end{cases}$$

其单纯形表如表 2-17 所示。

表 2-17　例 2-15 用表

$C_j\rightarrow$			0	0	$\cdots$	0	−1	−1	$\cdots$	−1
$\boldsymbol{C}_B$	$\boldsymbol{x}_B$	$\boldsymbol{B}^{-1}\boldsymbol{b}$	x_1	x_2	$\cdots$	x_n	x_{n+1}	x_{n+2}	$\cdots$	x_{n+m}
−1	x_1	b_1	a_{11}	a_{12}	$\cdots$	a_{1n}	1			
−1	x_2	b_2	a_{21}	a_{22}	$\cdots$	a_{2n}		1		
$\vdots$	$\vdots$	$\vdots$	$\vdots$	$\vdots$		$\vdots$			$\ddots$	
−1	x_m	b_m	a_{m1}	a_{m2}	$\cdots$	a_{mn}				1
C_j-Z_j			$\sum_{i=1}^{m}a_{i1}$	$\sum_{i=1}^{m}a_{i2}$	$\cdots$	$\sum_{i=1}^{m}a_{in}$	0	0	$\cdots$	0

迭代时，人工变量全部出基（非基变量），求得辅助问题的最优基，最优单纯形表 $T(\boldsymbol{B}^*)T_{\max}=0$。这时第一阶段结束，可以以基 $\boldsymbol{B}^*$ 为原问题初始可行基转为第二阶段，进行迭代。

第二阶段：经过第一阶段求得（P）问题的初始可行基之后，由此可行基开始，利用前面所述的单纯形法继续迭代求线性规划（P）问题的最优解。

例 2-16　用两阶段法求解线性规划问题。

$$\min f=-3x_1+x_2+x_3$$

$$\text{s. t.}\begin{cases} x_1-2x_2+x_3\leqslant 11 \\ -4x_1+x_2+2x_3\geqslant 3 \\ 2x_1 \quad -x_3=-1 \\ x_1,x_2,x_3\geqslant 0 \end{cases}$$

解：将线性规划问题标准化得（P）问题

$$\max -f=3x_1-x_2-x_3$$

$$(P)\quad \text{s. t.}\begin{cases} x_1-2x_2+x_3+x_4 & =11 \\ -4x_1+x_2+2x_3 \quad -x_5 & =3 \\ -2x_1 \quad +x_3 & =1 \\ x_j\geqslant 0(j=1,2,3,4,5) \end{cases}$$

第一阶段，求其辅助问题（P^*）最优解和最优基。只需引入两个人工变量 x_6，x_7，如表 2-18 所示。

$$
(P^*)\quad \max T=-x_6-x_7
$$

$$
\text{s. t.}\begin{cases} x_1-2x_2+x_3+x_4=11 \\ -4x_1+x_2+2x_3-x_5+x_6=3 \\ -2x_1+x_3+x_7=1 \\ x_j\geqslant 0(j=1,2,\cdots,7) \end{cases}
$$

因为辅助问题（P^*）最优解 $T_{\max}=0$，人工变量都出基，所以平稳过渡到第二阶段。辅助问题的最优基为 $\boldsymbol{B}=(\boldsymbol{P}_4,\boldsymbol{P}_2,\boldsymbol{P}_3)$。

表 2-18　例 2-16 用表

$C_j\rightarrow$			0	0	0	0	0	−1	−1
C_B	x_B	$B^{-1}b$	x_1	x_2	x_3	x_4	x_5	x_6	x_7
0	x_4	11	1	−2	1	1	0	0	0
−1	x_6	3	−4	1	2	0	−1	1	0
−1	x_7	1	−2	0	1^*	0	0	0	1
C_j-Z_j			−6	1	3	0	−1	0	0
0	x_4	10	3	−2	0	1	0	0	−1
−1	x_6	1	0	1^*	0	0	−1	1	−2
0	x_3	1	−2	0	1	0	0	0	1
C_j-Z_j			0	1	0	0	−1	0	−3
0	x_4	12	3	0	0	1	−2	2	−5
0	x_2	1	0	1	0	0	−1	1	−2
0	x_3	1	−2	0	1	0	0	0	1
C_j-Z_j			0	0	0	0	0	−1	−1

第二阶段：去掉人工变量列，以 $\boldsymbol{B}$ 为（P）问题的初始可行基，得（P）问题的单纯形表。其中 $\boldsymbol{B}^{-1}\boldsymbol{b}$，$\boldsymbol{B}^{-1}\boldsymbol{A}$ 不用求（同辅助问题），只需求相应的检验数即可，如表 2-19 所示。

表 2-19　例 2-16 第二阶段用表

$C_j\rightarrow$			3	−1	−1	0	0
C_B	x_B	$B^{-1}b$	x_1	x_2	x_3	x_4	x_5
0	x_4	12	3^*	0	0	1	−2
−1	x_2	1	0	1	0	0	−1
−1	x_3	1	−2	0	1	0	0
C_j-Z_j			1	0	0	0	−1
3	x_1	4	1	0	0	$\frac{1}{3}$	$-\frac{2}{3}$
−1	x_2	1	0	1	0	0	−1
−1	x_3	9	0	0	1	$\frac{2}{3}$	$-\frac{4}{3}$
C_j-Z_j			0	0	0	$-\frac{1}{3}$	$-\frac{1}{3}$

所以原问题最优解 $X^*=(4,1,9)^{\mathrm{T}}$，最优值 $f_{\min}=-2$。

2.6.3　线性规划解的判别

对于一个有最优解的线性规划问题，如何从其最优单纯形表中判断此问题是有唯一最优解，还是有无穷多个最优解呢？若有无穷多个最优解，又如何求出这些最优解呢？

事实上，对线性规划问题的基 $\boldsymbol{B}$，若满足 $\boldsymbol{B}^{-1}\boldsymbol{b}\geqslant\boldsymbol{0}$，$\boldsymbol{C}-\boldsymbol{C}_B\boldsymbol{B}^{-1}\boldsymbol{A}\leqslant\boldsymbol{0}$，则基 $\boldsymbol{B}$ 是最优基。此时，若所有非基变量的检验数严格小于 0，即 $\boldsymbol{\sigma}_N=\boldsymbol{C}_N-\boldsymbol{C}_B\boldsymbol{B}^{-1}\boldsymbol{N}<\boldsymbol{0}$，则 $\boldsymbol{B}$ 是唯一的最优基，相应的基本最优解是线性规划唯一的最优解。若存在一个非基变量 x_j 的检验数等于 0，最优基和最优解不一定唯一。可将 x_j 作为进基变量，用最小比值法求出出基变量，并进行迭代运算，目标函数值不变，因此可能求出另一个基本最优解。下面看一个例子。

例 2-17　用单纯形法求解线性规划问题。

$$\max f=x_1+x_2$$

$$\text{s. t.}\begin{cases}x_1+\ x_2\leqslant 6\\x_1+2x_2\leqslant 3\\\qquad x_2\leqslant 8\\x_1,x_2\geqslant 0\end{cases}$$

解：将线性规划问题标准化，取一个可行基 $\boldsymbol{B}_1=(\boldsymbol{P}_3,\boldsymbol{P}_4,\boldsymbol{P}_5)=\boldsymbol{E}$，写出初始单纯形表并迭代运算如表 2-20 所示。

表 2-20　例 2-17 求解初始单纯形表并迭代运算

$C_j\to$			1	1	0	0	0
$\boldsymbol{C}_B$	$\boldsymbol{x}_B$	$\boldsymbol{B}^{-1}\boldsymbol{b}$	x_1	x_2	x_3	x_4	x_5
0	x_3	6	1	1	1	0	0
0	x_4	3	1^*	2	0	1	0
0	x_5	8	0	1	0	0	1
	C_j-Z_j		1	1	0	0	0
0	x_3	3	0	−1	1	−1	0
1	x_1	3	1	2	0	1	0
0	x_5	8	0	1	0	0	1
	C_j-Z_j		0	−1	0	−1	0

唯一最优解 $\boldsymbol{x}^{(2)}=(3,0,3,0,8)^{\mathrm{T}}$，最优值 $f_{\max}=3$。

例 2-18　若改变例 2-17 右端常数项，再用单纯形法求下列线性规划最优解。

$$\max f=x_1+x_2$$

$$\text{s. t.}\begin{cases}x_1+\ x_2\leqslant 6\\x_1+2x_2\leqslant 8\\\qquad x_2\leqslant 3\\x_1,x_2\geqslant 0\end{cases}$$

解：标准化得

$$\max f=x_1+x_2$$

$$\text{s. t.}\begin{cases}x_1+\ x_2+x_3 \qquad\qquad =6\\ x_1+2x_2 \quad +x_4 \qquad =8\\ \qquad x_2 \qquad\qquad +x_5=3\\ x_1,x_2,x_3,x_4,x_5\geqslant 0\end{cases}$$

写出初始单纯形表并迭代运算如表 2-21 所示。

表 2-21 例 2-18 求解初始单纯形表并迭代运算

	$C_j\rightarrow$		1	1	0	0	0
C_B	x_B	$B^{-1}b$	x_1	x_2	x_3	x_4	x_5
0	x_3	6	1^*	1	1	0	0
0	x_4	8	1	2	0	1	0
0	x_5	3	0	1	0	0	1
	C_j-Z_j		1	1	0	0	0
1	x_1	6	1	1	1	0	0
0	x_4	2	0	1^*	-1	1	0
0	x_5	3	0	1	0	0	1
	C_j-Z_j		0	0	-1	0	0
1	x_1	4	1	0	2	-1	0
1	x_2	2	0	1^*	-1	1	0
0	x_5	1	0	0	1	-1	1
	C_j-Z_j		0	0	-1	0	0

基本最优解有两个：$\boldsymbol{x}^{(1)}=(6,0,0,2,3)^{\mathrm{T}}$，$\boldsymbol{x}^{(2)}=(4,2,0,0,1)^{\mathrm{T}}$，最优值 $f_{\max}=6$。所以全部最优解为 $\boldsymbol{x}=\lambda\boldsymbol{x}^{(1)}+(1-\lambda)\boldsymbol{x}^{(2)}$ 且 $\lambda\in[0,1]$。

例 2-19 若再改变例 2-17 右端常数项，用单纯形法求下列线性规划最优解。

$$\max f=x_1+x_2$$

$$\text{s. t.}\begin{cases}x_1+\ x_2\leqslant 6\\ x_1+2x_2\leqslant 6\\ \qquad x_2\leqslant 3\\ x_1,x_2\geqslant 0\end{cases}$$

解：标准化得

$$\max f=x_1+x_2$$

$$\text{s. t.}\begin{cases}x_1+\ x_2+x_3 \qquad\qquad =6\\ x_1+2x_2 \quad +x_4 \qquad =6\\ \qquad x_2 \qquad\qquad +x_5=3\\ x_1,x_2,x_3,x_4,x_5\geqslant 0\end{cases}$$

写出初始单纯形表并迭代运算如表 2-22 所示。

表 2-22　例 2-19 求解初始单纯形表并迭代运算

	$C_j \to$		1	1	0	0	0
C_B	x_B	$B^{-1}b$	x_1	x_2	x_3	x_4	x_5
0	x_3	6	1^*	1	1	0	0
0	x_4	6	1	2	0	1	0
0	x_5	3	0	1	0	0	1
	C_j-Z_j		1	1	0	0	0
0	x_1	6	1	1	1	0	0
0	x_4	0	0	1^*	-1	1	0
0	x_5	3	0	1	0	0	1
	C_j-Z_j		0	0	-1	0	0
1	x_1	6	1	0	2	-1	0
1	x_2	0	0	1	-1	1	0
0	x_5	3	0	0	1	-1	1
	C_j-Z_j		0	0	-1	0	0

基本最优解只有一个 $x^*=(6,0,0,0,3)^T$。基变了，但解不变。当基变量的某个分量为零时，称线性规划问题为退化问题。所以当非基变量检验数为 0 时，可能有无穷多最优解。

2.7　应用举例

例 2-20　人力资源分配问题：和平商场是一个中型的百货商场，它对售货人员的需求经过统计分析如表 2-23 所示。为了保证售货人员充分休息，售货人员每周工作五天，休息两天，并要求休息的两天是连续的，问应该如何安排售货人员的作息，既满足了工作需要，又使配备的售货人员的人数最少？

表 2-23　售货人员需求经过统计表

时　　间	所需售货人员人数（人）
星期日	28
星期一	15
星期二	24
星期三	25
星期四	19
星期五	31
星期六	28

解：设 x_j 为星期 $j(j=1,2,\cdots,7)$，开始休息的人数。

$$\min f = \sum_{j=1}^{7} x_j$$

$$\text{s.t.}\begin{cases} x_1+x_2+x_3+x_4+x_5 \geqslant 28 \\ x_2+x_3+x_4+x_5+x_6 \geqslant 15 \\ x_3+x_4+x_5+x_6+x_7 \geqslant 24 \\ x_4+x_5+x_6+x_7+x_1 \geqslant 25 \\ x_5+x_6+x_7+x_1+x_2 \geqslant 19 \\ x_6+x_7+x_1+x_2+x_3 \geqslant 31 \\ x_7+x_1+x_2+x_3+x_4 \geqslant 28 \\ x_j \geqslant 0(j=1,2,\cdots,7)\text{，且为整数} \end{cases}$$

例 2-21 物流仓库租用问题：某物流公司在今后四个月内需租用仓库堆放物资。已知各月份所需仓库面积数字列于表 2-24 内。仓库租借费用随合同期定，期限越长折扣越大，具体数字如表 2-25 所示。租用仓库的合同每月初都可办理，每份合同具体规定租用面积数和期限。因此该物流公司可根据需要，在任何一个月初办理租用合同。每次办理时可签一份，也可签若干份租用面积和租用期限不同的合同。总目标是使所付租金最少。试建立此问题的线性规划模型。

表 2-24 各月份所需仓库面积数

月　份	1	2	3	4
所需仓库面积（100m^2）	15	10	20	12

表 2-25 仓库租借费用与合同期的关系

合同租借期限	1 个月	2 个月	3 个月	4 个月
合同期内的租费（元/100m^2）	2800	4500	6000	7300

解：若用变量 x_{ij} 表示第 i（$i=1,2,3,4$）个月初签订的租用期为 j（$j=1,2,3,4$）个月的合同中规定的面积数（单位 100m^2），$i+j\leqslant 5$。因为 5 月份起该公司不需要租界仓库，故 x_{24}，x_{33}，x_{34}，x_{42}，x_{43}，x_{44} 均为 0。

$$\min f=2800(x_{11}+x_{21}+x_{31}+x_{41})+4500(x_{12}+x_{22}+x_{32})+6000(x_{13}+x_{23})+7300x_{14}$$

$$\text{s.t.}\begin{cases} x_{11}+x_{12}+x_{13}+x_{14}\geqslant 15 \\ x_{12}+x_{13}+x_{14}+x_{21}+x_{22}+x_{23}\geqslant 10 \\ x_{13}+x_{14}+x_{22}+x_{23}+x_{31}+x_{32}\geqslant 20 \\ x_{14}+x_{23}+x_{32}+x_{41}\geqslant 12 \\ x_{ij}\geqslant 0(i=1,2,3,4;j=1,2,3,4) \end{cases}$$

例 2-22 连续投资问题：某物流公司有 20 万元资金全部用于投资。投资方案有以下五种，每种方案的投资额不限。

方案 A：五年内每年都可投资，在年初投资 1 元，2 年后可收回 1.2 元。

方案 B：五年内每年都可投资，在年初投资 1 元，3 年后可收回 1.3 元。

方案 C：只在第一年初有一次投资机会，每投资 1 元，4 年后可收回 1.4 元。

方案 D：只在第二年初有一次投资机会，每投资 1 元，4 年后可收回 1.7 元。

方案 E：只在第四年初有一次投资机会，每投资 1 元，1 年后可收回 1.4 元。

另外，每年年初若将 1 元资金存入银行，年末可收回 1.07 元，投资所得收益及银行利息也可以用于投资。问公司如何投资才能使到第五年末收回的资金最多？试建立线性规划模型。

解： 设 $A_j(j=1,2,3,4,5)$ 表示第 j 年初按方案 A 的投资金额；同理 B_j，C_j，D_j，$E_j(j=1,2,3,4,5)$ 分别表示第 j 年初按方案 B、方案 C、方案 D、方案 E 的投资金额；F_j 表示第 j 年初存入银行的金额。第 1 年初应将 20 万元资金全部用于投资，以后各年，每年初应将前一年末所得投资收益及银行利益全部用于投资，且各项投资在第五年末应全部收回。因此数学模型为

$$\max f=1.7D_2+1.3B_3+1.2A_4+1.07F_5$$

$$\text{s.t.}\begin{cases}A_1+B_1+C_1+F_1=200000\\A_2+B_2+D_2+F_2=1.07F_1\\A_3+B_3+F_3=1.2A_1+1.07F_2\\A_4+E_4=1.3B_1+1.2A_2+1.07F_3\\F_5=1.4C_1+1.3B_2+1.2A_2+1.4E_4\\A_j,B_j,C_j,D_j,E_j,F_j\geqslant 0(j=1,2,3,4,5)\end{cases}$$

第 1 年初的投资总额为 20 万元，即第 1 约束；第 2,3,4,5 年满足各年初投资金额总额总数=本年初（上年末）回收金额数，即第 2,3,4,5 约束。注意到在第 4 年投资方案中方案 E_4 较 F_4 收益高，投资期限相同，所以投资方案 F_4 可不采用。

2.8　用 Excel、LINGO 和 MATLAB 求解线性规划问题

2.8.1　Excel 求解线性规划问题

下面采用 Excel2021 内置的 Spreadsheet。同样以 2.2.1 节的例 2-1 为例，其模型如下，说明用 Excel 的“规划求解”功能求解线性规划问题的步骤。

$$\max f=2x_1+2x_2 \qquad \text{目标函数}$$

$$\text{s.t.}\begin{cases}x_1 \leqslant 4\\x_2\leqslant 3 \qquad \text{约束条件}\\x_1+2x_2\leqslant 8\\x_1,x_2\geqslant 0 \qquad \text{且为整数}\end{cases}$$

（1）用 Spreadsheet 描述问题与建模。首先用 Spreadsheet 描述问题与建立模型。图 2-8 是问题的描述，将表 2-1 的数据输入 Excel 中（E 和 F 两列是为输入公式和符号预留的）。

	A	B	C	D	E	F	G
1	例2-1						
2			甲	乙			
3			单位产品消耗定额				资源限量
4		钢材	1	0		<=	4
5		铜材	0	1		<=	3
6		设备能力	1	2		<=	8
7		单位利润	2	2			

图 2-8　例 2-1 问题的 Excel 描述

图 2-9 表示例 2-1 的建模部分，反映线性规划问题的三要素。具体步骤如下：

1）设单元格 C9 和 D9 分别表示决策变量 x_1，x_2，描述甲、乙两种产品的计划生产量。

	A	B	C	D	E	F	G
1	例2-1						
2			甲	乙			
3			单位产品消耗定额		实际使用		资源限量
4		钢材	1	0	0	<=	4
5		铜材	0	1	0	<=	3
6		设备能力	1	2	0	<=	8
7		单位利润	2	2			
8							
9		计划生产量	0	0	总收益	=	0

图 2-9　例 2-1 问题的模型

2）设单元格 G9 表示目标函数（总利润），值为 $f=2x_1+2x_2$。因此，在单元格 G9 键入

=C7 * C9+D7 * D9

上述公式等价于：=SUMPRODUCT(C7:D7,C9:D9)，函数 SUMPRODUCT( )表示对相等行数和列数的两个单元格区域中的对应单元格分别相乘后累加求和。

3）设单元格 E4、E5 和 E6 分别代表三个约束条件左边的值。其中，第一个约束条件左边是原料钢材的实际使用量 x_1+0x_2，所以在单元格 E4 中键入

=C4 * C9+D4 * D9

或者键入

=SUMPRODUCT(C4:D4,C9:D9)

得到第一个约束条件左边的值；同理，在单元格 E5 和 E6 中分别键入

=C5 * C9+D5 * D9

=C6 * C9+D6 * D9

分别得到第二个和第三个约束条件左边的值。当然，可将表示第一个约束条件左边的公式改为

=C4 * $C $9+D4 * $D $9

上式中，$C $9 和 $D $9 分别代表 C9 和 D9 的绝对地址，然后利用复制功能，将上式复制到单元格 E5 和 E6 中，即可得到第二个和第三个约束条件左边的公式。

4）在单元格 F4、F5 和 F6 中输入小于等于符号“<=”，表示它们左边的值不允许超过 G 列中所对应的值。Excel 允许输入违反“<=”符号的试验解，在此是一种提示。

至此，完成了为例 2-1 建立 Excel 模型的工作。利用这个模型，很容易分析生产量的任何一个试验解。每次在单元格 C9 和 D9 中输入计划产量，Excel 就立刻计算出相应的值。

（2）Excel 求解线性规划。用 Excel 的“规划求解”功能求解上述模型步骤如下：

第一步：在“数据”菜单中，选择“规划求解”选项，如图 2-10 所示，弹出“规划求解参数”对话框，如图 2-11 所示。该对话框用来输入所要求解的规划问题的目标函数、决策变量和约束条件。

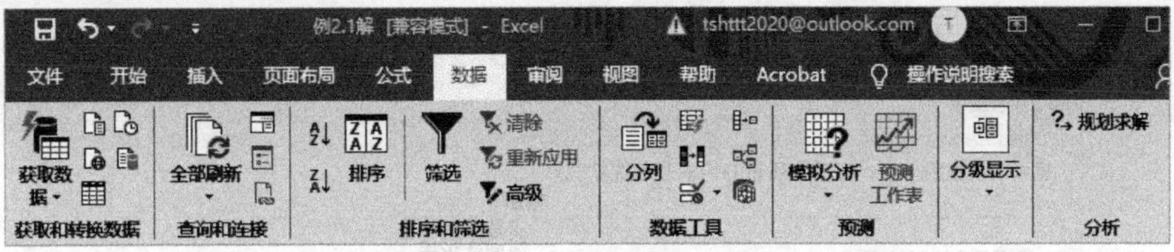

图 2-10 “规划求解”选项

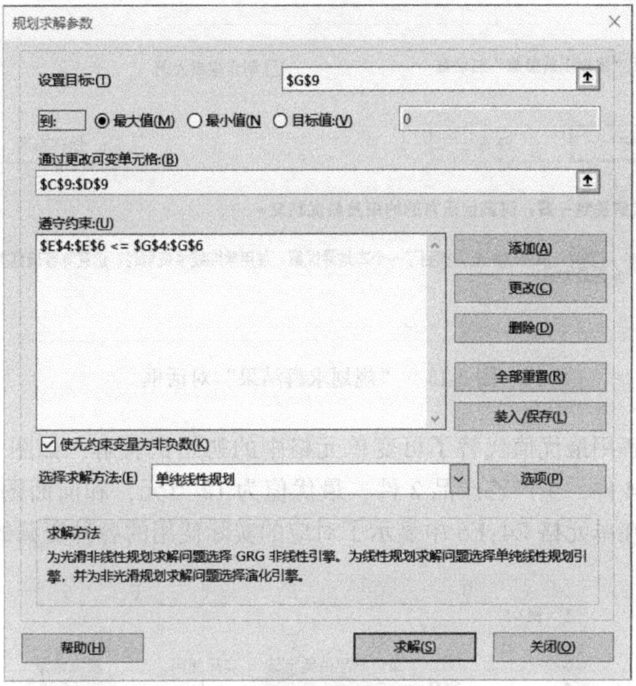

图 2-11 “规划求解参数”对话框

第二步：在对话框中输入参数所在的单元格地址。

1）在“设置目标”一栏中，输入目标函数值的单元格地址 G9，也可以直接单击 G9 单元格，选中“最大值”单选按钮。

2）在“通过更改可变单元格”一栏中，输入决策变量的单元格地址 C9∶D9。

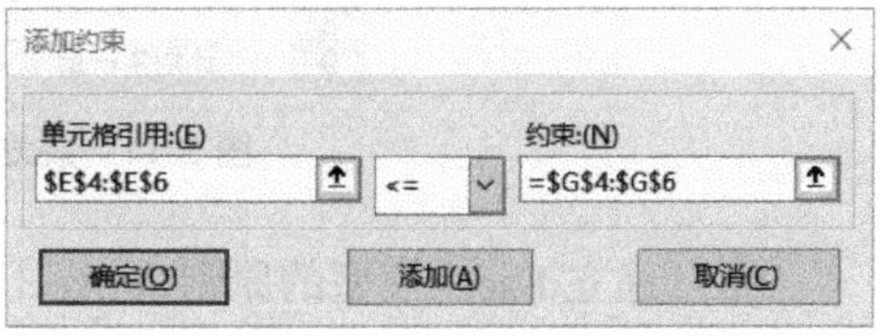

图 2-12 “添加约束”对话框

3）在“遵守约束”一栏中，通过单击“添加”按钮，在弹出的“添加约束”对话框中添加约束条件，如图 2-12 所示。对话框左边输入实际使用的资源范围（约束条件左边的值所在的单元格地址）E4∶E6，右边输入可使用资源范围 G4∶G6，单击“确定”按钮，返回如图 2-11 所示的“规划求解参数”对话框。

第三步：在“规划求解参数”对话框中，可以设定规划求解运算中的有关参数。本题需要在选择求解方法中，选中“单纯线性规划”和“使无约束变量为非负数”复选框，其他参数不变，最后单击“求解”按钮，则开始进行规划求解。

第四步：在弹出的“规划求解结果”对话框中，如图 2-13 所示，选中“保留规划求解的解”单选按钮，然后单击“确定”按钮。

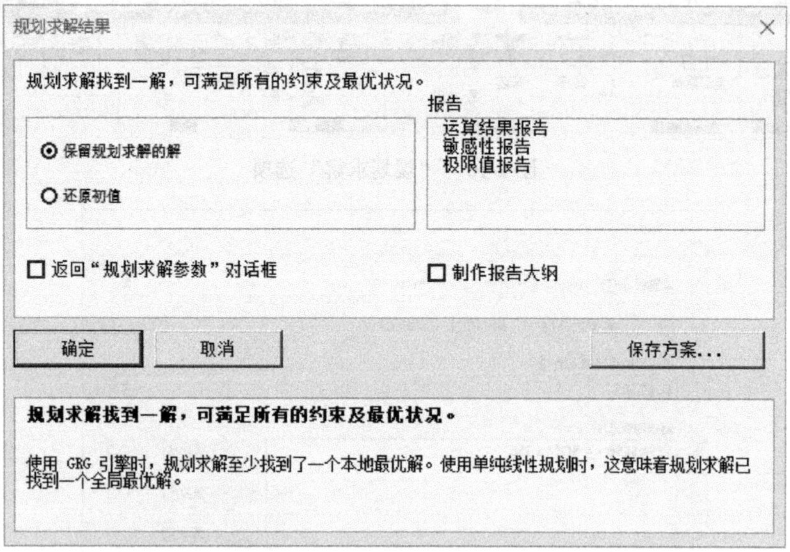

图 2-13　“规划求解结果”对话框

这时，规划求解用最优值代替了可变单元格中的初始试验解，如图 2-14 所示。可见最优解是生产甲产品 4 件，生产乙产品 2 件，最优值为 12 万元，和前面图解法与单纯形法的结果相同。同时还在单元格 E4:E6 中显示了对应的实际使用的各种资源的值。

	A	B	C	D	E	F	G
1	例2-5						
2			甲	乙			
3			单位产品消耗定额		实际使用		资源限量
4		钢材	1	0	4	<=	4
5		铜材	0	1	2	<=	3
6		设备能力	1	2	8	<=	8
7		单位利润	2	2			
8							
9		计划生产量	4	2	总收益	=	12

图 2-14　规划求解后的例 2-1 电子表格模型

（3）建立 Excel 模型的原则。Excel 建模是一门艺术，建立一个好的 Excel 模型应遵循以下几个原则：

1）首先输入数据；

2）清楚地标识数据；

3）每个数据输入到唯一的单元格；

4）将数据与公式分离；

5）保持简单化（使用 SUMPRODUCT( ) 函数、SUM( ) 函数等）；

6）使用相对地址和绝对地址简化公式的复制；

7）使用边框、底色来区分单元格类型；

8）在电子表格中显示整个模型（包括符号和数据）。

Excel提供了许多有效的功能来帮助用户进行模型调试，其中一个功能是将电子表格的输出单元格在数值和公式之间进行切换（“工具”→“选项”→“视图”→“公式”）。

2.8.2　LINGO求解线性规划问题

LINGO是Linear Interactive and General Optimizer的缩写，即“交互式的线性和通用优化求解器”，由美国的LINDO系统公司（Lindo System Inc.）开发的一套用于求解最优化问题的软件包。LINGO除了能用于求解线性规划、整数规划、图论及网络优化、排队论模型、二次规划外，还可以用于非线性规划以及一些线性和非线性方程（组）的求解。一个LINGO程序一般会包含集合段、数据输入段、优化目标和约束段、初始段和数据预处理等部分，每一部分有其独特的作用和语法规则，主要的规定如下：

（1）求目标函数的最大值或最小值分别用MAX=…或MIN=…来表示。

（2）每个语句必须以分号“;”结束，每行可以有许多语句，语句可以跨行。

（3）变量名称必须以字母（A~Z）开头，由字母、数字（0~9）和下划线所组成，长度不超过32个字符，不区分大小写。

（4）可以给语句加上标号，例如［OBJ］　MAX=200＊X1+300＊X2。

（5）以惊叹号“!”开头，以分号“;”结束的语句是注释语句。

（6）默认所有的变量都是非负的，所以不必输入非负约束。

（7）LINGO中建立的优化模型一般以“Model:”开始，以“END”结束，对于比较简单的模型，这两个语句可以省略。

下面采用LINGO17.0，以例2-1为例说明用LINGO求解线性规划问题的步骤。

$$\max f=2x_1+2x_2$$

$$\text{s.t.}\begin{cases} x_1 \leqslant 4 \\ x_2 \leqslant 3 \\ x_1+2x_2 \leqslant 8 \\ x_1,x_2 \geqslant 0 \end{cases}$$

（1）问题的LINGO建模。其建模表达形式与线性规划模型类似，如图2-15所示。

（2）模型求解。用鼠标点击工具栏中的图标，或者从菜单中选择“Solver|Solve(Ctrl+U)”命令，LINGO首先开始编译这个模型，编译没有错误则开始求解；求解时会首先显示如图2-16所示的“求解器运行状态”窗口。

（3）结果含义。LINGO运行后的最终结果在“报告”窗口（Solution Report）中，如图2-17所示。

其中，Global optimal solution found表示全局最优解找到；Objective value：12.00000表示最优目标值为12.00000。Total solver iterations：1表示单纯形法进行了

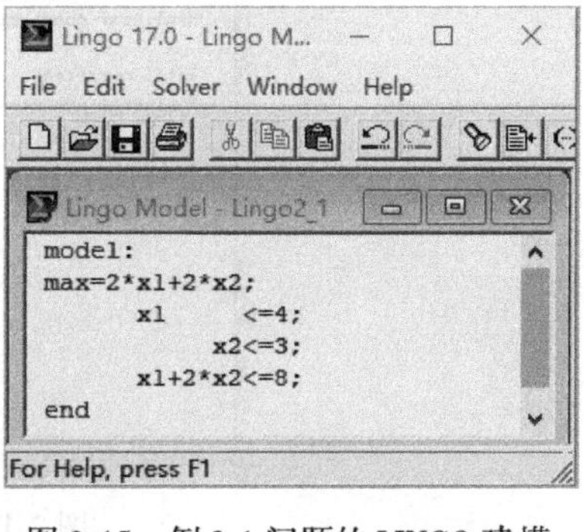

图2-15　例2-1问题的LINGO建模

一次迭代。Variable 表示变量，此问题有两个变量 X1 和 X2。Value 给出最优解中各变量（Variable）的值：X1=4.000000，X2=2.000000；Reduced Cost 给出最优的单纯形表各变量对应的检验数，其中基变量的 Reduced Cost 值一定为0；对于非基变量（注意：非基变量本身取值一定为0），相应的 Reduced Cost 值表示当该非基变量增加一个单位（其他非基变量保持不变）时目标函数减少的量（对 max 型问题）。本例最优解中两个变量都是基变量，所以对应的 Reduced Cost 的值均为 0。Slack or Surplus（松弛或剩余）给出约束对应的松弛变量的值：第 2、3、4 行松弛变量为 0，1，0。说明对于最优解来讲，两个约束（第 2、4 行）均取等号，都是紧约束，第 3 行取不等号是松约束。Dual Price 给出对偶价格的值：第 2、3、4 行对偶价格分别为 1.000000，0.000000，1.000000。

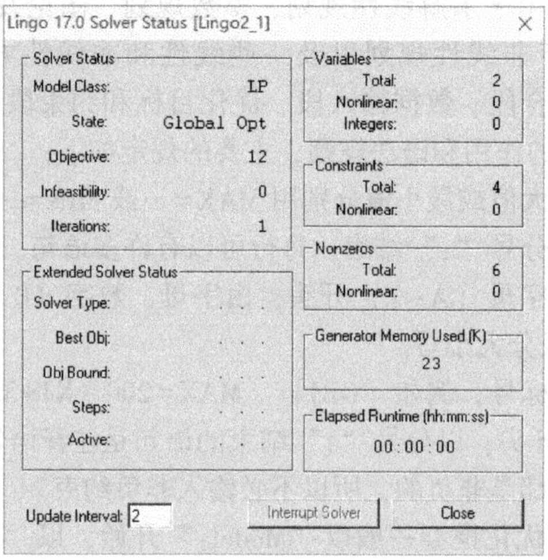

图 2-16 LINGO 的“求解器运行状态”窗口

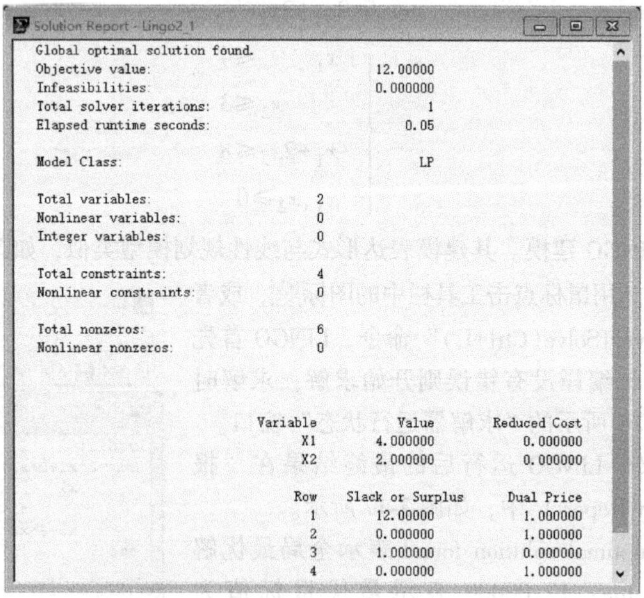

```
Solution Report - Lingo2_1

Global optimal solution found.
Objective value:                          12.00000
Infeasibilities:                          0.000000
Total solver iterations:                         1
Elapsed runtime seconds:                      0.05

Model Class:                                    LP

Total variables:                   2
Nonlinear variables:               0
Integer variables:                 0

Total constraints:                 4
Nonlinear constraints:             0

Total nonzeros:                    6
Nonlinear nonzeros:                0

                        Variable           Value        Reduced Cost
                              X1        4.000000            0.000000
                              X2        2.000000            0.000000

                             Row    Slack or Surplus      Dual Price
                               1        12.00000            1.000000
                               2        0.000000            1.000000
                               3        1.000000            0.000000
                               4        0.000000            1.000000
```

图 2-17 LINGO 的最终结果“报告”窗口

2.8.3 MATLAB 求解线性规划问题

线性规划问题：目标函数和约束函数都是线性函数。求解问题应化为标准形式

$$\min f=\boldsymbol{c}^{\mathrm{T}}\boldsymbol{x}$$

$$\text{s.t.}\begin{cases}\boldsymbol{Ax}\leqslant\boldsymbol{b}\\ \mathrm{Aeq}\boldsymbol{x}=\mathrm{beq}\\ \mathrm{LB}\leqslant\boldsymbol{x}\leqslant\mathrm{UB}\end{cases}$$

式中，$\boldsymbol{c}=[c_1,c_2,\cdots,c_n]^{\mathrm{T}}$ 为系数向量，$\boldsymbol{x}=[x_1,x_2,\cdots,x_n]^{\mathrm{T}}$ 为决策变量，$\boldsymbol{A}$ 为不等式约束系数矩阵，$\boldsymbol{b}$ 为不等式约束值，Aeq 为等式约束系数矩阵，beq 为等式约束值，LB 为最优解的下界，UB 为最优解的上界。函数输入参数调用格式：

（1）最简形式，只有不等式约束：x=linprog(c,A,b)。

（2）包含等式约束：x=linprog(c,A,b,Aeq,beq)。

（3）包含解上下界的约束：x=linprog(c,A,b,Aeq,beq,LB,UB)。

（4）定义了搜索点初值 $\boldsymbol{x}_0$：x=linprog(c,A,b,Aeq,beq,LB,UB,x_0)。

函数输出参数调用格式：

（1）最简形式，只有最优解 $\boldsymbol{x}^*$ 输出：x=linprog(c,A,b)

（2）添加最优值 fval 输出(fval=$\boldsymbol{c}^{\mathrm{T}}\boldsymbol{x}^*$)：[x, fval]=linprog(c,A,b)

（3）添加退出参数输出 exitflag：[x, fval,exitflag]=linprog(c,A,b)

当 exitflag>0 时，存在并收敛到最优解；当 exitflag=0 时，达到最大迭代次数未收敛；当 exitflag<0 时，没有最优解或算法失败。

以例 2-1 为例，说明用 MATLAB 求解线性规划问题的步骤。则 c=[-2 -2]^{T}（MATLAB 目标函数标准形式是 min），A=[1 0;0 1;1 2]，b=[4;3;8]，Aeq=[ ]，beq=[ ]，LB=[0 0]，[x, fval]=linprog[c, A, b, Aeq, beq, LB] 或 [x, fval] = linprog[c, A, b, [ ], [ ], LB]，或者 [x, fval] = linprog[c, A, b]，函数输出参数调用格式中有 LB 必须要有 Aeq，beq，其 MATLAB 具体 m 文件及运行结果如图 2-18 所示。

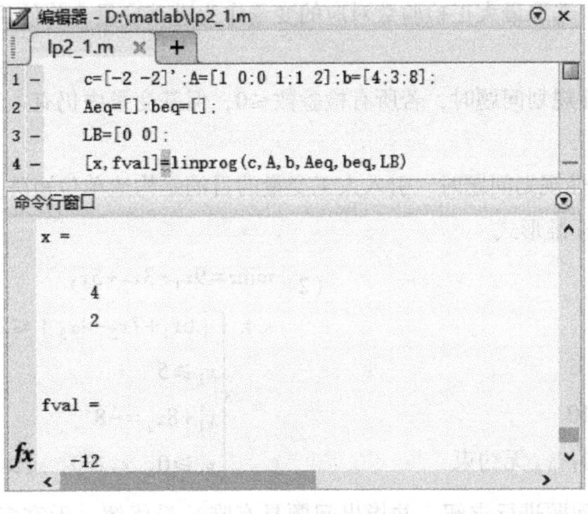

图 2-18　例 2-1 MATLAB 模型具体 m 文件及运行结果

【扩展】

人民的数学家——华罗庚

人民的数学家——华罗庚

华罗庚教授在纯数学理论研究方面堪称世界第一流的大科学家，他在世界顶级期刊上发表过150多篇论文，在运筹学方面也取得了举世瞩目的成就，许多成果至今仍居世界领先水平。在中国运筹学的重要思想——优化与统筹管理——妇孺皆知，任何一个国家都望尘莫及。华罗庚及其他先驱者为我国运筹学工作打下了广泛的、重要的启蒙基础。华罗庚具有强烈的科学家责任感和道德感。他推广"双法"（优选法和统筹法），甘当"人梯"，为国为民，尽其所能思，连续近20年走遍全国27个省市自治区，创造性地将"双法"应用于国民经济领域，为经济建设做出了巨大贡献。1957年1月24日，中国科学院首次颁布中国科学院科学奖金（现已改称"国家自然科学奖"）。这是新中国成立后第一次颁发面向全国的科学奖金。获得首届国家自然科学奖一等奖的科学家分别是钱学森、华罗庚、吴文俊。

习题 2

2.1　判断对错。

（1）线性规划一般模型中，自由变量可以用两个非负变量的差来代换。（　）

（2）线性规划模型中增加一个约束条件，可行域的范围一般将缩小。（　）

（3）图解法与单纯形法，虽然求解的形式不同，但从几何上理解，两者是一致的。（　）

（4）线性规划的目标函数一般取最大值。（　）

（5）线性规划问题中自变量仅能取大于等于零的数。（　）

（6）如线性规划问题存在最优解，则最优解一定对应可行域边界上的一个点。（　）

（7）单纯形法计算中，如果不按最小比值原则选出基变量，则在下一个解中至少有一个基变量的值为负。（　）

（8）单纯形法计算中，选取最大正检验数对应的变量作为进基变量，将使目标函数值得到最快的增长。（　）

（9）人工变量法求线性规划问题时，若所有检验数≤0，但基变量中仍有人工变量，则问题无可行解。（　）

（10）单纯形法求解线性规划问题时，引入人工变量的目的是构造单位矩阵。（　）

2.2　将下列问题化为标准形式

（1）$\max z = 2x_1 - 3x_2 + x_3$

$$\text{s.t.} \begin{cases} x_1 - x_2 + x_3 \geqslant 5 \\ 4x_1 - x_2 + 3x_3 = 6 \\ 3x_1 + x_2 + x_3 \leqslant 10 \\ x_1 \geqslant 0,\ x_2 \geqslant 0,\ x_3 \text{ 无约束} \end{cases}$$

（2）$\min z = 9x_1 - 3x_2 + 5x_3$

$$\text{s.t.} \begin{cases} |6x_1 + 7x_2 - 4x_3| \leqslant 20 \\ x_1 \geqslant 5 \\ x_1 + 8x_2 = -8 \\ x_1 \geqslant 0,\ x_2 \geqslant 0,\ x_3 \geqslant 0 \end{cases}$$

2.3　用图解法对下列问题进行求解，并指出问题具有唯一最优解、无穷多最优解、无界解还是无可行解。

（1）$\max z=2x_1+3x_2$

$$\text{s.t.}\begin{cases}x_1+2x_2\leqslant 8\\x_1\leqslant 4\\x_2\leqslant 3\\x_1,x_2\geqslant 0\end{cases}$$

（2）$\max z=x_1+x_2$

$$\text{s.t.}\begin{cases}3x_1+8x_2\leqslant 12\\x_1+x_2\leqslant 2\\2x_1\leqslant 3\\x_1,x_2\geqslant 0\end{cases}$$

（3）$\max z=x_1+x_2$

$$\text{s.t.}\begin{cases}x_1-x_2\geqslant 1\\3x_1-x_2\leqslant -3\\x_1,x_2\geqslant 0\end{cases}$$

（4）$\min z=-x_1-x_2$

$$\text{s.t.}\begin{cases}x_1-x_2\geqslant -1\\0.5x_1+x_2\leqslant 2\\x_1,x_2\geqslant 0\end{cases}$$

2.4　用单纯形法和 Excel 求解下列线性规划问题。

（1）$\max f=-x_1+2x_2+x_3$

$$\text{s.t.}\begin{cases}2x_1+x_2+x_3\leqslant 4\\x_1+2x_2\leqslant 6\\x_1,x_2,x_3\geqslant 0\end{cases}$$

（2）$\min f=x_1-3x_2-2x_3$

$$\text{s.t.}\begin{cases}3x_1-x_2+2x_3\leqslant 6\\-2x_1+4x_2\leqslant 12\\-4x_1+3x_2+8x_3\leqslant 10\\x_1,x_2,x_3\geqslant 0\end{cases}$$

2.5　分别用大 M 法和两阶段法求解下述线性规划问题，并指出是哪一类解。

（1）$\min z=2x_1+3x_2+x_3$

$$\text{s.t.}\begin{cases}x_1+4x_2+2x_3\geqslant 8\\3x_1+2x_2\geqslant 6\\x_1,\ x_2,\ x_3\geqslant 0\end{cases}$$

（2）$\max z=10x_1-5x_2+x_3$

$$\text{s.t.}\begin{cases}5x_1+3x_2+x_3=10\\-5x_1+x_2-10x_3\leqslant 15\\x_j\geqslant 0,\ j=1,\ 2,\ 3\end{cases}$$

2.6　求目标函数极大值的线性规划问题，用单纯形法求解时得到某一步单纯形表如表 2-26 所示。

表 2-26　单纯形表

x_B	$B^{-1}b$	x_1	x_2	x_3	x_4	x_5	x_6
x_2	a_2	0	1	0	0	0	a_1
x_3	4	2	0	1	a_4	0	−2
x_5	10	a_3	0	0	−4	1	3
C_j-Z_j		a_5	0	0	a_6	0	−6

表中 x_j 均为非人工变量，为使下列说法正确，确定参数 a_1，a_2，a_3，a_4，a_5，a_6 的范围。

（1）现行解为唯一最优解。

（2）现行解为最优，但有多重最优解。

（3）现行解为退化基本最优解。

（4）该线性规划问题有可行解，但目标函数无界。

（5）该线性规划问题无可行解。

2.7　已知线性规划问题的初始单纯形表和用单纯形表迭代后得到的表如表 2-27 所示，试求 $a\sim L$ 的值。

表 2-27　初始单纯形表和用单纯形表迭代后得到的表

x_B	$B^{-1}b$	x_1	x_2	x_3	x_4	x_5
x_4	6	b	c	d	1	0
x_5	1	−1	3	e	0	1

（续）

x_B	$B^{-1}b$	x_1	x_2	x_3	x_4	x_5
C_j-Z_j		a	−1	2	0	0
⋮				⋮		
x_1	f	g	2	−1	1/2	0
x_5	4	h	i	1	1/2	1
C_j-Z_j		0	−7	j	k	L

2.8　工厂每月生产甲、乙、丙三种产品，单件产品的原材料消耗量、设备台时的消耗量、资源限量及单件产品利润如表 2-28 所示。

表 2-28　三种产品单件产品利润表

资　源	产　品			资源限量
	甲	乙	丙	
材料/kg	1.5	1.2	4	2500
设备（台时）	3	1.6	1.2	1400
利润（元/件）	10	14	12	

根据市场需求，预测三种产品最低月需求量分别是 150、260 和 120，最高月需求是 250、310 和 130，试建立该问题的数学模型，使每月利润最大。

2.9　某糖果厂用原料 A,B,C 加工成三种不同牌号的糖果甲、乙、丙。已知各种牌号糖果中 A,B,C 的含量、原料成本、各种原料每月的限制用量、三种牌号糖果的单位加工费及售价如表 2-29 所示。问该厂每月生产这三种牌号糖果各多少，使得到的利润为最大？试建立这个问题的线性规划数学模型。

表 2-29　三种牌号糖果的单位加工费及售价

	甲	乙	丙	原料成本/（元/ kg）	每月限用量/kg
A	≥60%	≥20%		2.00	2000
B				1.50	2500
C	≤20%	≤50%	≤60%	1.00	1200
加工费/（元/kg）	0.50	0.40	0.30		
售价/（元/ kg）	3.40	2.85	2.25		

2.10　建筑公司需要用 6m 长的塑钢材料制作 A，B 两种型号的窗架，两种窗架所需材料规格及数量如表 2-30 所示。问怎样下料使得①用料最少；②余料最少？

表 2-30　两种窗架所需材料规格及数量

	型号 A		型号 B	
	长度/m	数量（根）	长度/m	数量（根）
每套窗架需要材料	A_1：1.7	2	B_1：2.7	2
	A_2：1.3	3	B_2：2.0	3
需要量（套）	200		150	

第 3 章 线性规划的对偶问题

教学目标：

通过本章的学习，能够描述线性规划对偶问题的提出，阐释一对对偶问题的相关关系，复述对偶理论的推导及证明，举例说明线性规划灵敏度分析的概念和内容，记住影子价格的经济意义和作用，学会使用对偶单纯形法及参数规划提出优化建议，能灵活运用软件进行灵敏度分析。

3.1 对偶问题的提出

首先，我们可以从实际经济方面引入，以生产计划问题为例，假设某企业有 m 种资源用于生产 n 种不同的产品，c_j表示单位 j 种产品的产值；a_{ij}表示生产单位 j 种产品所需第 i 种资源的数量；x_j表示生产第 j 种产品的数量 $(j=1,2,\cdots,n)$；b_i表示第 i 种资源的拥有量 $(i=1,2,\cdots,m)$；为使该企业产值最大，可将上述问题建立线性规划模型为 (P)。

$$
\max f=c_1x_1+\cdots+c_jx_j+\cdots+c_nx_n \qquad \text{开价}
$$

$$
(P)\quad \text{s. t.}\begin{cases}a_{11}x_1+\cdots+a_{1j}x_j+\cdots+a_{1n}x_n\leqslant b_1 & y_1\\ a_{21}x_1+\cdots+a_{2j}x_j+\cdots+a_{2n}x_n\leqslant b_2 & y_2\\ \qquad\vdots & \\ a_{m1}x_1+\cdots+a_{mj}x_j+\cdots+a_{mn}x_n\leqslant b_m & y_m\\ x_j\geqslant 0(j=1,2,\cdots,n) & \end{cases}
$$

现在从另一个角度提出问题：假定有另一个企业欲将上述企业拥有的全部资源收买过来，至少应付出多少代价，才能使上述企业愿意放弃生产活动，出让资源。

设 y_i 表示收买该企业一单位 i 种资源时付给的代价，$(i=1,2,\cdots,m)$。y_i 不是市场价格，它与固定资产、人才资源、品牌效应、工艺技术条件等有关。

令 $\boldsymbol{Y}=(y_1,y_2,\cdots,y_m)$，$\boldsymbol{b}=(b_1,b_2,\cdots,b_m)^{\mathrm{T}}$，则

$$
(y_1,y_2,\cdots,y_m)(b_1,b_2,\cdots,b_m)^{\mathrm{T}}=\boldsymbol{Yb}=\text{总代价}
$$

$$
(y_1,y_2,\cdots,y_m)(a_{1j},a_{2j},\cdots,a_{mj})^{\mathrm{T}}=\boldsymbol{YP}_j=\text{单位 } j \text{ 种产品的代价}
$$

对买方来说，希望总代价最小，则有

$$
\min w=b_1y_1+\cdots+b_my_m=\sum_{i=1}^{m}b_iy_i
$$

对卖方来说，放弃自己组织生产活动的条件是，对同等数量资源出让的代价应不低于该

企业自己组织生产活动时的产值。如果该企业生产一单位第 1 种产品时，消耗各种资源的数量分别为 $a_{11}, a_{21}, \cdots, a_{m1}$，则应有 $a_{11}y_1+a_{21}y_2+\cdots+a_{m1}y_m \geqslant c_1$，即模型为

$$\min w = \sum_{i=1}^{m} b_i y_i$$

$$(D)\quad \text{s.t.} \begin{cases} a_{11}y_1 + a_{21}y_2 + \cdots + a_{m1}y_m \geqslant c_1 \\ a_{12}y_1 + a_{22}y_2 + \cdots + a_{m2}y_m \geqslant c_2 \\ \quad\vdots \\ a_{1n}y_1 + a_{2n}y_2 + \cdots + a_{mn}y_m \geqslant c_n \\ y_1, y_2, \cdots, y_m \geqslant 0 \end{cases}$$

我们把问题（D）称为问题（P）的对偶问题，其矩阵形式为

$$\min w = \boldsymbol{Yb}$$
$$\text{s.t.} \begin{cases} \boldsymbol{YA} \geqslant \boldsymbol{C} \\ \boldsymbol{Y} \geqslant \boldsymbol{0} \end{cases}$$

其中 $\boldsymbol{Y}$ 是行向量，不能写成 $\boldsymbol{AY}$，$\boldsymbol{bY}$，因为矩阵不满足交换律。

线性规划的对偶问题也可以从数学方面引出来。将问题（P）化成标准形式，写成矩阵形式为

$$\max f = \boldsymbol{cx}$$
$$(P')\quad \text{s.t.} \begin{cases} \boldsymbol{Ax} + \boldsymbol{Ex}_s = \boldsymbol{b} \\ \boldsymbol{x}, \boldsymbol{x}_s \geqslant \boldsymbol{0} \end{cases}$$

其中 $\boldsymbol{x}_s$ 是 m 个松弛变量，注意到约束方程的系数矩阵是（$\boldsymbol{A}, \boldsymbol{E}$）对应的单纯形表为

$$T_{P'}(\boldsymbol{B}) = \begin{array}{c} \\ \boldsymbol{x}_B \\ -f \end{array} \left\{ \begin{array}{c|cc} & \boldsymbol{x} & \boldsymbol{x}_S \\ \boldsymbol{B}^{-1}\boldsymbol{b} & \boldsymbol{B}^{-1}\boldsymbol{A} & \boldsymbol{B}^{-1}\boldsymbol{E} \\ \hline -\boldsymbol{C}_B\boldsymbol{B}^{-1}\boldsymbol{b} & \boldsymbol{C}-\boldsymbol{C}_B\boldsymbol{B}^{-1}\boldsymbol{A} & 0-\boldsymbol{C}_B\boldsymbol{B}^{-1}\boldsymbol{E} \end{array} \right\}$$

令 $\boldsymbol{Y}=\boldsymbol{C}_B\boldsymbol{B}^{-1}=(y_1, y_2, \cdots, y_m)$ 实质上是对偶变量。

$$T_{P'}(\boldsymbol{B}) = \begin{array}{c} \\ \boldsymbol{x}_B \\ -f \end{array} \left\{ \begin{array}{c|cc} & \boldsymbol{x} & \boldsymbol{x}_S \\ \boldsymbol{B}^{-1}\boldsymbol{b} & \boldsymbol{B}^{-1}\boldsymbol{A} & \boldsymbol{B}^{-1} \\ \hline -\boldsymbol{Yb} & \boldsymbol{C}-\boldsymbol{YA} & -\boldsymbol{Y} \end{array} \right\}$$

$\boldsymbol{Y}=\boldsymbol{C}_B\boldsymbol{B}^{-1}$ 是一个桥梁，当检验数全部≤0（$\boldsymbol{C}-\boldsymbol{C}_B\boldsymbol{B}^{-1}\boldsymbol{A} \leqslant \boldsymbol{0}$）时，有

$$\begin{cases} \boldsymbol{YA} \geqslant \boldsymbol{C} \\ \boldsymbol{Y} \geqslant \boldsymbol{0} \end{cases}$$

满足对偶问题的约束条件，把约束条件 $\boldsymbol{YA} \geqslant \boldsymbol{C}$ 右乘 $\boldsymbol{x}$，得 $\boldsymbol{YAx} \geqslant \boldsymbol{Cx}$，又 $\boldsymbol{Ax} \leqslant \boldsymbol{b}$，则有

$$\boldsymbol{Yb} \geqslant \boldsymbol{YAx} \geqslant \boldsymbol{Cx}$$

当原问题（P）存在最大值时，则 $\boldsymbol{Yb}$ 有下界，即存在对偶问题（D）。对偶问题为我们求解原问题（P）的提供了一种新途径。

3.2 原问题与对偶问题的关系

3.2.1 对称型对偶线性规划

设

$$(P)\quad \max f = \boldsymbol{cx} \quad \text{s. t.} \begin{cases} \boldsymbol{Ax} \leqslant \boldsymbol{b} \\ \boldsymbol{x} \geqslant \boldsymbol{0} \end{cases} \qquad (D)\quad \min w = \boldsymbol{Yb} \quad \text{s. t.} \begin{cases} \boldsymbol{YA} \geqslant \boldsymbol{C} \\ \boldsymbol{Y} \geqslant \boldsymbol{0} \end{cases}$$

称为一对对称型的对偶问题，由以上定义我们可以看出，原问题与对偶问题的关系如下：

（1）原问题的约束个数等于对偶问题变量的个数；

（2）原问题的目标函数系数对应于对偶问题的右端项；

（3）原问题的右端项对应于对偶问题的目标函数系数；

（4）原问题的约束矩阵转置就是对偶问题的约束矩阵；

（5）原问题为求最大值，对偶问题是求最小值；

（6）原问题不等约束符号为“≤”，对偶问题不等式约束符号为“≥”。

由以上对应关系，我们很容易由原问题写出其对偶问题，而且对于非对称形式出现的线性规划问题，可先转化为对称形式后，再进行分析。

例 3-1 写出下列线性规划的对偶问题。

$$\max f = 3x_1 - 2x_2 + x_3$$

$$(P)\quad \text{s. t.} \begin{cases} 2x_1 \qquad\quad +3x_3 \leqslant 5 \\ \qquad 4x_2 - \ x_3 = 4 \\ 2x_1 - 3x_2 + 2x_3 \geqslant 10 \\ x_1, x_2, x_3 \geqslant 0 \end{cases}$$

解：把原问题（P）化为“≤”形式。注意 x_1，x_2，x_3 系数要对齐，以防化错。

$$\max f = 3x_1 - 2x_2 + x_3$$

$$(P')\quad \text{s. t.} \begin{cases} 2x_1 \qquad\quad +3x_3 \leqslant 5 & y_1 \\ \qquad 4x_2 - \ x_3 \leqslant 4 & y_2 \\ \quad -4x_2 + \ x_3 \leqslant -4 & y_3 \\ -2x_1 + 3x_2 - 2x_3 \leqslant -10 & y_4 \\ x_1, x_2, x_3 \geqslant 0 \end{cases}$$

根据对称型对偶问题的关系可得（P'）的对偶问题为

$$\min w = 5y_1 + 4y_2 - 4y_3 - 10y_4$$

$$(D)\quad \text{s. t.} \begin{cases} 2y_1 \qquad\qquad\qquad -2y_4 \geqslant 3 \\ \qquad 4y_2 - 4y_3 + 3y_4 \geqslant -2 \\ 3y_1 - \ y_2 + \ y_3 - 2y_4 \geqslant 1 \\ y_1, y_2, y_3, y_4 \geqslant 0 \end{cases}$$

3.2.2 非对称型对偶线性规划

在实际应用中我们经常遇到的是非对称型的线性规划问题，虽然可以先换成对称型，再根据对称型对偶问题的关系，来求原问题的对偶问题，但过于烦琐，所以我们给出非对称型线性规划问题的互化规则，如表 3-1 所示。

表 3-1　非对称型线性规划问题的互化规则

	原问题（P）		对偶问题（D）	
目标函数	max 问题	⟷	min 问题	
	有 m 个约束条件	⟷	有 m 个变量	
	有 n 个变量	⟷	有 n 个约束条件	
约束	$\Sigma a_{ij}x_j \leqslant b_i$ $\Sigma a_{ij}x_j = b_i$ $\Sigma a_{ij}x_j \geqslant b_i$	⟷ ⟷ ⟷	$y_i \geqslant 0$ y_i无约束 $y_i \leqslant 0$	变量
变量	$x_j \geqslant 0$ x_j无约束 $x_j \leqslant 0$	⟷ ⟷ ⟷	$\Sigma a_{ij}y_i \geqslant c_j$ $\Sigma a_{ij}y_i = c_j$ $\Sigma a_{ij}y_i \leqslant c_j$	约束

例 3-2　重求例 3-1 的对偶问题，直接用非对称型线性规划问题的互化规则，得

$$\min w = 5y_1 + 4y_2 + 10y_3$$

$$(D)\ \text{s.t.}\begin{cases} 2y_1 \quad\ + 2y_3 \geqslant 3 & x_1 \\ \quad 4y_2 - 3y_3 \geqslant -2 & x_2 \\ 3y_1 - y_2 + 2y_3 \geqslant 1 & x_3 \\ y_1 \geqslant 0, y_2 \text{ 不限}, y_3 \leqslant 0 \end{cases}$$

发现其形式与例 3-1 的结果不同，其实实质是一致的，例 3-1 中的（$y_2 - y_3$）相当于例 3-2 中的 y_2，例 3-1 中的 y_4 等于例 3-2 中（$-y_3$）。

3.3 对偶问题的基本性质

在下面的讨论中，假定一对对称型的线性规划问题（P）和（D）为

$$\max f = \boldsymbol{cx} \tag{3-1}$$

$$(P)\ \text{s.t.}\begin{cases} \boldsymbol{Ax} \leqslant \boldsymbol{b} & (3\text{-}2) \\ \boldsymbol{x} \geqslant \boldsymbol{0} & (3\text{-}3) \end{cases}$$

$$\min w = \boldsymbol{Yb} \tag{3-4}$$

$$(D)\ \text{s.t.}\begin{cases} \boldsymbol{YA} \geqslant \boldsymbol{C} & (3\text{-}5) \\ \boldsymbol{Y} \geqslant \boldsymbol{0} & (3\text{-}6) \end{cases}$$

定理 3.1　弱对偶定理

若 $\boldsymbol{x}^{(0)}\boldsymbol{Y}^{(0)}$ 分别是原问题（P）和对偶问题（D）的可行解，则恒有 $\boldsymbol{Y}^{(0)}\boldsymbol{b} \geqslant \boldsymbol{Cx}^{(0)}$。

证明　式（3-2）左乘 $\boldsymbol{Y}^{(0)}$，得

$$Y^{(0)}Ax^{(0)} \leqslant Y^{(0)}b \tag{3-7}$$

式（3-5）右乘 $x^{(0)}$，得

$$Y^{(0)}Ax^{(0)} \geqslant Cx^{(0)} \tag{3-8}$$

所以 $Y^{(0)}b \geqslant Y^{(0)}Ax^{(0)} \geqslant Cx^{(0)}$，即 $Y^{(0)}b \geqslant Cx^{(0)}$。

定理 3.2　无界性定理

（1）若问题（P）无上界，则问题（D）无可行解。

（2）若问题（D）无下界，则问题（P）无可行解。

证明　用反证法（只证①）：假设问题（P）无上界，则问题（D）有可行解，则由定理 3-1 知 $Y^{(0)}b \geqslant Cx^{(0)}$，即 $Cx^{(0)}$ 有上界，与问题（P）无上界矛盾，因此原命题成立。

定理 3.3　最优性定理

若 x^* 和 Y^* 分别为（P）和（D）的可行解，且 $Cx^* = Y^*b$，则 x^* 和 Y^* 分别为（P）和（D）的最优解。

证明　方法一，在这里，只需证明 x^* 为（P）的最优解，Y^* 为（D）的最优解证明类似。任取（P）的一个可行解 $x^{(0)}$，由定理 3-1 弱对偶定理，知 $Cx^{(0)} \leqslant Y^*b$，又知 $Cx^* = Y^*b$，所以，对任一可行解 $x^{(0)}$ 均有 $Cx^{(0)} \leqslant Y^*b = Cx^*$，即 x^* 为（P）的最优解。

方法二，设 x' 是原问题的最优解，Y' 是其对偶问题的最优解，因为，$Y'b \leqslant Y^*b = Cx^* \leqslant Cx'$，又由定理 3-1 弱对偶定理得 $Cx' \leqslant Y'b$，所以 $Y'b = Y^*b = Cx^* = Cx'$。

定理 3.4　强对偶定理

（1）若（P）有最优解 x^*，则（D）一定有最优解 Y^*，且 $Cx^* = Y^*b$。

（2）若（D）有最优解 Y^*，则（P）一定有最优解 x^*，且 $Cx^* = Y^*b$。

证明　前半部分，因为（P）有最优解 x^*，对应最优基单纯形表的目标函数及检验数为 $Cx^* = C_BB^{-1}b$，$(C - C_BB^{-1}A, -C_BB^{-1}) \leqslant (0, 0)$。令 $C_BB^{-1} = Y^{(0)}$，由检验数得

$$\begin{cases} Y^{(0)}A \geqslant C \\ Y^{(0)} \geqslant 0 \end{cases}$$

满足上式的 $Y^{(0)}$ 是（D）的可行解。又因为 $Cx^* = C_BB^{-1}b = Y^{(0)}b$，由定理 3-3 最优性定理知 $Y^{(0)}$ 一定是（D）的最优解，并且 $Cx^* = C_BB^{-1}b = Y^*b$；后半部分，把（D）变成（P）的形式，利用前半部分证明即可。

$$(D)\ \begin{aligned} &\min w = Yb \\ &\text{s. t.} \begin{cases} YA \geqslant C \\ Y \geqslant 0 \end{cases} \end{aligned} \quad \Rightarrow \quad (D)\ \begin{aligned} &\max w' = -b^{\mathrm{T}}Y^{\mathrm{T}} \\ &\text{s. t.} \begin{cases} -A^{\mathrm{T}}Y^{\mathrm{T}} \leqslant -C^{\mathrm{T}} \\ Y^{\mathrm{T}} \geqslant 0 \end{cases} \end{aligned}$$

定理 3.5　松紧定理、互补松弛定理

定义：变量松，指变量严格>0 或<0；变量紧，指变量=0；约束松，指约束为严格不等式（>或<）；约束紧，指约束为等式（=）。

设 $A = (p_1, p_2, \cdots, p_n) = (A_1, A_2, \cdots, A_m)^{\mathrm{T}}$

$$(P)\ \begin{aligned} &\max f = \sum_{j=1}^{n} c_j x_j \\ &\text{s. t.} \begin{cases} A_i X \leqslant b_i \quad y_i \\ X \geqslant 0 \end{cases} \end{aligned} \qquad (D)\ \begin{aligned} &\min w = \sum_{i=1}^{m} b_i y_i \\ &\text{s. t.} \begin{cases} YP_j \geqslant c_j \quad x_j \\ Y \geqslant 0 \end{cases} \end{aligned}$$

$\overline{X}$，$\overline{Y}$ 分别为（P）、（D）的最优解，则有下面结论：

（1）若某 $\overline{x}_j>0$（称第 j 个变量对（P）是松的），则 $\overline{Y}\boldsymbol{P}_j=c_j$（称第 j 个约束对（D）是紧的）。

（2）若 $\overline{Y}\boldsymbol{P}_j>c_j$（松的），则 $\overline{x}_j=0$（紧的）。

（3）若某 $\overline{y}_i>0$（松的），则 $\boldsymbol{A}_i\overline{X}=b_i$（紧的）。

（4）若 $\boldsymbol{A}_i\overline{X}<b_i$（松的），则 $\overline{y}_i=0$（紧的）。

证明 由强对偶定理，$\overline{Y}\boldsymbol{b}=\overline{Y}\boldsymbol{A}\ \overline{X}=\boldsymbol{C}\ \overline{X}\Rightarrow$（$\overline{Y}\boldsymbol{A}-\boldsymbol{C}$）$\overline{X}=\boldsymbol{0}$，其中 $\overline{Y}\boldsymbol{A}-\boldsymbol{C}\geqslant\boldsymbol{0}$；$\overline{X}\geqslant\boldsymbol{0}$，即有（$\overline{Y}\boldsymbol{P}_j-c_j$）$\overline{x}_j=0$（$j=1,2,\cdots,n$），则 $\overline{x}_j>0\Rightarrow\overline{Y}\boldsymbol{P}_j-c_j=0$；$\overline{Y}\boldsymbol{P}_j-c_j>0\Rightarrow\overline{x}_j=0$，即可由松到紧，但不能由紧到松。(3) 和（4）同理可证。

定理 3.6 兼容性定理

（1）线性规划的一个基 $\boldsymbol{B}$（可为非可行基）的 $T(\boldsymbol{B})$ 检验数（可正可负），对应其对偶问题一个基本解的负数。

（2）线性规划的一个正则基 $\boldsymbol{B}$（检验数全部 $\leqslant 0$）的 $T(\boldsymbol{B})$ 的检验数对应其对偶问题一个基本可行解的负数。

（3）线性规划的一个最优基 $(\boldsymbol{C}-\boldsymbol{C}_B\boldsymbol{B}^{-1}\boldsymbol{A}\leqslant\boldsymbol{0},-\boldsymbol{C}_B\boldsymbol{B}^{-1}\leqslant\boldsymbol{0},\boldsymbol{B}^{-1}\boldsymbol{b}\geqslant\boldsymbol{0})$ $T(\boldsymbol{B})$ 的检验数对应其对偶问题一个基本最优解的负数。

证明 由（P）、（D）可写为

$$
(P_s)\quad \begin{aligned}&\max f=\boldsymbol{cx}\\ &\text{s.t.}\begin{cases}\boldsymbol{Ax}+\boldsymbol{Ex}_s=\boldsymbol{b}\\ \boldsymbol{x},\boldsymbol{x}_s\geqslant\boldsymbol{0}\end{cases}\end{aligned}
\qquad\qquad
(D_s)\quad \begin{aligned}&\min w=\boldsymbol{Yb}\\ &\text{s.t.}\begin{cases}\boldsymbol{YA}-\boldsymbol{Y}_s=\boldsymbol{c}\\ \boldsymbol{Y},\boldsymbol{Y}_s\geqslant\boldsymbol{0}\end{cases}\end{aligned}
$$

计算（P_s）问题的最优单纯形表如下：

$$
T(\boldsymbol{B})=\begin{array}{c}\\ \boldsymbol{x}_B\\ -f\end{array}\left\{\begin{array}{c|ccc} & \boldsymbol{x}_B & \boldsymbol{x}_N & \boldsymbol{x}_S\\ \boldsymbol{B}^{-1}\boldsymbol{b} & \boldsymbol{E} & \boldsymbol{B}^{-1}\boldsymbol{N} & \boldsymbol{B}^{-1}\boldsymbol{E}\\ \hline -\boldsymbol{C}_B\boldsymbol{B}^{-1}\boldsymbol{b} & \boldsymbol{0} & \boldsymbol{C}_N-\boldsymbol{C}_B\boldsymbol{B}^{-1}\boldsymbol{N} & \boldsymbol{0}-\boldsymbol{C}_B\boldsymbol{B}^{-1}\boldsymbol{E}\end{array}\right\}
$$

可得（P_s）问题的检验数。又由（D_s）的约束条件，令 $\boldsymbol{Y}_s=(\boldsymbol{Y}_s',\boldsymbol{Y}_s'')$，得

$\boldsymbol{Y}(\boldsymbol{B},\boldsymbol{N})-(\boldsymbol{Y}_s',\boldsymbol{Y}_s'')=(\boldsymbol{C}_B,\boldsymbol{C}_N)$，即

$$
\begin{cases}\boldsymbol{YB}-\boldsymbol{Y}_S'=\boldsymbol{C}_B\\ \boldsymbol{YN}-\boldsymbol{Y}_S''=\boldsymbol{C}_N\end{cases}
$$

把 $\boldsymbol{Y}=\boldsymbol{C}_B\boldsymbol{B}^{-1}$ 代入得

$$
\begin{cases}\boldsymbol{C}_B\boldsymbol{B}^{-1}\boldsymbol{B}-\boldsymbol{Y}_S'=\boldsymbol{C}_B\\ \boldsymbol{C}_B\boldsymbol{B}^{-1}\boldsymbol{N}-\boldsymbol{Y}_S''=\boldsymbol{C}_N\end{cases}
$$

则

$$
\begin{cases}\boldsymbol{Y}_S'=\boldsymbol{0}\\ \boldsymbol{Y}_S''=\boldsymbol{C}_B\boldsymbol{B}^{-1}\boldsymbol{N}-\boldsymbol{C}_N\\ \boldsymbol{Y}=\boldsymbol{C}_B\boldsymbol{B}^{-1}\end{cases}
$$

推得表 3-2。

表 3-2　定理 3.6 证明结论

x_B	x_N	x_S
$\mathbf{0}$	$C_N-C_BB^{-1}N$	$-C_BB^{-1}$
$-Y_s'$	$-Y_s''$	$-Y$

定理 3.7　存在性定理

若（P）、（D）都存在可行解，（P）、（D）都存在最优解。原问题与对偶问题之间的关系如表 3-3 所示。

表 3-3　定理 3.7 用表

max$f$		min$w$
有最优解	⟷	有最优解
有可行解但无上界	⟷	无可行解
无可行解	⟷	有可行解但无下界

例 3-3　由对偶问题证明线性规划问题（P）无最优解。

$$\max f=x_1+x_2$$

$$(P)\quad \text{s. t.}\begin{cases}-x_1+x_2+x_3\leqslant 2 & y_1\\ -2x_1+x_2-x_3\leqslant 1 & y_2\\ x_1,x_2,x_3\geqslant 0\end{cases}$$

解：（P）的对偶问题（D）为

$$\min w=2y_1+y_2$$

$$(D)\quad \text{s. t.}\begin{cases}-y_1-2y_2\geqslant 1\\ y_1+\ y_2\geqslant 1\\ y_1-\ y_2\geqslant 0\\ y_1,y_2\geqslant 0\end{cases}$$

由于（D）的第一约束为矛盾方程，所以无可行解。又由 $\boldsymbol{x}=(0,0,0)^{\mathrm{T}}$ 是（P）的一个可行解，由定理 3-7 存在性定理可知（P）有可行解无上界。

例 3-4　已知

$$\max f=3x_1+6x_2+2x_3+2x_4$$

$$(P)\quad \text{s. t.}\begin{cases}x_1+3x_2\qquad +x_4\leqslant 8 & y_1\\ 2x_1+\ x_2\qquad\quad \leqslant 6 & y_2\\ \qquad x_2+x_3+x_4\leqslant 3 & y_3\\ x_1+\ x_2+x_3\qquad \leqslant 6 & y_4\\ x_1,x_2,x_3,x_4\geqslant 0\end{cases}$$

(1) 写出 (*P*) 的对偶问题 (*D*)。

(2) 当 (*P*) 的最优解为 $\bar{x}=(2,2,1,0)^{T}$ 时，由松紧定理求 (*D*) 的最优解。

解：(1) 由对偶问题互化规则可得 (*P*) 的对偶问题 (*D*) 为

$$\min w=8y_1+6y_2+3y_3+6y_4$$

$$(D)\quad \text{s.t.}\begin{cases} y_1+2y_2+y_4\geqslant 3\\ 3y_1+y_2+y_3+y_4\geqslant 6\\ y_3+y_4\geqslant 2\\ y_1+y_3\geqslant 2\\ y_1,y_2,y_3,y_4\geqslant 0\end{cases}$$

(2) 由 $\bar{x}_1=2>0$，$\bar{x}_2=2>0$，$\bar{x}_3=1>0$ 都是变量松的，由松紧定理得 (*D*) 的前 3 个约束为等式（紧的）。

$$\begin{cases} \bar{y}_1+2\bar{y}_2+\bar{y}_4=3\\ 3\bar{y}_1+\bar{y}_2+\bar{y}_3+\bar{y}_4=6\\ \bar{y}_3+\bar{y}_4=2\end{cases}$$

第 4 个约束条件有两个渠道：① (*P*)、(*D*) 两个最优值相等；② $\bar{x}$ 代入 (*P*) 第 4 个方程 $=5<6$ 松的，所以 $\bar{y}_4=0$。

解得 $\bar{Y}=(1,1,2,0)$ 是线性规划问题 (*D*) 的最优解。

3.4 对偶单纯形法

步骤 1：取一个正则基 $\boldsymbol{B}$ 求 $T(\boldsymbol{B})$，即 $\boldsymbol{C}-\boldsymbol{C}_B\boldsymbol{B}^{-1}\boldsymbol{A}\leqslant \boldsymbol{0}$。

步骤 2：最优性检验。若 $\boldsymbol{B}^{-1}\boldsymbol{b}\geqslant \boldsymbol{0}$ 时，已获最优解，迭代终止，否则转到步骤 3。

步骤 3：无可行解检验。若某 $b_i'<0$ 且 $a_{ij}'\geqslant 0(j=1,2,\cdots,n)$，则第 i 个方程为矛盾方程，该问题无可行解，迭代终止，否则转到步骤 4。

步骤 4：选主元。先选主元行 r（出基变量），$b_r=\min\{b_i' \mid b_i'<0,1\leqslant i\leqslant m\}$，后选主元列 s，$\sigma_s/a_{rs}'=\min\{\sigma_j/a_{rj}' \mid a_{rj}'<0,1\leqslant j\leqslant n\}$，主元为 a_{rs}'。为保证所有检验数全都小于等于 0。

步骤 5：迭代换基，类同以前得新基 $\boldsymbol{B}^*$，转到步骤 2。

例 3-5 用对偶单纯形法，求其最优解。

$$\min f=2x_1+3x_2$$

$$\text{s.t.}\begin{cases} x_1+x_2\geqslant 350\\ x_1\geqslant 125\\ 2x_1+x_2\leqslant 600\\ x_j\geqslant 0(j=1,2)\end{cases}$$

解：标准化后，变成初始基为单位阵，得

$$\max f' = -2x_1 - 3x_2$$

$$\text{s. t.}\begin{cases}-x_1 - x_2 + x_3 = -350\\ -x_1 + x_4 = -125\\ 2x_1 + x_2 + x_5 = 600\\ x_j \geqslant 0 (j=1,2,\cdots,5)\end{cases}$$

从一个正则基（$\boldsymbol{P}_3,\boldsymbol{P}_4,\boldsymbol{P}_5$）开始，即从对偶单纯形法可行基开始。其详细求解过程如表3-4所示，基本最优解为$\boldsymbol{x}^* = (250,100,0,125,0)^{\mathrm{T}}$。

表3-4　对偶单纯形法求解过程

$C_j \to$			-2	-3	0	0	0
$\boldsymbol{C}_B$	$\boldsymbol{x}_B$	$\boldsymbol{B}^{-1}\boldsymbol{b}$	x_1	x_2	x_3	x_4	x_5
0	x_3	-350	-1^*	-1	1	0	0
0	x_4	-125	-1	0	0	1	0
0	x_5	600	2	1	0	0	1
$C_j - Z_j$			-2	-3	0	0	0
-2	x_1	350	1	1	-1	0	0
0	x_4	225	0	1	-1	1	0
0	x_5	-100	0	-1^*	2	0	1
$C_j - Z_j$			0	-1	-2	0	0
-2	x_1	250	1	0	1	0	1
0	x_4	125	0	0	1	1	1
-3	x_2	100	0	1	-2	0	-1
$C_j - Z_j$			0	0	-4	0	-1

对偶单纯形法的应用如下：

（1）当$\min\{\boldsymbol{CX} \mid \boldsymbol{AX} \geqslant \boldsymbol{b}, \boldsymbol{X} \geqslant \boldsymbol{0}, \boldsymbol{C} \geqslant \boldsymbol{0}\}$时，用对偶单纯形法迭代计算。

（2）求$\max\{\boldsymbol{CX} \mid \boldsymbol{AX} = \boldsymbol{b}^{(t)}, \boldsymbol{X} \geqslant \boldsymbol{0}, t=1,2,\cdots,p\}$的一组规划。

先求得$\boldsymbol{b}^{(1)}$时的最优基单纯形表。

$$T(\boldsymbol{B}^{(1)}) = \left\{\begin{array}{c|c} \boldsymbol{B}^{-1}\boldsymbol{b}^{(1)} & \boldsymbol{B}^{-1}\boldsymbol{A} \\ \hline -\boldsymbol{C}_B\boldsymbol{B}^{-1}\boldsymbol{b}^{(1)} & \boldsymbol{C} - \boldsymbol{C}_B\boldsymbol{B}^{-1}\boldsymbol{A} \end{array}\right\}$$

可得一个正则基，满足对偶单纯形法的条件，当计算$\boldsymbol{b}^{(2)}$最优基时，可在上述表$T(\boldsymbol{B}^{(1)})$的基础上继续计算。用对偶单纯形法迭代计算$\boldsymbol{B}^{-1}\boldsymbol{b}^{(2)} \geqslant \boldsymbol{0}$时，得$\boldsymbol{b}^{(2)}$的最优基单纯形表，依次进行，即可求出$t=1,2,\cdots,p$的所有最优解。

$$T\ (\boldsymbol{B}^{(2)})\ = \left\{\begin{array}{c|c} \boldsymbol{B}^{-1}\boldsymbol{b}^{(2)} & \boldsymbol{B}^{-1}\boldsymbol{A} \\ \hline -\boldsymbol{C}_B\boldsymbol{B}^{-1}\boldsymbol{b}^{(2)} & \boldsymbol{C} - \boldsymbol{C}_B\boldsymbol{B}^{-1}\boldsymbol{A} \end{array}\right\}$$

（3）已求得最优基单纯形表$T(\boldsymbol{B}^{(*)})$，又增加一个新约束，$a_{m+1,1}x_1 + \cdots + a_{m+1,n}x_n \leqslant b_{m+1}$，可在$T(\boldsymbol{B}^{(*)})$中最下面增加一行，如表3-5所示，行变换后再用对偶单纯形法求解。

表 3-5 例 3-5 解表

$C_j \to$			C_1	C_2	…	C_m	C_{m+1}	…	C_n	0
C_B	x_B	$B^{-1}b$	x_1	x_2	…	x_m	x_{m+1}	…	x_n	x_{n+1}
C_1	x_1	b'_1	1	0	…	0	$a'_{1,m+1}$	…	a'_{1n}	0
⋮	⋮	⋮	⋮	⋮		⋮	⋮		⋮	⋮
C_l	x_l	b'_l	0	1	…	0	$a'_{l,m+1}$	…	a'_{ln}	0
⋮	⋮	⋮	⋮	⋮		⋮	⋮		⋮	⋮
C_m	x_m	b'_m	0	0	…	1	$a'_{m,m+1}$	…	a'_{mn}	0
0	x_{n+1}	b_{m+1}	$a_{m+1,1}$	$a_{m+1,2}$	…	$a_{m+1,m}$	$a_{m+1,m+1}$	…	$a_{m+1,n}$	1
	C_j-Z_j		0	0	…	0	σ_{m+1}	…	σ_n	0

3.5 影子价格

3.5.1 影子价格定义

当资源 b_i 增加一个单位，引起目标函数最优值的改变量$\bar{y}_i$，称$\bar{y}_i$ 为第 i 种资源的影子价格，其中（$i=1,2,\cdots,m$），即

$$f_{\max} = C\bar{x} = C_B B^{-1} b = \bar{Y}b = \sum_{i=1}^{m} \bar{y}_i b = f_{\max}(b)$$

称 $\partial f/\partial b_i=\bar{y}_i(i=1,2,\cdots,m)$ 为第 i 种资源的影子价格。

3.5.2 影子价格的经济意义

（1）影子价格不是市场价格，它与企业内部的环境有关（产品结构、人员素质、设备能力，以及对企业的无形资产、品牌等）。

（2）影子价格是一种边际收益，如果 $\bar{Y}=(2,3,1)$（若成本一样），则应当优先考虑增加第 2 种资源。

（3）影子价格是一种机会成本，如果某种资源的影子价格高于市场价格，表明该资源在系统内有获利能力，应考虑买入该资源；如果某种资源的影子价格低于市场价格，表明该资源在系统内无获利能力，留在系统内使用不合算，应考虑卖出该资源；如果某种资源的影子价格等于市场价格，表明该资源在系统内处于平衡状态，既不用买入，也不用卖出。

（4）影子价格与松紧定理。若$\bar{y}_i>0$（变量松），则 $A_i\bar{x}=b_i$（约束紧），$\sum_{j=1}^{n} a_{ij}\bar{x}_j = b_i$，即第 i 种资源耗尽；若 $A_i\bar{x}<b_i$（资源未充分利用）（约束松），则$\bar{y}_i=0$（变量紧），不要在市场上买进第 i 种资源，买进无意义。

（5）影子价格与隐含成本（新产品）。

$$\sigma_j = C_j - C_B B^{-1} P_j = \text{产值}-\text{隐含成本} = C_j - \bar{Y}P_j \begin{cases} \leqslant 0, & \text{第} j \text{种产品不宜投产}(x_j\text{不进基}) \\ >0, & \text{第} j \text{种产品投产有利}(x_j\text{进基}) \end{cases}$$

(6) 影子价格可作为资源分配的一个指标，应把紧缺资源优先分配给影子价格高的企业。

3.6　灵敏度分析

在这以前讲的线性规划问题中，都假定问题中的 a_{ij}，b_i，c_j是已知常数。但实际上这些数值往往是一些估计和预测的数字，如果市场条件一变，c_j值就会变化。a_{ij}是随工艺技术条件的改变而改变，而 b_i值则是根据资源投入后能产生多大经济效果来决定的一种决策选择。因此就会提出以下问题：当这些参数中的一个或几个发生变化时，问题的最优解会有什么变化，或者这些参数在一个多大范围内变化时，问题的最优解不变。这就是灵敏度分析所要研究解决的问题。当然，当线性规划问题中的一个或几个参数变化时，可以用单纯形法从头计算，看最优解有无变化，但这样做既麻烦又没有必要。因为前面已经讲到，单纯形法的迭代计算是从一组基向量变换为另一组基向量，表中每步迭代得到的数字只随基向量的不同选择而改变，因此有可能把个别参数的变化直接在计算得到最优解的最终单纯形表上反映出来。这样就不需要从头计算，而直接对计算得到最优解的单纯形表进行审查，看一些数字变化后，是否仍满足最优解的条件，如果不满足的话，再从这个表开始进行迭代计算，求得最优解。

灵敏度分析的步骤可归纳如下：

(1) 将参数的改变通过计算反映到最终单纯形表上来。

(2) 检查原问题是否仍为可行解。

(3) 检查对偶问题是否仍为可行解。

(4) 按表3-6所列情况得出结论或决定继续计算的步骤。

表3-6　灵敏度分析迭代形式的检测表

原　问　题	对 偶 问 题	结论或继续计算的步骤
可行解	可行解	仍为问题最优解
可行解	非可行解	用单纯形法继续迭代求最优解
非可行解	可行解	用对偶单纯形法继续迭代求最优解
非可行解	非可行解	引进人工变量，编制新的单纯形表重新计算

3.6.1　目标函数系数的灵敏度分析

首先，应该指出目标函数系数 $\boldsymbol{C}$ 向量中的元素数值变化，只会影响最优解单纯形表中检验数的值，而不会影响 $\boldsymbol{B}^{-1}\boldsymbol{b}$ 的值。设线性规划问题为

$$\max f=\boldsymbol{Cx}$$
$$\text{s. t.}\begin{cases}\boldsymbol{Ax}=\boldsymbol{b}\\ \boldsymbol{x}\geqslant \boldsymbol{0}\end{cases}$$

对 C_j'的灵敏度进行分析，C_j 值变化 $\boldsymbol{C}'=(C_1,\cdots,C_j',\cdots,C_n)$，最优解是否改变？$\boldsymbol{C}$ 中元素 C_j 的变化范围与相应的变量 x_j是基变量还是非基变量有所不同，下面分别就这两种情况

来讨论。

由单纯形表分析（设为最优基单纯形表）$\boldsymbol{C}\overline{\boldsymbol{X}}=\boldsymbol{C}_B\boldsymbol{B}^{-1}\boldsymbol{b}=\overline{\boldsymbol{Y}}\boldsymbol{b}$，

$$
\begin{array}{ccccc}
 & & x_1, \cdots, x_m & & x_{m+1}, \cdots, x_n \\
T(\boldsymbol{B}) = & \begin{matrix} \boldsymbol{x}_B \\ -f \end{matrix} & \left\{ \begin{matrix} \boldsymbol{B}^{-1}\boldsymbol{b} \\ -\boldsymbol{C}_B\boldsymbol{B}^{-1}\boldsymbol{b} \end{matrix} \right. & \begin{matrix} \boldsymbol{B}^{-1}\boldsymbol{B} \\ \boldsymbol{C}_B-\boldsymbol{C}_B\boldsymbol{B}^{-1}\boldsymbol{B} \end{matrix} & \left. \begin{matrix} \boldsymbol{B}^{-1}\boldsymbol{N} \\ \boldsymbol{C}_N-\boldsymbol{C}_B\boldsymbol{B}^{-1}\boldsymbol{N} \end{matrix} \right\}
\end{array}
$$

可知，若 $C_j'\in \boldsymbol{C}_B$，非基变量检验数改变。

若 $C_j'\in \boldsymbol{C}_N$，$\boldsymbol{C}_B$ 不变，只有 C_j'对应的非基变量检验数改变。

例 3-6 某物资生产企业生产甲、乙两种产品，都必须经过该企业的金工和装配两道工序，在一周内可供生产甲、乙两种产品的总时间为：金工部分 80h，装配部分 100h。此外，统计数字表明，生产一件甲产品需要 4h 金工加工，2h 装配加工；生产一件乙产品需要 2h 金工加工，4h 装配加工。而甲、乙产品每件收益分别为 10 元、8 元，试求使得总收益最大的一周生产计划及对目标函数的系数 C_1 的灵敏度分析（C_1 在什么范围内变化，最优解不变?）。

解：设每周生产甲、乙产品分别为 x_1，x_2件，建立下面的数学模型：

$$
\max f=10x_1+8x_2
$$
$$
\text{s.t.}\begin{cases}4x_1+2x_2\leqslant 80, & \text{金工}\\ 2x_1+4x_2\leqslant 100, & \text{装配}\\ x_1,x_2\geqslant 0\end{cases}
$$

标准化后得

$$
\max f=10x_1+8x_2
$$
$$
\text{s.t.}\begin{cases}4x_1+2x_2+x_3 \qquad =80\\ 2x_1+4x_2 \qquad +x_4=100\\ x_1,x_2,x_3,x_4\geqslant 0\end{cases}
$$

迭代后得最优基单纯形如表 3-7 所示。

表 3-7 最优基单纯形

$C_j\to$			10	8	0	0
C_B	x_B	$B^{-1}b$	x_1	x_2	x_3	x_4
10	x_1	10	1	0	$\frac{1}{3}$	$-\frac{1}{6}$
8	x_2	20	0	1	$-\frac{1}{6}$	$\frac{1}{3}$
C_j-Z_j			0	0	−2	−1

解不等式，得

$$\begin{cases}\sigma_3=C_3-\boldsymbol{C}_B\boldsymbol{B}^{-1}\boldsymbol{P}_3=0-(C_1,8)\begin{pmatrix}\dfrac{1}{3}\\-\dfrac{1}{6}\end{pmatrix}\leqslant 0\\ \sigma_4=C_4-\boldsymbol{C}_B\boldsymbol{B}^{-1}\boldsymbol{P}_4=0-(C_1,8)\begin{pmatrix}-\dfrac{1}{6}\\\dfrac{1}{3}\end{pmatrix}\leqslant 0\end{cases}$$

即

$$\begin{cases}\dfrac{C_1}{3}-\dfrac{8}{6}\geqslant 0\\ \dfrac{-C_1}{6}+\dfrac{8}{3}\geqslant 0\end{cases}$$

所以当 $4\leqslant C_1\leqslant 16$ 时，原线性规划问题的最优解不变。

3.6.2　约束方程右端常数项的灵敏度分析

约束方程右端常数项 $\boldsymbol{b}=(b_1,\cdots,b_i',\cdots,b_m)$ 的变化，在实际问题中反映了可用资源数量的变化，最优基是否改变？因为 $\boldsymbol{B}^{-1}\boldsymbol{b}$ 是单纯形表的值，所以解已经改变了。由单纯形表分析得 b_i' 的灵敏度分析，$\boldsymbol{B}^{-1}\boldsymbol{b}'$ 改变，若最优基不变，即 $\boldsymbol{B}^{-1}\boldsymbol{b}'\geqslant\boldsymbol{0}$。

例 3-7　对例 3-6 中的 b_1 进行灵敏度分析。

解：要使最优基不变，必须满足下式 $\boldsymbol{B}^{-1}\boldsymbol{b}'\geqslant\boldsymbol{0}$，

$$\boldsymbol{B}^{-1}\boldsymbol{b}'=\begin{pmatrix}\dfrac{1}{3}&-\dfrac{1}{6}\\-\dfrac{1}{6}&\dfrac{1}{3}\end{pmatrix}\begin{pmatrix}b_1\\100\end{pmatrix}\geqslant\begin{pmatrix}0\\0\end{pmatrix}$$

$$\Rightarrow\begin{cases}\dfrac{b_1}{3}-\dfrac{100}{6}\geqslant 0\\ \dfrac{-b_1}{6}+\dfrac{100}{3}\geqslant 0\end{cases}$$

$$\Rightarrow 50\leqslant b_1\leqslant 200$$

所以当 $50\leqslant b_1\leqslant 200$ 时，原线性规划问题的最优基不变。

3.6.3　约束方程系数的灵敏度分析

由于生产技术的改进或工艺条件的改变，往往使生产单位产品所需要的资源或使用机器的时间有所变化，需要考虑约束方程系数矩阵 $\boldsymbol{A}$ 的元素变化及对最优解的影响。$\boldsymbol{P}_j\in\boldsymbol{A}$，$\boldsymbol{P}_j\to\boldsymbol{P}_j'$，若 $\boldsymbol{P}_j'$ 是属于非基变量列，只有对应的检验数（$C_j-\boldsymbol{C}_B\boldsymbol{B}^{-1}\boldsymbol{P}_j'$）和系数列（$\boldsymbol{B}^{-1}\boldsymbol{P}_j'$）改变；若 $\boldsymbol{P}_j$ 是属于基变量列，则单纯形表 4 块都改变，这种变化的影响比较复杂，下面仅就系数矩阵 $\boldsymbol{A}$ 中的一个元素 a_{ij} 发生变化，其他元素和向量都不改变时的情形加以讨论。

$$a_{ij}\begin{cases}j\in I(\text{基变量指标集}),\boldsymbol{B}^{-1}\text{改变,先求变化前的再求变化后的}\\ j\in J(\text{非基变量指标集}),\boldsymbol{B}^{-1}\text{不变}\end{cases}$$

例 3-8 最优基单纯形表如表 3-8 所示。

表 3-8 最优基单纯形表

$C_j \to$			10	8	0	0
C_B	x_B	$B^{-1}b$	x_1	x_2	x_3	x_4
10	x_1	10	1	0	$\frac{1}{3}$	$-\frac{1}{6}$
8	x_2	20	0	1	$-\frac{1}{6}$	$\frac{1}{3}$
C_j-Z_j			0	0	−2	−1

若非基变量列 x_3 系数变为 $\begin{pmatrix}6\\0\end{pmatrix}$ 时，最优解是否改变？

解： $\sigma_3=C_3-C_BB^{-1}P_3'=0-(2,1)\begin{pmatrix}6\\0\end{pmatrix}=-12\leqslant 0$，所以原线性规划问题的最优解不变。

例 3-9 若 $\begin{pmatrix}C_2\\a_{12}\\a_{22}\end{pmatrix}=\begin{pmatrix}10\\4\\5\end{pmatrix}$ 时，求新的最优解。

解： 取原来的最优基 B^{-1} 不变，因为 C_2 变，所以检验数变了。

$$B^{-1}P_2'=\begin{pmatrix}\frac{1}{3} & -\frac{1}{6}\\ -\frac{1}{6} & \frac{1}{3}\end{pmatrix}\begin{pmatrix}4\\5\end{pmatrix}=\begin{pmatrix}\frac{1}{2}\\1\end{pmatrix}$$

$$(C_1,C_2',C_3,C_4)-C_B'(B^{-1}P_1,B^{-1}P_2',B^{-1}P_3,B^{-1}P_4)$$

$$=(10,10,0,0)-(10,10)\begin{pmatrix}1 & \frac{1}{2} & \frac{1}{3} & -\frac{1}{6}\\ 0 & 1 & -\frac{1}{6} & \frac{1}{3}\end{pmatrix}$$

$$=(10,10,0,0)-\left(10,15,\frac{5}{3},\frac{5}{3}\right)=\left(0,-5,-\frac{5}{3},-\frac{5}{3}\right)$$

变换后得单纯形表，如表 3-9 所示。

表 3-9 变换后得单纯形表

$C_j \to$			10	10	0	0
C_B	x_B	$B^{-1}b$	x_1	x_2	x_3	x_4
10	x_1	10	1	$\frac{1}{2}$	$\frac{1}{3}$	$-\frac{1}{6}$
10	x_2	20	0	1^*	$-\frac{1}{6}$	$\frac{1}{3}$
	C_j-Z_j		0	−5	$-\frac{5}{3}$	$-\frac{5}{3}$

选主元，化单位阵，详解如表 3-10 所示，可知最优解为（0，20)^T，最优值 $f^*_{max}=200$。最优基表面上没变，实质上变了。

表 3-10　选主元并化成单位阵的单纯形表

$C_j\to$			10	10	0	0
C_B	x_B	$B^{-1}b$	x_1	x_2	x_3	x_4
10	x_1	0	1	0	$\frac{5}{12}$	$-\frac{1}{3}$
10	x_2	20	0	1	$-\frac{1}{6}$	$\frac{1}{3}$
C_j-Z_j			0	0	$-\frac{5}{2}$	0

3.6.4　增加一个新变量的灵敏度分析

例 3-10　例 3-6 中增加新变量 x_5 的灵敏度分析。

增加 x_5 列 $\begin{pmatrix}C_5\\a_{15}\\a_{25}\end{pmatrix}=\begin{pmatrix}9\\2\\6\end{pmatrix}$，问第 5 列新产品是否投产？

$$\max f=10x_1+8x_2+9x_5$$

$$\text{s.t.}\begin{cases}4x_1+2x_2+2x_5\leqslant 80\\2x_1+4x_2+6x_5\leqslant 100\\x_1,x_2,x_5\geqslant 0\end{cases}$$

解：把 x_5 列直接写入最优单纯形表 3-11 得

表 3-11　把 x_5 列直接写入最优单纯形表

$C_j\to$			10	8	0	0	9
C_B	x_B	$B^{-1}b$	x_1	x_2	x_3	x_4	x_5
10	x_1	10	1	0	$\frac{1}{3}$	$-\frac{1}{6}$	$B^{-1}P_5$
8	x_2	20	0	1	$-\frac{1}{6}$	$\frac{1}{3}$	
C_j-Z_j			0	0	-2	-1	σ_5

若 $\sigma_5\leqslant 0$，新产品不宜投产，x_5 不宜进基，如果强行进基目标函数值可能下降，若 $\sigma_5>0$，投产有利，换基，x_5 进基，目标函数值可能上升。

$$B^{-1}p_5=\begin{pmatrix}\frac{1}{3} & -\frac{1}{6}\\-\frac{1}{6} & \frac{1}{3}\end{pmatrix}\begin{pmatrix}2\\6\end{pmatrix}=\begin{pmatrix}-\frac{1}{3}\\\frac{5}{3}\end{pmatrix}$$

$\sigma_5=C_5-C_BB^{-1}P_5=C_5-\bar{Y}P_5=9-(2,1)\begin{pmatrix}2\\6\end{pmatrix}=-1<0$，所以新产品不宜投产。

3.6.5 增加一个新约束条件的灵敏度分析

例 3-11 例 3-6 中增加第三个约束为 $6x_1+4x_2\leqslant100$（材料约束）的灵敏度分析。

解：添加松弛变量化等式后，可把该约束方程加到原最优单纯形表中最下一行，如表 3-12 所示。

表 3-12 例 3-11 用表

$C_j\to$			10	8	0	0	0
C_B	x_B	$B^{-1}b$	x_1	x_2	x_3	x_4	x_5
10	x_1	10	1	0	$\frac{1}{3}$	$-\frac{1}{6}$	0
8	x_2	20	0	1	$-\frac{1}{6}$	$\frac{1}{3}$	0
0	x_5	100	6	4	0	0	1
C_j-Z_j			0	0	-2	-1	0

通过行变换，化为真正的基向量，如表 3-13 所示。

表 3-13 变换后真正的基向量

$C_j\to$			10	8	0	0	0
C_B	x_B	$B^{-1}b$	x_1	x_2	x_3	x_4	x_5
10	x_1	10	1	0	$\frac{1}{3}$	$-\frac{1}{6}$	0
8	x_2	20	0	1	$-\frac{1}{6}$	$\frac{1}{3}$	0
0	x_5	-40	0	0	$-\frac{4}{3}^*$	$-\frac{1}{3}$	1
C_j-Z_j			0	0	-2	-1	0

用对偶单纯形法求最优解，如表 3-14 所示。可知，最优解为 $\bar{x}=(0,25,30)^{\mathrm{T}}$，最优值为 $f_{\max}=200$，因为资源 1 是松的，所以影子价格是 $\bar{y}_1=0$。

表 3-14 对偶单纯形法求最优解

$C_j\to$			10	8	0	0	0
C_B	x_B	$B^{-1}b$	x_1	x_2	x_3	x_4	x_5
10	x_1	0	1	0	0	$-\frac{1}{4}$	$\frac{1}{4}$
8	x_2	25	0	1	0	$\frac{3}{8}$	$-\frac{1}{8}$

(续)

$C_j\rightarrow$			10	8	0	0	0
0	x_3	30	0	0	1	$\frac{1}{4}$	$-\frac{3}{4}$
C_j-Z_j			0	0	0	$-\frac{1}{2}$	$-\frac{3}{2}$

3.7　参数规划

参数规划是用来研究线性规划问题的最优解在一个或几个数据发生预先规定的连续性变化时的影响。

3.7.1　目标函数的系数含有参数

目标函数系数含参数的线性规划（以前只有一个 C_j 变化，现在 n 个 C 都可以变），如

$$\max f=(\boldsymbol{C}+\lambda\boldsymbol{C}^*)\boldsymbol{x}$$

$$\text{s.t.}\begin{cases}\boldsymbol{Ax}=\boldsymbol{b}\\ \boldsymbol{x}\geqslant\boldsymbol{0}\end{cases}$$

其中 λ 为参数，$\boldsymbol{C}^*$ 为变化矩阵。

例 3-12　分析 λ 值变化时，下述参数规划问题最优解的变化。

$$\max f=(-6+\lambda)x_1+(-5+\lambda)x_2+(3-\lambda)x_3+(4-\lambda)x_4$$

$$\text{s.t.}\begin{cases}x_1-x_2-x_3+x_5=1\\ -x_1+x_2-x_4+x_6=1\\ -x_2+x_3+x_7=1\\ x_j\geqslant 0(j=1,2,\cdots,7)\end{cases}$$

解：取可行基 $\boldsymbol{B}_1=(\boldsymbol{P}_5,\boldsymbol{P}_6,\boldsymbol{P}_7)$，求其初始单纯形表，如表 3-15 所示。

表 3-15　例 3-12 初始单纯形表

$C_j\rightarrow$			$-6+\lambda$	$-5+\lambda$	$3-\lambda$	$4-\lambda$	0	0	0
$\boldsymbol{C}_B$	$\boldsymbol{x}_B$	$\boldsymbol{B}^{-1}\boldsymbol{b}$	x_1	x_2	x_3	x_4	x_5	x_6	x_7
0	x_5	1	1	−1	−1	0	1	0	0
0	x_6	1	−1	1^*	0	−1	0	1	0
0	x_7	1	0	−1	1	0	0	0	1
C_j-Z_j			$-6+\lambda$	$-5+\lambda$	$3-\lambda$	$4-\lambda$	0	0	0

$-6+\lambda\leqslant 0$，$-5+\lambda\leqslant 0$，$3-\lambda\leqslant 0$，$4-\lambda\leqslant 0$；所以 $\lambda\in[4,5]$，最优解不变。$\bar{\boldsymbol{x}}=(0,0,0,0,1,1,1)^{\mathrm{T}}$，$\bar{f}_{\max}=0$。先考虑 $\lambda<4$ 时，定主元列，由无界性检验 $\sigma_4>0$，$\boldsymbol{B}^{-1}\boldsymbol{P}_4\leqslant\boldsymbol{0}$，该问题无上界，则 $\lambda\in(-\infty,4)$ 时，该线性规划问题无最优解。再考虑 $\lambda>5$ 时，则 x_2 这一列被破坏，继续迭代如表 3-16 所示。

表 3-16　例 3-12 迭代单纯形表

$C_j\to$			$-6+\lambda$	$-5+\lambda$	$3-\lambda$	$4-\lambda$	0	0	0
C_B	x_B	$B^{-1}b$	x_1	x_2	x_3	x_4	x_5	x_6	x_7
0	x_5	2	0	0	−1	−1	1	1	0
$-5+\lambda$	x_2	1	−1	1	0	−1	0	1	0
0	x_7	2	−1	0	1	−1	0	1	1
C_j-Z_j			$-11+2\lambda$	0	$3-\lambda$	−1	0	$5-\lambda$	0

$-11+2\lambda\leqslant0$，$3-\lambda\leqslant0$，$5-\lambda\leqslant0$，$\lambda>5$；则：$\lambda\in(5,5.5]$ 时，最优解 $\bar{x}=(0,1,0,0,2,0,2)^{\mathrm{T}}$，$\bar{f}_{\max}=-5+\lambda$；再考虑 $\lambda>5.5$ 时，$\sigma_1>0$，$B^{-1}P_1\leqslant0$，该问题无上界，则 $\lambda\in(5.5,+\infty)$ 无最优解。这就研究了参数 $\lambda\in(+\infty,-\infty)$ 变化时，引起最优解的变化情况以及对应的最优值的变化情况，我们通过图 3-1 来说明它们之间的关系。

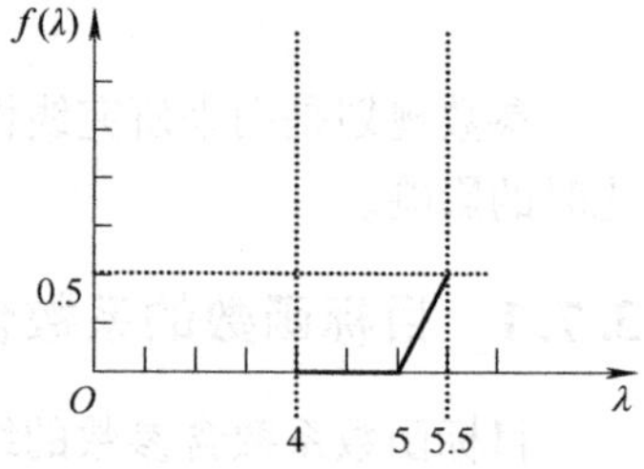

图 3-1　λ 与 $f(\lambda)$ 的变化关系

3.7.2　约束方程右端项含有参数

常数项 b 含参数的线性规划：

$$\max f=Cx$$
$$\text{s.t.}\begin{cases}Ax=b+\lambda b^*\\x\geqslant0\end{cases}$$

其中 λ 为参数 b^* 变化，前提当 $\sigma\leqslant0$ 时，要使基 B 为最优基，必须满足

$$B^{-1}\bar{b}=B^{-1}(b+\lambda b^*)\geqslant0$$

例 3-13　分析 λ 值变化时，下述参数规划问题最优解的变化。

$$\max f(\lambda)=5x_1+3x_2$$
$$\text{s.t.}\begin{cases}x_1+x_2\leqslant10-\lambda\\x_1\qquad\leqslant4-2\lambda\\x_1,x_2\geqslant0\end{cases}$$

解：先令 $\lambda=0$（目的是使 $C-C_BB^{-1}A\leqslant0$）求最优基 $T(B)$ 如表 3-17 所示。

表 3-17　例 3-13 解表一

$C_j\to$			5	3	0	0
C_B	x_B	$B^{-1}b$	x_1	x_2	x_3	x_4
3	x_2	6	0	1	1	−1
5	x_1	4	1	0	0	1
	C_j-Z_j		0	0	−3	−2

把参数加入表 3-17 得 $T(B_1)$，如表 3-18 所示。

表 3-18　例 3-13 解表二

	$C_j \rightarrow$		5	3	0	0
C_B	x_B	$B^{-1}b$	x_1	x_2	x_3	x_4
3	x_2	$6+\lambda$	0	1	1	-1^*
5	x_1	$4-2\lambda$	1	0	0	1
	C_j-Z_j		0	0	−3	−2

$$\lambda B^{-1}b^* = \lambda\begin{pmatrix}1 & -1\\0 & 1\end{pmatrix}\begin{pmatrix}-1\\-2\end{pmatrix} = \lambda\begin{pmatrix}1\\-2\end{pmatrix}$$

$$6+\lambda \geqslant 0, 4-2\lambda \geqslant 0$$

即 $\lambda \in [-6,2]$ 时，最优基不变，最优解为

$\bar{x} = (4-2\lambda, 6+\lambda, 0, 0)^{\mathrm{T}}$，最优值 $\bar{f}_{\max} = 38-7\lambda$。

当 $\lambda < -6$ 时，通过单纯形表计算结果如表 3-19 所示。

表 3-19　例 3-13 解表三

	$C_j \rightarrow$		5	3	0	0
C_B	x_B	$B^{-1}b$	x_1	x_2	x_3	x_4
0	x_4	$-6-\lambda$	0	−1	−1	1
5	x_1	$10-\lambda$	1	1	1	0
	C_j-Z_j		0	−2	−5	0

$-6-\lambda \geqslant 0$，$10-\lambda \geqslant 0$；$\lambda \in (-\infty, -6]$ 时，最优基不变，最优解为 $\bar{x} = (10-\lambda, 0, 0, -6-\lambda)^{\mathrm{T}}$，$\bar{f}_{\max} = 50-5\lambda$。当 $\lambda > 2$ 时，该问题无可行解。图 3-2 说明参数 $\lambda \in (+\infty, -\infty)$ 变化时，引起最优值的变化情况。

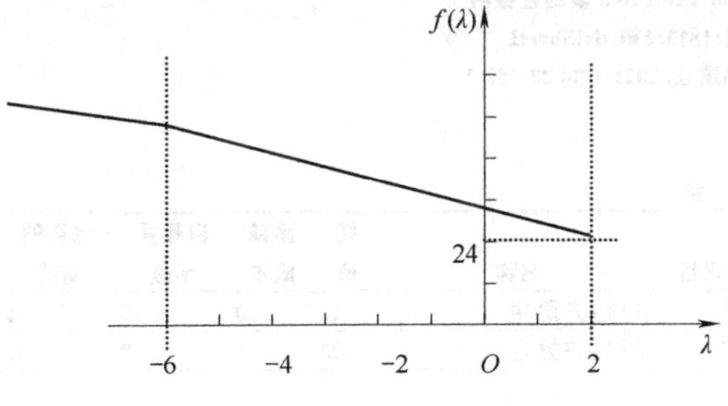

图 3-2　λ 与 $f(\lambda)$ 的变化关系

3.8　用 Excel 和 LINGO 进行灵敏度分析

3.8.1　Excel 进行灵敏度分析

可以运用 Excel 的“规划求解”功能直接得到“敏感性报告”，利用该报告可以很方便

地进行灵敏度分析。用 Excel 的“规划求解”功能进行求解后，弹出“规划求解结果”对话框，在右边选择“敏感性报告”选项，单击“确定”按钮。如图 3-3 所示。

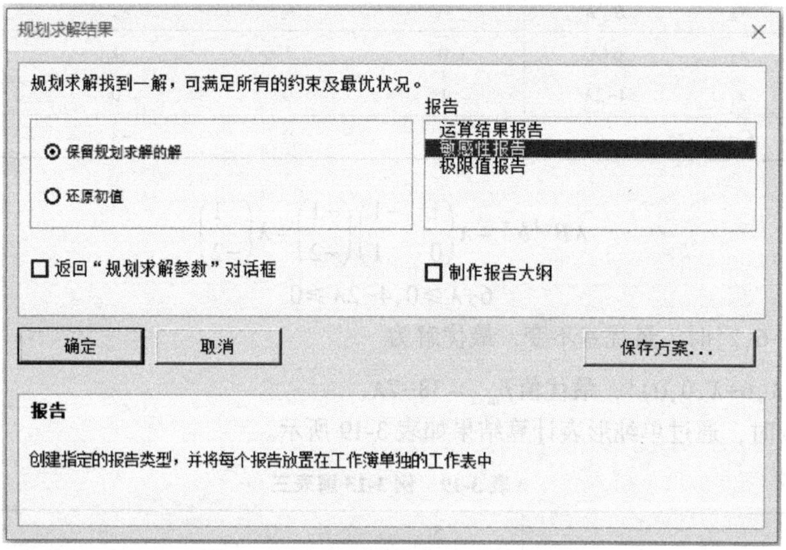

图 3-3 “规划求解结果”对话框

这时生成一个名为“敏感性报告”的新工作表。可见获得敏感性报告的前三个步骤就是运用 Excel 中的“规划求解”功能求解线性规划问题的步骤，只需在最后的“规划求解结果”对话框中，选择“敏感性报告”即可。图 3-4 是本章例 3-6 的敏感性报告。敏感性报告由两部分组成。位于报告上部的可变单元格部分反映了目标函数系数变化对最优解产生的影响；位于报告下部的约束部分反映了约束条件右端常数项的变化对目标函数值产生的影响。

Microsoft Excel 16.0 敏感性报告
工作表: [例3-6解.xls]Sheet1
报告的建立: 2021/1/24 22:16:12

可变单元格

单元格	名称	终值	递减成本	目标式系数	允许的增量	允许的减量
C7	计划生产量 甲	10	0	10	6	6
D7	计划生产量 乙	20	0	8	12	3

约束

单元格	名称	终值	阴影价格	约束限制值	允许的增量	允许的减量
E3	金工约束 实际使用	80	2	80	120	30
E4	装配约束 实际使用	100	1	100	60	60

图 3-4 敏感性报告

先来分析敏感性报告中目标函数系数变化对最优解产生的影响。可变单元格中前三列是关于该问题中决策变量的信息。其中：①“单元格”是指决策变量所在的单元格地址；

②“名称”是指这些决策变量的名称；③“终值”是决策的终值，即通过规划求解后得到的最优解。

在本例中有两个决策变量，产品甲、乙的周计划生产量，它们的地址是 C7 和 D7，其最优解分别为 10 和 20。第四列是“递减成本”，它的绝对值表示目标函数中决策变量的系数必须改进多少才能达到该决策变量的正数解。这里的“改进”，在最大问题中是指增加，在最小化问题中则是指减少。在本例中，两个决策变量均已得到正数解，所以它们的递减成本均为 0。第五列是“目标式系数”，是指目标函数中的系数，它们在题中是已知条件。本例中，目标函数中两个决策变量的系数分别是甲、乙两种产品的单位收益 10 元和 8 元。第六列和第七列分别是“允许的增量”和“允许的减量”，它们表示目标函数的系数在允许的增量与减量范围内变化时，最优解不变。由此，可以从灵敏度报告中得到如下信息：C_1的现值=10，C_1允许的增量=6，此时，$C_1 \leqslant 10+6=16$；C_1允许的减量=6，此时，$C_1 \geqslant 10-6=4$，C_1的允许变化范围是$4 \leqslant C_1 \leqslant 16$。与前面例 3-6 的结果一致。当$4 \leqslant C_1 \leqslant 16$时，原线性规划问题的最优解不变。

同理，再来分析敏感性报告中约束条件右端常数项的变化对最优解产生的影响。约束表中前三列是关于约束条件左边的信息。其中：①“单元格”是指约束条件左边所在的单元格地址；②“名称”是指该约束条件的名称；③“终值”是约束条件左边的终值。在本例中，有两个约束条件，它们的左边分别是金工约束和装配约束实际使用量，它们在 Excel 中的地址分别是 E3 和 E4，终值分别是 80 和 100。第四列为“阴影价格”即影子价格。第五列为“约束限制值”，指约束条件右端常数项，通常是题目给出的已知条件。本例中，两个约束条件右端常数项的值分别为 80、100。第六列和第七列分别是“允许的增量”和“允许的减量”，它们表示约束条件右端常数项在允许的增量与减量范围内变化时，影子价格不变(最优基不变)。由此，还可以从灵敏度报告中得到如下信息：b_1的现值=80，b_1允许的增量=120，此时，$b_1 \leqslant 80+120=200$，b_1允许的减量=30，此时，$b_1 \geqslant 80-30=50$，b_1 的允许变化范围是$50 \leqslant b_1 \leqslant 200$，与前面例 3-7 的结果一致。当$50 \leqslant b_1 \leqslant 200$时，原线性规划问题的最优基不变。

3.8.2　LINGO 进行灵敏度分析

上述解决灵敏度分析的数学方法计算一般比较复杂，可以运用 LINGO 进行灵敏度分析，以例 3-6 为例。

(1) 在 LINGO 模型窗口中输入模型，如图 3-5 所示。

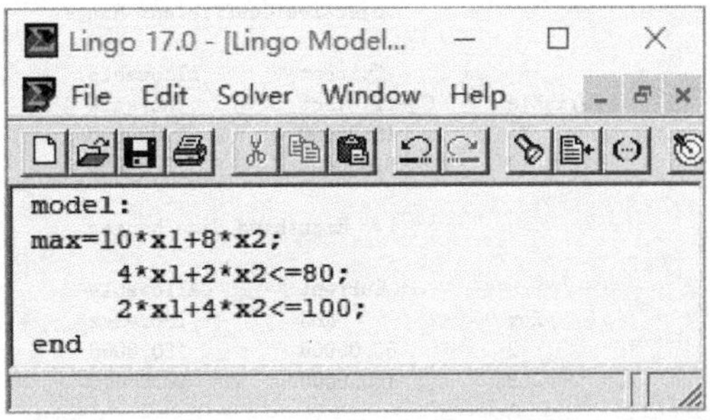

图 3-5　生产甲、乙两种产品问题的优化模型

（2）打开“Solver”中的“Lingo Options”对话框，找到“Options”中的“General Solver”，如图 3-6 所示。

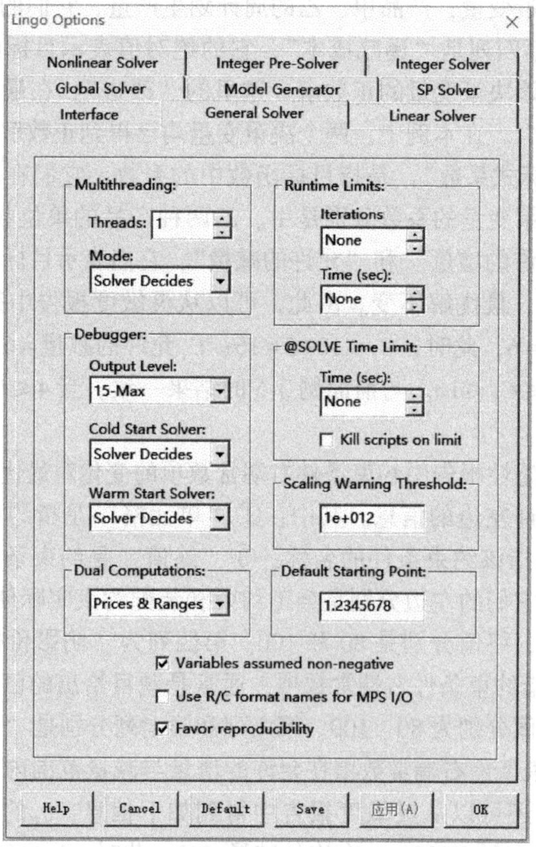

图 3-6　“Solver”中的“Lingo Options”对话框

找到“Dual Computations”一栏，将状态调整为“Prices & Ranges”点击“OK”，按“Ctrl+R”快捷键或从菜单中选择“Solver | Range”命令，弹出“Range Report”对话框如图 3-7 所示。

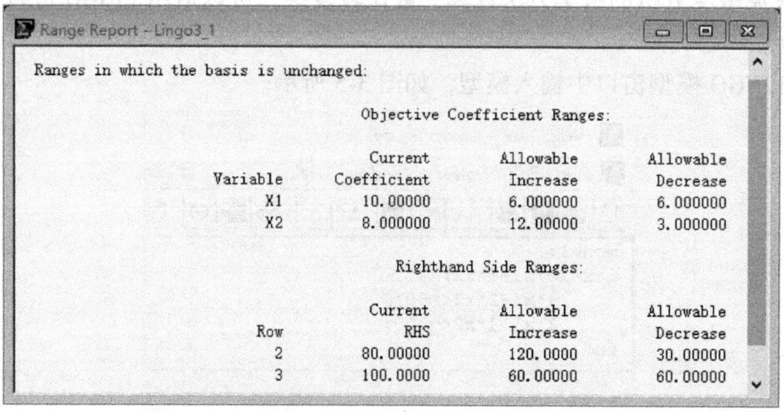

图 3-7　“Solver”中的“Range Report”对话框

“查看报告”（Range Report）窗口可知最优解为 $x_1=10$，$x_2=20$。灵敏度分析的结果(Ranges in which the basis is unchanged) 主要包括两部分：

(1) 目标函数中系数变化的范围（Objective Coefficient Ranges）。

如本例中，目标函数中变量 x_1 的当前系数(Current Coefficient) = 10，允许增加(Allowable Increase) = 6，允许减少(Allowable Decrease) = 6，说明该系数在[10-6,10+6]=[4,16]范围变化时，最优解不变，与例3-6分析结果一致。同理，可知目标函数中变量 x_2 在[8-3,8+12]=[5,20]范围变化时，最优解不变。

(2) 约束条件右端常数项变化的范围（Righthand Side Ranges）。

图中第2行约束（模型的第1个约束条件）中当前右端常数项（Current RHS）= 80，允许增加（Allowable Increase）= 120，允许减少（Allowable Decrease）= 30，说明该系数在[80-30,80+120]=[50,200]范围变化时，最优基不变，其余约束条件右端常数项的变化范围可以类似解释。

【扩展】

抗击“非典”精神　　抗疫精神

有种精神叫“抗洪精神”

1998年夏天，一场罕见的特大洪灾突然来临，长江告急、松花江告急、珠江告急，来势汹汹的洪水肆虐大半个中国。一时间，2亿多人受灾，肆虐的洪水吞噬了街道、房屋和良田，那是一场惊心动魄的战役。危难之际，在中国共产党坚强领导下，军民一心严防死守、顽强战斗，抒写下一幕幕感天动地、可歌可泣的雄壮画面。经此大考，我们不但战胜了洪水，也形成了“万众一心、众志成城，不怕困难、顽强拼搏，坚韧不拔、敢于胜利”的抗洪精神，成为中华民族新的精神丰碑。2020年我国多地再次经受暴雨洪水侵袭，人民的生命财产安全受到严重考验，习近平总书记连续两次就防汛救灾工作，做出重要指示，要求坚持人民至上、生命至上，切实把确保人民生命安全放在第一位落到实处。沧海横流，方显英雄本色，面对灾难与考验，无人机、大数据、云计算，从科学预警到抢险救援，防洪抗洪的技术在不断进步，不变的是“人民至上，生命至上”的使命担当和薪火相传的抗洪精神。

抗洪精神，就是以人为本、以民为先。

抗洪精神，就是同舟共济、共克时艰。

抗洪精神，就是运筹帷幄、决胜千里。

抗洪精神，就是敢打硬仗、能打胜仗。

习题3

3.1 判断对错，并说明为什么。

(1) 任何线性规划问题存在并具有唯一的对偶问题。 (　　)

(2) 根据对偶问题的性质，当原问题为无界解时，其对偶问题无可行解；反之，当对偶问题无可行解时，其原问题具有无界解。 (　　)

(3) 若线性规划的原问题有多重最优解，则其对偶问题也一定具有多重最优解。 (　　)

(4) 已知 y_i^* 为线性规划的对偶问题的最优解，若 $y_i^*>0$，说明在最优生产计划中，第 i 种资源已完全耗尽。（ ）

(5) 若某种资源的影子价格等于 k，在其他条件不变的情况下，当该种资源增加 5 个单位时，相应的目标函数值将增大 $5k$。（ ）

(6) 互为对偶的问题中，原问题一定是求最大值的线性规划问题。（ ）

(7) 对偶单纯形法是直接解对偶问题的一种方法。（ ）

3.2 求出下列线性规划的对偶规划：

(1) $\max f=x_1+2x_2+3x_3+4x_4$

$$\text{s.t.}\begin{cases}-x_1+x_2-x_3+3x_4=5\\6x_1+7x_2+3x_3-5x_4\geqslant 8\\12x_1-9x_2-9x_3+9x_4\leqslant 20\\x_1,x_2\geqslant 0,x_3\leqslant 0\end{cases}$$

(2) $\min=3x_1+5x_2+x_3$

$$\text{s.t.}\begin{cases}-x_1+3x_2+6x_3\geqslant 8\\2x_1+x_2-x_3\geqslant 4\\x_1,x_2,x_3\geqslant 0\end{cases}$$

(3) $\max f=\boldsymbol{Cx}+\boldsymbol{Ey}$

$$\text{s.t.}\begin{cases}\boldsymbol{Ax}+\boldsymbol{Fy}=\boldsymbol{b}\\\overline{\boldsymbol{A}}\boldsymbol{x}+\overline{\boldsymbol{F}}\boldsymbol{y}\leqslant\overline{\boldsymbol{b}}\\\boldsymbol{x}\geqslant\boldsymbol{0}\end{cases}$$

(4) $\min f=\sum_{i=1}^{m}\sum_{j=1}^{n}c_{ij}x_{ij}$

$$\text{s.t.}\begin{cases}\sum_{j=1}^{n}x_{ij}=a_i,\ i=1,2,\cdots,m\\\sum_{i=1}^{m}x_{ij}=b_j,\ j=1,2,\cdots,n\\x_{ij}\geqslant 0,\ i=1,2,\cdots,m;\ j=1,2,\cdots,n\end{cases}$$

3.3 用对偶单纯形法求下列线性规划问题。

(1) $\min z=x_1+x_2$

$$\text{s.t.}\begin{cases}2x_1+x_2\geqslant 4\\x_1+3x_2\geqslant 6\\x_1,x_2\geqslant 0\end{cases}$$

(2) $\min z=x_1+x_2$

$$\text{s.t.}\begin{cases}x_1+2x_2+x_3\geqslant 4\\2x_1-x_2+3x_3\geqslant 7\\x_1,x_2,x_3\geqslant 0\end{cases}$$

3.4 已知线性规划问题

$$\max z=2x_1+4x_2+x_3+x_4$$

$$\text{s.t.}\begin{cases}x_1+3x_2+x_4\leqslant 8\\2x_1+x_2\leqslant 6\\x_2+x_3+x_4\leqslant 6\\x_1+x_2+x_3\leqslant 9\\x_j\geqslant 0,\ j=1,2,\cdots,4\end{cases}$$

求：(1) 写出其对偶问题 (D)。

(2) 已知原问题最优解为 $\boldsymbol{x}^*=(2,2,4,0)^{\mathrm{T}}$，试根据对偶理论，直接求出对偶问题的最优解。

3.5 某厂准备生产三种产品 A，B，C，需要消耗劳动力和原料两种资源，其有关数据如表 3-20 所示。求：

(1) 用单纯形表确定总利润最大的生产计划。

(2) 分别求出劳动力和原料的影子价格。若原料不够，可到市场上购买，市场价格为 0.8 元/单位。问是否要购进，最多可购进多少？总利润增加多少？净利润增加多少？

(3) 当产品 A，C 的单位利润在何范围变化时，最优生产计划不变？

(4) 劳动力可减少多少而不改变原最优计划？
(5) 现需增加电力的限制条件 $2x_1+x_2+x_3 \leqslant 10$，试求出新的最优生产方案。

表 3-20　习题 3.5 有关数据

项目		产品 A	产品 B	产品 C	资源限量
资源	劳动力	6	3	5	45（单位）
	原料	3	4	5	30（单位）
单位利润		3	1	5	

3.6　有线性规划问题

$$\max z=-5x_1+5x_2+13x_3$$

$$\text{s. t.}\begin{cases}-x_1+x_2+3x_3 \leqslant 20\\12x_1+4x_2+10x_3 \leqslant 90\\x_1,x_2,x_3 \geqslant 0\end{cases}$$

先用单纯形法求出最优解，然后用灵敏度分析方法分析在下列各种条件下，最优解分别有何变化？
(1) 第 2 个约束条件的右端常数变为 95。
(2) 第 1 个约束条件的右端常数变为 45。
(3) 目标函数中 x_3 的系数变为 8。
(4) 目标函数中 x_2 的系数变为 6。
(5) 变量 x_1 的系数（包括目标函数）变为 $(C_1,a_{11},a_{21})^{\mathrm{T}}=(-2,0,5)^{\mathrm{T}}$。
(6) 变量 x_2 的系数（包括目标函数）变为 $(C_2,a_{12},a_{22})^{\mathrm{T}}=(6,2,5)^{\mathrm{T}}$。
(7) 增加一个新变量 x_6，其系数为 $(C_6,a_{16},a_{26})^{\mathrm{T}}=(10,3,5)^{\mathrm{T}}$。
(8) 增加一个新的约束条件 $2x_1+3x_2+5x_3 \leqslant 50$。
(9) 第 2 个约束条件变为 $10x_1+4x_2+12x_3 \leqslant 100$。

3.7　已知线性规划问题

$$\max z=(c_1+t_1)x_1+c_2x_2+c_3x_3$$

$$\text{s. t.}\begin{cases}a_{11}x_1+a_{12}x_2+a_{13}x_3+x_4=b_1+3t_2\\a_{21}x_1+a_{22}x_2+a_{23}x_3+x_5=b_2+t_2\\x_j \geqslant 0,\ j=1,2,\cdots,5\end{cases}$$

当 $t_1=t_2=0$ 时，求解得最终单纯形表如表 3-21 所示。

表 3-21　习题 3.7 有关数据

x_B	$B^{-1}b$	x_1	x_2	x_3	x_4	x_5
x_3	$\frac{5}{2}$	0	$\frac{1}{2}$	1	$\frac{1}{2}$	0
x_1	$\frac{5}{2}$	1	$-\frac{1}{2}$	0	$-\frac{1}{6}$	$\frac{1}{3}$
C_j-Z_j		0	-4	0	-4	-2

(1) 确定 $a_{11},a_{12},a_{13},a_{21},a_{22},a_{23},C_1,C_2,C_3$ 和 b_1,b_2 的值。
(2) 当 $t_2=0$ 时，分析 t_1 的值在什么范围内变化，上述最优解不变。

(3) 当 $t_1=0$ 时，分析 t_2 的值在什么范围内变化，上述最优解不变。

3.8　分析下列参数线性规划问题中当 λ （$\lambda\geqslant 0$） 变化时最优解的变化，画出 $\min z(\lambda)$ 与 λ 的变化关系。

$$\min z=x_1+x_2-\lambda x_3+2\lambda x_4$$
$$\text{s. t.}\begin{cases}x_1+x_3+2x_4=2\\2x_1+x_2+3x_4=5\\x_j\geqslant 0,(j=1,2,\cdots,4)\end{cases}$$

3.9　分析下列参数线性规划问题中当 λ （$\lambda\geqslant 0$） 变化时最优解的变化，画出 $\min z(\lambda)$ 与 λ 的变化关系。

$$\min z(\lambda)=x_1+x_2+2x_3+x_4$$
$$\text{s. t.}\begin{cases}x_1-2x_3-x_4=2-\lambda\\x_2-x_3+x_4=-1+\lambda\\x_j\geqslant 0(j=1,2,3,4)\end{cases}$$

3.10　参数线性规划问题

$$\max z(\theta)=(1+\theta)x_1+3x_2$$
$$\text{s. t.}\begin{cases}x_1+x_2+x_3=8+\theta\\-x_1+x_2+x_4=4\\x_1+x_5=6\\x_j\geqslant 0(j=1,2,\cdots,5)\end{cases}$$

要求：(1) 分析在 $0\leqslant\theta\leqslant 10$ 的范围内最优解的变化情况。

(2) 以 θ 为横坐标，$\max z(\theta)$ 为纵坐标作图。

第 4 章 运输问题

教学目标：

通过本章的学习，能够识别运输问题的数学模型和特点，熟练应用表上作业法求解运输问题的最优调运方案，学会产销不平衡转化产销平衡运输问题的方法及产销不平衡问题的拓宽应用，能灵活运用软件进行运输问题建模和求解。

4.1 运输问题的数学模型及其特点

4.1.1 运输问题的数学模型

假定有 m 个产地，n 个销地，a_i为第 i 产地的供应量，$i=1,2,\cdots,m$。b_j为第 j 销地的需求量，$j=1,2,\cdots,n$。c_{ij}为从产地 i 到销地 j 的单位运费，$i=1,2,\cdots,m$；$j=1,2,\cdots,n$。x_{ij}为产地 i 到销地 j 的调运数量。该问题为求解最佳调运方案，即求解所有 x_{ij}值，使得总的运输费用最少。决策变量为 $x\ ij$。其数学模型为

$$\min f=\sum_{i=1}^{m}\sum_{j=1}^{n}c_{ij}x_{ij}$$

$$\text{s. t.}\begin{cases}\sum_{j=1}^{n}x_{ij}\leqslant a_i(i=1,2,\cdots,m)\\ \sum_{i=1}^{m}x_{ij}\geqslant b_j(j=1,2,\cdots,n)\\ x_{ij}\geqslant 0(i=1,2,\cdots,m;j=1,2,\cdots,n)\end{cases}$$

根据该问题中总供应量与总需求量之间的关系，可将运输问题分为两类：

（1）当 $\sum_{i=1}^{m}a_i=\sum_{j=1}^{n}b_j$ 时，为产销平衡的运输问题。

（2）当 $\sum_{i=1}^{m}a_i\neq\sum_{j=1}^{n}b_j$ 时，为产销不平衡的运输问题。

实际上产销不平衡的运输问题可以转换为产销平衡的运输问题。我们先讨论产销平衡的运输问题的性质与特点，再讨论产销不平衡的运输问题如何向产销平衡的运输问题转换。

4.1.2 运输问题的性质与特点

产销平衡的运输问题 $\left(\sum_{i=1}^{m}a_i=\sum_{j=1}^{n}b_j\right)$ 的数学模型可表示为

$$\min f=\sum_{i=1}^{m}\sum_{j=1}^{n}c_{ij}x_{ij}$$

$$\text{s. t.}\begin{cases}\sum\limits_{j=1}^{n}x_{ij}=a_i(i=1,2,\cdots,m)\\ \sum\limits_{i=1}^{m}x_{ij}=b_j(j=1,2,\cdots,n)\\ x_{ij}\geqslant 0(i=1,2,\cdots,m;j=1,2,\cdots,n)\end{cases}$$

模型中变量个数为 $m\times n$ 个，约束个数为 $m+n$ 个，全部为等式约束。前 m 个约束是供应地的供应量约束，后 n 个约束是需求地的需求量约束。

令常数项 $=(a_1,a_2,\cdots,a_m,b_1b_2,\cdots,b_n)^{\mathrm{T}}$

$\boldsymbol{C}=(C_{11},C_{12},\cdots,C_{1n},C_{21},C_{22},\cdots,C_{2n},\cdots,C_{m1},C_{m2},\cdots,C_{mn})$

$\boldsymbol{x}=(x_{11},x_{12},\cdots,x_{1n},x_{21},x_{22},\cdots,x_{2n},\cdots,x_{m1},x_{m2},\cdots,x_{mn})^{\mathrm{T}}$

$$\boldsymbol{A}=\left(\begin{array}{cccccccccccc}
1 & 1 & \cdots & 1 & & & & & & & & \\
 & & & & 1 & 1 & \cdots & 1 & & & & \\
 & & & & & & & & \ddots & & & \\
 & & & & & & & & 1 & 1 & \cdots & 1 \\
1 & & & & 1 & & & & 1 & & & \\
 & 1 & & & & 1 & & & & 1 & & \\
 & & \ddots & & & & \ddots & & \cdots & & \ddots & \\
 & & & 1 & & & & 1 & & & & 1
\end{array}\right)\begin{array}{l}\left.\vphantom{\begin{array}{c}1\\1\\1\\1\end{array}}\right\}m\text{ 个行约束}\\ \left.\vphantom{\begin{array}{c}1\\1\\1\\1\end{array}}\right\}n\text{ 个列约束}\end{array}$$

系数矩阵 $\boldsymbol{A}$ 的特点：

（1）约束条件左边所有的系数都是 0 或 1，而且每一列中恰好只有两个元素是 1，其他元素都是 0，共有 $m\times n$ 个 $\boldsymbol{P}_{ij}$。列向量为

$$\boldsymbol{P}_{ij}=\begin{pmatrix}\vdots\\1\\\vdots\\1\\\vdots\end{pmatrix}\begin{array}{l}\\ \longrightarrow\text{第 } i \text{ 行}\\ \\ \longrightarrow\text{第 } m+j \text{ 行}\\ \\ \end{array}$$

（2）$\boldsymbol{A}=(\boldsymbol{P}_{ij})_{(m+n)(m\times n)}$，其中有 $m+n-1$ 个基向量 $\boldsymbol{P}_{ij}$ 线性无关，对应的变量 x_{ij} 有 $m+n-1$ 个基变量，其余是非基变量。

（3）前 m 行每行有 n 个 1（其余都是 0）；从第 $m+1$ 行到第 n 行，每行有 m 个 1，其余都是 0。

（4）产销平衡的运输问题的对偶问题如下：

$$\max w = \sum_{i=1}^{m} a_i u_i + \sum_{j=1}^{n} b_j v_j$$

$$\text{s.t.}\begin{cases} u_i + v_j \leqslant c_{ij} & (i=1,2,\cdots,m; j=1,2,\cdots,n) \\ u_i, v_j \text{ 无限制} \end{cases}$$

$$\boldsymbol{Ax} = \begin{pmatrix} 1 & 1 & \cdots & 1 & & & & & & & & \\ & & & & 1 & 1 & \cdots & 1 & & & & \\ & & & & & & & & \ddots & & & \\ & & & & & & & & & 1 & 1 & \cdots & 1 \\ 1 & & & & 1 & & & & & 1 & & & \\ & 1 & & & & 1 & & & & & 1 & & \\ & & \ddots & & & & \ddots & & \cdots & & & \ddots & \\ & & & 1 & & & & 1 & & & & & 1 \end{pmatrix} \begin{pmatrix} x_{11} \\ x_{12} \\ \vdots \\ \vdots \\ \vdots \\ \vdots \\ \vdots \\ x_{mn} \end{pmatrix} = \begin{pmatrix} a_1 \\ a_2 \\ \vdots \\ a_m \\ b_1 \\ b_2 \\ \vdots \\ b_n \end{pmatrix} \begin{matrix} u_1 \\ u_2 \\ \vdots \\ u_m \\ v_1 \\ v_2 \\ \vdots \\ v_n \end{matrix}$$

由 $(u_1 \cdots u_i \cdots u_m, v_1 \cdots v_j \cdots v_n)\boldsymbol{p}_{ij} \leqslant c_{ij}$，可知 $u_i + v_j \leqslant c_{ij}$，其中 $u_i(i=1,2,\cdots,m)$ 为前 m 个约束对应的对偶变量，又称 u_i 为行位势；$v_j(j=1,2,\cdots,n)$ 为第 $m+1$ 到第 $m+n$ 个约束对应的对偶变量，又称 v_j 为列位势。

此外，还经常把变量和系数排列成如表 4-1 和表 4-2 的形式所示。

表 4-1　运量表

项　目		销　地				产　量
		B_1	B_2	…	B_n	
产地	A_1	x_{11}	x_{12}	…	x_{1n}	a_1
	A_2	x_{21}	x_{22}	…	x_{2n}	a_2
	⋮	⋮	⋮		⋮	⋮
	A_m	x_{m1}	x_{m2}	…	x_{mn}	a_m
	销量	b_1	b_2	…	b_n	

表 4-2　位势表

项　目		销　地				行 位 势
		B_1	B_2	…	B_n	
产地	A_1	c_{11}	c_{12}	…	c_{1n}	u_1
	A_2	c_{21}	c_{22}	…	c_{2n}	u_2
	⋮	⋮	⋮		⋮	⋮
	A_m	c_{m1}	c_{m2}	…	c_{mn}	u_m
列位势		v_1	v_2	…	v_n	

由于，系数矩阵 $\boldsymbol{A}$ 大部分元素为 0，少部分为 1，虽然也可以用单纯形法来求解，然而运输问题的变量一般多于 10 个，计算比较麻烦。所以，运输问题作为一类特殊的线性规划

问题，下面介绍一种新的方法——表上作业法。

4.2　表上作业法

表上作业法是求解运输问题的一种简便而有效的方法，是单纯形法在求解运输问题时的一种简化方法，其求解工作在运输表上进行，其实质仍是单纯形法，只是其具体计算过程和使用的术语有所不同，它是一种迭代法。这一方法的计算步骤可以归纳如下：先按某种规则找出一个初始解（初始调运方案），即在产销平衡表上给出 $m+n-1$ 个数格；再对现行解做最优性判别，求各非基变量的检验数，即在表上计算空格的检验数，判别是否达到最优解。如果已是最优解，则停止计算，否则转入下一步；若这个解不是最优解，就在运输表上对它进行调整改进，确定换入变量和换出变量，找出新的基本可行解（即在表上用闭回路法进行调整），得出一个新的调运方案；重复再判别，再改进；直至得到运输问题的最优解为止。如前所述，迭代过程中得出的所有解都要求是运输问题的基本可行解。下面阐明这几个步骤，并给出图 4-1 详细加以说明。

下面通过具体例子说明表上作业法的计算步骤。当用一般单纯形法求解运输问题时，应去掉一个多余的约束等式（任一个约束等式均可）；当用表上作业法求解时，因在运输表上进行，不必写出其上述数学模型。

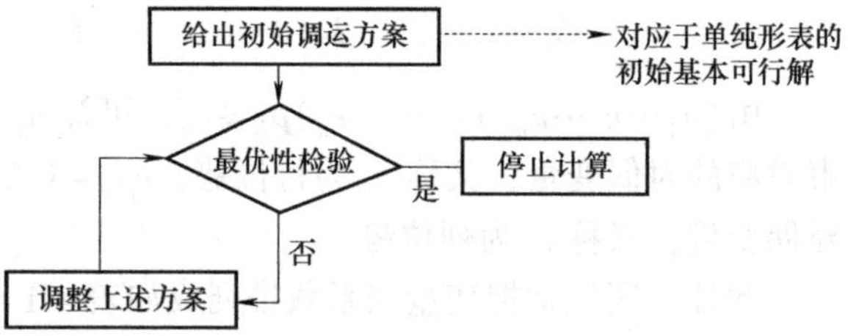

图 4-1　计算框图

4.2.1　初始方案的确定

1. 最小元素法

先从各运价中找到最小运价，设为 c_{ij}，然后比较供应量 a_i 和需求量 b_j，如果 $a_i>b_j$，取 $x_{ij}=b_j$，并将供应地 i 的供应量改为 a_i-b_j，划去需求地 j，需求满足；如果 $a_i<b_j$，取 $x_{ij}=a_i$，并划去供应地 i，供应地 i 的产品都提供出去，将需求地 j 的需求量改为 b_j-a_i；如果 a_i 和 b_j 中有一个为 0，则不分配运量给 x_{ij}。分配完最小运价的运量后，用同样的方法分配运价次小的运量，以此类推，直到所有需求都满足、单位运价表上所有元素都划去为止。以下是用最小元素法确定运输问题的初始可行解的例子。

例 4-1　给出产销平衡表如表 4-3 所示。

解： 第一步，从表 4-4 的单位运价表中找出最小运价为 1（有两个最小运价时任选其一），

表 4-3　产销平衡表

（单位：t）

项　目		需　求　地				供应量
		B_1	B_2	B_3	B_4	
供应地	A_1					7
	A_2					4
	A_3					9
需求量		3	6	5	6	

表 4-4　单位运价表

（单位：元/t）

供　应　地	需　求　地			
	B_1	B_2	B_3	B_4
A_1	3	11	3	10
A_2	1	9	2	8
A_3	7	4	10	5

即 A_2生产的产品首先供应 B_1需要。由于 A_2每天生产 4t，B_1每天需要 3t，即 A_2每天生产的除满足 B_1全部需求外，还剩余 1t。因此在表 4-3（A_2,B_1）的交叉格中填上数字 3，表示 A_2调运 3t 产品给 B_1，再在表 4-4 中将 B_1这一列运价划去，表示 B_1的需求已满足，不需要继续调运给它。这样得到的结果如表 4-5 和表 4-6 所示。

表 4-5　由表 4-3 演变的结果

项　目		需求地				供应量
		B_1	B_2	B_3	B_4	
供应地	A_1					7
	A_2	3				4
	A_3					9
需求量		3	6	5	6	

表 4-6　由表 4-4 演变的结果

供应地	需求地			
	B_1	B_2	B_3	B_4
A_1	3	11	3	10
A_2	1	9	2	8
A_3	7	4	10	5

第二步：从表 4-6 未划去的元素中找出最小的运价 2，即 A_2的剩余量应供应 B_3。B_3每天需要 5t，A_2只能供应 1t，因此在表 4-5（A_2,B_3）交叉处填写 1，划去表 4-6 中 A_2这一行运价，表示 A_2生产的产品已分配完，其结果如表 4-7 和表 4-8 所示。

表 4-7　由表 4-5 演变的结果

项　目		需求地				供应量
		B_1	B_2	B_3	B_4	
供应地	A_1					7
	A_2	3		1		4
	A_3					9
需求量		3	6	5	6	

表 4-8　由表 4-6 演变的结果

供应地	需求地			
	B_1	B_2	B_3	B_4
A_1	3	11	3	10
A_2	1	9	2	8
A_3	7	4	10	5

第三步：再从表 4-8 中未划去元素中找出最小元素为 3，即 A_1生产的应优先满足 B_3需要。A_1每天生产 7t，B_3尚缺 4t。因此在（A_1,B_3）交叉格内填上 4，由于 B_3的需求已满足，在表 4-8 中划去 B_3列元素。这样一步一步进行下去，一直到单位运价表上所有元素都划去为止。其详细求解过程如表 4-9~表 4-14 所示。

表 4-9　由表 4-7 演变的结果

项　目		需求地				供应量
		B_1	B_2	B_3	B_4	
供应地	A_1			4		7
	A_2	3		1		4
	A_3					9
需求量		3	6	5	6	

表 4-10　由表 4-8 演变的结果

供应地	需求地			
	B_1	B_2	B_3	B_4
A_1	3	11	3	10
A_2	1	9	2	8
A_3	7	4	10	5

此时，运价表中只剩一个元素 10 未被划去，而对应的运量表中（A_1,B_4）的位置上，无论是行约束还是列约束都只剩下 3t（因为是产销平衡的运输问题），在运量表中（A_1,B_4）的位置上填上 3，行约束和列约束都满足。这时在产销平衡表上就得到一个调运方案（如表 4-15 所示），即为用最小元素法得到的该运输问题的初始调运方案，这个调运方案的总运

费为 86 元（运量表和运价表对应元素相乘，累加求和）。

表 4-11　由表 4-9 演变的结果

项目		需求地 B_1	B_2	B_3	B_4	供应量
供应地	A_1			4		7
	A_2	3		1		4
	A_3		6			9
需求量		3	6	5	6	

表 4-12　由表 4-10 演变的结果

供应地	需求地 B_1	B_2	B_3	B_4
A_1	3	11	3	10
A_2	1	9	2	8
A_3	7	4	10	5

表 4-13　由表 4-11 演变的结果

项目		需求地 B_1	B_2	B_3	B_4	供应量
供应地	A_1			4		7
	A_2	3		1		4
	A_3		6		3	9
需求量		3	6	5	6	

表 4-14　由表 4-12 演变的结果

供应地	需求地 B_1	B_2	B_3	B_4
A_1	3	11	3	10
A_2	1	9	2	8
A_3	7	4	10	5

说明：在调运方案表中，有数（即调运量）的格叫作数格，它对应运输问题解中的基变量取值；没数的格叫作空格，它对应解中的非基变量。

因运输问题中基变量数一般为（$m+n-1$）个，故调运方案中有数字的格也为（$m+n-1$）个，如果数格的个数<（$m+n-1$）应添 0 补到（$m+n-1$）。且数格之间不能构成闭回路，如果数格构成闭回路，则该数格对应的列向量必定线性相关，数格就不是初始可行解。如表 4-16 所示。

表 4-15　运量表一

项目		需求地 B_1	B_2	B_3	B_4	供应量
供应地	A_1			4	3	7
	A_2	3		1		4
	A_3		6		3	9
需求量		3	6	5	6	

表 4-16　数格构成闭合回路

供应地	需求地 B_1	B_2	B_3	B_4	供应量
A_1			2	5	7
A_2			3	1	4
A_3	3	6			9
需求量	3	6	5	6	

2. Vogel 法

用最小元素法给定初始方案只从局部观点考虑就近供应，可能造成总体的不合理。Vogel 法的步骤是从运价表上分别找出每行与每列的最小的两个元素之差，再从差值最大的行或列中找出最小运价，确定供需关系和供应数量。当供应地或需求地中有一方数量上供应完毕或得到满足时，划去运价表中对应的行或列，再重复上述步骤。仍以例 4-1 来说明，从表 4-4 中找出每行与每列最小两个元素之差，分别列于表的右端与下端，见表 4-17 中两最小元素之差中标志①的行和列。

表 4-17 Vogel 法求解过程

供应地		需求地				供应量	行差			
		B_1	B_2	B_3	B_4		①	②	③	④
A_1		3	11	[3]	10	7	0	0	7	
A_2		[1]	9	2	8	4	1	1	6	√
A_3		7	[4]	10	[5]	9	1	2	√	
需求量		3	6	5	6					
列差	①	2	5	1	3					
	②		√							
	③	2		1	2					
	④	√		√						

从表 4-17 中看到 B_2列的差值最大，从该列找出最小元素为 4，即 A_3生产的首先满足 B_2的需要，在表 4-18 的（A_3,B_2）交叉格中填上 6。由于 B_2的需要已得到满足，从单位运价表中划去 B_2这列数字。重复上述步骤，从表中未划去的元素中再找出每行与每列的最小两个元素之差，列于表 4-17 中两最小元素之差栏目中标志②的行和列，因 B_4列差值最大，又该列的最小元素为 5，即 A_3分配的剩余量满足 B_4需要，在表 4-18 的（A_3,B_4）交叉格填上了 3，划去 A_3行的数字。继续重复上述步骤，一直到供应地的产量分配完、需求地的销量得到满足为止。一般当供应地和需求地的数量不多时，Vogel 法给出的初始方案有时就是最优方案，所以 Vogel 法有时就用作求运输问题最优方案的近似解。

表 4-18 为用 Vogel 法得到的该运输问题的初始调运方案，这个调运方案的总运费为 85 元。

3. 西北角法

西北角法只考虑地理位置，不考虑运费多少。西北角法是按供应地和需求地的编号为序，依次顺序供给的原则获得初始基础可行解的一种方法。它是从确定供应地 A_1到需求地 B_1的运量开始。这个位置按地图的方位来说是西北角，因而得名。从供应地 A_1到需求地 B_1的运量，取供应地 A_1的供应量（7）和需求地 B_1的需求量（3）两者中小的一个安排，如果供应地 A_1的供应量没有用完，则将剩余的供应量向需求地 B_2发送，…，以此类推，直到最后一个供应地的供应量全部运出，最后一个需求地的需求量全部满足为止。结果见表 4-19。

表 4-18 运量表二（Vogel 法）

项目		需求地				供应量
		B_1	B_2	B_3	B_4	
供应地	A_1			5	2	7
	A_2	3			1	4
	A_3		6		3	9
需求量		3	6	5	6	

表 4-19 运量表三（西北角法）

项目		需求地				供应量
		B_1	B_2	B_3	B_4	
供应地	A_1	3	4			7
	A_2		2	2		4
	A_3			3	6	9
需求量		3	6	5	6	

4.2.2 最优性检验

以上三种方法，无论哪种给出的初始调运方案，都是一个运输问题的基本可行解，一般来说都不是最优方案，如何判断一个调运方案是否是最优方案？单纯形法中，判断一个基本可行解是否是最优解的方法是：目标函数求极大值，若检验数 $\boldsymbol{C}-\boldsymbol{C}_B\boldsymbol{B}^{-1}\boldsymbol{A}\leqslant\boldsymbol{0}$，已获最优解。在运输问题中，目标函数求极小值，由单纯形法的推导过程可知检验数应满足 $\boldsymbol{C}-\boldsymbol{C}_B\boldsymbol{B}^{-1}\boldsymbol{A}\geqslant\boldsymbol{0}$ 时，已获最优解。因此，运输问题的一个合理初始调运方案给出后，要判断是不是最优方案，首先要计算出方案中每一个空格的检验数，这里介绍计算空格的检验数的两种方法。

1. 位势法

求行位势和列位势。因为数格 $x_{ij}>0$，所以对应的对偶约束是紧的，即 $u_i+v_j=c_{ij}$。下面举例说明如何求行位势和列位势。以通过最小元素法求得的运量表 4-15 为例，求位势表，首先将调运方案表 4-15 中的各个调运量换成该数格所对应的单位运价（填数格对应的运价进位势表），令行位势 u_1 为 0，由 $u_i+v_j=c_{ij}$ 求得其他位势值，结果见表 4-20。

接着用行位势和列位势求检验数，因为

$$\boldsymbol{\sigma}_{ij}=c_{ij}-\boldsymbol{C}_B\boldsymbol{B}^{-1}\boldsymbol{P}_{ij}=c_{ij}-(u_1,\cdots,u_m,v_1,\cdots,v_n)\boldsymbol{P}_{ij}=c_{ij}-(u_i+v_j)$$

若满足公式 $\boldsymbol{\sigma}_{ij}=c_{ij}-(u_i+v_j)\geqslant 0$，则已获最优。否则，进行调整。表 4-21 是用位势法求得的该运输问题最小元素法的检验数表。由于检验数中有一个是负数，所以需要调整。

表 4-20　位势表

项　　目		需　求　地				u_i
		B_1	B_2	B_3	B_4	
供应地	A_1			3	10	0
	A_2	1		2		−1
	A_3		4		5	−5
v_j		2	9	3	10	

表 4-21　检验数表

供　应　地	需　求　地			
	B_1	B_2	B_3	B_4
A_1	1	2	(0)	(0)
A_2	(0)	1	(0)	−1
A_3	10	(0)	12	(0)

2. 闭回路法

同样，以最小元素法求运量表 4-15 为例来计算其空格检验数（数格检验数均为 0）。首先将调运方案表 4-15 中的各个调运量换成该格所对应的单位运价，得表 4-22，这样表 4-22 的空格就是表 4-15 中的那些空格。

所谓闭回路法就是对于表 4-22 中的一个空格，找出一条由此空格和一些数格组成的闭回路。在表 4-22 中，(A_1,B_1) 是空格，即 A_1 的物资不供给 B_1。现在可以设想一下，如果 A_1 的物资运 1t 给 B_1，总的运费将会怎样变动呢？显然，由于供需平衡，A_1 必须少运 1t 给 B_3，而 A_2 就必须多运 1t 给 B_3，且少运 1t 给 B_1。这样变动的结果，运费就要增加 1 元，即为 $3-3+2-1=1$。这个数字 1 就是空格 (A_1,B_1) 的检验数．它表明如果 A_1 供应 1t 给 B_1，运费就得增加 1 元，显然对原方案进行这样的调整是不可取的。再看空格 (A_2,B_4)，它与数格 (A_2,B_3)，(A_1,B_3)，(A_1,B_4) 一起构成一个闭回路，若沿此闭回路调整 1t，运费就要减少 1 元，即为 $8-2+3-10=-1$。-1 就是空格 (A_2,B_4) 的检验数。对原方案调整 (A_2,B_4) 是可取的，会使总的运费下降。如此算出所有空格检验数，如果所有检验数大于 0，就是说，对所给方案的任何变动都将导致运费的增加，则原方案是最优方案。反之只要有一个检验数小于0，则沿此空格的闭回路调整方案，就可使运费下降，因而方案就不是最优方案。用闭回路法算出表4-22中所有空格的检验数，如表4-23中不带括号的数所示。由表4-23看出，在（A_2,B_4）格检验数为负值，沿其闭回路调整原方案会使总运费下降，故表4-15（最小元素法）所给的调运方案不是最优方案，需进行调整。

表4-22　位势表

项目		需求地			
		B_1	B_2	B_3	B_4
供应地	A_1			3	10
	A_2	1		2	
	A_3		4		5

表4-23　检验数表

项目		需求地			
		B_1	B_2	B_3	B_4
供应地	A_1	1	2	(0)	(0)
	A_2	(0)	1	(0)	−1
	A_3	10	(0)	12	(0)

4.2.3　方案的调整

（1）取 $\min\sigma_{ij}\{\sigma_{ij}\mid\sigma_{ij}<0\}$ 寻找该运量表中的闭回路（如非基变量），每个空格的闭回路都是唯一的。

（2）沿闭回路路线进行调整，调整量 $\theta=\min\{$闭合回路中减顶点运量元素$\}$，因为运量不能出现负数，否则倒运，本例如表4-24所示，调整量 $\theta=1$。

（3）加顶点 $+\theta$，减顶点 $-\theta$，其余数不变，得新运量表，重复最优性检验与方案的调整步骤，本例如表4-25~表4-27所示。

表4-24　闭回路

项目		需求地				供应量
		B_1	B_2	B_3	B_4	
供应地	A_1			4_{+1}	3_{-1}	7
	A_2	3		1_{-1}	$_{-1}$	4
	A_3		6		3	9
需求量		3	6	5	6	

表4-25　新运量表

项目		需求地				供应量
		B_1	B_2	B_3	B_4	
供应地	A_1			5	2	7
	A_2	3			1	4
	A_3		6		3	9
需求量		3	6	5	6	

表4-26　新位势表

项目		需求地				u_i
		B_1	B_2	B_3	B_4	
供应地	A_1			3	10	0
	A_2	1			8	−2
	A_3		4		5	−5
v_j		3	9	3	10	

表4-27　新检验数表

供应地	需求地			
	B_1	B_2	B_3	B_4
A_1	0	2	(0)	(0)
A_2	(0)	2	1	(0)
A_3	9	(0)	12	(0)

所有检验数 $\sigma_{ij}\geqslant0$ 已获最优解，$x_{13}=5$，$x_{14}=2$，$x_{21}=3$，$x_{24}=1$，$x_{32}=6$，$x_{34}=3$，其余 $x_{ij}=0$；最少的运费 $f_{\min}=5\times3+2\times10+3\times1+1\times8+4\times6+5\times3=85$。表4-28为最小元素法求得的基本可行解对应的单纯形表 $T(\boldsymbol{B})$。

表 4-28 基本可行解对应的单纯形表

$C_j\to$			3	11	3	10	1	9	2	8	7	4	10	5
C_B	x_B	$B^{-1}b$	x_{11}	x_{12}	x_{13}	x_{14}	x_{21}	x_{22}	x_{23}	x_{24}	x_{31}	x_{32}	x_{33}	x_{34}
3	x_{13}	4	1	0	1	0	0	−1	0	−1	1	0	1	0
10	x_{14}	3	0	1	0	1	0	1	0	1	−1	0	−1	0
1	x_{21}	3	1	0	0	0	1	0	0	0	1	0	0	0
2	x_{23}	1	−1	0	0	0	0	1	1	1*	−1	0	0	0
4	x_{32}	6	0	1	0	0	0	1	0	0	0	1	0	0
5	x_{34}	3	0	−1	0	0	0	−1	0	0	1	0	1	1
C_j-Z_j			1	2	0	0	0	1	0	−1	10	0	12	0

由空格闭回路知 $\boldsymbol{P}_{11}-\boldsymbol{P}_{13}+\boldsymbol{P}_{23}-\boldsymbol{P}_{21}=\boldsymbol{0}$（线性相关），即 $\boldsymbol{P}_{11}=\boldsymbol{P}_{13}-\boldsymbol{P}_{23}+\boldsymbol{P}_{21}$，同理可知 $\boldsymbol{P}_{12}=\boldsymbol{P}_{14}+\boldsymbol{P}_{32}-\boldsymbol{P}_{34}$，以此类推。

4.2.4 运输问题对应 $T(\boldsymbol{B})$ 的特点

（1）基变量由 $m+n-1$ 个数格表示，其余空格为非基变量。

（2）检验数：$\sigma_{ij}=c_{ij}-(u_i+v_j)$。

（3）进基变量求 $\sigma_{ij}=\min\{\sigma_{ij} \mid \sigma_{ij}<0\}$ 中最小的元素对应的变量；出基变量闭合回路中 $x_{ij}=\min\{$闭合回路中,减顶点 x_{ij} 的运量$\}$。

（4）换基迭代要保证一对一替换，若少于 $m+n-1$ 个时，应添 0 补位，补齐到 $m+n-1$ 个。

4.3 产销不平衡的运输问题

实际问题中产销往往是不平衡的。为了用表上作业法计算，就需要把产销不平衡的问题化成产销平衡的问题。

4.3.1 产量大于销量的运输问题

产大于销 $\left(\sum_{i=1}^{m} a_i > \sum_{j=1}^{n} b_j\right)$ 时，运输问题的数学模型可写成

$$\min f=\sum_{i=1}^{m}\sum_{j=1}^{n} c_{ij}x_{ij}$$

$$\text{s. t.}\begin{cases}\sum_{j=1}^{n} x_{ij} \leqslant a_i(i=1,2,\cdots,m)\\ \sum_{i=1}^{m} x_{ij}=b_j(j=1,2,\cdots,n)\\ x_{ij}\geqslant 0(i=1,2,\cdots,m;j=1,2,\cdots,n)\end{cases}$$

由于总的产量大于销量，就要增加一个虚设的需求地 $n+1$，它的需求量为 $\sum_{i=1}^{m} a_i$ −

$\sum_{j=1}^{n} b_j$。新增从各供应地到该需求地的运输路线（$1,n+1$），（$2,n+1$），…，（$m,n+1$）上的运价全部等于0，就将供给大于需求的问题转化为供求平衡的问题。在新的问题中，从供应地 i 到新设的需求地 $n+1$ 的运量，实际上就是存储在供应地 i 没有运出的数量，如表 4-29 所示。

表 4-29 配平后的运输问题

项目		需求地					供应量
		B_1	B_2	…	B_n	B_{n+1}（虚设）	
供应地	A_1	c_{11}	c_{12}	…	c_{1n}	0	a_1
	A_2	c_{21}	c_{22}	…	c_{2n}	0	a_2
	⋮	⋮	⋮		⋮	⋮	⋮
	A_m	c_{m1}	c_{m2}	…	c_{mn}	0	a_m
需求量		b_1	b_2	…	b_n	b_{n+1}	

其中，$b_{n+1} = \sum_{i=1}^{m} a_i - \sum_{j=1}^{n} b_j$，化为产销平衡问题

$$\min f = \sum_{i=1}^{m} \sum_{j=1}^{n+1} c_{ij} x_{ij}$$

$$\text{s. t.} \begin{cases} \sum_{j=1}^{n+1} x_{ij} = a_i, (i = 1,2,\cdots,m) \\ \sum_{i=1}^{m} x_{ij} = b_j, (j = 1,2,\cdots,n+1) \\ x_{ij} \geqslant 0 (i = 1,2,\cdots,m; j = 1,2,\cdots,n+1) \end{cases}$$

其中，$c_{in+1} = 0 (i = 1,2,\cdots,m)$。

4.3.2 销量大于产量的运输问题

销大于产 $\left(\sum_{i=1}^{m} a_i < \sum_{j=1}^{n} b_j\right)$ 时，运输问题的数学模型及其平衡模型可写成

$$\min f = \sum_{i=1}^{m} \sum_{j=1}^{n} c_{ij} x_{ij} \qquad \min f = \sum_{i=1}^{m+1} \sum_{j=1}^{n} c_{ij} x_{ij}$$

$$\text{s. t.} \begin{cases} \sum_{j=1}^{n} x_{ij} = a_i (i = 1,2,\cdots,m) \\ \sum_{i=1}^{m} x_{ij} \leqslant b_j (j = 1,2,\cdots,n) \\ x_{ij} \geqslant 0 (i = 1,2,\cdots,m; j = 1,2,\cdots,n) \end{cases} \qquad \text{s. t.} \begin{cases} \sum_{j=1}^{n} x_{ij} = a_i (i = 1,2,\cdots,m+1) \\ \sum_{i=1}^{m+1} x_{ij} = b_j (j = 1,2,\cdots,n) \\ x_{ij} \geqslant 0 (i = 1,2,\cdots,m+1; j = 1,2,\cdots,n) \end{cases}$$

新得到的供需平衡的运输问题表如表 4-30 所示，其中，$a_{m+1} = \sum_{j=1}^{n} b_j - \sum_{i=1}^{m} a_i$。

表 4-30　配平后的运输问题

项目		需求地				供应量
		B_1	B_2	…	B_n	
供应地	A_1	c_{11}	c_{12}	…	c_{1n}	a_1
	A_2	c_{21}	c_{22}	…	c_{2n}	a_2
	⋮	⋮	⋮		⋮	⋮
	A_m	c_{m1}	c_{m2}	…	c_{mn}	a_m
	A_{m+1}（虚设）	0	0	…	0	a_{m+1}
需求量		b_1	b_2	…	b_n	

例 4-2　求下面问题的最优调运方案，产销量和运价如表 4-31 和表 4-32 所示。

表 4-31　产销平衡表

（单位：t）

项目		需求地				供应量
		B_1	B_2	B_3	B_4	
供应地	A_1					7
	A_2					5
	A_3					7
需求量		2	3	4	6	

表 4-32　单位运价表

（单位：元/t）

供应地	需求地			
	B_1	B_2	B_3	B_4
A_1	2	11	3	4
A_2	10	3	5	9
A_3	7	8	1	2

解：首先化为产销平衡的运输问题。假设一个需求地 B_5，产销平衡表如表 4-33 所示，其中 $b_5=19-15=4$。由 Vogel 法求初始调运方案如表 4-34 所示。

表 4-33　产销平衡表

（单位：t）

项目		需求地					供应量
		B_1	B_2	B_3	B_4	B_5	
供应地	A_1	2	11	3	4	0	7
	A_2	10	3	5	9	0	5
	A_3	7	8	1	2	0	7
需求量		2	3	4	6	4	

表 4-34　Vogel 法求得初始调运方案

供应地		B_1	B_2	B_3	B_4	B_5	供应量	行差			
								①	②	③	④
A_1		2	11	3	4	0	7	2	3	3	1
A_2		10	3	5	9	0	5	3	3	5	√
A_3		7	8	1	2	0	7	1	1	1	1
需求量		2	3	4	6	4					
列差	①	5	5	2	2	0					
	②	√	√	2	2	0					
	③			√		√					

用位势法求表 4-35（Vogel 法得初始运量表）是否为最优调运方案。

表 4-35 Vogel 法得运量表

项目		需求地					供应量
		B_1	B_2	B_3	B_4	B_5	
供应地	A_1	2			3	2	7
	A_2		3			2	5
	A_3			4	3		7
需求量		2	3	4	6	4	

其位势表和检验数表如表 4-36 和表 4-37 所示。

表 4-36 位势表

项目		需求地					u_i
		B_1	B_2	B_3	B_4	B_5	
供应地	A_1	2			4	0	0
	A_2		3			0	0
	A_3			1	2		−2
v_j		2	3	3	4	0	

表 4-37 检验数表

供应地	需求地				
	B_1	B_2	B_3	B_4	B_5
A_1	(0)	8	0	(0)	(0)
A_2	8	(0)	2	5	(0)
A_3	7	7	(0)	(0)	2

由表 4-37 可知，所有检验数都大于等于 0，所以最优方案为 Vogel 法所得运量表 4-35，最优值 $f_{\min}=2\times2+4\times3+3\times3+4\times1+2\times3=35$。

例 4-3 设有 3 个化肥厂供应 4 个地区的农用化肥。假定等量的化肥在这些地区使用效果相同，已知各化肥厂年产量，各地区年需要量及从化肥厂到各地区单位化肥的运价表如表 4-38 所示，试决定使总的运费最省的化肥调拨方案。

表 4-38 运价表 （单位：万元/万 t）

项目		需求地				产量（万 t）
		B_1	B_2	B_3	B_4	
化肥厂	A_1	16	13	22	17	50
	A_2	14	13	19	15	60
	A_3	19	20	23		50
最低需求（万 t）		30	70	0	10	
最高需求（万 t）		50	70	30	不限	

解：这是一个产销不平衡的运输问题，总产量 = 160 万 t。

$$\text{总销量}\begin{cases}\text{最低}:110\text{ 万 t},\\ \text{最高}:50+70+30+\text{不限}=210\text{ 万 t},\end{cases}\quad \text{不限}=(50+60+50)-(30+70)=60\text{ 万 t}$$

为了求得平衡，按最高需求量配置产销平衡表，同时对需求分两种情况的地区，在产销平衡表中增加一个假想的化肥厂 D，其年产量为 50 万 t。由于各地区的需求量包含两部分，如需求地 B_1，其中 30 万 t 是最低需求，故不能由假想化肥厂 D 供给，令相应运价为 M（任意大正数），而另一部分 20 万 t 满足或不满足均可以，因此可以由假想化肥厂 D 供给，按前面讲的，令相应运价为 0。对凡是需求分两种情况的地区，实际上可按照两个地区看待。这样可以写出这个问题的产销平衡表（如表4-39所示）和单位运价表（如表4-40所示）。

表 4-39　产销平衡表　（单位：万 t）

项目		需求地 B_1	B_1'	B_2	B_3	B_4	B_4'	供应量
供应地	A_1							50
	A_2							60
	A_3							50
	D							50
需求量		30	20	70	30	10	50	

表 4-40　单位运价表（单位：万元/万 t）

供应地	需求地 B_1	B_1'	B_2	B_3	B_4	B_4'
A_1	16	16	13	22	17	17
A_2	14	14	13	19	15	15
A_3	19	19	20	23	M	M
D	M	0	M	0	M	0

根据表上作业法计算，可得该问题的最优结果如表4-41所示。

表 4-41　最优分配表

项目		需求地 B_1	B_1'	B_2	B_3	B_4	B_4'	供应量
供应地	A_1			50				50
	A_2			20		10	30	60
	A_3	30	20	0				50
	D				30		20	50
需求量		30	20	70	30	10	50	

例 4-4　设有如表4-42所示的运输问题，试确定下面问题最优调运方案。

表 4-42　单位运价表　（单位：元/t）

项目		需求地 B_1	B_2	B_3	B_4	供应量
供应地	A_1	10	2	20	11	15
	A_2	12	7	9	20	25
	A_3	2	14	16	18	5
需求量		5	15	15	10	

解：最小元素法确定初始方案；用闭回路法求检验数。此题需要添0补位，方法是在划去的行或列上，添上的0元素不能与前面的数格构成闭合回路，具体求解过程如表4-43～表4-46所示。

表 4-43　初始方案表

项目		需求地 B_1	B_2	B_3	B_4	供应量
供应地	A_1	0	15			15
	A_2		0	15	10	25
	A_3	5				5
需求量		5	15	15	10	

表 4-44　位势及检验数表

项目		需求地 B_1	B_2	B_3	B_4	u_i
供应地	A_1	10	2	(16)	(−4)	0
	A_2	(−3)	7	9	20	5
	A_3	2	(20)	(20)	(11)	−8
v_j		10	2	4	15	

注：括号内的数字为检验数。

表4-45中仍存在负检验数，继续调整方案并计算检验数，得最优的调运方案，见表4-46。最小的运输费用为$f_{\min}=2\times5+10\times11+10\times7+15\times9+2\times5=335$。

表4-45 改进方案及检验数表

项目		需求地				供应量
		B_1	B_2	B_3	B_4	
供应地	A_1	0	5	(16)	10	15
	A_2	(-3)	10	15	(4)	25
	A_3	5	(20)	(20)	(15)	5
需求量		5	15	15	10	

表4-46 最优的调运方案

项目		需求地				供应量
		B_1	B_2	B_3	B_4	
供应地	A_1		5		10	15
	A_2	0	10	15		25
	A_3	5				5
需求量		5	15	15	10	

4.4 转运问题

前述运输问题供应地与需求地的界线非常分明，供应地只供给（输出）货物，需求地只需求（输入）货物，而实际上，绝对的输出与输入几乎是不存在的，最多存在的是供应地又是需求地的情形，甚至有时一地仅作为其他两地之间输入输出的中转站，像这些类型的运输问题，我们称为转运问题。转运问题的解题思路是先将其转化为产销平衡的运输问题，再按表上作业法求解，这一点和产销不平衡的运输问题是一样的。我们来看一下转运问题在这个转化中的一些假定。

（1）求最大可能中转量θ($\theta=\max\{$总供应量,总需求量$\}$)。

（2）纯中转站视为输入量和输出量均为θ的一个供应地和需求地。

（3）兼中转站的供应地A，视为输入量为θ的需求地和输出量为$a_i+\theta$的供应地。

（4）兼中转站的需求地B，视为输出量为θ的供应地和输入量为$b_j+\theta$的需求地。

转化按照上述假设完成，重新画出单位运价表和产销平衡表，再按表上作业法进行求解。

例4-5 已知两个发点A_1，A_2，其发量为3t，4t，两个收点B_1，B_2，其收量为4t，3t。两个中转站T_1，T_2，其运价如表4-47所示。对角线上的运价都为0，中转站不存货，也不产货。供应地和需求地都可视为中转站，问如何调运，使总费用最少？

表4-47 运价表

项目		供应地		中转站		需求地	
		A_1	A_2	T_1	T_2	B_1	B_2
供应地	A_1		3	3		6	8
	A_2	4		5	2	13	7
中转站	T_1	3	5		6	2	5
	T_2		3	7			2
需求地	B_1	6		2			9
	B_2		4		3	9	

解：把原供应地 A_1，A_2，原需求地 B_1，B_2，中转站 T_1，T_2，均看作是新的供应地，也看作新的需求地；新供应地的产量 $A_i'=a_i+\theta$，其中 $\theta=\sum_{i=1}^{m}a_i=\sum_{j=1}^{n}b_j=7$，原需求地及中转站的供应量均为 $0+\theta=7$；新需求地的需求量 $B_j'=b_j+\theta$，原供应地及中转站的需求量均为 $0+\theta=7$。实际转运量如下：

A_i的实际转运量 $=\theta-x_{ii}$；B_j的实际转运量 $=\theta-x_{jj}$；中转站 T_i的实际转运量 $=\theta-x_{ii}$；其中的 x_{ii}表示对角线上的运量，自己运给自己可设 $C_{ii}=0$（x_{ii}相当于松弛变量），建立产销平衡表和单位运价如表 4-48 所示。

表 4-48　产销平衡表和单位运价表

项　目			需求量						新供应量
			B_1'	B_2'	B_3'	B_4'	B_5'	B_6'	
			A_1	A_2	T_1	T_2	B_1	B_2	
供应量	A_1'	A_1	0	3	3	M	6	8	3+7
	A_2'	A_2	4	0	5	2	13	7	4+7
	A_3'	T_1	3	5	0	6	2	5	0+7
	A_4'	T_2	M	3	7	0	M	2	0+7
	A_5'	B_1	6	M	2	M	0	9	0+7
	A_6'	B_2	M	4	M	3	9	0	0+7
新需求量			0+7	0+7	0+7	0+7	4+7	3+7	

由于这是一个产销平衡的运输问题，因此可以用表上作业法求解。这里给出用 Vogel 法求解的过程，如表 4-49 和表 4-50 所示。调整后得最优调运方案如表 4-51 所示。

表 4-49　运量表

	A_1	A_2	T_1	T_2	B_1	B_2		行差					
A_1	7		3				10	3	0	3	√		
A_2		7		4			11	2	2	3	√		
T_1			3		4		7	2	2	2	2	2	
T_2			1	3		3	7	2	2	2	5	$M-7$	√
B_1					7		7	2	2	2	2	2	
B_2						7	7	3	3	3	3	√	
	7	7	7	7	11	10							
列差	3	3	2	2	2	2							
	√	√	2	2	2	2							
			2	2	2	3							
			2	6	2	3							
			2	√	2	√							
			√										

表 4-50 位势表/检验数（括号外）表

	A_1	A_2	T_1	T_2	B_1	B_2	u_i
A_1	(0)	—	(0)	—	—	—	3
A_2	−2	(0)	−4	(0)	—	—	9
T_1	—	—	(0)	—	(0)	—	0
T_2	—	—	(0)	(0)	—	(0)	7
B_1	—	—	—	—	(0)	—	−2
B_2	—	—	—	—	—	(0)	5
v_j	−3	−9	0	−7	2	−5	

表 4-51 最优调运方案

	A_1	A_2	T_1	T_2	B_1	B_2
A_1	7		3			
A_2		7	1	3		
T_1			3		4	
T_2				4		3
B_1					7	
B_2						7

也可用图 4-2 表示。

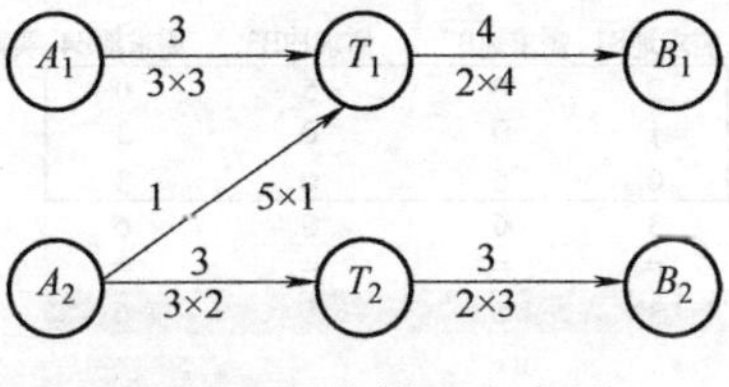

图 4-2 最优调运方案图

4.5 运输问题的灵敏度分析

例 4-6 以例 4-1 为例，问 c_{21}，c_{13}在什么范围内变化，最优解不变？

解： 由最优调运方案位势表，把对应运价 3 改为 c_{13}，1 改为 c_{21}，求新的 u_i 和 v_j 得表 4-52。

表 4-52 最优调运方案位势表

项目		需求地				u_i
		B_1	B_2	B_3	B_4	
供应地	A_1			c_{13}	10	0
	A_2	c_{21}			8	−2
	A_3		4		5	−5
v_j		$c_{21}+2$	9	c_{13}	10	

检验数满足不等式组：

$$
\begin{cases}
c_{21}+2-3\leqslant 0\\
c_{13}-2-2\leqslant 0\\
c_{13}-5-10\leqslant 0\\
(c_{21}+2)-5-7\leqslant 0
\end{cases}
$$

因为 $c_{ij}\geqslant 0$，解得 $c_{21}\in[0,1]$，$c_{13}\in[0,4]$时，原最优解不变。

4.6 用 Excel、LINGO 和 MATLAB 求解运输问题

4.6.1 Excel 求解运输问题

运输问题是一种特殊的线性规划问题，一般采用表上作业法求解。但 Excel 的“规划求解”实质上还是采用“单纯形法”来求解。以例 4-1 为例的 Excel 模型如图 4-3 所示。

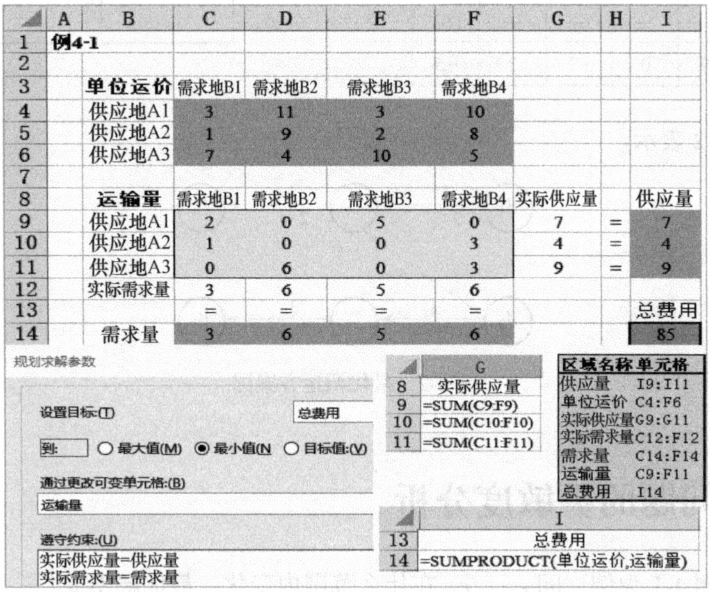

图 4-3 例 4-1 的 Excel 模型

为了使线性规划问题的 Excel 模型更加容易理解。本例中采用的方法是为单元格命名。其步骤如下：

第一步：给单元格或单元格区域命名，使用“将已有行列标志转换为名称”的方法。

(1) 选定需要的区域，把行列标志（名称）也包含进去。例如，如果将数据单元格 C4：F6 命名为“单位运价”（名称位于左上角），则选定 B3：F6。

(2) 在“公式”菜单中，单击“定义的名称”组中的“定义名称”，如图 4-4 所示，在弹出的“新建名称”对话框中输入定义的名称“单位运价”，如图 4-5 所示。

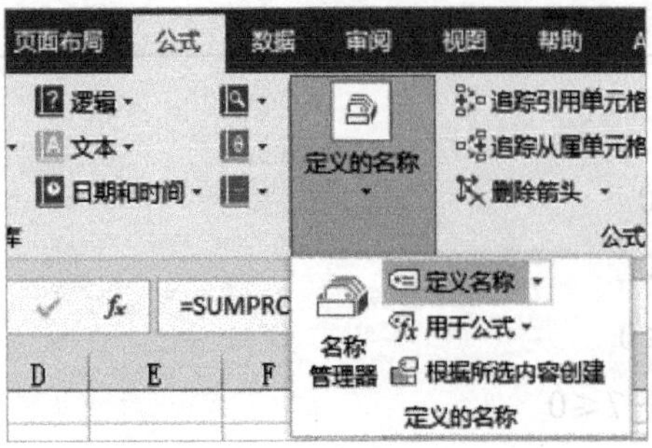

图 4-4 “定义名称”位置图

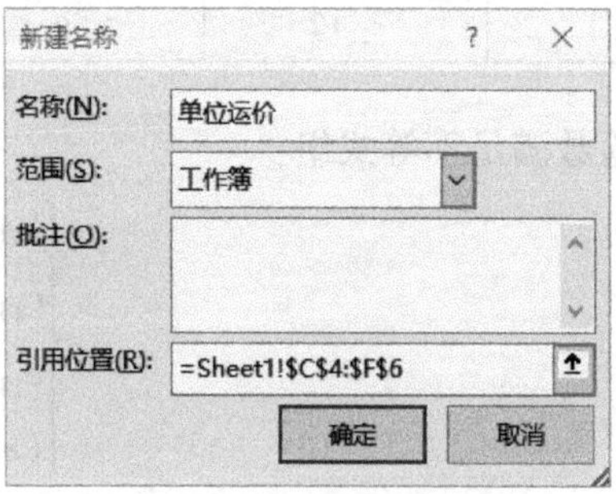

图 4-5 定义“单位运价”

（3）在“公式”菜单中，单击“定义的名称”组中的“根据所选内容创建名称”，弹出对话框如图4-6所示，在图4-6选“首行”和“最左列”复选框以指定标志（名称）的位置。

（4）单击“确定”按钮，返回电子表格，查看名称创建位置是否正确，如图4-7所示。

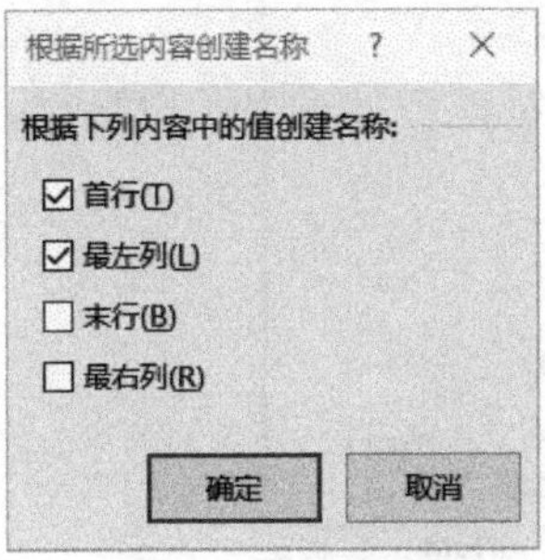

图4-6 “根据所选内容创建名称”对话框

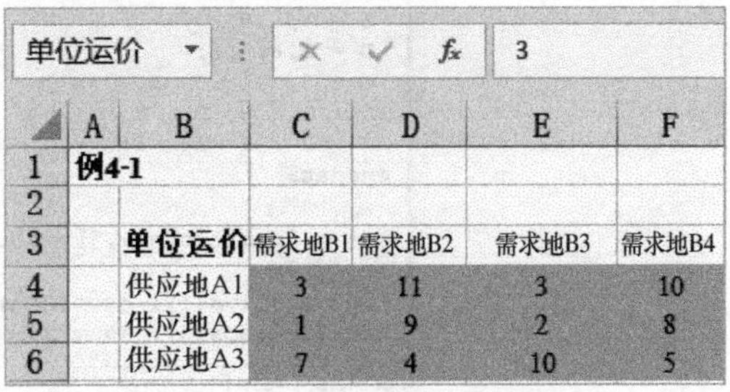

图4-7 名称创建位置

87

（5）重复（1）到（4）给其他单元格命名。

第二步：查看、修改或删除已定义的名称。在“公式”菜单中，单击“定义的名称”组中的“用于公式”查看，按提示进行即可。

第三步：将公式中的单元格引用改为名称。采用“选中单个单元格来将工作表中所有公式中的引用更改为名称”的方法。

第四步：将单元格名称粘贴到电子表格中。

（1）在模型右边的两个连续空单元格中输入“区域名称”和“单元格”，然后单击选中“区域名称”下的单元格。

（2）在“插入”菜单中，指向“名称”，再单击“粘贴”选项。

（3）在“粘贴名称”对话框中，单击“粘贴列表”按钮。

（4）利用Excel的“替换”功能中的“全部替换”按钮去掉“=Sheet1!”和“$”（手工去掉也行），再对整个区域名称进行修饰，如图4-3中部分所示。

由图4-3可知，与4.2.1节例4-1最优解不同，但最优值相同，即本例最优解不唯一。

4.6.2 LINGO求解运输问题

首先写出LINGO软件的模型（程序）。以例4-1为例的LINGO输入模型如图4-8所示。

由于运输问题的调运方案中，取零值的变量非常多，我们更关心的是几个取非零值的变量，选择菜单命令“Solver|Solution”，弹出选择对话框如图4-9所示，选择属性“X”（变量），选中“Nonzero Vars and Binding Rows Only”（只显示非零值）复选框，单击“OK”按钮。

LINGO软件的计算结果Solution Report中，只显示了取非零值的变量，这样阅读更方便。如图4-10所示，从计算结果得到，产地A_1运往销地B_1，B_3的运量分别为2，5个单位，余量0个单位，产地A_2运往销地B_1，B_4的运量分别为1，3个单位，余量0个单位，产地A_3运往销地B_2，B_4的运量分别为6，3个单位，余量0个单位，总运费为85单位。

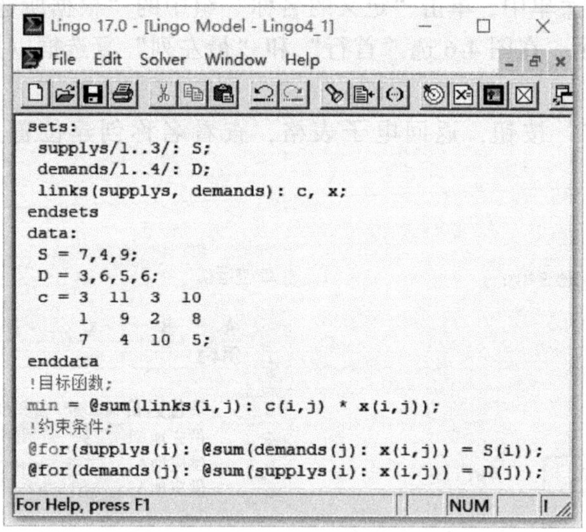

图 4-8　例 4-1 的 LINGO 输入模型

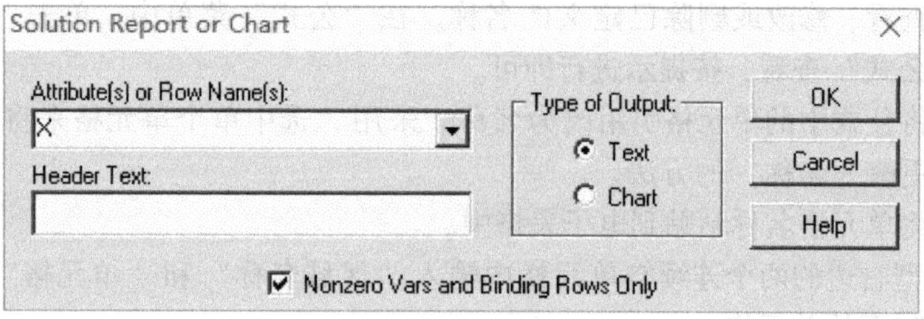

图 4-9　LINGO 结果设置对话框

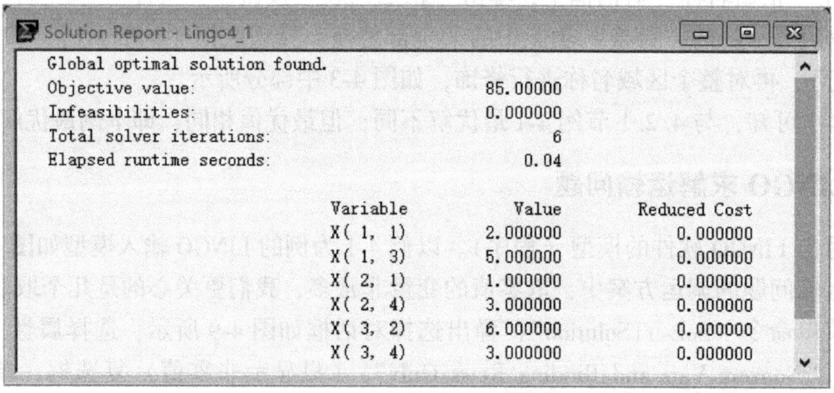

图 4-10　LINGO 软件计算结果

4.6.3　MATLAB 求解运输问题

同样以例 4-1 为例的 MATLAB 模型及运行结果如图 4-11 所示。

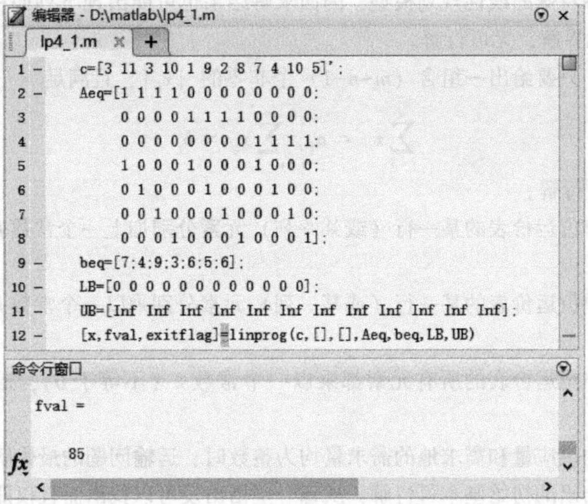

图 4-11　例 4-1 的 MATLAB 模型及运行结果

其中，UB 中 Inf 表示无穷大，即+∞。此时，UB 也可以不写，结果最优值为 85。

【扩展】

中国创造：无人驾驶

人工智能的“引擎”——运筹学

当前人工智能（AI）正在深刻改变人们的生活，其应用主要包括智能机器人、无人驾驶、无人机、AR/VR、大数据及数据服务等领域。

数据驱动下人工智能的应用离不开运筹学的支撑，运筹学是通过利用数学方法解决现实生活中包含大量决策变量复杂问题，寻找问题的最优解决方案。人工智能技术中最热的神经网络和深度学习，其本质是解决一个高度复杂的（非凸）优化问题。神经网络最基础的反向传播（BP）算法，使用的是运筹学非线性规划的随机梯度下降法，搭建神经网络的是运筹学的图模型。

利用人工智能技术实时分析图像和视频内容，可以识别人员和车辆信息、追踪嫌疑人以及实现智能监控。无人驾驶利用人工智能技术，通过感知、定位、预测、决策、规划和控制等算法可以实现最优规划行驶路径。2011 年 7 月 14 日，红旗 HQ3（中国自主研制的无人车）首次完成了从长沙到武汉 286km 的高速全程无人驾驶实验，创造了我国自主研制的无人车在复杂交通情况下自动驾驶的新纪录。2015 年 12 月，百度无人驾驶汽车完成北京开放高速路的自动驾驶测试。2016 年 4 月，长安汽车成功完成 2000km 超级无人驾驶测试。从 2020 年 10 月 10 开始无人驾驶出租车已经在北京的测试路段启动运营，让世界看到了中国技术的崛起。

习题 4

4.1　判断对错，并说明为什么。

(1) 运输问题是一种特殊的线性规划模型，因而求解结果也可能出现下列四种情况之一：有唯一最优解，有无穷多最优解，无界解，无可行解。 (　)

(2) 在运输问题中，只要给出一组含 $(m+n-1)$ 个非零的 $\{x_{ij}\}$，且满足

$$\sum_{j=1}^{n} x_{ij} = a_i,\ \sum_{i=1}^{m} x_{ij} = b_j$$

就可以作为一个初始基可行解。 (　)

(3) 如果运输问题单位运价表的某一行（或某一列）元素分别加上一个常数 k（不等于 0），最优调运方案将不会发生变化。 (　)

(4) 如果运输问题单位运价表的某一行（或某一列）元素分别乘以一个常数 k（不等于 0），最优调运方案将不会发生变化。 (　)

(5) 如果运输问题单位运价表的所有元素都乘以一个常数 k（不等于 0），最优调运方案将不会发生变化。 (　)

(6) 当所有供应地的供应量和需求地的需求量均为整数时，运输问题的最优解也为整数值。 (　)

(7) 按最小元素法给出的初始基本可行解，从每一空格出发可以找出而且仅能找出唯一的闭回路。 (　)

(8) m 个供应地、n 个需求地的平衡运输问题有 $mn-m-n+1$ 个非基变量。 (　)

(9) 运输问题的初始方案中，没有分配运量的格，所对应的变量为松弛变量。 (　)

(10) 表上作业法的基本思想和步骤与单纯形法类似，因而初始调运方案的给出就相当于找到一个初始基本可行解。 (　)

4.2 已知运输问题的产销平衡表与单位运价表如表 4-53 所示，试用表上作业法求最优解。(用最小元素法确定初始方案)

4.3 已知运输问题的产销平衡表与单位运价表如表 4-54 所示，试用表上作业法求最优解。(用 Vogel 法确定初始方案)

表 4-53 习题 4.2 表

项目		销地					产量
		B_1	B_2	B_3	B_4	B_5	
产地	A_1	10	13	11	9	7	10
	A_2	8	12	10	15	9	12
	A_3	6	9	8	11	14	10
销量		4	6	9	5	8	

表 4-54 习题 4.3 表

项目		销地				产量
		B_1	B_2	B_3	B_4	
产地	A_1	8	4	1	2	4
	A_2	6	9	4	7	25
	A_3	5	3	4	3	26
销量		10	10	20	15	

4.4 已知最优调运方案（括号内的数）和单位运价表如表 4-55 所示，试分析

(1) C_{22} 在什么范围变化时，上述最优方案不变？

(2) C_{24} 变为何值时，有无穷多个调运方案，除表 4-55 外，至少写出其他两个方案。

表 4-55 习题 4.4 表

项目		销地				产量
		B_1	B_2	B_3	B_4	
产地	A_1	10	1 (5)	20	11 (10)	15
	A_2	12 (0)	7 (10)	9 (15)	20	25
	A_3	2 (5)	14	16	18	5
销量		5	15	15	10	

4.5 已知某运输问题的供需关系单位运价表如表4-56和表4-57所示。

表4-56 供需关系

项目		销地			产量
		B_1	B_2	B_3	
产地	A_1				8
	A_2				7
	A_3				4
销量		4	8	5	

表4-57 单位运价表

项目	销地		
	B_1	B_2	B_3
A_1	4	2	5
A_2	3	5	3
A_3	1	3	2

要求：(1) 用表上作业法找出最优调运方案。

(2) 分析从 A_1 到 B_1 的单位运价 C_{11} 的可能变化范围，使上面的最优调运方案保持不变。

(3) 分析使该最优方案不变时，从 A_2 到 B_3 的单位运价 C_{23} 的变化范围。

4.6 某造船厂根据合同要从当年起连续三年末各提供三条规格型号相同的大型客货轮。已知该厂这三年内生产大型客货轮的能力及每艘客货轮成本如表4-58所示。

已知加班生产时，每艘客货轮成本比正常生产时高出70万元。又知造出的客货轮如当年不交货，每艘客货轮每积压一年造成积压损失为40万元。在签订合同时，该厂已积压了两艘未交货的客货轮，而该厂希望在第三年末完成合同后还能储存一艘备用，问该厂应如何安排每年客货轮的生产量，使在满足上述各项要求的情况下，总的生产费用最少？

表4-58 习题4.6表

年度	正常生产时间内可完成的客货轮数	加班生产时间内可完成的客货轮数	正常生产时每艘客货轮成本（万元）
1	2	3	500
2	4	2	600
3	1	3	550

4.7 判断下列调运方案表4-59、表4-60是否为表上作业法求解时的初始方案。为什么？

表4-59 习题4.7 (1)

项目		销地				产量
		B_1	B_2	B_3	B_4	
产地	A_1	40	30			70
	A_2		10		20	30
	A_3	10		50	40	100
销量		50	40	50	60	

表4-60 习题4.7 (2)

项目		销地				产量
		B_1	B_2	B_3	B_4	
产地	A_1	10		50		60
	A_2	60			10	70
	A_3		40			40
	A_4			50	70	120
销量		70	40	100	80	

4.8 图4-12所示为一个运输系统，它包括两个产地①和②，两个销地④和⑤，及一个中转站③，各产地的产量和销地的销量用相应节点处箭线旁的数字表示，节点连线上的数字表示其间的运输单价，试确定最优运输方案。(用Vogel法求初始方案)

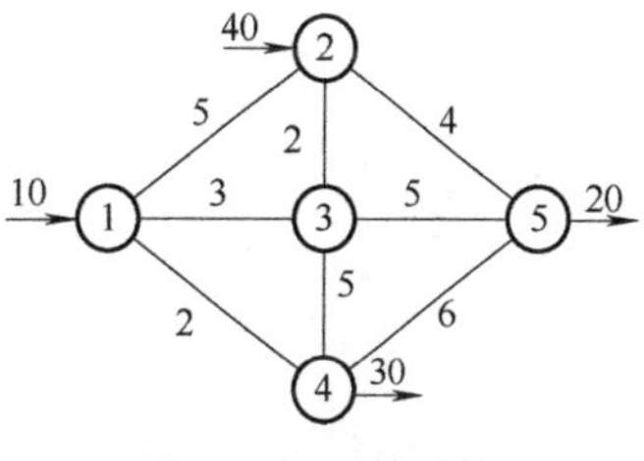

图4-12 运输系统

4.9 生产存储问题：某厂按合同规定须于当年每个季度末分别提供10台、15台、25台、20台同一规格的柴油机。已知该厂各季度的生产能力及生产每台柴油机的成本如表4-61所示，如果生产出来的柴油机当季不交货，每台柴油机每积压一个季度需存储、维护等费用0.15万元。要求在完成合同的情况下，做出使该厂全年生产（包括存储、维护）费用最小的决策。

表4-61　习题4.9表

季　度	生产能力（台）	单位成本（万元）
一	25	10.8
二	35	11.1
三	30	11.0
四	10	11.3

4.10　运价表如表4-62所示，B_1的需求为$30\leqslant b_1\leqslant 50$，$B_2$的需求为40，$B_3$的需求为$20\leqslant b_3\leqslant 60$，$A_1$不可达$B_4$，$B_4$的需求为30，求目标函数最小值。

表4-62　习题4.10运价表

供给地	需求地				供给量
	B_1	B_2	B_3	B_4	
A_1	4	9	7		70
A_2	6	5	3	2	20
A_3	8	5	9	10	50

第 5 章 整数规划

教学目标：

通过本章的学习，能够辨认整数规划问题，学会建立整数规划模型，能熟练运用分支定界法的思想和解题方法、割平面法的思想和解题方法、0-1 整数规划的建模及应用、指派问题模型及匈牙利法进行整数优化分析和计算，能灵活应用软件进行整数规划建模和求解。

对于处理要求有整数解的线性规划问题，通常人们首先想到的是先不考虑整数条件的限制，直接使用单纯形法求解，然后将所得到的非整数解，经四舍五入化为整数。但这种办法往往是行不通的，因为化整所得到的整数解不一定是可行解，有时即使是可行解，也不一定是最优解。整数规划问题一般可以分为以下几类：所有变量都取整数的规划称为纯整数规划（pure integer programming），有时也称全整数规划；部分变量取整数的规划称为混合整数规划（mixed integer programming）；所有变量都取 0，1 两个值的规划称为 0-1 整数规划（zero-one integer linear programming）；部分变量取 0，1 两个值的规划称为 0-1 混合规划。线性规划和整数规划的关系，用以下例子说明。

设整数规划问题为

$$\max f=x_1+4x_2$$
$$\text{s. t.}\begin{cases}14x_1+42x_2\leqslant 196\\ -x_1\ +2x_2\leqslant 5\\ x_1,x_2\geqslant 0,\text{且为整数}\end{cases}$$

线性规划的可行域如图 5-1 中阴影部分所示，由图解法可知，线性规划的最优解位于图中的 A 点，即 $(x_1,x_2)^{\mathrm{T}}=(13/5,19/5)^{\mathrm{T}}=(2.6,3.8)^{\mathrm{T}}$，线性规划最优解的目标函数值为 $f_{\max}=89/5=17.8$。

而相应的整数规划的可行解是图中线性规划可行域中整数网格的交点。整数规划的最优解位于图的 B 点，即 $(x_1,x_2)^{\mathrm{T}}=(5,3)^{\mathrm{T}}$，整数规划最优解的目标函数值为 $f_{\max}=17$。由以上例子可以看到，简单地将线性规划的非整数的最优解，用四舍五入或舍去尾数的办法得到整数解，一般情况下并不能得到整数规划的最优解。整数规划的求解方法要比线性规划复杂得多。下面先介绍一下整数规划问题及其数学模型。

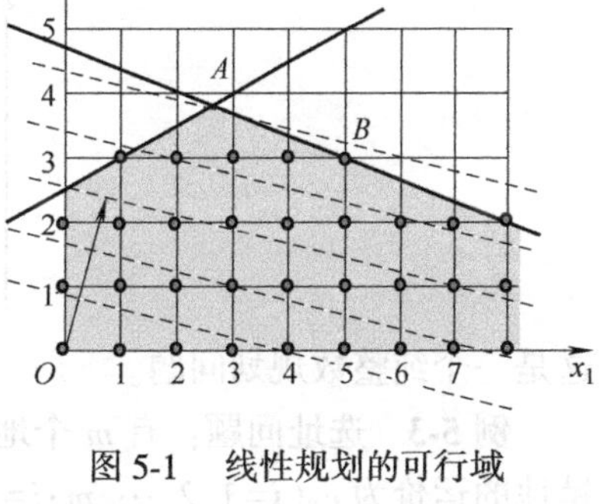

图 5-1　线性规划的可行域

5.1 整数规划问题及其数学模型

例 5-1 投资问题：设总资金 b 个单位，有 n 项投资，其投入金额为 $a_j(j=1,2,\cdots,n)$，利润为 $c_j(j=1,2,\cdots,n)$ 问如何投资使利润最大？

解：设 $x_j=\begin{cases}1, & \text{对第 } j \text{ 项投资,}\\ 0, & \text{对第 } j \text{ 项不投资,}\end{cases}$ 则建立线性规划模型为

$$\max f=\sum_{j=1}^{n} c_j x_j$$

$$\text{s.t.}\begin{cases}\sum_{j=1}^{n} a_j x_j \leqslant b\\ x_j=0 \text{ 或 } 1(j=1,2,\cdots,n)\end{cases}$$

这是一个 0-1 整数规划问题。

例 5-2 某服务部门各时段（每 2 小时为一时段）需要的服务员人数如表 5-1 所示。按规定，服务员连续工作 8h（即四个时段）为一班。现要求安排服务员的工作时间，使服务部门服务员总数最少。

表 5-1 需要的服务员人数

时　段	1	2	3	4	5	6	7	8
服务员最少数目（人）	10	8	9	11	13	8	5	3

解：设在第 j 时段开始上班的服务员人数为 x_j。由于第 j 时段开始上班的服务员将在第 $(j+3)$ 时段结束时下班。所以，决策变量 x_j 只需考虑 x_1，x_2，x_3，x_4，x_5。由此，可得问题的线性规划模型为

$$\min f=x_1+x_2+x_3+x_4+x_5$$

$$\text{s.t.}\begin{cases}x_1 \geqslant 10\\ x_1+x_2 \geqslant 8\\ x_1+x_2+x_3 \geqslant 9\\ x_1+x_2+x_3+x_4 \geqslant 11\\ x_2+x_3+x_4+x_5 \geqslant 13\\ x_3+x_4+x_5 \geqslant 8\\ x_4+x_5 \geqslant 5\\ x_5 \geqslant 3\\ x_j \geqslant 0(j=1,2,\cdots,5)\text{，且为整数}\end{cases}$$

这是一个纯整数规划问题。

例 5-3 选址问题：有 m 个地区，n 个销售点，每个地区最多建一个工厂，已知产地到销地的运价为 $c_{ij}(i=1,2,\cdots,m;j=1,2,\cdots,n)$，单位是万元，各厂产量为 $a_i(i=1,2,\cdots,m)$，

销量为 $b_j(j=1,2,\cdots,n)$，各地的建厂费为 $f_i(i=1,2,\cdots,m)$，若建厂，各厂的年生产能力、各地的年需求量、产地到销地的运价如表 5-2 所示，问如何建厂使总费用最少？

表 5-2　例 5-3 用表

项　目		产地到销地单位运价				产量（万 t）
		B_1	B_2	…	B_n	
产地	A_1	c_{11}	c_{12}	…	c_{1n}	a_1
	A_2	c_{21}	c_{22}	…	c_{2n}	a_2
	⋮	⋮	⋮		⋮	⋮
	A_m	c_{m1}	c_{m2}	…	c_{mn}	a_m
销量（万 t）		b_1	b_2	…	b_n	

解：这是一个物流运输问题，其特点是事先不能确定应该在 A_1，A_2，…，A_m 中的哪几处建厂，因而不知道新厂投产后的实际生产费用。为此，引入 0-1 变量：

$$y_i=\begin{cases}1,\text{表示在 } A_i \text{ 处建厂}\\0,\text{表示不在 } A_i \text{ 处建厂}\end{cases}(i=1,2,\cdots,m)$$

再设 $x_{ij}(i=1,2,\cdots,m;j=1,2,\cdots,n)$ 表示从 A_i 产地运往 B_j 销地的运量，单位是万 t，f 表示总费用，单位是万元。其相应的数学模型为

$$\min f=\sum_{i=1}^{m}\sum_{j=1}^{n}c_{ij}x_{ij}+\sum_{i=1}^{m}f_iy_i$$

$$\text{s. t.}\begin{cases}\sum_{j=1}^{n}x_{ij}\leqslant a_iy_i(i=1,2,\cdots,m)\\\sum_{i=1}^{m}x_{ij}=b_j(j=1,2,\cdots,n)\\y_i=\begin{cases}1,\text{在 } A_i \text{ 处建厂}\\0,\text{不在 } A_i \text{ 处建厂}\end{cases}\\x_{ij}\geqslant 0,y_i=0\text{ 或 }1\end{cases}$$

上述数学模型中，目标函数有两部分组成，一部分为各工厂运往各销地的物资总运费，一部分为建工厂的费用。约束条件中若 $y_i=1$，表示要在 A_i 处建厂，对 A_i 处的供应量就有约束。反之，若 $y_i=0$，表示不在 A_i 处建厂，对 A_i 处的供应量就无约束。显然，这是一个混合整数规划问题。

5.2　分支定界法

分支定界法（branch and bound method）是由 Land Doig 和 Dakin 等人在 20 世纪 60 年代初提出来的一种部分枚举方法，这种方法是目前为止求解整数规划最有效的方法之一。分支定界法的基本思想如下：

首先不考虑变量的整数约束，标准化后，求解该问题相应的松弛问题（无整数约束），得到线性规划的最优解。如果这个最优解中所有的变量都是整数，则已经得到整数规划的最优解。如果其中某一个变量不是整数，则在可行域中除去一块包含这个最优解但不包含任何整数解的区域，线性规划的可行域被划分成不相交的两部分，分别以这两部分区域作为可行域，用原来的目标函数，构造两个子问题。由于这两个子问题的可行域都是原线性规划问题可行域的子集，这两个子问题的最优解的目标函数值都不会比原线性规划问题的最优解的目标函数值更优。如果这两个问题的最优解仍不是整数解，则继续选择一个非整数的变量，继续将这个子问题分解为两个更下一级的子问题。这个过程称为“分支（branch）”。在分支过程中，每一次分支得到的子问题最优解的目标函数值，都小于或等于分支前原问题最优解的目标函数值。

如果某一个子问题的最优解是整数解，就获得了一个整数可行解，这个子问题的目标函数值要记录下来，作为整数规划最优目标函数值的下界。如果某一个子问题的解还不是整数解，但这个非整数解的目标函数值已经小于这个下界，那么这个子问题就不必再进行分支，因为继续分支即使得到整数解，这个整数解的目标函数值必定要小于或等于分支以前问题的目标函数值，因而也小于或等于已经获得的整数规划的目标函数值，因此不可能是最优的整数解。如果在分支中得到新的整数解且该整数解的目标函数值大于已记录的下界，则用较大的整数解的目标函数值代替原来的下界。下界的值越大，就可以避免更多不必要的分支。这个确定整数解目标函数值下界，并不断更新下界，并且不断“剪除”目标函数值小于下界的分支的过程，称为定界（bound）。

当最低一层子问题出现以下三种情况之一时，分支定界终止。

（1）子问题无可行解；

（2）子问题已获得整数解；

（3）子问题的目标函数值小于下界。

下面举例说明。

例 5-4 用分支定界法求解下面线性规划问题。

$$\max f=3x_1+2x_2$$
$$(P)\quad \text{s.t.}\begin{cases}2x_1+3x_2\leqslant 14\\ x_1+0.5x_2\leqslant 4.5\\ x_1,x_2\geqslant 0,\text{且为整数}\end{cases}$$

解：先用图解法求出其松弛问题（$\overline{P}$）的最优解，见图 5-2。

$$\max f=3x_1+2x_2$$
$$(\overline{P})\quad \text{s.t.}\begin{cases}2x_1+3x_2\leqslant 14\\ x_1+0.5x_2\leqslant 4.5\\ x_1,x_2\geqslant 0\end{cases}$$

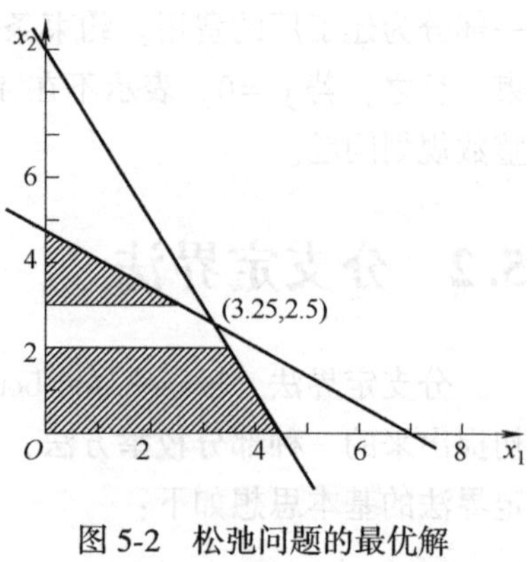

图 5-2 松弛问题的最优解

由图 5-2 可知松弛问题（$\overline{P}$）的最优解为 $x_1=3.25$，$x_2=2.5$，最优值为 $f_{\max}=14.75$。这两个变量中应该是整

数，所以，我们先选定 x_2 的分支，构造出约束条件 $x_2 \leqslant [2.5]=2$ 和 $x_2 \geqslant [2.5]+1=3$（$[a]$ 表示小于 a 的最大整数），分别加入松弛问题（$\bar{P}$），形成两个子问题（P_1）和（P_2）。

从图 5-2 中可看出，两个子问题（P_1）和（P_2）把松弛问题（$\bar{P}$）的可行域分成两部分（阴影部分），通过分支可以排除 $2<x_2<3$ 之间的部分。子问题（P_1）的最优解为 $x_1=3.5$，$x_2=2$，最优值为 $f_{\max}=14.5$；子问题（P_2）的最优解为 $x_1=2.5$，$x_2=3$，最优值为 $f_{\max}=13.5$。

$$(P_1)\quad \max f=3x_1+2x_2 \quad \text{s.t.}\begin{cases}2x_1+3x_2\leqslant 14\\ x_1+0.5x_2\leqslant 4.5\\ x_2\leqslant 2\\ x_1,x_2\geqslant 0\end{cases} \qquad (P_2)\quad \max f=3x_1+2x_2 \quad \text{s.t.}\begin{cases}2x_1+3x_2\leqslant 14\\ x_1+0.5x_2\leqslant 4.5\\ x_2\geqslant 3\\ x_1,x_2\geqslant 0\end{cases}$$

两个子问题（P_1）和（P_2）的最优解中仍然有非整数部分，但由于子问题（P_1）的最优值比子问题（P_2）的最优值大，同时目标函数求极大，所以选择子问题（P_1）的分支，形成子问题（P_3）和（P_4）。

$$(P_3)\quad \max f=3x_1+2x_2 \quad \text{s.t.}\begin{cases}2x_1+3x_2\leqslant 14\\ x_1+0.5x_2\leqslant 4.5\\ x_2\leqslant 2\\ x_1\leqslant 3\\ x_1,x_2\geqslant 0\end{cases} \qquad (P_4)\quad \max f=3x_1+2x_2 \quad \text{s.t.}\begin{cases}2x_1+3x_2\leqslant 14\\ x_1+0.5x_2\leqslant 4.5\\ x_2\leqslant 2\\ x_1\geqslant 4\\ x_1,x_2\geqslant 0\end{cases}$$

从图 5-3 中可看出，两个子问题（P_3）和（P_4）对图 5-2 中的可行域进行分割（阴影部分），通过分支可以排除 $3<x_1<4$ 之间的部分。

子问题（P_3）的最优解为 $x_1=3$，$x_2=2$，最优值为 $f_{\max}=13$。

子问题（P_4）的最优解为 $x_1=4$，$x_2=1$，最优值为 $f_{\max}=14$。

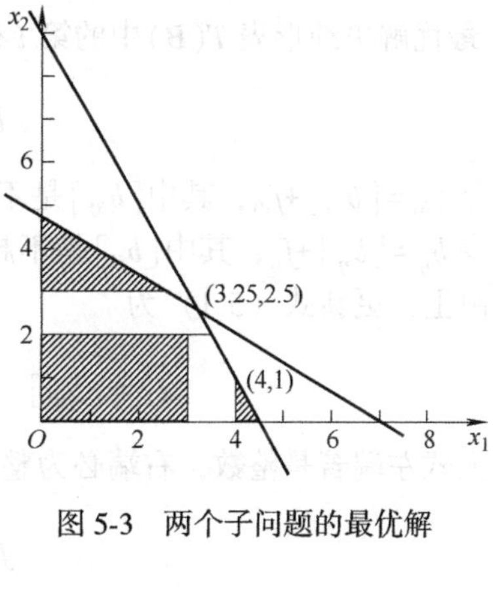

图 5-3 两个子问题的最优解

两个子问题（P_3）和（P_4）的最优解都为整数，即对原问题（P）来说是可行解，取得极大值的子问题（P_4）的解为参考点（即下界），而把子问题（P_3）剪枝。同时，子问题（P_4）的最优值也大于子问题（P_2）的最优值。因此松弛问题只剩下一个子问题（P_4）（一枝）即为原问题（P）的最优解。至此，我们可以用数形列举图来列举当前的计算结果，如图 5-4 所示。分支定界法仍不成熟，还有许多工作要做，其方法太烦琐，但思路很好。

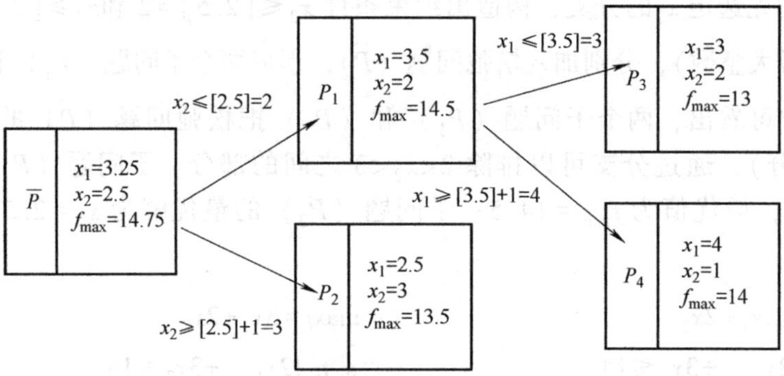

图 5-4 分支定界法计算的全过程

5.3 割平面法

割平面法（cutting plane method）又称 Gomory 割平面法，它是由 Gomory 提出来的另一种求解纯整数规划的方法。割平面法的基本思想是：首先放弃变量的整数要求，求得线性规划的最优解。如果最优解恰是一个整数解，则线性规划的最优解就是相应的整数规划的最优解。如果线性规划的最优解不是整数解，则要求构造一个新的约束，对线性规划问题的可行域进行切割，切除已经得到的线性规划的最优解，但保留原可行域中所有的整数解，求解新的线性规划问题，如果最优解仍不是整数解，再增加附加的约束将其切除，但仍保持最初可行域中所有的整数解，如此一直进行，直至得到一个整数的最优解为止。设有原问题（P）和松弛问题（$\bar{P}$）。

$$(P)\quad \max f=\boldsymbol{CX}\quad \text{s. t.}\begin{cases}\boldsymbol{AX}=\boldsymbol{b}\\ \boldsymbol{X}\geqslant\boldsymbol{0}\text{ 且为整数}\end{cases}\qquad (\bar{P})\quad \max f=\boldsymbol{CX}\quad \text{s. t.}\begin{cases}\boldsymbol{AX}=\boldsymbol{b}\\ \boldsymbol{X}\geqslant\boldsymbol{0}\end{cases}$$

若松弛问题（$\bar{P}$）的最优解不全是整数，则至少有一个 x_i 基变量的值是非整数，在（$\bar{P}$）最优解单纯形表 $T(\boldsymbol{B})$ 中的第 i 行，可以写为

$$b_{i0}=x_i+\sum_{j=m+1}^{n}b_{ij}x_j \tag{5-1}$$

令 $b_{i0}=[b_{i0}]+f_{i0}$，其中$[b_{i0}]$是不超过 b_{i0} 的最大整数部分，$0<f_{i0}<1$；

令 $b_{ij}=[b_{ij}]+f_{ij}$，其中$[b_{ij}]$是不超过 b_{ij} 的最大整数部分，$0\leqslant f_{ij}<1$。

由上，更新式（5-1）为

$$x_i=[b_{i0}]-\sum_{j=m+1}^{n}[b_{ij}]x_j+f_{i0}-\sum_{j=m+1}^{n}f_{ij}x_j$$

上式左端若是整数，右端必为整数，可推得

$$f_{i0}-\sum_{j=m+1}^{n}f_{ij}x_j\leqslant f_{i0}$$

由于 $0<f_{i0}<1$，$\sum_{j=m+1}^{n}f_{ij}x_j\geqslant 0$，则 $f_{i0}-\sum_{j=m+1}^{n}f_{ij}x_j<1$，进而推出

$$f_{i0}-\sum_{j=m+1}^{n}f_{ij}x_j\leqslant 0$$

整数规划的必要条件，割去0和1之间的非整数，并不影响原题的整数解。称上述必要条件为Gomory约束，可把Gomory约束化为等式

$$-f_{i0}=-\sum_{j=m+1}^{n}f_{ij}x_j+x_{n+1}$$

增加一个约束，称其为割平面方程。只割去一些非整数部分，不影响原问题的整数解。割平面法是历史上最先被证明可以通过有限的步骤收敛的求解纯整数规划问题的算法，割平面法的思想十分具有启发性，有助于找到其他能高效地求解整数规划问题的算法。

例5-5 用割平面法求解以下整数规划。

$$\max f=x_1+x_2$$

$$(P)\quad \text{s. t.}\begin{cases}-x_1+x_2\leqslant 1\\3x_1+x_2\leqslant 4\\x_1,x_2\geqslant 0,\text{且为整数}\end{cases}$$

解：先求出其松弛问题（$\bar{P}$）的最优解。

$$\max f=x_1+x_2$$

$$(\bar{P})\quad \text{s. t.}\begin{cases}-x_1+x_2\leqslant 1\\3x_1+x_2\leqslant 4\\x_1,x_2\geqslant 0\end{cases}$$

其最优基单纯形表如表5-3所示。

表5-3 例5-5用表一

$C_j\rightarrow$			1	1	0	0
C_B	x_B	$B^{-1}b$	x_1	x_2	x_3	x_4
1	x_2	$\frac{7}{4}$	0	1	$\frac{3}{4}$	$\frac{1}{4}$
1	x_1	$\frac{3}{4}$	1	0	$-\frac{1}{4}$	$\frac{1}{4}$
	C_j-Z_j		0	0	$-\frac{1}{2}$	$-\frac{1}{2}$

最优解为 $\bar{x}=\left(\frac{3}{4},\frac{7}{4},0,0\right)^{\mathrm{T}}$。（任选）取来源行为第二行（找出非整数解变量中分数部分最大的一个基变量），进行整数部分与非整数部分分割。

由

$$-f_{i0}\geqslant-\sum_{j=m+1}^{n}f_{ij}x_j$$

知

$$-f_{i0}=-\sum_{j=m+1}^{n}f_{ij}x_j+x_{n+1}$$

又

$$\frac{3}{4}=0+\frac{3}{4},\quad -\frac{1}{4}=-1+\frac{3}{4},\quad \frac{1}{4}=0+\frac{1}{4}$$

套用得

$$-\frac{3}{4}=-\frac{3}{4}x_3-\frac{1}{4}x_4+x_5$$

则单纯形表如表 5-4 所示。

表 5-4　例 5-5 用表二

$C_j\rightarrow$			1	1	0	0	0
C_B	x_B	$B^{-1}b$	x_1	x_2	x_3	x_4	x_5
1	x_2	$\frac{7}{4}$	0	1	$\frac{3}{4}$	$\frac{1}{4}$	0
1	x_1	$\frac{3}{4}$	1	0	$-\frac{1}{4}$	$\frac{1}{4}$	0
0	x_5	$-\frac{3}{4}$	0	0	$-\frac{3}{4}^{*}$	$-\frac{1}{4}$	1
	C_j-Z_j		0	0	$-\frac{1}{2}$	$-\frac{1}{2}$	0
1	x_2	1	0	1	0	0	1
1	x_1	1	1	0	0	$\frac{1}{3}$	$-\frac{1}{3}$
0	x_3	1	0	0	1	$\frac{1}{3}$	$-\frac{4}{3}$
	C_j-Z_j		0	0	0	$-\frac{1}{3}$	$-\frac{2}{3}$

最优解为$\overline{\boldsymbol{x}}=(1,1,1,0,0)^{\mathrm{T}}$，最优值为$\overline{f}_{\max}=2$。

此题只割一次，实际问题可能割几次。可以从相应的图解法中看得更清楚。由标准形可知：

$$\begin{cases}x_3=1+x_1-x_2,\\ x_4=4-3x_1-x_2\end{cases}$$

代入 Gomory 约束：$-\frac{3}{4}\geqslant-\frac{3}{4}x_3-\frac{1}{4}x_4$

得等价 $x_2\leqslant1$。

它加入到松弛问题（$\overline{P}$）的约束条件中，从而把松弛问题（$\overline{P}$）的可行域割去一部分，如图 5-5 中的阴影部分。

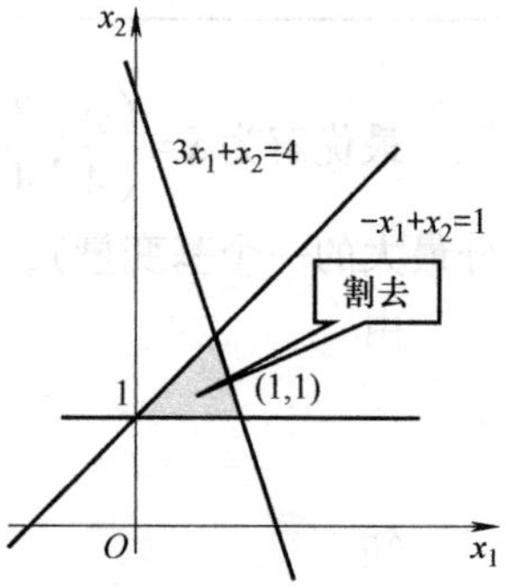

图 5-5　例 5-5 图解

然后在新的可行域中求出最优解。由于它是整数解，就是原问题（P）的最优解。即$\bar{x}=(1,1,1,0,0)^{\mathrm{T}}$，最优值为$\bar{f}_{\max}=2$。

最后，给出 Gomory 约束的两个性质：

性质 1：Gomory 约束割去了松弛问题（$\bar{P}$）的一个基本最优解。

性质 2：Gomory 约束未割去原问题（P）的任一（整数）可行解。

5.4 0-1 整数规划与隐枚举法

5.4.1 0-1 整数规划的应用

（1）选择约束：有 m 个约束，$\sum_{j=1}^{n} a_{ij}x_j \leqslant b_i(i=1,2,\cdots,m)$，选择其中 k 个成立，可写成 0-1 整数规划为

$$\begin{cases} \sum_{j=1}^{n} a_{ij}x_j \leqslant b_i + My_i \quad (i=1,2,\cdots,m) \\ \sum_{i=1}^{m} y_i = m-k \qquad y_i=0 \text{ 或 } 1(i=1,2,\cdots,m) \end{cases}$$

有 k 个 0，$(m-k)$ 个 1。其中

$$y_i=\begin{cases}1, & \text{第 } i \text{ 个约束不起作用,}\\ 0, & \text{第 } i \text{ 个约束起作用。}\end{cases}$$

（2）条件约束：若 $x_1<3$，则 $x_2\geqslant 4$，否则 $x_2<1$。可写成 0-1 整数规划为

$$\begin{cases} \left.\begin{array}{l} x_1<3+My \\ x_2\geqslant 4-My \end{array}\right\} \text{事件 1} \\ \text{否则,} \\ \left.\begin{array}{l} x_1\geqslant 3-M(1-y) \\ x_2<1+M(1-y) \end{array}\right\} \text{事件 2} \\ y=0 \text{ 或 } 1 \end{cases}$$

当 $y=0$ 时，事件 1 成立，事件 2 无约束；当 $y=1$ 时，事件 2 成立，事件 1 无约束。

（3）分段函数可用 0-1 整数规划表示为线性函数。

设成本函数 $\min f=\sum_{j=1}^{n} c_j(x_j)$，其中

$$c_j(x_j)=\begin{cases}k_j+c_jx_j, & x_j>0,\\ 0, & x_j=0\end{cases}$$

x_j 表示产品 j 的生产数量；k_j 表示产品 j 的固定成本；c_j 表示产品 j 的可变成本。用 0-1 整数规划表示为

$$\min f=\sum_{j=1}^{n}(k_jy_j+c_jx_j)$$

$$\text{s.t.}\begin{cases}0\leqslant x_j\leqslant My_j & (j=1,2,\cdots,n)\\ y_j=0,1 & (j=1,2,\cdots,n)\end{cases}$$

（4）整数规划可用0-1整数规划表示。

设$0 \leqslant x \leqslant a$的整数，则$x$可表示为$x=\sum_{j=1}^{k+1} 2^{j-1} y_j$。其中，$y_j=\begin{cases}0, \\ 1。\end{cases}$ k由$2^k \leqslant a \leqslant 2^{k+1}$确定（整数可由2的幂形式表示），如$0 \leqslant x \leqslant 9$，$k=3$，可表示为

$$x=\sum_{j=1}^{3+1} 2^{j-1} y_j=2^0 y_1+2^1 y_2+2^2 y_3+2^3 y_4$$

$9=1\times1+2^1\times0+2^2\times0+2^3\times1=9$，$\boldsymbol{Y}=(1,0,0,1)^{\mathrm{T}}$

$8=1\times0+2^1\times0+2^2\times0+2^3\times1=8$，$\boldsymbol{Y}=(0,0,0,1)^{\mathrm{T}}\cdots$

$0=1\times0+2^1\times0+2^2\times0+2^3\times0=0$，$\boldsymbol{Y}=(0,0,0,0)^{\mathrm{T}}$

例5-6 把下列整数规划化为0-1整数规划。

$$\max f=x_1+x_2$$
$$\text{s. t. }\begin{cases}6x_1+2x_2 \leqslant 6 \\ x_1, x_2 \geqslant 0 \text{ 且为整数}\end{cases}$$

解：由题意$0 \leqslant x_1 \leqslant 1$，$0 \leqslant x_2 \leqslant 3$且$x_1$，$x_2$可表示为$x_1=2^0 y_1$，$x_2=2^0 y_2+2^1 y_3$，即

$$\max f=y_1+y_2+2y_3$$
$$\text{s. t. }\begin{cases}6y_1+2y_2+4y_3 \leqslant 6 \\ y_1, y_2, y_3=0,1\end{cases}$$

例5-7 一艘货船装载物资运输，能装的物品有食品、托盘、货架、汽车零部件、帐篷、照相器材和通信设备，每种物品的重量及价值系数如表5-5所示。设货船可装载的最大重量为25kg，试选择该货船应装载的物品。

表5-5 物品的重量及价值系数表

序　号	1	2	3	4	5	6	7
物品	食品	托盘	货架	汽车零部件	帐篷	照相器材	通信设备
重量/kg	5	5	2	6	12	2	4
重要性系数	20	15	18	14	8	4	10

解：如果令$x_j=1$表示货船装载物品j，$x_j=0$表示货船不装载物品j，则问题表示成0-1整数规划为

$$\max f=20x_1+15x_2+18x_3+14x_4+8x_5+4x_6+10x_7$$
$$\text{s. t. }\begin{cases}5x_1+5x_2+2x_3+6x_4+12x_5+2x_6+4x_7 \leqslant 25 \\ x_j=0 \text{ 或 } 1,(j=1,2,3,4,5,6,7)\end{cases}$$

例5-8 某物流公司有5个项目被列入投资计划，各项目投资额和希望投资收益如表5-6所示。

表 5-6　投资额和希望投资收益表

项目	投资额（万元）	希望投资收益（万元）	项目	投资额（万元）	希望投资收益（万元）
1	210	150	4	130	80
2	300	210	5	260	180
3	100	60			

该公司只有 600 万元资金可用于投资，由于技术原因，投资受到以下约束：

（1）在项目 1、项目 2、项目 3 中必须有且只有一项被选中；

（2）项目 3 和项目 4 只能选中一项；

（3）项目 5 被选中的前提是项目 1 必须被选中。

问：如何在上述条件下，选择一个最好的投资方案，使总收益最大？

解：令 $x_j=1$ 表示选中项目 j，$x_j=0$ 表示没有选中项目 j，则问题表示成 0-1 整数规划为

$$\max f=150x_1+210x_2+60x_3+80x_4+180x_5$$

$$\text{s.t.}\begin{cases}210x_1+300x_2+100x_3+130x_4+260x_5\leqslant 600\\ x_1+x_2+x_3=1\\ x_3+x_4\leqslant 1\\ x_5\leqslant x_1\\ x_j=0\text{ 或 }1,(j=1,2,3,4,5)\end{cases}$$

5.4.2　隐枚举法求解 0-1 整数规划

隐枚举法（隐含着进行枚举法，比枚举法计算工作量小，约束若有一个不满足，则其余不必求，称为剪枝）。

例 5-9　求解下列问题。

$$\max f=3x_1-2x_2+5x_3 \quad (0)$$

$$\text{s.t.}\begin{cases}x_1+2x_2-x_3\leqslant 2 & (1)\\ x_1+4x_2+x_3\leqslant 4 & (2)\\ x_1+x_2\leqslant 3 & (3)\\ 4x_2-x_3\leqslant 6 & (4)\\ x_1,x_2,x_3=0,1\end{cases}$$

解：用隐枚举法求解，先找出一个试探解，作为过滤条件，容易看出，如 $(1,0,0)^{\mathrm{T}}$ 满足约束条件，代入目标函数中。

$$f=3x_1-2x_2+5x_3\geqslant 3 \tag{5-2}$$

作为过滤条件，目标函数至少≥3，初看起来，增加约束条件需增加计算量，实际减少计算量。原题需要计算 $2^3\times 4=32$ 次计算（3 个变量，4 各约束条件），增加约束条件式（5-2）后，实际计算 24 次，详细过程如表 5-7 所示。

表 5-7　例 5-9 用表一

序　　号	$x=(x_1,x_2,x_3)^T$	(0)	(1)	(2)	(3)	(4)	可行否	f值
1	$(0,0,0)^T$	0					×	
2	$(0,0,1)^T$	5	−1	0	0	−1	√	5
3	$(0,1,0)^T$	−2					×	
4	$(0,1,1)^T$	3	1	5			×	
5	$(1,0,0)^T$	3	1	1	1	0	√	3
6	$(1,0,1)^T$	8	0	2	1	1	√	8
7	$(1,1,0)^T$	1					×	
8	$(1,1,1)^T$	6	2	6			×	

最优解为$(1,0,1)^T$，最优值为$f_{min}=8$。若及时更新过滤条件能减少计算次数。在计算过程中及时调整右边常数，如表 5-8 所示。

表 5-8　例 5-9 用表二

序　　号	$x=(x_1,x_2,x_3)^T$	(0)	(1)	(2)	(3)	(4)	可行否	f值
1	$(0, 0, 0)^T$	0					×	
2	$(0, 0, 1)^T$	5	−1	0	0	−1	√	5

更新过滤条件$f\geqslant5$，如表 5-9 所示。

表 5-9　例 5-9 用表三

序　　号	$x=(x_1,x_2,x_3)^T$	(0)	(1)	(2)	(3)	(4)	可行否	f值
3	$(0,1,0)^T$	−2					×	
4	$(0,1,1)^T$	3					×	
5	$(1,0,0)^T$	3					×	
6	$(1,0,1)^T$	8	0	2	1	1	√	8

更新过滤条件$f\geqslant8$，如表 5-10 所示。

表 5-10　例 5-9 用表四

序　　号	$x=(x_1,x_2,x_3)^T$	(0)	(1)	(2)	(3)	(4)	可行否	f值
7	$(1,1,0)^T$	1					×	
8	$(1,1,1)^T$	6					×	

同样，最优解为 $(1,0,1)^T$，最优值为$f_{min}=8$，实际只计算 16 次。

0-1 整数规划的隐枚举法基本上可以从所有变量等于零出发（初始点），然后依次制定一些变量取值为 1，直到获得一个可行解，于是把第一个可行解记作迄今为止最好的可行解；再重复，依次检查变量为 0，1 的各种组合，对迄今为止最好的可行解加以改进，直到获得最优解。

例 5-10　用隐枚举法求解下列 0-1 整数规划。

$$\max f = 8x_1+2x_2-4x_3-7x_4-5x_5$$

$$\text{s. t.}\begin{cases}3x_1+3x_2+x_3+2x_4+3x_5\leqslant 4\\5x_1+3x_2-2x_3-x_4+x_5\leqslant 4\\x_j=0,1(j=1,2,\cdots,5)\end{cases}$$

解：第一步：按下述（1），（2），（3）步骤先将问题转化成规格的形式。

（1）先把目标化为极小 min，约束化为≥0，则

$$\min f'=-8x_1-2x_2+4x_3+7x_4+5x_5$$

$$\text{s. t.}\begin{cases}-3x_1-3x_2-x_3-2x_4-3x_5\geqslant -4\\-5x_1-3x_2+2x_3+x_4-x_5\geqslant -4\\x_j=0,1(j=1,2,\cdots,5)\end{cases}$$

（2）把目标函数，负系数项化为正系数，令 $x_1=1-x_1'$，$x_2=1-x_2'$，则

$$\min f'=8x_1'+2x_2'+4x_3+7x_4+5x_5-10$$

$$\text{s. t.}\begin{cases}3x_1'+3x_2'-x_3-2x_4-3x_5\geqslant 2\\5x_1'+3x_2'+2x_3+x_4-x_5\geqslant 4\\x_1',x_2',x_3,x_4,x_5=0,1\end{cases}$$

（3）将目标函数的变量按系数由小到大排列，同时约束条件也按目标的次序排列。

$$\min f'=2x_2'+4x_3+5x_5+7x_4+8x_1'-10$$

$$\text{s. t.}\begin{cases}3x_2'-x_3-3x_5-2x_4+3x_1'\geqslant 2\\3x_2'+2x_3-x_5+x_4+5x_1'\geqslant 4\\x_1',x_2',x_3,x_4,x_5=0,1\end{cases}$$

第二步：在规格化后的 0-1 整数规划问题中令所有变量为 0，这时 $f'=-10$，代入约束条件检查是否满足，如果满足即为问题的最优解，否则转下一步。

第三步：按在目标函数中排列顺序依次令各变量分别取“1”或“0”，将问题分成两个子问题，分别检查是否满足两个约束条件，如果不满足，继续对变量取值为 1 的子问题分支，直到找出一个可行解为止。计算过程如下：

（1）本例中先令 $x_2'=1$ 或 $x_2'=0$ 分成两个子问题，如图 5-6 所示。其中 $x_2'=0$ 这个分支边界值为 $4-10=-6$；$x_2'=1$ 这个分支边界值为 $2-10=-8$。将 $x_2'=1$ 并令其余变量取值为 0 代入两个约束检查，由于不满足第二个约束条件故为非可行解。

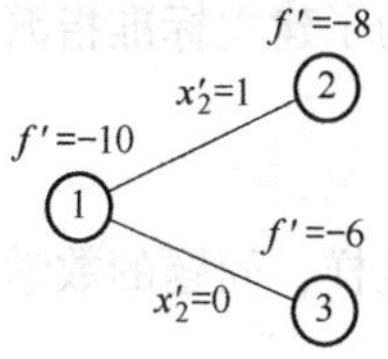

图 5-6　从节点①分两个子问题

（2）从图 5-6 中节点②出发，令 $x_3=1$ 或 $x_3=0$ 继续分为两个子问题，如图 5-7 所示。图中 $x_2'=1$，$x_3=0$ 这个分支的边界值为 $f'=2+5-10=-3$；$x_2'=1$，$x_3=1$ 这个分支的边界值为 $f'=2+4-10=-4$。当 $x_2'=1$，$x_3=1$ 并令其余变量为 0 时，再分别代入两个约束条件检查，因为两个约束都满足，故找出一个可行解。

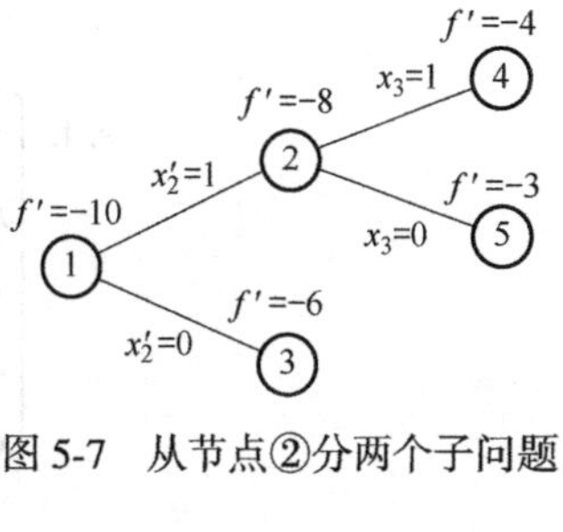

图 5-7　从节点②分两个子问题

注意：当发生下列三种情形之一时，该分支不再继续往下分，或保留或剪枝。

（1）该分支的子问题为可行解，这时应保留所有可行解中 f' 值最小的分支，将可行解中边界值大的分支剪去。

（2）不管是否为可行解，该分支边界值劣于保留下来的可行解值，剪枝。

（3）当该分支中某些变量的值已确定的情况下，其余变量不管取什么值都无法满足一个或几个约束时，即该分支无可行解，实行剪枝。

图 5-7 中 $x'_2=1$，$x_3=0$ 这个分支属情况（2），故予剪去。

第四步：对（1），（2），（3）三种情况以外的分支中找出边界值最小的分支再往下分，一直到除保留的分支外，其余全被剪去为止。这时保留下来的分支的可行解值即为问题的最优解值，全题的计算过程如图 5-8 所示。由图 5-8 可知问题最优解为 $x'_2=1$，$x_3=1$，$x_5=0$，$x_4=0$，$x'_1=0$。即 $x_1=1$，$x_2=0$，$x_3=1$，$x_4=0$，$x_5=0$ 代入原问题目标函数中有 $f_{\max}=4$。

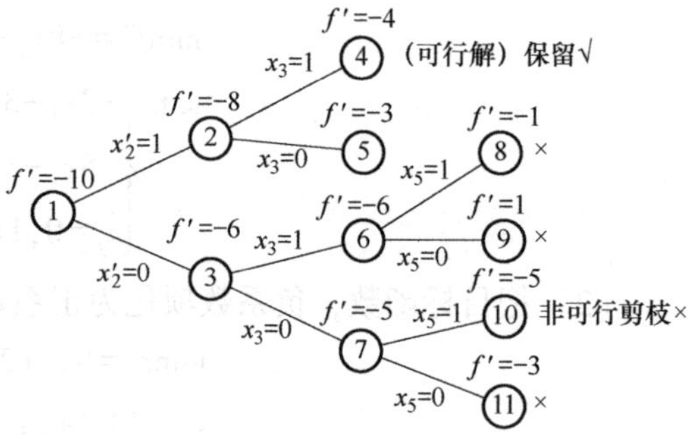

图 5-8　全题的计算过程

5.5　指派问题与匈牙利法

5.5.1　指派问题及其数学模型

指派问题的标准形式（以人和事为例）是：有 n 个人去完成 n 项工作，每人只能完成一项工作，每项工作只能一个人完成，已知第 i 人做第 j 项工作的系数矩阵（coefficient matrix）$\boldsymbol{C}=(c_{ij})_{n\times n}(i=1,2,\cdots,n;\ j=1,2,\cdots,n)$。要求确定人和事之间一一对应的指派方案，应如何分配使总的效率为最高。根据 c_{ij} 的具体意义，矩阵 $\boldsymbol{C}$ 可以有不同的含义，如费用、成本、时间等。系数矩阵 $\boldsymbol{C}$ 中，第 i 行中各元素表示第 i 人做各事的费用，第 j 列各元素表示第 j 事由各人做的费用。

为了建立标准指派问题的数学模型，引入 n^2 个 0-1 变量。设

$$x_{ij}=\begin{cases}1,\text{第 } i \text{ 人去完成第 } j \text{ 项工作}\\0,\text{第 } i \text{ 人不去完成第 } j \text{ 项工作}\end{cases}$$

这样，问题的数学模型可写成

$$\min f=\sum_{i=1}^{n}\sum_{j=1}^{n}c_{ij}x_{ij}$$

$$\text{s.t.}\begin{cases}\sum\limits_{j=1}^{n}x_{ij}=1,(i=1,2,\cdots,n)\\\sum\limits_{i=1}^{n}x_{ij}=1,(j=1,2,\cdots,n)\\x_{ij}=0\text{ 或 }1,(i=1,2,\cdots,n;j=1,2,\cdots,n)\end{cases}$$

对于问题的每一个可行解，可用解矩阵 $\boldsymbol{X}=(x_{ij})_{n\times n}$ 来表示。当然，作为可行解，每列各元素中都只有一个1，每行各元素中也都只有一个1，指派问题有 $n!$ 个可行解。

$$\boldsymbol{C}=\begin{pmatrix} c_{11} & c_{12} & \cdots & c_{1n} \\ c_{21} & c_{22} & \cdots & c_{2n} \\ \vdots & \vdots & & \vdots \\ c_{n1} & c_{n2} & \cdots & c_{nn} \end{pmatrix},\quad \boldsymbol{X}=\begin{pmatrix} x_{11} & x_{12} & \cdots & x_{1n} \\ x_{21} & x_{22} & \cdots & x_{2n} \\ \vdots & \vdots & & \vdots \\ x_{n1} & x_{n2} & \cdots & x_{nn} \end{pmatrix}\begin{matrix} 1 \\ 1 \\ \vdots \\ 1 \end{matrix}$$
$$\begin{matrix} 1 & 1 & \cdots & 1 \end{matrix}$$

5.5.2 匈牙利法

由于指派问题的0特别多，是高度退化的运输问题，每次调整一次空格与数格，可能调整 n 次仍无效益，使迭代次数增加很多。因此，提出一种新的方法匈牙利法。匈牙利法又称直线覆盖法，用最少的直线覆盖所有的0元素。下面以例子详细说明其计算步骤。

例5-11 已知：A，B，C，D，E 5项工作由张、王、赵、李、刘5人来完成，5人做5项工作的时间如系数矩阵 $\boldsymbol{C}=(c_{ij})_{5\times 5}$，$(i=1,2,\cdots,5;j=1,2,\cdots,5)$，$c_{ij}$ 为时间，问如何指派，使5人花费总时间最少？

$$\boldsymbol{C}=\begin{matrix} 张 \\ 王 \\ 赵 \\ 李 \\ 刘 \end{matrix}\overset{\begin{matrix} A & B & C & D & E \end{matrix}}{\begin{pmatrix} 12 & 7 & 9 & 7 & 9 \\ 8 & 9 & 6 & 6 & 6 \\ 7 & 17 & 12 & 14 & 12 \\ 15 & 14 & 6 & 6 & 10 \\ 4 & 10 & 7 & 10 & 6 \end{pmatrix}}$$

解：(1) $\boldsymbol{C}$ 矩阵每行（每列）减对应每行（每列）中的最小元素，使 $\boldsymbol{C}$ 矩阵每行（每列）均出现0元素，得 $\boldsymbol{C}'$ 矩阵，若行或列中已有0元素，则不必再减。

$$\boldsymbol{C}'=\begin{pmatrix} 5 & 0 & 2 & 0 & 2 \\ 2 & 3 & 0 & 0 & 0 \\ 0 & 10 & 5 & 7 & 5 \\ 9 & 8 & 0 & 0 & 4 \\ 0 & 6 & 3 & 6 & 2 \end{pmatrix}$$

(2) 框0。

1) 选0元素最少的行（列）进行$\boxed{0}$，且划去该行（列）其他0元素，重复进行，直到不能框0为止，若0元素相同，按字典法进行。

2) 若$\boxed{0}$的个数=矩阵的阶数时，已获最优解；否则（若$\boxed{0}$的个数少于矩阵的阶数时），转到 (3)。

(3) 增加0元素。

1) 打√。

① 没有$\boxed{0}$的行打√；

② 已打√的行中，有$\not{0}$的列打√；

③ 已打√的列中，有$\boxed{0}$的行打√；

④ 重复①②③直到不能打√为止。

2）直线覆盖（画线）即用最少的直线覆盖所有的 0 元素（无论是$\boxed{0}$还是非$\boxed{0}$）。

① 没有打√的行画直线；

② 打√的列画直线。

3）增加有效 0 元素。

① 在没有划去的元素中取最小的元素，本题是 2；

② 在没有划去的行（打√的行）减 2；

③ 在划去的列（打√的列）加 2；

④ 由上得 ***C***″矩阵，转到（2），重复进行，直到$\boxed{0}$元素的个数=矩阵的阶数为止。

$$
\boldsymbol{C}'=\begin{pmatrix} 5 & \boxed{0} & 2 & \not{0} & 2 \\ 2 & 3 & \not{0} & \not{0} & \boxed{0} \\ \boxed{0} & 10 & 5 & 7 & 5 \\ 9 & 8 & \boxed{0} & \not{0} & 4 \\ \not{0} & 6 & 3 & 6 & 2 \end{pmatrix}\begin{matrix} \\ \\ \surd\ -2 \\ \\ \surd\ -2 \end{matrix}
\qquad
\boldsymbol{C}''=\begin{pmatrix} 7 & \boxed{0} & 2 & \not{0} & 2 \\ 4 & 3 & \not{0} & \boxed{0} & \not{0} \\ \boxed{0} & 8 & 3 & 5 & 3 \\ 11 & 8 & \boxed{0} & \not{0} & 4 \\ \not{0} & 4 & 1 & 4 & \boxed{0} \end{pmatrix}
$$

$$\begin{matrix} \surd \\ +2 \end{matrix}$$

因为，$\boxed{0}$元素的个数=矩阵的阶数，所以已获最优解。

$$
\boldsymbol{X}=\begin{pmatrix} 0 & 1 & 0 & 0 & 0 \\ 0 & 0 & 0 & 1 & 0 \\ 1 & 0 & 0 & 0 & 0 \\ 0 & 0 & 1 & 0 & 0 \\ 0 & 0 & 0 & 0 & 1 \end{pmatrix}
$$

即最优的指派方案为：张完成 B，王完成 D，赵完成 A，李完成 C，刘完成 E。最优值为$f_{\min}=7+6+7+6+6=32$，此指派问题最优解不唯一，但不能无穷多，因为 n 个独立 0 元素为有限个。

5.5.3 非标准指派问题

在实际问题中，经常会遇到各种非标准指派问题，通常的处理方法是先将它们化为标准形式，然后再用匈牙利法求解。非标准指派问题的求解方法类似于产销不平的运输问题，其具体情况如下：

（1）目标函数求极大的指派问题。

已知收益矩阵，求总收益最大，$\max f\to\min f'$，若用在单纯形法中化标准形时的方法为

$$\max f=\sum_{i=1}^{n}\sum_{j=1}^{n}c_{ij}x_{ij},\min f'=-\sum_{i=1}^{n}\sum_{j=1}^{n}c_{ij}x_{ij}=\sum_{i=1}^{n}\sum_{j=1}^{n}(-c_{ij})x_{ij}$$

系数为负，匈牙利法条件不满足，可以考虑加上一个常数，使解不变。即令 $c'_{ij}=c_{ij(\max)}-c_{ij}$ $(i,j=1,2,\cdots,n)$，其中 $c_{ij(\max)}$ 为 c_{ij} 中的最大元素，则

$$\min f'' = \sum_{i=1}^{n}\sum_{j=1}^{n}(c_{ij(\max)} - c_{ij})x_{ij} = nc_{ij(\max)} - \sum_{i=1}^{n}\sum_{j=1}^{n}c_{ij}x_{ij}$$

对指定具体问题来说 $nc_{ij(\max)}$ 是常数，则 $\min f''$ 与 $\max f$ 同解，再按匈牙利法求解。如例 5-11 中系数矩阵 $\boldsymbol{C}$ 指单位时间的工作效率，如何指派总效率最大。

$$\boldsymbol{C}=\begin{matrix} \\ 张 \\ 王 \\ 赵 \\ 李 \\ 刘 \end{matrix}\begin{matrix} \begin{matrix} A & B & C & D & E \end{matrix} \\ \begin{pmatrix} 12 & 7 & 9 & 7 & 9 \\ 8 & 9 & 6 & 6 & 6 \\ 7 & 17 & 12 & 14 & 12 \\ 15 & 14 & 6 & 6 & 10 \\ 4 & 10 & 7 & 10 & 6 \end{pmatrix} \end{matrix}$$

$c_{ij(\max)} = 17$，$c'_{ij} = 17 - c_{ij}$，则

$$\boldsymbol{C}'=\begin{matrix} \\ 张 \\ 王 \\ 赵 \\ 李 \\ 刘 \end{matrix}\begin{matrix} \begin{matrix} A & B & C & D & E \end{matrix} \\ \begin{pmatrix} 5 & 10 & 8 & 10 & 8 \\ 9 & 8 & 11 & 11 & 11 \\ 10 & 0 & 5 & 3 & 5 \\ 2 & 3 & 11 & 11 & 7 \\ 13 & 7 & 10 & 7 & 11 \end{pmatrix} \end{matrix}$$

（2）工作数≠人数的指派问题。

1）工作数>人数：虚设人数，转化为工作数=人数（包含虚设的人）。其虚人对应系数矩阵的 $c_{ij}=0$（$j=1,2,\cdots,n$）行，（有项工作不做）。

2）工作数<人数：虚设工作数，转化为工作数=人数（包含虚设的工作）。其虚工作对应系数矩阵的 $c_{ij}=0$（$i=1,2,\cdots,n$）列，（有人不工作）。

（3）指定某人可以完成 2 项工作或指定某项工作可由 2 人完成。

1）可把指定某人的 c_{ij} 化为相同的 2 行。

2）可把指定某项工作的 c_{ij} 化为相同的 2 列。

（4）指定某人不去完成某项工作，可令其对应的 $c_{ij}=M$（很大的正数）。

（5）由 $n-1$ 个人去完成 n 项工作，其中挑选 1 人完成 2 项工作，其余每人仍只完成 1 项工作；虚设人的 c_{ij} 选每列中最小的。

例 5-12 某设备公司有 3 台设备可以租给 A，B，C，D 四项工程使用，各设备用于各工程创造的利润如表 5-11 所示，问将哪一台设备租给哪一项工程，才能使创造的总利润最大？

表 5-11 例 5-12 用表

设 备	工 程			
	A	*B*	*C*	*D*
设备 1	4	10	8	5
设备 2	9	8	0	2
设备 3	12	3	7	4

解：设决策变量 $x_{ij}=0$ 或 1（$i=1,2,3$；$j=1,2,3,4$）；$x_{ij}=1$ 表示第 i 个设备租给第 j 项工程；$x_{ij}=0$ 表示第 i 个设备不租给第 j 项工程。求解步骤如下：

（1）先虚设一台设备 4，并把上面的系数矩阵改为 $\boldsymbol{C}'$。

（2）选取 $\boldsymbol{C}'$ 中的最大者 12 减去 $\boldsymbol{C}'$ 中的各元素，从而得到一个新的效率矩阵 $\boldsymbol{C}''$。

$$\boldsymbol{C}'=\begin{pmatrix}4&10&8&5\\9&8&0&2\\12&3&7&4\\0&0&0&0\end{pmatrix}\qquad \boldsymbol{C}''=\begin{pmatrix}8&2&4&7\\3&4&12&10\\0&9&5&8\\12&12&12&12\end{pmatrix}$$

（3）利用匈牙利法求最优解如下：

$$\begin{pmatrix}8&2&4&7\\3&4&12&10\\0&9&5&8\\12&12&12&12\end{pmatrix}\begin{matrix}-2\\-3\\ \\-12\end{matrix}\rightarrow\begin{pmatrix}6&\boxed{0}&2&5\\\boxed{0}&1&9&7\\\not{0}&9&5&8\\\not{0}&\not{0}&\not{0}&\boxed{0}\end{pmatrix}\begin{matrix} \\ \checkmark\\ \checkmark\\ \\ \end{matrix}\rightarrow$$
$$\begin{matrix}\checkmark&&&\end{matrix}$$

$$\begin{pmatrix}6&\boxed{0}&2&5\\\boxed{0}&1&9&7\\\not{0}&9&5&8\\\not{0}&\not{0}&\not{0}&\boxed{0}\end{pmatrix}\begin{matrix} \\-1\\-1\\ \\ \end{matrix}\rightarrow\begin{pmatrix}7&\boxed{0}&2&5\\\boxed{0}&\not{0}&8&6\\\not{0}&8&4&7\\1&\not{0}&\not{0}&\boxed{0}\end{pmatrix}\begin{matrix}\checkmark\\\checkmark\\\checkmark\\ \\ \end{matrix}\rightarrow$$
$$\begin{matrix}+1&&&\end{matrix}\qquad\qquad\begin{matrix}\checkmark&\checkmark&&\end{matrix}$$

$$\begin{pmatrix}7&\boxed{0}&2&5\\\boxed{0}&\not{0}&8&6\\\not{0}&8&4&7\\1&\not{0}&\not{0}&\boxed{0}\end{pmatrix}\begin{matrix}-2\\-2\\-2\\ \\ \end{matrix}\rightarrow\begin{pmatrix}7&\not{0}&\boxed{0}&3\\\not{0}&\boxed{0}&6&4\\\boxed{0}&8&2&5\\3&2&\not{0}&\boxed{0}\end{pmatrix}$$
$$\begin{matrix}+2&+2&&\end{matrix}$$

从而得到原问题的最优解方案为 $x_{13}=1$，$x_{22}=1$，$x_{31}=1$，$x_{44}=1$，其余 x_{ij} 都为 0。

（4）回到原问题，可知最优指派方案为：设备 1 用于工程 C；设备 2 用于工程 B；设备 3 用于工程 A，不给设备 D 提供设备，原问题最大利润为 $f_{\max}=c_{13}+c_{22}+c_{31}=8+8+12=28$。

5.6 用 Excel、LINGO 和 MATLAB 求解整数规划问题

5.6.1 Excel 求解整数规划问题

1. 整数规划的 Excel 模型

用 Excel 求解整数规划问题的基本步骤与求解一般线性规划问题相同，只是在约束条件中添加一个“整数”约束。在 Excel 的“添加约束”对话框中，用“int”表示整数。因此只要在该参数对话框中添加一个约束条件，在左边输入要求取整的决策变量的单元格地址，然后选择“int”。下面以例 5-4 为例，来说明整数规划的 Excel 模型求解过程，如图 5-9 所示。

可知最优解为 $x_1=4$，$x_2=1$，最优值为 $f_{\max}=14$，与分支定界法所得结果相同。

2. 0-1 整数规划的 Excel 模型

0-1 整数规划是整数规划的特殊情况，其 Excel 模型与一般的线性规划模型相同，只是

增加了一个“决策变量必须为0或1”的约束条件。为了反映这一约束条件，在求解时应在Excel的“添加约束”对话框中添加关于决策变量取值为0或1的约束条件。Excel的“添加约束”对话框中，用“bin（binary）”表示0和1两者取其一。因此，只要在约束条件左边输入要求取0或1的决策变量的单元格地址，然后选择“bin”即可。下面以例5-10为例，来说明0-1整数规划的Excel模型求解过程，如图5-10所示。可知最优解为 $x_1=1$，$x_2=0$，$x_3=1$，$x_4=0$，$x_5=0$，目标函数值 $f_{max}=4$，与隐枚举法所得结果相同。

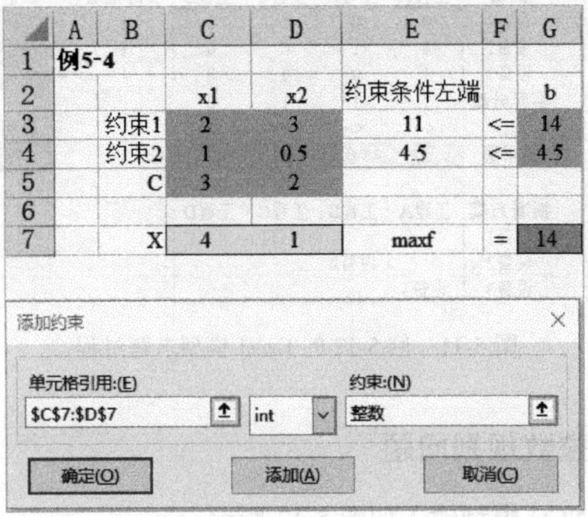

图5-9　例5-4的Excel模型求解过程

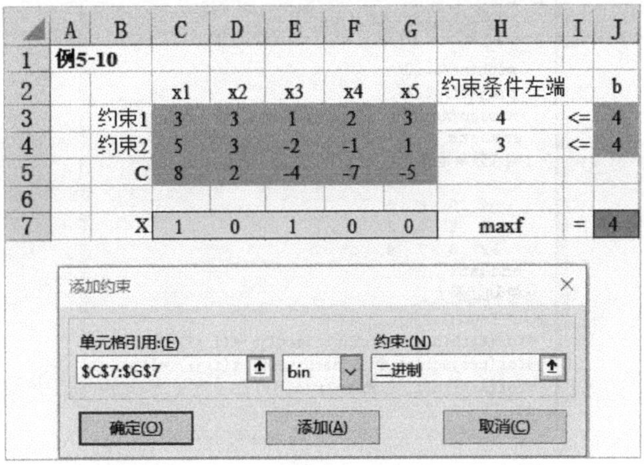

图5-10　例5-10的Excel模型求解过程

3. 指派问题的Excel模型

指派问题在Excel的“规划求解”中，还是采用“单纯形法”来求解。下面以例5-12为例，来说明指派问题的Excel模型求解过程，如图5-11所示。

由于此例是工作数和人数不等的指派问题，所以在Excel中，将所有任务的需求约束由原来的“=”改为“<=”，表示有些工作不能完成。由图5-11可知最优指派方案：设备1用于工程C；设备2用于工程B；设备3用于工程A，不给工程D提供设备，其原问题最大

利润为$f_{max}=c_{13}+c_{22}+c_{31}=8+8+12=28$。

	A	B	C	D	E	F	G	H	I
1	例5-12								
2									
3		创造利润	工程A	工程B	工程C	工程D			
4		设备1	4	10	8	5			
5		设备2	9	8	0	2			
6		设备3	12	3	7	4			
7									
8		指派	工程A	工程B	工程C	工程D	实际指派		供应量
9		设备1	0	0	1	0	1	=	1
10		设备2	0	1	0	0	1	=	1
11		设备3	1	0	0	0	1	=	1
12		实际分配	1	1	1	0			
13			<=	<=	<=	<=			总利润
14		需求量	1	1	1	1			28
15									
16		指派方案	工程A	工程B	工程C	工程D			
17		设备1			设备1				
18		设备2		设备2					
19		设备3	设备3						

图 5-11　例 5-12 的 Excel 模型求解过程

5.6.2　LINGO 求解整数规划问题

以例 5-12 为例的 LINGO 模型输入如图 5-12 所示。

```
Lingo Model - Lingo5_1
model:
  !3台设备4项工程指派方案;
  sets:
   machine/1..3/;
   project/1..4/;
   Assign(machine,project):c,x;
  endsets
 !输入效率矩阵;
  data:
   c=4 10  8  5
      9  8  0  2
     12  3  7  4;
  enddata
 !总利润最大;
max=@sum(Assign:c*x);
 @for(machine(i):@sum(project(j):x(i,j))=1);
 @for(project(j):@sum(machine(i):x(i,j))<=1);
 @for(Assign(i,j):@bin(x(i,j)));
end
```

图 5-12　以例 5-12 为例的 LINGO 模型输入

LINGO 中建立的优化模型以“model:”开始，以“end”结束，中间主要包括：

（1）集合段（sets）：以“sets:”开始，“endsets”结束，定义必要的集合变量（set）及其元素（member，含义类似于数组的下标）和属性（attribute，含义类似于数组）。

此例中定义了 2 个一元集合“machine”（含义是设备）和集合“project”（含义是项目），分别包含 3 个设备元素和 4 个项目元素；还定义了一个二元集合“Assign”，有系数矩阵 $\boldsymbol{C}$ 和解矩阵 $\boldsymbol{X}$ 两个属性，相当于数组，数组下标由“Assign”元素决定。

（2）数据段（data:）：以“data:”开始，“enddata”结束，对集合的属性（数组）输入必要的常数数据。格式为："attribute（属性）= value_ list（常数列表）;"。常数列表中数据之间可以用逗号","分开，也可以用空格分开，回车等价于一个空格。

（3）目标与约束段：目标函数、约束条件等，没有段的开始和结束标记。这里一般要用到 LINGO 的内部函数，尤其是与集合相关的求和函数@ sum 和循环函数@ for 等。

结果 x 变量中多数为 0，为了更清晰地浏览最优解。选择菜单命令"Solver | Solution"，选择属性"x"（变量），选择"Nonzero Vars and Binding Rows Only"（只显示非零值），点击"OK"按钮，得到关于最优解的非零分量的报告，如图 5-13 所示。

```
Solution Report - Lingo2
  Global optimal solution found.
  Objective value:                              28.00000
  Infeasibilities:                              0.000000
  Total solver iterations:                             5
  Elapsed runtime seconds:                          0.05

                      Variable           Value        Reduced Cost
                      X( 1, 3)        1.000000            0.000000
                      X( 2, 2)        1.000000            0.000000
                      X( 3, 1)        1.000000            0.000000
```

图 5-13　例 5-12 的 LINGO 模型输出结果

5.6.3　MATLAB 求解整数规划问题

以例 5-4 为例，由于变量取值范围是整数，可用 MATLAB 的专用函数 intlinprog()。其调用格式为：[x, fval, exitflag] = intlinprog(c, intcon, A, b, Aeq, beq, LB, UB)，此函数在 linprog() 函数的基础上多了一个参数 intcon，表示整数约束的位置。具体源代码和结果如图 5-14 所示。

```
编辑器 - D:\matlab\lp5_1_1.m
lp5_1_1.m
c=[-3 -2]';
intcon=[1 2];
A=[2 3;1 0.5];
b=[14;4.5];
lb=zeros(2,1);
[x,fval,exitflag]=intlinprog(c,intcon,A,b,[],[],lb)

命令行窗口
x =

    4.0000
    1.0000


fval =

  -14.0000
```

图 5-14　MATLAB 具体源代码和结果

intcon 的值为 [1,2]，表示 x_1 和 x_2 都是整数。如果模型中只有 x_2 为整数限制，则 intcon 的值为 2。

【扩展】

中国创造：乌东德水电站

运筹学与数据科学融合——最优决策服务实现

数据科学是最近十年兴起的交叉学科，它的目的是从数据中挖掘有价值的信息，即洞察(insights)。它涉及数据的获取、存储、清洗、分析及呈现，采用的方法来自多个学科，如数学、计算机科学、统计学等。运筹学与数据科学相辅相成，有机融合，共同为实现最优决策服务。清华大学成立了运筹学与数据科学研究所，运用数据科学的方法从海量数据中获得洞察，再运用运筹学的方法基于这些洞察帮助政府和企业实现最优决策。

中国第四、世界第七大水电站——乌东德水电站是实施“西电东送”的国家重大工程，总装机容量1020万kW。乌东德水电站通过传感器采集数据，借助大数据、物联网、运筹学等技术分析，实现智慧电站的全生命周期监测，并通过机器学习预测原本无法直接测量的指标，完成评估、诊断、分析、模拟、预测、优化和决策等操作，解决运行管理问题，实现工程全生命周期状态的“全面感知、真实分析、实时控制”，让乌东德大坝成为金沙江上“最聪明的大坝”。

习题 5

5.1　判断对错，并说明为什么。

（1）整数规划解的目标函数值一般优于其相应的线性规划问题的目标函数值。　（　）

（2）用割平面法求解整数规划时，构造的割平面有可能切去一些不属于最优解的整数解。　（　）

（3）用分支定界法求解一个极大化整数规划问题时，任何一个可行解的目标函数值是该问题目标函数值的下界。　（　）

（4）用割平面法解纯整数规划问题时，要求包括松弛变量在内的全部变量必须取整数。　（　）

（5）整数规划问题的可行解与其线性规划问题的可行域内的整数点相对应。　（　）

（6）指派问题数学模型的形式同运输问题十分相似，故也可以用表上作业法求解。　（　）

（7）线性规划问题增加自变量的整数约束，就变成了整数规划问题。　（　）

（8）分支定界法中的分析是指把一个问题分解成两个问题再求解。　（　）

（9）匈牙利法是求解最小值分配问题的一种方法。　（　）

（10）指派问题的数学模型是属于混合整数规划模型。　（　）

5.2　用分支定界法求解混合整数规划问题。

$$\max z=3x_1+x_2+3x_3$$

$$\text{s. t.}\begin{cases}-x_1+2x_2+x_3\leqslant 4\\ 4x_2-3x_3\leqslant 2\\ x_1-3x_2+2x_3\leqslant 3\\ x_1,x_2,x_3\geqslant 0,\text{并且 } x_1,x_3 \text{ 为整数}\end{cases}$$

5.3　用割平面法求解下列整数规划问题。

(1) $\max z=7x_1+9x_2$

$$\text{s.t.}\begin{cases}-x_1+3x_2\leqslant 6\\7x_1+x_2\leqslant 35\\x_1,x_2\geqslant 0\text{ 且为整数}\end{cases}$$

(2) $\min z=4x_1+5x_2$

$$\text{s.t.}\begin{cases}3x_1+2x_2\geqslant 7\\x_1+4x_2\geqslant 5\\x_1,x_2\geqslant 0\text{ 且为整数}\end{cases}$$

5.4 用隐枚举法求解 0-1 整数规划。

$$\max z=2x_1-x_2+5x_3-3x_4+4x_5$$

$$\text{s.t.}\begin{cases}3x_1-2x_2+7x_3-5x_4+4x_5\leqslant 6\\x_1-x_2+2x_3-4x_4+2x_5\leqslant 0\\x_j=0\text{ 或 }1(j=1,2,\cdots 5)\end{cases}$$

5.5 已知指派问题的系数矩阵如下，试用匈牙利法分别求出最优解和最优值。

(1) $\begin{pmatrix}7&9&10&12\\13&12&16&17\\15&16&14&15\\11&12&15&16\end{pmatrix}$

(2) $\begin{pmatrix}3&8&2&10&3\\8&7&2&9&7\\6&4&2&7&5\\8&4&2&3&5\\9&10&6&9&10\end{pmatrix}$

5.6 由甲、乙、丙、丁四个人去完成 A，B，C，D 四项任务，每个人完成一项任务。各项任务的完成时间如表 5-12 所示。用匈牙利法确定最优分配方案，使完成任务的总时间最少，并求出最少时间。

表 5-12 各项任务的完成时间表 (单位：h)

人	任务			
	A	*B*	*C*	*D*
甲	4	10	7	5
乙	2	7	6	3
丙	3	3	4	4
丁	4	6	6	3

5.7 某钻井队要从以下 10 个可供选择的井位中确定 5 个钻井探油，目的使总的钻井费用最小。若 10 个井代号为 S_1，S_2，…，S_{10}，相应的钻井费用为 C_1，C_2，…，C_{10}，并且井位的选择上要满足下列条件：

(1) 或选择 S_1 和 S_7，或选择钻探 S_8。

(2) 选择了 S_3 或 S_4 就不能选 S_5，或反过来也一样。

(3) 在 S_2、S_6、S_9、S_{10} 中最多只能选两个。

5.8 分配甲、乙、丙、丁四个人去完成 A，B，C，D、E 五项任务，每个人完成各项任务的时间如表 5-13 所示，由于任务数多于人数，故考虑：

(1) 任务 E 必须完成，其他 4 项中可任选 3 项完成。

(2) 其中有一人完成两项任务，其他人每人完成一项任务。

试分别确定最优分配方案，使完成任务的总时间最少。

表 5-13 完成时间表 (单位：h)

人	任务				
	A	*B*	*C*	*D*	*E*
甲	25	29	31	42	37
乙	39	38	26	20	33

（续）

人	任务				
	A	*B*	*C*	*D*	*E*
丙	34	27	28	40	32
丁	24	42	36	23	45

5.9　一种产品可分别在 A，B，C，D 四种设备的任一种上加工。已知某种设备如果启用，则启用的固定费用如表所示。生产这种产品时的单件可变费用以及每种设备的最大加工能力如表 5-14 所示。如需生产这种产品 2000 件，应如何组织生产，使总的费用最少？

表 5-14　单件可变费用以及每种设备的最大加工能力

设备	启用的固定费用（元）	单件可变费用（元）	最大加工能力（件）
A	1000	20	900
B	920	24	1000
C	800	16	1200
D	700	28	1600

5.10　6 人完成 4 项工作任务，由于个人的技术专长不同，他们完成 4 项工作任务所获得的收益如表 5-15 所示，且规定每人只能做一项工作，一项工作任务只需一人操作，试求使总收益最大的分配方案。

表 5-15　收益表

人	任务			
	Ⅰ	Ⅱ	Ⅲ	Ⅳ
1	3	5	4	5
2	6	7	6	8
3	8	9	8	10
4	10	10	9	11
5	12	11	10	12
6	13	12	11	13

第 6 章 目标规划

教学目标：

通过本章的学习，能够阐释目标规划问题的有关概念，学会如何建立目标规划模型，能熟练运用图解法、单纯形法求解目标规划问题，并进行目标规划的灵敏度分析，能灵活应用软件进行目标规划建模和求解。

线性规划问题是讨论一个给定的线性目标函数在一组线性约束条件下的最大值或最小值问题。但在很多实际问题中，衡量一个方案的好坏往往难以用一个指标来判断，而需要用多个目标来比较，而这些目标有时不甚协调，甚至是矛盾的，且模型中有可能存在一些互相矛盾的约束条件的情况，用已有的线性规划的理论和方法无法解决这些问题。因此把同时考虑多个决策目标的规划问题称为多目标规划问题。

6.1 目标规划问题及其数学模型

6.1.1 线性规划存在的局限性

下面通过几个例子来说明在实际应用中线性规划存在一系列的局限性。

例 6-1 某厂生产 A，B 两种产品每件所需的劳动力分别为 4 个人工和 6 个人工，所需设备的单位台时均为 1。已知该厂有 10 个单位机器台时提供制造这两种产品，并且至少能提供 70 个人工。又 A，B 产品的利润每件分别为 300 元和 500 元。试问：该厂应生产 A，B 产品各多少件，才能使其利润值最大？

解： 设该厂能生产 A，B 产品的数量分别为 x_1，x_2，则有

$$\max f=300x_1+500x_2$$

$$\text{s. t.}\begin{cases}x_1+x_2\leqslant 10\\4x_1+6x_2\geqslant 70\\x_1\geqslant 0,x_2\geqslant 0\end{cases}$$

由约束条件可知，该题的可行解集为$\varnothing$，即机时约束和人工约束之间产生矛盾，因而该问题无解。但在实际中，该厂要增加利润，不可能不生产 A，B 两种产品，而由线性规划模型无法为其找到一个合适的方案。

例 6-2 某厂为进行生产需采购 A，B 两种原材料，单价分别为 70 元/kg 和 50 元/kg。现要求购买资金不超过 5000 元，总购买量不少于 80kg，而 A 原材料不少于 20kg。问如何确

定最好的采购方案（即所用的资金最少，购买的总量最大）？

解：这是一个含有两个目标的数学规划问题。设 x_1，x_2 分别为两种原材料的购买量，$f_1(x_1,x_2)$ 为采购 A，B 两种原材料而花费的资金，$f_2(x_1,x_2)$ 为购买两种原材料的总量。建立该问题的数学模型如下：

$$\min f_1(x_1,x_2)=70x_1+50x_2$$

$$\max f_2(x_1,x_2)=x_1+x_2$$

$$\text{s. t.}\begin{cases}70x_1+50x_2\leqslant 5000\\ x_1+\quad x_2\geqslant 80\\ x_1\qquad\quad \geqslant 20\\ x_1\geqslant 0,x_2\geqslant 0\end{cases}$$

对于这样的多目标问题，线性规划很难为其找到最优方案。极可能的结果是，第一个方案使第一目标的结果值优于第二方案，同时第二方案使第二目标的结果值优于第一方案。也就是说，很难找到一个最优方案，使两个目标的函数值同时达到最优。另外，对于多目标问题，还存在多个目标有不同重要程度的因素，而这也是线性规划所无法解决的。因此，需要在线性规划的基础上，建立一种新的数学规划方法——目标规划，来弥补线性规划的上述局限性。总的来说，目标规划和线性规划的不同之处可以从以下几点反映出来。

（1）线性规划只研究在满足一定条件下，单一目标函数取得最优解。而在企业管理中，经常遇到多目标决策问题，如拟订生产计划时，不仅考虑总产值，同时要考虑利润、产品质量和设备利用率等。这些指标之间的重要程度（即优先顺序）也不相同，有些目标之间往往相互发生矛盾。因此，目标规划能统筹兼顾地处理多个目标的关系，求得切合实际需求的解。

（2）线性规划致力于去求满足所有约束条件的最优解。这个最优解若超过了实际的需要，很可能是以过分地消耗约束条件中的某些资源作为代价。而在实际问题中，可能存在相互矛盾的约束条件而导致无可行解。即使存在可行解，实际问题中也未必一定需要求出最优解。目标规划是要找一个满意解，即使在相互矛盾的约束条件下也可以找到尽量满足约束的满意解，即满意方案。

（3）线性规划把各个约束条件重要性都不分主次地等同看待，这也不符合实际情况。而目标规划可根据实际需要给予轻重缓急的考虑。

（4）求解线性规划问题，首先要求约束条件必须相容。如果约束条件中，由于人力、设备等资源条件的限制，使约束条件之间出现了矛盾，就得不到问题的可行解。但生产还得继续进行，这将给人们进一步应用线性规划方法带来困难。

为了弥补线性规划问题的局限性，解决有限资源和计划指标之间的矛盾，在线性规划基础上，建立目标规划方法，从而使一些线性规划无法解决的问题得到满意的解答。目标规划是在线性规划的基础上逐步发展起来的一种多目标规划方法。这一方法是由美国学者查恩斯（Charnes）和库伯（Cooper）于 1961 年首先提出来的。后来，查斯基莱恩（Jaashelainen）和李（Lee）等人在查恩斯和库伯研究工作的基础上，给出了求解目标规划问题的一般性方法。目标规划的基本思想是，给定若干目标以及实现这些目标的优先顺序，在有限的资源条件下，使总的偏离目标值的偏差最小。

6.1.2 目标规划的有关概念及模型

为了具体说明目标规划与线性规划在处理问题方法上的区别，首先通过下面的例子来介绍目标规划的有关概念及其数学模型。

例 6-3 假设某企业利用某种原材料和现有设备可生产甲、乙两种产品，其中，甲、乙两种产品的单价分别为 8 元和 10 元；生产单位甲、乙两种产品需要消耗的原材料分别为 2 个单位和 1 个单位，需要占用的设备分别为 1 台时和 2 台时；原材料拥有量为 11 个单位；可利用的设备总台时为 10 台时。试问：该企业领导者应如何确定其生产方案？

如果决策者所追求的唯一目标是使总产值达到最大，则这个企业的生产方案可以由如下的线性规划模型给出。设 x_1，x_2分别为计划生产甲、乙两种产品的数量，使得

$$\max Z=8x_1+10x_2 \tag{6-1}$$

$$\text{s.t.}\begin{cases}2x_1+x_2\leqslant 11 & (6\text{-}2)\\ x_1+2x_2\leqslant 10 & (6\text{-}3)\\ x_1,x_2\geqslant 0 & (6\text{-}4)\end{cases}$$

在式（6-1）~式（6-4）中，x_1，x_2为决策变量，Z 为目标函数值。将上述问题标准化后，用单纯形法求解得最佳决策方案为 $x_1^*=4$ 台，$x_2^*=3$ 台，$Z_{\max}=62$ 元。

但是，在实际决策时，企业领导者必须考虑市场等一系列其他条件，如：

（1）根据市场信息，甲种产品的需求量有下降的趋势，故甲种产品的产量不应大于乙种产品的产量。

（2）应尽可能地充分利用设备的有效台时，但不希望加班。

（3）应尽可能达到并超过计划产值指标 56 元。这样，该企业生产方案的确定，便成为一个多目标决策问题，这一问题可用目标规划方法进行求解。

下面，我们引入与建立目标规划数学模型有关的一些概念。

（1）偏差变量。在目标规划数学模型中，除了决策变量外，还引入了正、负偏差变量。其中正偏差变量记作 $d_i^+\geqslant 0$，表示决策值超过目标值的部分；负偏差变量记作 $d_i^-\geqslant 0$，表示决策值未达到目标值的部分。因为决策值不可能既超过目标值的同时又未达到目标值，故恒有 $d_i^+\cdot d_i^-=0$ 成立。

（2）系统约束和目标约束。系统约束是指必须严格满足的等式约束和不等式约束，例如，线性规划问题的所有约束条件都是系统约束，不能满足这些约束条件的解称为非可行解，所以它们是硬约束。目标约束是目标规划所特有的，我们可以将约束方程右端项看作追求的目标值，在达到此目标值时允许发生正偏差或负偏差，因此在这些约束条件中加入正、负偏差变量，它们是软约束。线性规划问题的目标函数，在给定目标值和加入正、负偏差变量后可变换为目标约束，也可以根据问题的需要将绝对约束变换为目标约束。例如，线性问题式（6-1）~式（6-4）中的目标函数 $Z=8x_1+10x_2$，可变换为目标约束 $8x_1+10x_2+d^- -d^+=56$，绝对约束 $2x_1+x_2\leqslant 11$，可变换为 $2x_1+x_2+d_2^- -d_2^+=11$。

（3）优先因子与权系数。一个规划问题常常有若干个目标，决策者对这些目标的考虑，是有主次或轻重缓急的不同。凡要求第一位达到的目标赋予优先因子 p_1，次位的目标赋予优先因子 p_2，并规定 $p_1\gg p_2\gg\cdots\gg p_k(k=1,2,\cdots,K)$。$p_1\gg p_2$ 表示 p_1 级比 p_2 级有至高无上

的权力。只有在 p_1 级满足时，才考虑 p_2 级；以此类推。若要区别具有相同优先因子 p_k 的目标的差别，这时可分别赋予它们不同的权系数 $w_{kl}(l=1,2,\cdots,L)$。这些都由决策者按具体情况而定。

(4) 目标规划的目标函数。目标规划的目标函数（准则函数）是按各目标约束的正、负偏差变量和赋予相应的优先因子而构造的。当每一目标值确定后，决策者的要求是尽可能缩小偏离目标值。因此，目标规划的目标函数只能是

$$\min Z=f(d^-,d^+) \tag{6-5}$$

式 (6-5) 的基本形式有三种。

① 要求恰好达到目标值，即正、负偏差变量都要尽可能地小。这时，有

$$\min Z=f(d^-+d^+) \tag{6-6}$$

② 要求不超过目标值，即允许达不到目标值，就是正偏差变量要尽可能地小。这时，有

$$\min Z=f(d^+) \tag{6-7}$$

③ 要求超过目标值，即超过量不限，但必须使负偏差变量要尽可能地小。这时，有

$$\min Z=f(d^-) \tag{6-8}$$

对于每一个具体的目标规划问题，可根据决策者的要求和赋予各目标的优先因子来构造目标函数。对例 6-3 所描述的生产方案的决策问题，如果决策者在原材料供应受严格限制的基础上考虑：首先是甲种产品的产量不超过乙种产品的产量；其次是充分利用设备的有效台时，不加班；再次是产值不小于 56 元。并分别赋予这三个目标 p_1，p_2，p_3 优先因子。则这一决策问题的目标规划模型就是

$$\min Z=p_1d_1^++p_2(d_2^-+d_2^+)+p_3d_3^-$$

$$\text{s. t.}\begin{cases}2x_1+x_2 & \leqslant 11\\ x_1-x_2+d_1^--d_1^+ & =0\\ x_1+2x_2+d_2^--d_2^+ & =10\\ 8x_1+10x_2+d_3^--d_3^+ & =56\\ x_1,x_2,d_i^-,d_i^+\geqslant 0(i=1,2,3)\end{cases}$$

目标规划的一般性数学模型如下：

$$\min f=\sum_{k=1}^{K}\left[p_k\sum_{l=1}^{L}(w_{kl}^-d_l^-+w_{kl}^+d_l^+)\right]$$

$$\text{s. t.}\begin{cases}\sum\limits_{j=1}^{n}a_{ij}x_j\leqslant(=,\geqslant)b_i(i=1,2,\cdots,m) & m\text{ 个硬约束}\\ \sum\limits_{j=1}^{n}c_{lj}x_j+d_l^--d_l^+=q_l(l=1,2,\cdots,L) & L\text{ 个软约束}\\ x_j\geqslant 0(j=1,2,\cdots,n),d_l^-,d_l^+\geqslant 0\quad(l=1,2,\cdots,L)\end{cases}$$

例 6-4 在例 6-1 中，假定目标利润不少于 15000 元为第一目标；占用的人力可以少于 70 人为第二目标。求决策方案。

解：按决策者的要求分别赋予两个目标为 p_1，p_2 级。列出模型如下：

$$\min f=p_1d_1^-+p_2d_2^+$$

$$\text{s. t.}\begin{cases}300x_1+500x_2+d_1^--d_1^+=15000\\4x_1+6x_2+d_2^--d_2^+=70\\x_1+x_2\leqslant 10\\x_1,x_2,d_1^-,d_1^+,d_2^-,d_2^+\geqslant 0\end{cases}$$

例 6-5 某纺织厂生产 A，B 两种布料，平均生产能力均为 1km/h，工厂正常生产能力是 80h/周。又 A 布料获利 2500 元/km，B 布料获利 1500 元/km。已知 A，B 两种布料每周的市场需求量分别是 70km 和 45km。现该厂确定一周内的目标为

第一优先级：避免生产开工不足。

第二优先级：加班时间不超过 10h。

第三优先级：根据市场需求达到最大销售量。

第四优先级：尽可能减少加班时间。

试求该问题的最优方案。

解：设 x_1，x_2分别为生产甲、乙布料的小时数。对于第三优先级目标，根据 A，B 布料利润 2500 : 1500 = 5 : 3 的比值，取二者达到最大销量的权系数分别为 5 和 3。该问题的目标规划模型为

$$\min f=p_1d_1^-+p_2d_2^++p_3(5d_3^-+3d_4^-)+p_4d_1^+$$

$$\text{s. t.}\begin{cases}x_1+x_2+d_1^--d_1^+=80\\ \qquad d_1^++d_2^--d_2^+=10\\x_1\qquad +d_3^--d_3^+=70\\ \qquad x_2+d_4^--d_4^+=45\\x_1,x_2,d_i^-,d_i^+\geqslant 0,(i=1,2,3,4)\end{cases}$$

综上所述，目标规划建立模型的步骤如下：

（1）根据问题所提出的各目标与条件，确定目标值，列出目标约束与绝对约束。

（2）根据决策者的需要将某些或全部绝对约束转换为目标约束，方法是绝对约束的左式加上负偏差变量和减去正偏差变量。

（3）给各级目标赋予相应的优先因子 $p_1\gg p_2\gg\cdots\gg p_k(k=1,2,\cdots,K)$，$p_k$ 为无穷大的正数。

（4）对同一优先级的各目标，再按其重要程度不同，赋予相应的权系数 $w_{kl}(l=1,2,\cdots,L)$。

（5）根据决策者的要求，各目标按三种情况取值：①恰好达到目标值，取 d^-+d^+；②允许超过目标值，取 d^-；③不允许超过目标值，取 d^+；然后构造一个由优先因子、权系数和偏差变量组成的、要求实现极小化的目标函数。

6.2 目标规划的解法

6.2.1 图解法求解目标规划

只有两个决策变量的目标规划数学模型，可以使用简单直观的图解法求解。对于绝对约

束，与线性规划中的约束条件画法完全相同。对于目标约束方程，除画出直线外，还要在直线上标出正负偏差变量的方向，其可行域方向取决于目标函数中对应目标。另外，目标规划是在前一级目标满足的情况下再来考虑下一级目标，很有可能尽可能满足目标的解不是可行解（即非可行解），而是权衡以后得出的满意解。因而在目标规划里称求得的解为满意解。注意在求解的时候，把绝对约束作为最高级别考虑。

例 6-6 用图解法求解目标规划问题的满意解。

某厂生产 A，B 两种产品。已知 A：需求 20 件/周，生产 2h/件，获利 30 元/件；B：需求 10 件/周，生产 4h/件，获利 60 元/件；每周工作 44h，决策者要求：

（1）不过量生产 A，B；

（2）较大利润，尽量多生产 A，B；

（3）尽量少加班。

解：依题意设 A，B 两种产品的产量分别为 x_1，x_2，对于第二优先级目标，根据 A，B 两种产品的利润 30∶60=1∶2 的比值，取二者的权系数分别为 1 和 2。建模型为

$$\min f=p_1(d_1^+ +d_2^+)+p_2(d_1^- +2d_2^-)+p_3 d_3^+$$

$$\text{s. t.}\begin{cases} x_1 + d_1^- - d_1^+ = 20 \\ x_2 + d_2^- - d_2^+ = 10 \\ 2x_1+4x_2+d_3^- - d_3^+ = 44 \\ x_1, x_2, d_i^-, d_i^+ \geqslant 0 \ (i=1,2,3) \end{cases}$$

（1）建立 x_1Ox_2 直角坐标系。

（2）作 $x_1=20$，$x_2=10$，$2x_1+4x_2=44$ 直线。

（3）把上述方程带上其正负偏差箭线，如图 6-1 所示。

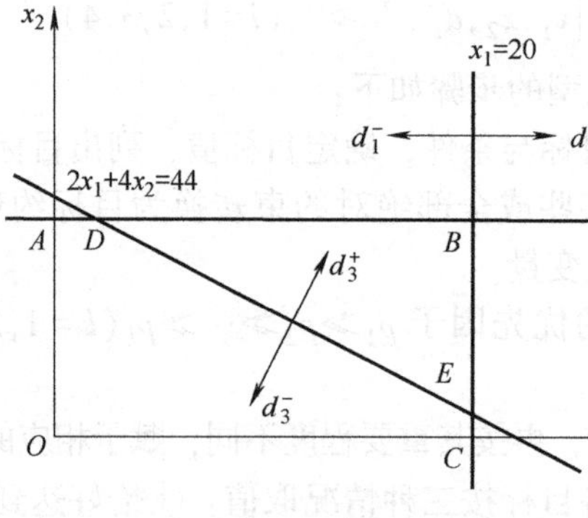

图 6-1 例 6-6 图解

（4）逐级考虑实现目标函数。

p_1 级：$\min(d_1^+ +d_2^+)$ 满足 p_1 级的区域为 $OABC$ 矩形；p_2 级：$\min(d_1^- +2d_2^-)$ 优先实现（考虑）$\min(d_2^-)$（因为 d_2^-，d_1^- 的权系数分别为 1 和 2，d_2^- 权系数大），把 $OABC$ 压缩为 AB 线段；再考虑 $\min(d_1^-)$，把 AB 线段压缩为 B 点。p_3 级：$\min(d_3^+)$，因为不破坏第二级，所以第三级无法实现。因此，满意解还是 B 点。即该目标规划的满意解 $\boldsymbol{x}^*=(20,10)^{\mathrm{T}}$。满意程度用偏差向量描述：$\boldsymbol{\alpha}=(\alpha_1,\alpha_2,\alpha_2)=(d_1^+ +d_2^+, d_1^- +2d_2^-, d_3^+)=(0,0,36)$，所以第三级偏差

36，即超工时 36h。

例 6-7 用图解法求解下列目标规划问题的满意解。

$$\min f=p_1(d_3^+ +d_4^+)+p_2 d_1^+ +p_3 d_2^- +p_4(d_3^- +1.5d_4^-)$$

$$\text{s. t.}\begin{cases}x_1+x_2+d_1^- -d_1^+ =40\\ x_1+x_2+d_2^- -d_2^+ =100\\ x_1 \quad\quad +d_3^- -d_3^+ =30\\ \quad\quad x_2+d_4^- -d_4^+ =15\\ x_1,x_2,d_i^-,d_i^+ \geqslant 0(i=1,2,3,4)\end{cases}$$

解：建立 x_1Ox_2 直角坐标系；作约束条件直线；把上述方程带上其正负偏差箭线；逐级考虑实现目标函数。p_1 级：$\min(d_3^+ +d_4^+)$ 满足 p_1 级的区域是矩形 *OMNP*；p_2 级：$\min(d_1^+)$ 满足 p_2 级的区域是多边形 *OMQSP*；p_3 级：$\min(d_2^-)$ 满足 p_3 级的区域是 QS 线段；p_4 级：$\min(d_3^- +1.5d_4^-)$ 优先考虑 $\min(d_4^-)$，所以满意解是 Q 点，再考虑 $\min(d_3^-)$，无法实现（尽量满足）。详细过程见图 6-2。满意解为 $\bar{x}=(25,15)^{\mathrm{T}}$；$\boldsymbol{\alpha}=(\alpha_1,\alpha_2,\alpha_3,\alpha_4)=(0,0,60,5)$。

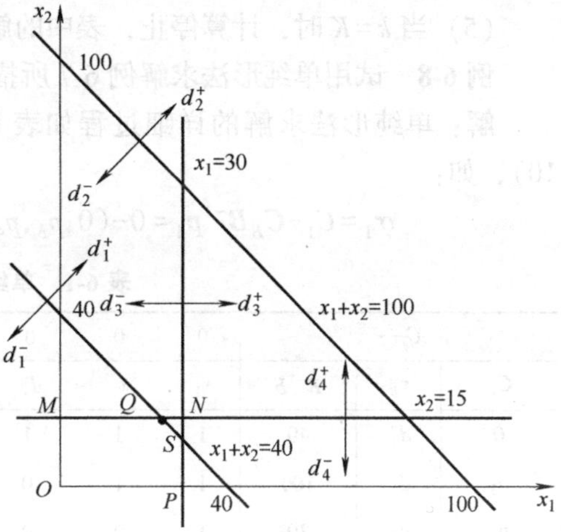

图 6-2 例 6-7 图解

图解法简单直观，在平面上作图适于求解只有两个决策变量的问题。目标规划与线性规划不同，它一般是寻求一个区域，这个区间提供了相互矛盾的目标集的折中方案。总结图解法求解步骤如下：

（1）在直角坐标系的第一象限作出绝对约束和目标约束的图像，绝对约束确定出可行解的区域，在目标约束直线上用箭头标出正负偏差变量值增大的方向（正、负偏差变量增大的方向相反）；

（2）在可行解的区域内，求满足最高优先等级目标的解；

（3）转到下一个优先等级的目标，在满足上一优先等级目标的前提下，求出满足该等级目标的解；

（4）重复（3），直到所有优先等级目标都审查完毕；

（5）确定最优解或满意解。

6.2.2 单纯形法求解目标规划

目标规划的数学模型结构，与线性规划的数学模型结构没有本质的区别，所以可用单纯形法求解目标规划问题。但考虑到目标规划模型的特点，在用单纯形法求解目标规划时，应做以下规定：因为目标规划问题的目标函数都是求最小值，所以检验数 $\boldsymbol{C}-\boldsymbol{C}_B\boldsymbol{B}^{-1}\boldsymbol{A}\geqslant\boldsymbol{0}$ 时为最优。目标规划具有多个目标函数，且它们分属于不同的优先级。因此，其各级目标函数的系数中，各非基变量的检验数中都含有优先因子，故各检验数的正、负首先取决于 $p_k(k=1,$

2,⋯,K)系数的正、负。基于上述基本特点，在求解线性目标规划的单纯形法中，把每个检验数按 K 级优先因子分解成 K 项，在单纯形表中依次成 K 行。进行最优性检验时，先根据各非基变量检验数中 p_1 项的系数判断 p_1 级目标函数是否已达到最优？若是，则再考虑 p_2 级目标函数的优化，且在 p_2 级目标函数优化的过程中必须保证已求出的 p_1 级目标函数最优值不被劣化，……，依此类推。解目标规划问题的单纯形法的步骤如下：

（1）建立初始单纯形表，在表中将检验数行按优先因子个数分别排成 k 行，且置 $k=1$。

（2）检查该行中是否存在负数，且对应的前 $k-1$ 行的系数为 0；若有，取其中最小者对应的变量为换入变量，转到（3）；若无，则转到（5）。

（3）按最小比值法则确定换出变量，当存在两个和两个以上相同的最小比值时，选取具有较高优先级别的变量为换出变量。

（4）按单纯形法进行基变换运算，建立新的计算表，返回（2）。

（5）当 $k=K$ 时，计算停止，表中的解即为满意解；否则，置 $K=k+1$，返回（2）。

例 6-8 试用单纯形法求解例 6-7 所描述的目标规划问题。

解： 单纯形法求解的详细过程如表 6-1 所示，检验数为 $\boldsymbol{\sigma}_j=C_j-\boldsymbol{C}_B\boldsymbol{B}^{-1}\boldsymbol{p}_j(j=1,2,\cdots,10)$，如：

$$\boldsymbol{\sigma}_1=C_1-\boldsymbol{C}_B\boldsymbol{B}^{-1}\boldsymbol{p}_1=0-(0,p_3,p_4,1.5p_4)(1,1,1,0)^{\mathrm{T}}=-p_3-p_4(\text{分级写})$$

表 6-1 单纯形法求解的详细过程

$C_j\to$			0	0	0	p_2	p_3	0	p_4	p_1	$1.5p_4$	p_1
$\boldsymbol{C}_B$	$\boldsymbol{x}_B$	$\boldsymbol{B}^{-1}\boldsymbol{b}$	x_1	x_2	d_1^-	d_1^+	d_2^-	d_2^+	d_3^-	d_3^+	d_4^-	d_4^+
0	d_1^-	40	1	1	1	−1	0	0	0	0	0	0
p_3	d_2^-	100	1	1	0	0	1	−1	0	0	0	0
p_4	d_3^-	30	1	0	0	0	0	0	1	−1	0	0
$1.5p_4$	d_4^-	15	0	1*	0	0	0	0	0	0	1	−1
C_j-Z_j		p_1								1		1
		p_2				1						
		p_3	−1	−1				1				
		p_4	−1	−1.5						1		1.5
0	d_1^-	25	1*	0	1	−1	0	0	0	0	−1	1
p_3	d_2^-	85	1	0	0	0	1	−1	0	0	−1	1
p_4	d_3^-	30	1	0	0	0	0	0	1	−1	0	0
0	x_2	15	0	1	0	0	0	0	0	0	1	−1
C_j-Z_j		p_1								1		1
		p_2			1							
		p_3	−1					1			1	−1
		p_4	−1							1	1.5	
0	x_1	25	1	0	1	−1	0	0	0	0	−1	1
p_3	d_2^-	60	0	0	−1	1	1	−1	0	0	0	0
p_4	d_3^-	5	0	0	−1	1	0	0	1	−1	1	−1

（续）

$C_j \to$			0	0	0	p_2	p_3	0	p_4	p_1	$1.5p_4$	p_1
0	x_2	15	0	1	0	0	0	0	0	0	1	−1
C_j-Z_j		p_1								1		1
		p_2				1						
		p_3			1	−1		1				
		p_4			1	−1				1	0.5	1

所以，满意解为 $\bar{x}=(25,15)^{\mathrm{T}}$；偏差向量为 $\boldsymbol{\alpha}=(0,0,60,5)$。

6.3 目标规划的灵敏度分析

目标规划的灵敏度分析方法与前面介绍一般线性规划的灵敏度分析方法相同。下面举例分析如下。

6.3.1 优先级次序变化的灵敏度分析

例 6-9 已知下述目标规划问题。

$$\min f=p_1d_1^-+p_2d_4^++p_3(5d_2^-+3d_3^-)+p_3(5d_3^++3d_2^+)$$

$$\text{s. t.}\begin{cases}x_1+x_2+d_1^--d_1^+=80\\x_1 \quad +d_2^--d_2^+=70\\x_2+d_3^--d_3^+=45\\d_1^++d_4^--d_4^+=10\\x_1,x_2,d_i^-,d_i^+\geqslant 0(i=1,2,3,4)\end{cases}$$

要求：(1) 试用单纯形法求解最优解。

(2) 交换优先级 p_1 与 p_2 级满意解是否改变，即

$$\min f=p_1d_4^++p_2d_1^-+p_3(5d_2^-+3d_3^-)+p_3(5d_3^++3d_2^+)$$

(3) 交换优先级 p_2 与 p_3 级满意解是否改变，即

$$\min f=p_1d_1^-+p_3d_4^++p_2(5d_2^-+3d_3^-)+p_2(5d_3^++3d_2^+)$$

解：(1) 迭代最优单纯形表如表 6-2 所示。

表 6-2 迭代最优单纯形表

$C_j \to$			0	0	p_1	0	$5p_3$	$3p_3$	$3p_3$	$5p_3$	0	p_2
$\boldsymbol{C}_B$	$\boldsymbol{x}_B$	$\boldsymbol{B}^{-1}\boldsymbol{b}$	x_1	x_2	d_1^-	d_1^+	d_2^-	d_2^+	d_3^-	d_3^+	d_4^-	d_4^+
0	x_2	20		1	1		−1	1			1	−1
0	x_1	70	1				1	−1				
$3p_3$	d_3^-	25			−1		1	−1	1	−1	−1	1
0	d_1^+	10				1					1	−1

（续）

$C_j\rightarrow$			0	0	p_1	0	$5p_3$	$3p_3$	$3p_3$	$5p_3$	0	p_2
C_j-Z_j		p_1			1							
		p_2										1
		p_3			3	2	6			8	3	−3

即满意解：$\bar{x}=(70,20)^{\mathrm{T}}$，$\boldsymbol{\alpha}=(0,0,75)$。

（2）因为p_1与p_2行所有检验数均为非负，如交换p_1与p_2级，满意解不变。

（3）交换p_2与p_3级，重新求满意解，如表 6-3 所示。

表 6-3　交换 p_2 与 p_3 级，重新求的满意解

$C_j\rightarrow$			0	0	p_1	0	$5p_2$	$3p_2$	$3p_2$	$5p_2$	0	p_3
C_B	x_B	$B^{-1}b$	x_1	x_2	d_1^-	d_1^+	d_2^-	d_2^+	d_3^-	d_3^+	d_4^-	d_4^+
0	x_2	20		1	1		−1	1			1	−1
0	x_1	70	1				1	−1				
$3p_2$	d_3^-	25			−1		1	−1	1	−1	−1	1*
0	d_1^+	10				1					1	−1
C_j-Z_j		p_1			1							
		p_2			3	2	6			8	3	−3
		p_3										1
0	x_2	45		1					1	−1		
0	x_1	70	1				1	−1				
p_3	d_4^+	25			−1		1	−1	1	−1	−1	1
0	d_1^+	35			−1	1	1	−1	1	−1		
C_j-Z_j		p_1			1							
		p_2					5	3	3	5		
		p_3			1		−1	1	−1	1	1	

即满意解 $\bar{x}=(70,45)^{\mathrm{T}}$，$\boldsymbol{\alpha}=(0,0,25)$，满意解改善。

6.3.2　单纯形法求解目标规划

例 6-10　对例 6-9 中约束方程右端常数的改变。

（1）第一个约束方程右端常数 80→100 灵敏度分析。

（2）第一个约束方程右端常数 80→120 灵敏度分析。

$$\textbf{解：}(1)\ \boldsymbol{B}^{-1}\boldsymbol{b}'=\begin{pmatrix} d_1^- & d_2^- & d_3^- & d_4^- \\ 1 & -1 & 0 & 1 \\ 0 & 1 & 0 & 0 \\ -1 & 1 & 1 & -1 \\ 0 & 0 & 0 & 1 \end{pmatrix}\begin{pmatrix} 100 \\ 70 \\ 45 \\ 10 \end{pmatrix}=\begin{pmatrix} 40 \\ 70 \\ 5 \\ 10 \end{pmatrix}\geqslant \boldsymbol{0}$$

最优基不变，满意解不变（方案不变），或

$$B^{-1}b'=B^{-1}b+\bar{p}_1\Delta b_1=\begin{pmatrix}20\\70\\25\\10\end{pmatrix}+\begin{pmatrix}1\\0\\-1\\0\end{pmatrix}20=\begin{pmatrix}40\\70\\5\\10\end{pmatrix}$$

（2）$B^{-1}b'=B^{-1}b+\bar{p}_1\Delta b_1=\begin{pmatrix}20\\70\\25\\10\end{pmatrix}+\begin{pmatrix}1\\0\\-1\\0\end{pmatrix}40=\begin{pmatrix}60\\70\\-15\\10\end{pmatrix}$

表明最优基改变，需对 d_3^- 这一行全部乘上（−1），并取 d_3^+ 为基变量继续迭代，求最优解，如表 6-4 所示。

表 6-4　例 6-10 用表

$C_j\to$			0	0	p_1	0	$5p_3$	$3p_3$	$3p_3$	$5p_3$	0	p_2
C_B	x_B	$B^{-1}b$	x_1	x_2	d_1^-	d_1^+	d_2^-	d_2^+	d_3^-	d_3^+	d_4^-	d_4^+
0	x_2	60		1	1		−1	1			1	−1
0	x_1	70	1				1	−1				
$5p_3$	d_3^+	15			1		−1	1	−1	1	1	−1
0	d_1^+	10				1					1*	−1
C_j-Z_j		p_1			1							
		p_2										1
		p_3			−5		10	−2	8		−5	5
0	x_2	50		1	1	−1	−1	1				
0	x_1	70	1				1	−1				
$5p_3$	d_3^+	5			1	−1	−1	1*	−1	1		
0	d_4^-	10				1					1	−1
C_j-Z_j		p_1			1							
		p_2										1
		p_3			−5	5	10	−2	8			
0	x_2	45		1					1	−1		
0	x_1	75	1		1	−1			−1	1		
$3p_3$	d_2^+	5			1	−1	−1	1	−1	1		
0	d_4^-	10				1					1	−1
C_j-Z_j		p_1			1							
		p_2										1
		p_3			−3	3	8		6	2		

即满意解为 $\bar{x}=(75,45)^{\mathrm{T}}$；偏差向量为 $\alpha=(0,0,15)$，满意解改善。

6.3.3　权系数变化的灵敏度分析

改变权系数：A 和 B。

设原变权系数比为 25：15=5：3。

若改变权系数比为 35：15=7：3，满意解不变。

若改变权系数比为 25：30=5：6　满意解改变，重新求。

6.3.4　应用举例

例 6-11　某物流公司从三个不同产地向四个销地提供物资，产地 A_i 的供应量 $a_i(\mathrm{t})$、销地 B_j 的需求量 $b_j(\mathrm{t})$ 和从产地 i 到销地 j 的单位运输费 c_{ij}（元/t）如表 6-5 所示（$i=1,2,3$；$j=1,2,3,4$）。公司有下列 7 个有序目标：

p_1 级：完全满足销地 B_4 的需要。

p_2 级：A_3 向 B_1 提供的物资不少于 100t。

p_3 级：每个销地得到的物资数量不少于其需求量的 80%。

p_4 级：实际的总运费不超过不考虑 p_1 至 p_6 各目标时的最小总运费的 110%。

p_5 级：因路况原因，尽量避免安排 A_2 的物资运往 B_4。

p_6 级：平衡对 B_1 和 B_3 的供货量满意水平。

p_7 级：力求总运费最小。

表 6-5　相关数据

项　目		销　地				供应量 a_i
		B_1	B_2	B_3	B_4	
产地	A_1	5	2	6	7	300
	A_2	3	5	4	6	200
	A_3	4	5	2	3	400
需求量 b_j		200	100	450	250	

解：设 x_{ij} 为从产地 A_i 到销地 B_j 的运输量（$i=1,2,3$；$j=1,2,3,4,$）；d_l^-，$d_l^+\geqslant 0$ 为第 l 个目标约束条件中未达到规定目标的负偏差变量和超过目标的正偏差变量。先用求解运输问题的方法求得不考虑 p_1 至 p_6 各目标时的最小总运费为 2950 元。

（1）资源约束。由于是运输问题，且总供应 900 小于总需求 1000，所以是供不应求的运输问题。要满足运输问题的供应和需求约束（均为硬约束）。对产地，所有的物资都要被运走（供应约束）为

$$\begin{cases} x_{11}+x_{12}+x_{13}+x_{14}=300 \\ x_{21}+x_{22}+x_{23}+x_{24}=200 \\ x_{31}+x_{32}+x_{33}+x_{34}=400 \end{cases}$$

对于销地，收到的物资不超过需求量（需求约束）为

$$\begin{cases} x_{11}+x_{21}+x_{31}\leqslant 200 \\ x_{12}+x_{22}+x_{32}\leqslant 100 \\ x_{13}+x_{23}+x_{33}\leqslant 450 \\ x_{14}+x_{24}+x_{34}\leqslant 250 \end{cases}$$

（2）目标约束。

p_1 级：$x_{14}+x_{24}+x_{34}+d_1^- - d_1^+ = 250$

p_2 级：$x_{31}+d_2^- - d_2^+ = 100$

$$p_3\text{ 级：}\begin{cases} x_{11}+x_{21}+x_{31}+d_3^- - d_3^+ = 200\times 80\% \\ x_{12}+x_{22}+x_{32}+d_4^- - d_4^+ = 100\times 80\% \\ x_{13}+x_{23}+x_{33}+d_5^- - d_5^+ = 450\times 80\% \\ x_{14}+x_{24}+x_{34}+d_6^- - d_6^+ = 250\times 80\% \end{cases}$$

$$p_4\text{ 级：}\sum_{i=1}^{3}\sum_{j=1}^{4} c_{ij}x_{ij} + d_7^- - d_7^+ = 2950 \times 110\%$$

p_5 级：$x_{24}+d_8^- - d_8^+ = 0$

$$p_6\text{ 级：}\frac{(x_{11}+x_{21}+x_{31})}{200} - \frac{(x_{13}+x_{23}+x_{33})}{450} + d_9^- - d_9^+ = 0$$

$$p_7\text{ 级：}\sum_{i=1}^{3}\sum_{j=1}^{4} c_{ij}x_{ij} + d_{10}^- - d_{10}^+ = 2950$$

综上所述，该问题的目标规划模型为

$$\min f = p_1 d_1^- + p_2 d_2^- + p_3(d_3^- + d_4^- + d_5^- + d_6^-) + p_4 d_7^+ + p_5 d_8^+ + p_6(d_9^- + d_9^+) + p_7 d_{10}^+$$

$$\text{s. t.}\begin{cases} x_{11} + x_{12} + x_{13} + x_{14} = 300 \\ x_{21} + x_{22} + x_{23} + x_{24} = 200 \\ x_{31} + x_{32} + x_{33} + x_{34} = 400 \\ x_{11} + x_{21} + x_{31} \leqslant 200 \\ x_{12} + x_{22} + x_{32} \leqslant 100 \\ x_{13} + x_{23} + x_{33} \leqslant 450 \\ x_{14} + x_{24} + x_{34} \leqslant 250 \\ x_{14} + x_{24} + x_{34} + d_1^- - d_1^+ = 250 \\ x_{31} + d_2^- - d_2^+ = 100 \\ x_{11} + x_{21} + x_{31} + d_3^- - d_3^+ = 200 \times 80\% \\ x_{12} + x_{22} + x_{32} + d_4^- - d_4^+ = 100 \times 80\% \\ x_{13} + x_{23} + x_{33} + d_5^- - d_5^+ = 450 \times 80\% \\ x_{14} + x_{24} + x_{34} + d_6^- - d_6^+ = 250 \times 80\% \\ \sum_{i=1}^{3}\sum_{j=1}^{4} c_{ij}x_{ij} + d_7^- - d_7^+ = 2950 \times 110\% \\ x_{24} + d_8^- - d_8^+ = 0 \\ \frac{(x_{11} + x_{21} + x_{31})}{200} - \frac{(x_{13} + x_{23} + x_{33})}{450} + d_9^- - d_9^+ = 0 \\ \sum_{i=1}^{3}\sum_{j=1}^{4} c_{ij}x_{ij} + d_{10}^- - d_{10}^+ = 2950 \\ x_{ij}, d_l^-, d_l^+ \geqslant 0, i = 1,2,3; j = 1,2,3,4; l = 1,2,\cdots,10 \end{cases}$$

例 6-12 某种牌号的酒系由三种等级的酒兑制而成。该种牌号的酒有三种商标（红、黄、蓝），各种商标酒的混合及售价如表 6-6 所示。已知各种等级酒的每天供应量和单位成本如下：等级 1：供应量 1500 单位/天，成本 6 元/单位。等级 2：供应量 2000 单位/天，成本 4.5 元/单位。等级 3：供应量 1000 单位/天，成本 3 元/单位。为保持声誉，确定经营目标为

第一优先级：兑制要求配比必须严格满足。

第二优先级：企业获取尽可能多的利润。

第三优先级：红色商标酒每天供应量不低于 2000 单位。

试对该问题建立目标规划模型。

表 6-6 例 6-12 用表

商　　标	总制配比例要求	单位售价（元）
红	等级 3 少于 10% 等级 1 多于 50%	5.5
黄	等级 3 少于 70% 等级 1 少于 20%	5.0
蓝	等级 3 少于 50% 等级 1 多于 10%	4.8

解：设 $j=1,2,3$ 分别代表红、黄、蓝三种商标的序号，则 x_{ij} 为第 i 等级酒在第 j 种商标酒中所占数量；y_j 为第 j 等商标酒的生产数量。可建立目标规划数学模型如下：

$$\min f=p_1(d_1^+ + d_2^- + d_3^+ + d_4^+ + d_5^+ + d_6^-)+p_2 d_7^- + p_3 d_8^-$$

$$\text{s.t.}\begin{cases}
\left.\begin{array}{l} x_{11}+x_{21}+x_{31}=y_1 \\ x_{12}+x_{22}+x_{32}=y_2 \\ x_{13}+x_{23}+x_{33}=y_3 \end{array}\right\} \text{产量关系约束} \\
\left.\begin{array}{l} x_{11}+x_{12}+x_{13}\leqslant 1500 \\ x_{21}+x_{22}+x_{23}\leqslant 2000 \\ x_{31}+x_{32}+x_{33}\leqslant 1000 \end{array}\right\} \text{原料限制条件} \\
\left.\begin{array}{l} x_{31}+d_1^- - d_1^+ = 10\% y_1 \\ x_{11}+d_2^- - d_2^+ = 50\% y_1 \\ x_{32}+d_3^- - d_3^+ = 70\% y_2 \\ x_{12}+d_4^- - d_4^+ = 20\% y_2 \\ x_{33}+d_5^- - d_5^+ = 50\% y_3 \\ x_{13}+d_6^- - d_6^+ = 10\% y_3 \end{array}\right\} \text{配比限制} \\
5.5y_1+5.0y_2+4.8y_3+d_7^- - d_7^+ = 5.5\times 4500 \quad \text{利润限制} \\
y_1+d_8^- - d_8^+ = 2000 \quad \text{红色商标酒产量限制条件} \\
x_{ij}, y_i, d_l^-, d_l^+ \geqslant 0, i=1,2,3; j=1,2,3; l=1,2,\cdots,8
\end{cases}$$

6.4 用 Excel、LINGO 和 MATLAB 求解目标规划问题

6.4.1 Excel 求解目标规划问题

由于目标规划是分级的，这就要求用 Excel 的求解是渐进的。也就是说，目标规划应从尽量满足最重要的目标开始，接着以同样的方式来实现第二个重要的目标，之后按照目标的顺序以此类推。下面以例 6-11 为例，说明 Excel 对目标规划的建模和求解过程。因为该例的优先级为 7 个，所以要分几步完成。

第一步：首先保证 p_1 级目标的实现，这时不考虑其他级别的目标。

（1）在 Excel 中建立优先目标规划的模型，要把“硬约束”和“软约束”分开。在目标约束（软约束）中，“实现值”是指引入偏差之前三个目标的实际值，“平衡值”是指引入偏差之后三个目标的最终值，它等于目标的目标值，如图 6-3 所示。

	A	B	C	D	E	F	G	H	I	J	K
1	例6-11 目标规划（优先级1）										
2											
3		单位运费	销地B1	销地B2	销地B3	销地B4					
4		产地A1	5	2	6	7					
5		产地A2	3	5	4	6					
6		产地A3	4	5	2	3					
7											
8		运送量	销地B1	销地B2	销地B3	销地B4	实际供应		供应量		
9		产地A1	0	100	3.75	196.25	300	=	300		
10		产地A2	146.25	0	0	53.75	200	=	200		
11		产地A3	43.75	0	356.25	0	400	=	400		
12		实际收到	190	100	360	250					
13			<=	<=	<=	<=			总运费		
14		需求量	200	100	450	250			3245		
15		需求量80%	160	80	360	200			最小运费		
16									2950		
17											
18				目标		偏差				约束	
19			实现值		目标值	正偏差	负偏差		平衡值		目标值
20		目标 1	250	>=	250	0	0		250	=	250
21		目标 2	44	>=	100	0	56.25		100	=	100
22		目标 3	190	>=	160	30	0		160	=	160
23			100	>=	80	20	0		80	=	80
24			360	>=	360	0	0		360	=	360
25			250	>=	200	50	0		200	=	200
26		目标 4	3245	<=	3245	0	0		3245	=	3245
27		目标 5	53.75	<=	0	53.75	0		0	=	0
28		目标 6	0.15	=	0	0	0		0	=	0
29		目标 7	3245	<=	2950	295	0		2950	=	2950
30											
31						优先级1	0				

图 6-3 例 6-11 的 Excel 模型（p_1）（1）

（2）利用 Excel 的“规划求解”工具求解，保证 p_1 级目标实现的满意解，这时不考虑其他级次的目标。由图 6-4 可知优先级 1 的目标可以实现，即 $d_1^-=0$。

第二步：在保证 p_1 级目标实现的基础上考虑 p_2 级目标。

（1）在第一步的基础上，增加优先级 2 的目标函数公式（在图 6-5 中的 G32 单元格）。

（2）利用 Excel 的“规划求解”工具求解，在保证 p_1 级目标实现的基础上考虑 p_2 级目标的满意解，优先级 2 的目标为 $\min(d_2^-)$，第 2 次求得的解使得 $d_2^-=0$，可见优先级 2 的目标也可以实现。

第三步：在保证 p_1 级和 p_2 级目标实现的基础上考虑 p_3 级目标。

（1）在第二步的基础上，增加优先级 3 的目标函数公式（在图 6-5 中的 G33 单元格）。

（2）利用 Excel 的“规划求解”工具求解，优先级 3 的目标为 $\min(d_3^-+d_4^-+d_5^-+d_6^-)$，第 3 次求得的解使得 $d_3^-+d_4^-+d_5^-+d_6^-=0$，可见优先级 3 的目标也可以实现。

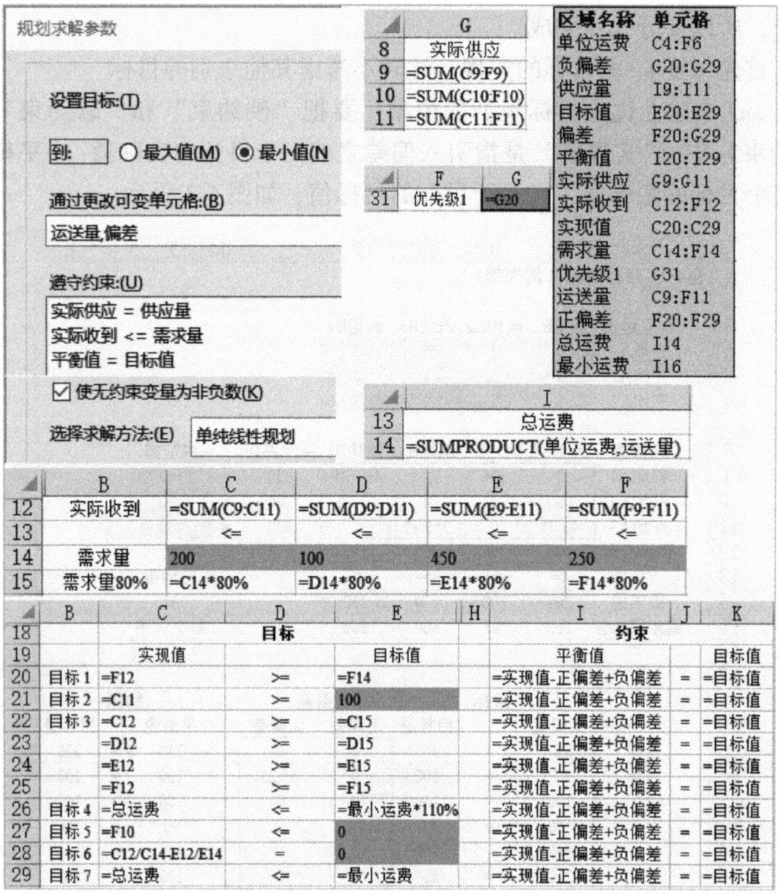

	G
8	实际供应
9	=SUM(C9:F9)
10	=SUM(C10:F10)
11	=SUM(C11:F11)

	F	G
31	优先级1	=G20

区域名称	单元格
单位运费	C4:F6
负偏差	G20:G29
供应量	I9:I11
目标值	E20:E29
偏差	F20:G29
平衡值	I20:I29
实际供应	G9:G11
实际收到	C12:F12
实现值	C20:C29
需求量	C14:F14
优先级1	G31
运送量	C9:F11
正偏差	F20:F29
总运费	I14
最小运费	I16

	I
13	总运费
14	=SUMPRODUCT(单位运费,运送量)

	B	C	D	E	F
12	实际收到	=SUM(C9:C11)	=SUM(D9:D11)	=SUM(E9:E11)	=SUM(F9:F11)
13		<=	<=	<=	<=
14	需求量	200	100	450	250
15	需求量80%	=C14*80%	=D14*80%	=E14*80%	=F14*80%

	B	C	D	E	H	I	J	K
18			目标				约束	
19		实现值		目标值		平衡值		目标值
20	目标 1	=F12	>=	=F14		=实现值-正偏差+负偏差	=	=目标值
21	目标 2	=C11	>=	100		=实现值-正偏差+负偏差	=	=目标值
22	目标 3	=C12	>=	=C15		=实现值-正偏差+负偏差	=	=目标值
23		=D12	>=	=D15		=实现值-正偏差+负偏差	=	=目标值
24		=E12	>=	=E15		=实现值-正偏差+负偏差	=	=目标值
25		=F12	>=	=F15		=实现值-正偏差+负偏差	=	=目标值
26	目标 4	=总运费	<=	=最小运费*110%		=实现值-正偏差+负偏差	=	=目标值
27	目标 5	=F10	<=	0		=实现值-正偏差+负偏差	=	=目标值
28	目标 6	=C12/C14-E12/E14	=	0		=实现值-正偏差+负偏差	=	=目标值
29	目标 7	=总运费	<=	=最小运费		=实现值-正偏差+负偏差	=	=目标值

图 6-4　例 6-11 的 Excel 模型（p_1）（2）

第四步：在保证 p_1 级、p_2 级和 p_3 级目标实现的基础上考虑 p_4 级目标。

（1）在第三步的基础上，增加优先级 4 的目标函数公式（在图 6-5 中的 G34 单元格）。

（2）利用 Excel 的“规划求解”工具求解，优先级 4 的目标为 $\min(d_7^+)$，第 4 次求得的解使得 $d_7^+=115$，可见优先级 4 的目标不能完全实现。

第五步：在保证 p_1 级、p_2 级、p_3 级和 p_4 级目标实现的基础上考虑 p_5 级目标。

（1）在第四步的基础上，增加优先级 5 的目标函数公式（在图 6-5 中的 G35 单元格）。

（2）利用 Excel 的“规划求解”工具求解，优先级 4 的目标为 $\min(d_8^+)$，第 5 次求得的解使得 $d_8^+=0$，可见优先级 5 的目标能完全实现。以此类推到第 p_7 级目标，详细求解过程如

图 6-5 所示。

	A	B	C	D	E	F	G	H	I	J	K
1		**例6-11 目标规划(优先级7)**									
2											
3		**单位运费**	销地B1	销地B2	销地B3	销地B4					
4		产地A1	5	2	6	7					
5		产地A2	3	5	4	6					
6		产地A3	4	5	2	3					
7											
8		**运送量**	销地B1	销地B2	销地B3	销地B4	实际供应		供应量		
9		产地A1	0	100	200	0	300	=	300		
10		产地A2	90	0	110	0	200	=	200		
11		产地A3	100	0	50	250	400	=	400		
12		实际收到	190	100	360	250					
13			<=	<=	<=	<=			总运费		
14		需求量	200	100	450	250			3360		
15		需求量80%	160	80	360	200			最小运费		
16									2950		
17											
18				**目标**		**偏差**				**约束**	
19			实现值		目标值	正偏差	负偏差		平衡值		目标值
20		目标 1	250	>=	250	0	0		250	=	250
21		目标 2	100	>=	100	0	0		100	=	100
22		目标 3	190	>=	160	30	0		160	=	160
23			100	>=	80	20	0		80	=	80
24			360	>=	360	0	0		360	=	360
25			250	>=	200	50	0		200	=	200
26		目标 4	3360	<=	3245	115	0		3245	=	3245
27		目标 5	0	<=	0	0	0		0	=	0
28		目标 6	0	=	0	0	0		0	=	0
29		目标 7	3360	<=	2950	410	0		2950	=	2950
30											
31						优先级1	0	=	0		
32						优先级2	0	=	0		
33						优先级3	0	=	0		
34						优先级4	115	=	115		
35						优先级5	0	=	0		
36						优先级6	0.15	=	0.15		
37						优先级7	410				

图 6-5 例 6-11 的 Excel 模型（p_7）（1）

从求解的过程可以看出，当目标的优先级较多时，对最后几个优先级低的目标求解，所得的满意解往往还是之前求出的满意解，对目标不能有所改进。如本例中在第四步已经求出满足条件的一个满意解，如图 6-6 所示，需要说明的是，本例满足条件的满意解有多个。

通过求解可得满意的调运方案见表 6-7，相应的总费用为 3360 元。

表 6-7 满意方案

项 目		销 地				合 计
		B_1	B_2	B_3	B_4	
产地	A_1		100	200		300
	A_2	90		110		200
	A_3	100		50	250	400
合计		190	100	360	250	

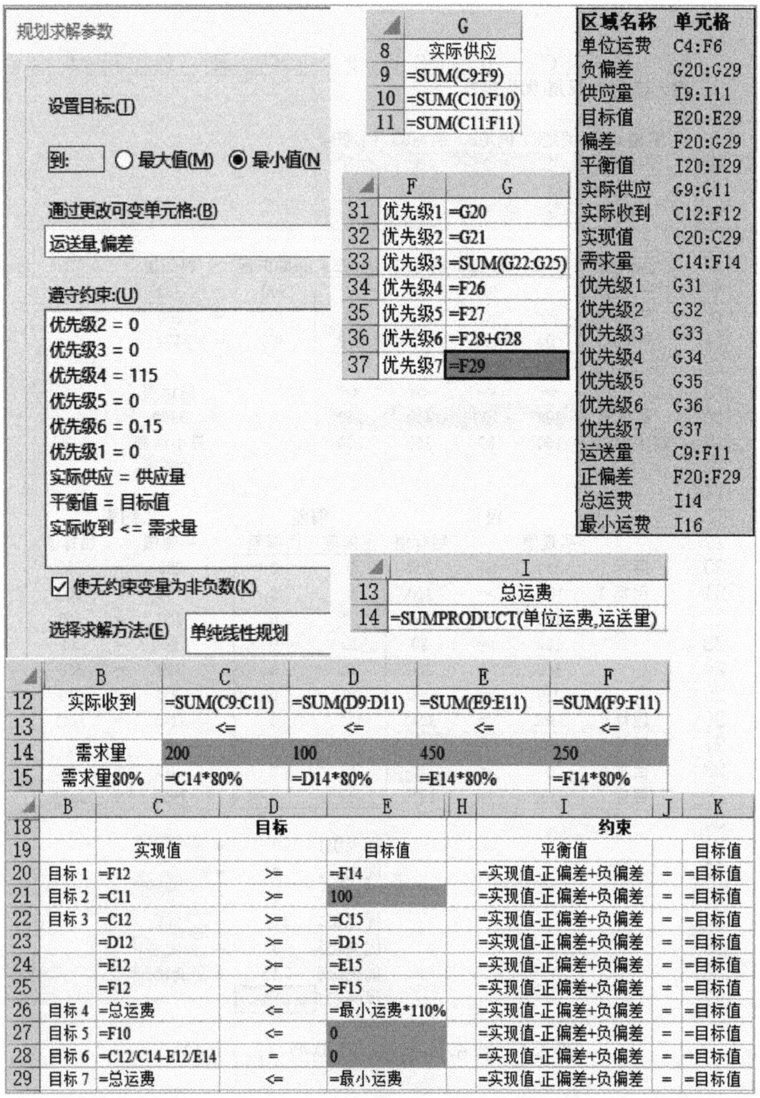

图 6-6 例 6-11 的 Excel 模型（p_7）（2）

6.4.2 LINGO 求解目标规划问题

选择 LINGO 软件可编写一个通用的程序，以例 6-6 为例，程序如图 6-7 所示。

在程序中，Level 指目标规划的优先级，有三个变量 p，z，Goal，其中 p 表示优先级，z 表示相应优先级时的目标函数值，Goal 表示相应优先级时的目标最优值，“p=?,?,?;”表示在程序运行时，将根据情况对参数 p 赋值。当程序运行时，弹出一个对话框，如图 6-8 所示，提示输入相应的参数值。

语句：@for(Level(i)|i#lt#@size(Level):@bnd(0,z(i),Goal(i));)；表示对每一个优先级，0≤z(i)≤Goal(i)。在做第一级目标计算时，p(1),p(2),p(3)分别输入 1，0，0；Goal(1)和 Goal(2)输入两个较大的值，计算结果如图 6-9（只列出相关结果）所示。

```
model:
   sets:
     Level/1..3/:p,z,Goal;
     Variable/1..2/:x;
     S_Con_num/1..3/:g,dplus,dminus;
     S_Cons(S_Con_num,Variable):c;
     Obj(Level,S_Con_num):Wplus,Wminus;
   endsets
   data:
  p= ?,?,?;
   Goal=? ? 1000;
   g=20 10 44;
   c=1  0  0  1  2  4;
   Wplus=1 1 0
         0 0 0
         0 0 1;
   Wminus=0 0 0
          1 2 0
          0 0 0;
   enddata
min=@sum(Level:p*z);
@for(Level(i):z(i)=@sum(S_Con_num(j):Wplus(i,j)*dplus(j))
       +@sum(S_Con_num(j):Wminus(i,j)*dminus(j)));
@for(S_Con_num(i):@sum(Variable(j):c(i,j)*x(j))
      +dminus(i)- dplus(i)=g(i); );
@for(Level(i)|i#lt#@size(Level):@bnd(0,z(i),Goal(i)); );
end
```

图 6-7 例 6-6 的 LINGO 程序

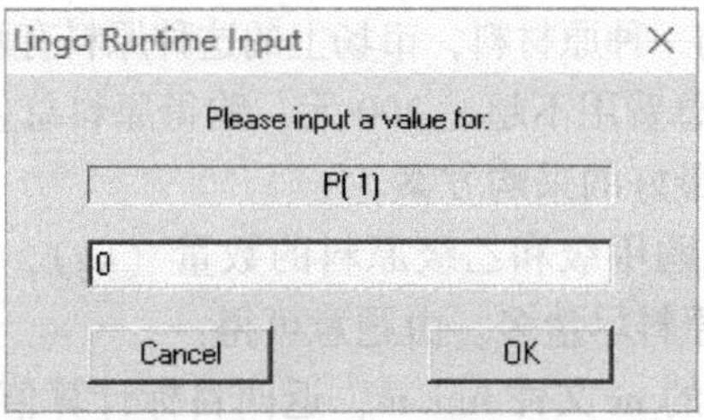

图 6-8 LINGO 的“实时参数输入”窗口

```
Global optimal solution found.
Objective value:                          0.000000
                    Variable           Value        Reduced Cost
                       P( 1)        1.000000            0.000000
                       P( 2)        0.000000            0.000000
                       P( 3)        0.000000            0.000000
                       Z( 1)        0.000000            1.000000
                       Z( 2)        0.000000            0.000000
                       Z( 3)        36.00000            0.000000
                    GOAL( 1)        1000.000            0.000000
                    GOAL( 2)        1000.000            0.000000
                    GOAL( 3)        1000.000            0.000000
                       X( 1)        20.00000            0.000000
                       X( 2)        10.00000            0.000000
```

图 6-9 第一级目标 LINGO 计算的相关结果

由图 6-9 可知第一级目标最优偏差为 0，进行第二级目标计算 p(1),p(2),p(3) 分别输入 0，1，0；第一级偏差为 0，Goal(1) 输入值为 0，Goal(2) 输入一个较大的值；同理，第三级目标计算 p(1),p(2),p(3) 分别输入 0,0,1；Goal(1) 和 Goal(2) 输入均为 0，最终结果如图 6-10 所示。

```
Solution Report - Lingo6_1
  Global optimal solution found.
  Objective value:                              0.000000
                         Variable           Value        Reduced Cost
                            P( 1)        0.000000            0.000000
                            P( 2)        1.000000            0.000000
                            P( 3)        0.000000            0.000000
                            Z( 1)        0.000000            0.000000
                            Z( 2)        0.000000            0.000000
                            Z( 3)        36.00000            0.000000
                         GOAL( 1)        0.000000            0.000000
                         GOAL( 2)        1000.000            0.000000
                         GOAL( 3)        1000.000            0.000000
                            X( 1)        20.00000            0.000000
                            X( 2)        10.00000            0.000000
```

图 6-10　LINGO 最终计算的相关结果

所以，该目标规划最优满意解为 $\boldsymbol{x}^*=(20,10)^{\mathrm{T}}$。第三级的偏差是 36，偏差向量为 $\boldsymbol{\alpha}=(0,0,36)$。

6.4.3　MATLAB 求解目标规划问题

某工厂因生产需要欲采购一种原材料，市场上的这种原料有两个等级，甲级单价 2 元/kg，乙级单价 1 元/kg。要求所花总费用不超过 200 元，购得原料总量不少于 100kg，其中甲级原料不少于 50kg。问如何确定最好的采购方案。

设 x(1)、x(2) 分别为采购甲级和乙级原料的数量（kg），要求采购总费用尽量少，采购总重量尽量多，采购甲级原料尽量多。由题意可得：

（1）定义目标函数 f(x) 的 m 文件 fun. m，返回目标计算值。依题意有 3 个目标，f(1) 表示原料采购总费用；f(2) 表示原料采购总质量；f(3) 甲级原料采购的总质量。

（2）建立主文件 main. m。

给定目标，权重按目标比例确定，给出初值。注意：函数以最小优化为目的，所以目标函数的数值目标（也就是下边的 goal）是≤的时候，系数为正，目标函数是≥的时候，系数为负；给出约束条件的系数。目标规划求解的函数是 fgoalattain()，其调用格式为

$$[x,fval,exitflag]=fgoalattain('fun',x_0,goal,weight,A,b,Aeq,beq,lb,ub,'nonlcon')$$

其中 nonlcon 为函数，输入 x，返回 g 和 geq。若约束条件中有非线性约束，建立非线性约束 nonlcon. m 文件。

```
function[g,geq]=nonlcon(x)
g=g(x);
geq=geq(x);
```

此例具体源代码和结果如图 6-11 所示。

最优解 $\boldsymbol{x}^*=(50,50)^{\mathrm{T}}$，总费用 150 元，购得原料总量 100kg，其中甲级原料 50kg。

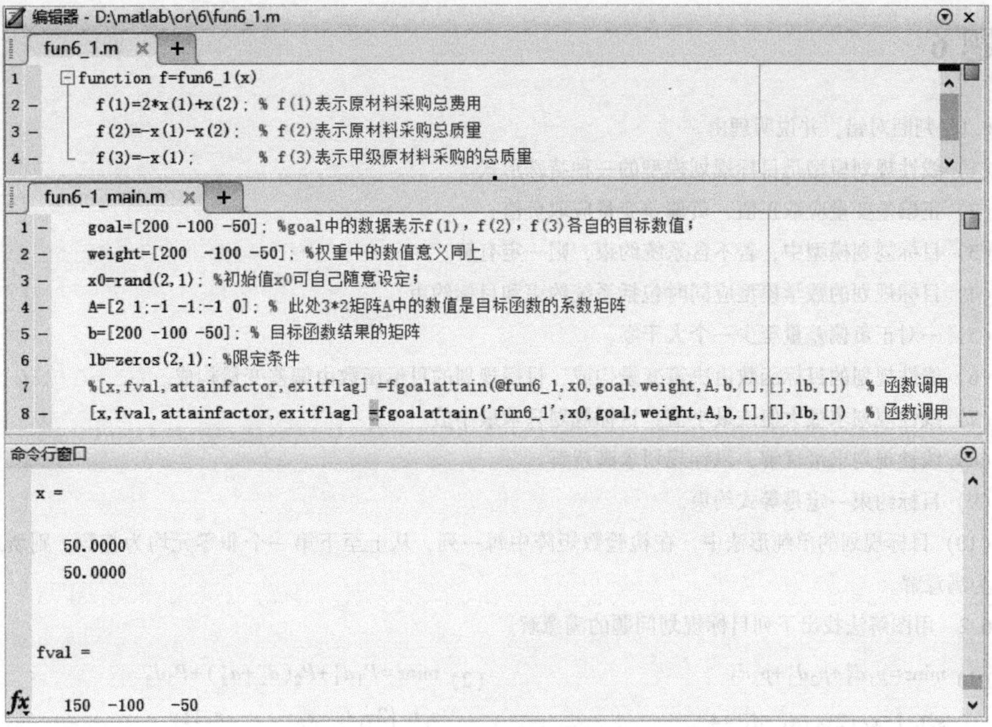

图 6-11 MATLAB 具体源代码和结果

【扩展】

中国创造：外骨骼机器人

智能康复赋能民生拓展运筹发展新视野

电子科技大学的外骨骼机器人研发始于 2010 年，程洪教授带领团队从零开始，交叉融合多学科和最前沿的人工智能技术，研制出一款拥有“超人力量”的智能机器人，通过压力传感器、编码器、扭矩分析算法、正逆运动模型、动力学模型、自适应 RBF 神经网络等方式，实时监控患者训练状态，以达到精准康复的效果。评估的数据可指导康复师设定被动训练参数的，多次产生的评估数据还可以更直观地展示康复的进展。外骨骼机器人对于脊髓损伤截瘫患者来说具有划时代意义，这一前沿技术成果使我国成为世界上继美国、以色列和日本之后第四个能自主研发外骨骼机器人的国家。和国外相比，电子科技大学的外骨骼机器人仅用了 5 年时间就实现了在病人身上的穿戴测试，这是国外外骨骼机器人研发周期的 1/3 甚至 1/6。第四代外骨骼机器人，最大的突破点在于外骨骼机器人在台阶上行走的时候，会自动计算台阶的高度，规划步态，最终帮助使用者完成上下楼梯的动作，帮助更多的截瘫患者“站起来”。目前团队正在研发第五代外骨骼机器人，利用人机交互技术实现用大脑意识控制机器执行指令，实现精准康复，外骨骼将更多赋能人类的生活。

习题 6

6.1 判断对错，并说明理由。

（1）线性规划模型是目标规划模型的一种特殊形式。（ ）

（2）正偏差变量应取正值，负偏差变量应取负值。（ ）

（3）目标规划模型中，若不含系统约束，则一定有解。（ ）

（4）目标规划的数学模型应同时包括系统约束和目标约束。（ ）

（5）一对正负偏差量至少一个大于零。（ ）

（6）线性规划的目标函数由决策变量构成，目标规划的目标函数由偏差变量构成。（ ）

（7）线性规划求最大值或最小值，目标规划只求最小值。（ ）

（8）线性规划求最优解，目标规划求满意解。（ ）

（9）目标约束一定是等式约束。（ ）

（10）目标规划的单纯形法中，在检验数矩阵中每一列，从上至下第一个非零元均为正数，则所对应的解为满意解。（ ）

6.2 用图解法找出下列目标规划问题的满意解。

（1）$\min z=p_1d_1^++p_2d_3^++p_3d_2^+$

$$\text{s.t.}\begin{cases}-x_1+2x_2+d_1^--d_1^+=4\\x_1-2x_2+d_2^--d_2^+=4\\x_1+2x_2+d_3^--d_3^+=8\\x_1,x_2,d_i^-,d_i^+\geqslant 0;\ (i=1,2,3)\end{cases}$$

（2）$\min z=P_1d_1^++P_2(d_2^-+d_2^+)+P_3d_3^-$

$$\text{s.t.}\begin{cases}2x_1+x_2\leqslant 11\\x_1-x_2+d_1^--d_1^+=0\\x_1+2x_2+d_2^--d_2^+=10\\8x_1+10x_2+d_3^--d_3^+=56\\x_1,x_2,d_i^-,d_i^+\geqslant 0\quad(i=1,2,3)\end{cases}$$

6.3 用单纯形法求解下列线性目标规划问题。

（1）$\min z=p_1d_1^-+p_2d_2^++p_3(d_3^-+d_3^+)$

$$\text{s.t.}\begin{cases}3x_1+x_2+d_1^--d_1^+=60\\x_1-x_2+2x_3+d_2^--d_2^+=10\\x_1+x_2-x_3+d_3^--d_3^+=20\\x_i,d_i^+,d_i^-\geqslant 0,i=1,2,3\end{cases}$$

（2）$\min z=p_1d_1^-+p_2d_4^++5p_3d_2^-+3p_3d_3^-+p_4d_1^+$

$$\text{s.t.}\begin{cases}x_1+x_2+d_1^--d_1^+=80\\x_1+d_2^--d_2^+=60\\x_2+d_3^--d_3^+=45\\x_1+x_2+d_4^--d_4^+=90\\x_1,x_2,d_i^+,d_i^-\geqslant 0,i=1,2,3,4\end{cases}$$

6.4 某电视机组装工厂，生产 A，B，C 三种规格的电视机，装配工作在同一生产线上完成，三种产品装配时的工时消耗分别为 6h、8h 和 10h。生产线每月正常工作为 200h；三种规格电视机售后，每台获利分别为 500 元、650 元和 800 元。每月销量预计为 12 台、10 台、6 台。该厂经营目标如下：

P_1：利润指标为每月 1.6×10^4 元。

P_2：充分利用生产能力。

P_3：加班时间不超过 24h。

P_4：生产以预计销量为标准。

为确定生产计划，试建立该问题的目标规划模型。

6.5 已知目标规划问题的模型如下：

$$\max z=100x_1+50x_2$$

$$\text{s.t.}\begin{cases}10x_1+16x_2\leqslant 200 & (\text{资源 }1)\\ 11x_1+3x_2\geqslant 25 & (\text{资源 }2)\\ x_1,x_2\geqslant 0\end{cases}$$

P_1：Z 的值应不低于 1900。

P_2：资源 1 必须全部利用。将此问题转换为目标规划问题，列出数学模型。

6.6 市场日需求 A，B 两种产品分别为 3，2 件，每加工一件 A，B 的工时，均为 1h，每日分配给 A，B 的工时共 4h，厂家依次要求：A，B 尽量不积压；A 尽量多生产；B 尽量多生产的同时希望 A，B 共用工时不超过 4h。

（1）建立目标规划模型。

（2）用单纯形法求其满意解。

（3）当目标函数 P_3 级改为 P_3（$w_1d_2^-+w_2d_3^+$）时，讨论对满意解的影响。其中，（$w_1\neq w_2$，$w_1\geqslant 0$，$w_2\geqslant 0$）。

6.7 某市准备在下一年度预算中购置一批救护车，已知每辆救护车购置价为 20 万元。救护车用于所属的 A，B 两个郊区县，各分配 x_A 和 x_B 台。A 县救护站从接到电话到救护车出动的响应时间为$(40-3x_A)$ min，B 县相应的响应时间为$(50-4x_B)$ min。该市确定如下优先级目标，P_1：用于救护车购置费用不超过 400 万元。P_2：A 县响应时间不超过 5min。P_3：B 县响应时间不超过 5min。要求：

（1）建立目标规划模型，并求出满意解。

（2）优先级 P_2 变 P_1，P_3 变 P_2，P_1 变 P_3，重新建立模型并求满意解。

6.8 有如下目标规划模型。

$$\min z=p_1(d_1^-+d_1^+)+p_2(d_2^+)$$

$$\text{s.t.}\begin{cases}x_1\leqslant 6\\ 2x_1-x_2+d_1^--d_1^+=2\\ 2x_1-3x_2+d_2^--d_2^+=6\\ x_i,d_i^-,d_i^+\geqslant 0,i=1,2\end{cases}$$

试用单纯形法求其满意解，若有多个满意解，求出其中的两个出来。

6.9 某电子厂生产录音机和电视机两种产品，分别经由甲、乙两个车间生产。已知除外购件外，生产一台录音机需甲车间加工 2h，乙车间装配 1h；生产一台电视机需甲车间加工 1h，乙车间装配 3h。这两种产品生产出来后均需经检验、销售等环节。已知每台录音机检验销售费用需 50 元，每台电视机检验销售费用需 30 元。又甲车间每月可用的生产工时为 120h，车间管理费用为 80 元/h；乙车间每月可用的生产工时为 150h，车间管理费用为 20 元/h。估计每台录音机利润为 100 元，每台电视机利润为 75 元，又估计下一年度内平均每月可销售录音机 50 台，电视机 80 台。工厂确定制订月度计划的目标如下：

P_1：检验和销售费每月不超过 4600 元。

P_2：每月售出录音机不少于 50 台。

P_3：甲、乙两车间的生产工时得到充分利用（重要性权重系数按两个车间每小时费用的比例确定）。

P_4：甲车间加班不超过 20h。

P_5：每月销售电视机不少于 80 台。

P_6：两个车间加班总时间要有控制（权重系数分配与第三优先级相同）。

试确定该厂为达到以上目标的最优月度计划生产数量。

6.10 某物流公司从两个不同仓库向 3 个居民点提供某种产品，在计划期内该产品供不应求，公司决定重点保证某些居民点的需要，同时又要保证总运费最省，现在已知总需求超出供应能力 1500 单位，从仓

库 i 到居民点 j 的单位运输费如表 6-8 所示（$i=1,2$；$j=1,2,3$）。公司有下列 6 个有序目标：

P_1级：完全满足居民点 3 的需要。

P_2级：至少 75%满足所有居民点的需求。

P_3级：使总运费最小。

P_4级：从仓库 2 给居民点 1 的货运用船运输，其最小运货量为 1000 单位。

P_5级：从仓库 1 给居民点 3 和从仓库 2 给居民点 1 的公路是危险公路，尽可能减少运货量。

P_6级：平衡居民点 1 和居民点 2 之间的供货量满意水平。

表 6-8　运输关系表

项　目	居民点 1	居民点 2	居民点 3	库　存　量
仓库 1	10	4	12	3000
仓库 2	8	10	3	4000
需求量	2000	1500	5000	

第 7 章 动态规划

教学目标：

通过本章的学习，释义动态规划的有关概念，举例说明动态规划的解题思想和方法，辨别各种动态规划问题的建模与应用，能熟练运用动态规划的列表法及解析法进行优化分析与计算，学会使用软件进行动态规划建模和求解。

动态规划是解决多阶段决策过程最优化的一种数学方法，1951 年美国数学家贝尔曼（Bellman）等人根据一类多阶段决策问题的特点，把多阶段决策问题变换为一系列互相联系的单阶段问题，然后逐个加以解决，他提出了解决这类问题的“最优化原理”，研究了许多实际问题，从而创建了解决最优化问题的一种新方法——动态规划。动态规划方法在工程技术、企业管理、工农业生产及军事部门中都有广泛的应用。所谓多阶段决策过程是指这样的一类过程：它可以按时间分为若干阶段（称为“时段”），每一个阶段都需要做出决策，以便在过程的最终阶段得到最优结局。动态规划模型的分类，根据多阶段决策过程的时间参数是离散的还是连续的，过程可分为离散决策过程和连续决策过程。根据决策过程的演变是确定性的还是随机性的，过程又可分为确定性决策过程和随机性决策过程，组合起来就有离散确定性、离散随机性、连续确定性、连续随机性四种决策过程模型。

7.1 多阶段决策问题

多阶段决策问题是一类特殊形式的动态决策问题。在多阶段决策过程中，系统的动态过程可以按照时间的进程分为若干个相互联系的阶段，而在每一个阶段中，具有一个或多个状态，在每一个阶段中都要针对每一个状态做出决策。在各个阶段的决策确定以后，就顺序构成了一个决策序列，称为一个策略。由于每个阶段有多种决策，因此，形成多种策略可供选择，策略不同，经济效果也不一定相同。多阶段决策问题，就是在允许选择的策略集内选择一个最优策略，达到最好的经济效果。动态规划方法也可以处理与时间无关的静态问题，只要在问题中人为地引入“时段”因素，将问题看成多阶段的决策过程即可。所以，动态规划方法的关键是将多阶段的决策问题变换成一系列的单阶段问题，并逐一求解。

7.2 动态规划的基本概念及最优化原理

7.2.1 动态规划的基本概念

使用动态规划方法解决多阶段决策问题，首先要将实际问题写成动态规划模型，此时要用到以下概念：①阶段；②状态；③决策；④策略；⑤状态转移方程（函数）；⑥指标函数。下面结合例题说明这些概念。

例 7-1 最短路线问题。

给定一个线路网络图，如图 7-1 所示，要从 A 地向 E 地铺设一条输油管道，各点间连线上的数字表示距离，问应选择什么路线，可使总距离最短？

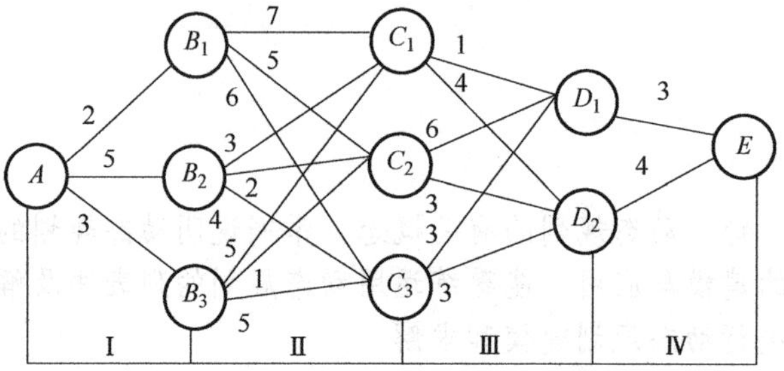

图 7-1 线路网络图

（1）阶段（stage）：指一个问题需要做出决策的步骤，将所给问题的过程，按时间或空间特征分解成若干互相联系的阶段，以便按次序去求每个阶段的解，常用字母 k 表示阶段变量。记作 $k=1,2,\cdots,n$。例 7-1 中，从 A 到 E 可以分成从 A 到 B（B 有三种选择 B_1，B_2，B_3），从 B 到 C（C 有三种选择 C_1，C_2，C_3），从 C 到 D（D 有两种选择 D_1，D_2），再从 D 到 E 四个阶段。

（2）状态（state）：指每阶段的起点，也是上阶段的终点，可按自然状态、客观条件来划分，状态是不可控因素。状态一般用状态变量描述，记作 u_k（$k=1,2,\cdots,n$）的取值集合称为状态集合，用 S_k 表示。状态变量应属于状态集合即：$u_k \in S_k$。

动态规划中的状态应具有如下性质：当某阶段状态给定以后，在这阶段以后过程的发展不受这段以前各段状态的影响。也就是说，当前的状态是过去历史的一个完整总结，过程的过去历史只能通过当前状态去影响它未来的发展，这称为无后效性。如果所选定的变量不具备无后效性，就不能作为状态变量来构造动态规划模型。例 7-1 中，第一阶段状态为 A，第二阶段则有三个状态：B_1，B_2，B_3。状态变量 u_1 的集合 $S_1=\{A\}$，其余状态集合分别是：$S_2=\{B_1,B_2,B_3\}$；$S_3=\{C_1,C_2,C_3\}$；$S_4=\{D_1,D_2\}$；当某阶段的初始状态已选定某个点时，从这个点以后的路线只与该点有关，不受以前的路线影响，所以满足状态的无后效性。

（3）决策（decision）：指某阶段从某状态出发，做出的选择或决定（控制）。决策一般用决策变量描述，记作 $x_k(u_k)(k=1,2,\cdots,n)$ 表示第 k 阶段当状态为 u_k 时的决策变量。实际问题中，决策变量的取值往往限制在一定范围内，称此范围为允许决策集合，常用 $D_k(u_k)$ 表示第 k 阶段从状态 u_k 出发的允许决策集合，显然有 $x_k(u_k)\in D_k(u_k)$。例 7-1 中，从第二阶段的状态 B_1 出发，可选择下一阶段的 C_1，C_2，C_3，即：$D_2(B_1)=\{C_1,C_2,C_3\}$，如决定选择 C_3，则可表为 $x_2(B_1)=C_3$。

（4）策略（policy）：指按照一定的排列顺序做出的决策集合 $\{x_1(u_1),x_2(u_2),\cdots,x_n(u_n)\}$。使整个问题达到最优效果的策略就是最优策略。在最短路线中，有多少条路线就有多少条策略，从中选出最优的，称之为最优策略。

（5）状态转移方程（函数）（state transition function）：动态规划中本阶段的状态往往是

上一阶段状态和上一阶段的决策结果。如果给定了第 k 阶段的状态 u_k，本阶段决策为 $x_k(u_k)$，则第 $k+1$ 阶段的状态 u_{k+1} 也就完全确定，它们的关系可表示为

$$u_{k+1}=T_k(u_k,x_k(u_k)) \tag{7-1}$$

由于它表示了由 k 阶段到 $k+1$ 阶段的状态转移规律，所以称为状态转移方程。在例 7-1 中，状态转移方程为 $u_{k+1}=x_k(u_k)$。

（6）指标函数（index function）：指衡量实现过程指标优劣的一种数量指标。它分为阶段指标函数和过程指标函数两种。阶段指标函数是指在第 k 阶段，从状态 $u_k(k=1,2,\cdots,n)$ 出发，采取决策 x_k 时的效益，用 v_k 表示。过程指标函数是指在第 k 阶段，从状态 $u_k(k=1,2,\cdots,n)$ 出发直至过程最终，当采取某种策略时，按预定标准的数量指标来度量，这个度量值，既与 u_k 的状态值有关又与 u_k 以后所选取的策略有关，它是两者的函数值，记作 $v_{k,n}=v_{k,n}(u_k,x_k,u_{k+1},x_{k+1},\cdots,x_n)$，其中 $k=1,2,\cdots,n$。在不同问题中，过程指标函数的形式和内容也不同，它可以是各阶段指标函数的和、积或其他函数形式，其度量值可以是产量、成本、利润、资源消耗、距离等，若记从 u_k 出发的最优子策略的过程指标函数为 $f_k(u_k)$（最优过程指标函数），则有

$$f_k(u_k)=\mathrm{opt}\,v_{k,n} \tag{7-2}$$

其中 opt 全称 optimum，表示最优化，根据具体问题分别表示为最大（max）或最小（min）。指标函数通常取下列形式：

指标函数为阶段指标和的形式，即

$$v_{k,n}=\sum_{j=k}^{n}v_j(u_j,x_j)=v_k(u_k,x_k)+\sum_{j=k+1}^{n}v_j(u_j,x_j) \tag{7-3}$$

指标函数为阶段指标积的形式，即

$$v_{k,n}=\prod_{j=k}^{n}v_j(u_j,x_j)=v_k(u_k,x_k)\prod_{j=k+1}^{n}v_j(u_j,x_j) \tag{7-4}$$

例 7-1 中，指标函数是距离。如第Ⅱ阶段，状态为 B_1 时 $d(B_1,C_2)$ 表示由 B_1 出发。采用决策到下一阶段 C_2 点的两点间距离，$v_{2,n}(B_1)$ 表示从 B_1 到 E 的距离，而 $f_2(B_1)$ 则表示从 B_1 到 E 的最短距离。本问题的总目标是 $f_1(A)$，即从 A 到终点 E 的最短距离。一般式如下：

$f_k(u_k)$ 为第 k 阶段由 u_k 出发到达终点的最短路线（最优过程指标函数）。

$d(u_k,u_{k+1})$ 为 u_k 到 u_{k+1} 两点之间的距离（阶段指标函数）。

下面用逆序法求解。

当 $k=4$ 时，　$f_4(D_1)=3$；$f_4(D_2)=4$。

当 $k=3$ 时，

$$f_3(C_1)=\min\begin{Bmatrix}d(C_1,D_1)+f_4(D_1)\\d(C_1,D_2)+f_4(D_2)\end{Bmatrix}=\min\begin{Bmatrix}1+3\\4+4\end{Bmatrix}=4$$

$$f_3(C_2)=\min\begin{Bmatrix}d(C_2,D_1)+f_4(D_1)\\d(C_2,D_2)+f_4(D_2)\end{Bmatrix}=\min\begin{Bmatrix}6+3\\3+4\end{Bmatrix}=7$$

$$f_3(C_3)=\min\begin{Bmatrix}d(C_3,D_1)+f_4(D_1)\\d(C_3,D_2)+f_4(D_2)\end{Bmatrix}=\min\begin{Bmatrix}3+3\\3+4\end{Bmatrix}=6$$

当 $k=2$ 时，

$$f_2(B_1)=\min\begin{Bmatrix}d(B_1,C_1)+f_3(C_1)\\d(B_1,C_2)+f_3(C_2)\\d(B_1,C_3)+f_3(C_3)\end{Bmatrix}=\min\begin{Bmatrix}7+4\\5+7\\6+6\end{Bmatrix}=11$$

$$f_2(B_2)=\min\begin{Bmatrix}\underline{d(B_2,C_1)+f_3(C_1)}\\ d(B_2,C_2)+f_3(C_2)\\ d(B_2,C_3)+f_3(C_3)\end{Bmatrix}=\min\begin{Bmatrix}\underline{3+4}\\ 2+7\\ 4+6\end{Bmatrix}=7$$

$$f_2(B_3)=\min\begin{Bmatrix}d(B_3,C_1)+f_3(C_1)\\ \underline{d(B_3,C_2)+f_3(C_2)}\\ d(B_3,C_3)+f_3(C_3)\end{Bmatrix}=\min\begin{Bmatrix}5+4\\ \underline{1+7}\\ 5+6\end{Bmatrix}=8$$

当 $k=1$ 时，

$$f_1(A)=\min\begin{Bmatrix}d(A,B_1)+f_2(B_1)\\ d(A,B_2)+f_2(B_2)\\ \underline{d(A,B_3)+f_2(B_3)}\end{Bmatrix}=\min\begin{Bmatrix}2+11\\ 5+7\\ \underline{3+8}\end{Bmatrix}=11$$

即从 A 到 E 的最短路长度 11，再按计算顺序反推（下划线）得最优路线为：$A\to B_3\to C_2\to D_2\to E$。从例 7-1 的计算过程可以看出，在求解的各个阶段，都利用了第 k 阶段和第 $k+1$ 阶段的递推公式（逆序法）：$f_k(u_k)=\min\{d(u_k,u_{k+1})+f_{k+1}(u_{k+1})\}$，$f_5(u_5)=0$。

7.2.2 最优化原理与动态规划的数学模型

最优化原理是由美国贝尔曼（Bellman）首先提出来的。具体叙述为：作为整个过程的最优策略具有这样的性质，即无论过去的状态和决策如何，对前面的决策所形成的状态而言，余下的诸决策必须构成最优策略。利用这个原理，可以把多阶段决策问题的求解过程看成一个连续的递推过程，由后向前逐步推算，在求解时，在各阶段以前的状态和决策，对其后面的子问题来说，只不过是相当于其初始条件而已，并不影响后面过程的最优策略。因此，可把一个问题按阶段分解成许多相互联系的子问题，其中每一个子问题均是一个比原问题简单得多的优化问题，且每一个子问题的求解仅利用它的下一阶段问题的优化结果。依次求解，最后即求得原问题的最优解。根据上述结论，可以给出动态规划递推关系式。

对于任意的 $k(1\leqslant k\leqslant n)$，当 $v_{k,n}=\sum_{j=k}^{n}v_j(u_j,x_j)$ 时，则有

$$f_k(u_k)=\underset{x_k(u_k)\in D_k(u_k)}{\operatorname{opt}}\{v_k(u_k,x_k)+f_{k+1}(u_{k+1})\} \tag{7-5}$$

当 $v_{k,n}=\prod_{j=k}^{n}v_j(u_j,x_j)$ 时，则有

$$f_k(u_k)=\underset{x_k(u_k)\in D_k(u_k)}{\operatorname{opt}}\{v_k(u_k,x_k)f_{k+1}(u_{k+1})\} \tag{7-6}$$

最后需要指出的是，当用动态规划逆序法求解时，出现 $f_{n+1}(u_{n+1})$，这一项就称作问题的边界条件。$f_{n+1}(u_{n+1})$ 这一项的值要根据问题的条件来确定，一般当指标函数值是各阶段指标函数值的和时，$f_{n+1}(u_{n+1})=0$；当指标函数值是各阶段指标函值的乘积时，$f_{n+1}(u_{n+1})=1$。当然具体情况也有例外，要结合实际问题而确定。

7.2.3 动态规划的优缺点

通过以上分析，下面把动态规划的优点归纳如下：

（1）可把一个 N 维优化问题化成 N 个一维优化问题求解；

（2）动态规划方程中附加某些约束条件，可使求解更加容易；

(3) 求得最优解以后，可得所有子问题的最优解。

同时也要注意到动态规划也有它的缺点：

(1) “一个”问题，“一个”模型，“一个”求解方法，且求解技巧要求比较高，没有统一处理方法，相对来说难度较大；

(2) 状态变量维数不能太高，一般要求小于60，即有维数障碍；

(3) 动态规划只能求累加和累乘，对 sin 和 cos 无能为力。

7.3 动态规划的应用

7.3.1 背包问题

背包问题是运筹学中的著名问题。假设一个旅行者带上一个背包上山，为准备旅行的必需品，要在背包内装一些最有用的东西，但有限制，物品总重量最多达 b（单位：kg），而每件物品只能整体携带，这样旅行者给每件物品规定了一个“价值”，以表示其有用的程度。如果共有 n 件物品，已知第 j 件物品每件的重量为 a_j（单位：kg），设携带第 j 件物品件数是 x_j，其在上山过程中，第 j 件物品每件携带一件的价值是 c_j。问题：在携带的物品总重量不超过 b 的条件下，携带哪些物品，携带多少，对旅行者来说可使总价值最大？

$$\max f=c_1x_1+c_2x_2+\cdots+c_nx_n$$

$$\text{s. t.}\begin{cases}a_1x_1+a_2x_2+\cdots+a_nx_n\leqslant b\\ x_j\geqslant 0 \text{ 且为整数}, j=1,2\cdots,n\end{cases}$$

显然，这是一个整数规划问题，如果只考虑选取或不选取，而不考虑物品的件数，即 x_j 只取0或1，那么该问题成为0-1整数规划问题。下面用动态规划的方法来求解该问题。动态规划的有关要素如下：

阶段：$k=1,2,\cdots,n$；

状态变量：u_k（$k=1,2,\cdots,n$）表示装第 k 个物品直到第 n 个物品允许的总重量；

决策变量：x_k 表示在 u_k 状态下实际装载 k 种物品的件数。可知：

$$\begin{array}{lcccccccc}
u_1 & = & a_1x_1 & + & a_2x_2 & +\cdots+ & a_nx_n & = & b\\
u_2 & = & & & a_2x_2 & +\cdots+ & a_nx_n & & \\
\vdots & & & \vdots & & & \vdots & & \\
u_k & = & a_kx_k & + & a_{k+1}x_{k+1} & +\cdots+ & a_nx_n & & \\
u_{k+1} & = & & & a_{k+1}x_{k+1} & +\cdots+ & a_nx_n & & \\
\vdots & & & \vdots & & & \vdots & & \\
u_n & = & & & & & a_nx_n & &
\end{array}$$

由此，可求出状态转移方程

$$u_{k+1}=u_k-a_kx_k$$

递推公式：(逆序法)

$$f_k(u_k)=\max_{x_k(u_k)\in D_k(u_k)}\{c_kx_k+f_{k+1}(u_{k+1})\}(k=1,2,\cdots,n-1)$$

$$f_{n+1}(u_{n+1})=0(\text{边界条件})$$

状态集合：

$$S_1=\{b\},S_k=\{u_k\mid 0\leqslant u_k\leqslant b(k=1,2,\cdots,n)\}$$

决策集合：

$$D_k(u_k)=\left\{x_k\mid 0\leqslant x_k\leqslant\left[\frac{u_k}{a_k}\right]\right\}\text{的整数},(k=1,2,\cdots,n)$$

例 7-2 一维背包问题：一旅行者准备进行登山旅行，所背旅行背包的最大承载量为10kg，现有三种物品，每种物品的重量和价值如表 7-1 所示，问如何装载使得旅行背包总的利用价值最大？

表 7-1 例 7-2 用表

物 品 编 号	单位重量 a_k/kg	单位使用价值 c_k
1	3	4
2	4	5
3	5	6

解：设 x_1,x_2,x_3分别为三种物品的装载件数，则上述问题可建立如下数学规划模型：

$$\max f=4x_1+5x_2+6x_3$$

$$\text{s. t.}\begin{cases}3x_1+4x_2+5x_3\leqslant 10\\ x_j\geqslant 0\text{ 且为整数},\ j=1,2,3\end{cases}$$

阶段数 $k=1,2,3$。状态变量 $u_k(k=1,2,3)$：表示可装载第 k 种物品直到第 3 种物品允许的总重量。决策变量 x_k：表示在 u_k 状态下装载第 k 种物品的件数。状态转移方程：$u_{k+1}=u_k-a_kx_k$，即 $u_4=u_3-5x_3$；$u_3=u_2-4x_2$；$u_2=u_1-3x_1$；$u_1=10$。状态集合：$S_1=\{10\}$，$S_k=\{0,1,\cdots,10\}$。决策集合：$D_k(u_k)=\{x_k\mid 0\leqslant x_k\leqslant[u_k/a_k]\}$的整数（$k=1,2,3$），装载从第 1 种物品到第 3 种物品，从前到后，求解从后到前。求解过程如表 7-2~表 7-4 所示。

表 7-2 例 7-2 的求解过程（$k=3$ 时）

u_3	$6x_3+f_4(u_4)$			$f_3(u_3)$	x_3	u_4
	$x_2=0$	$x_3=1$	$x_3=2$			
0	0			0	0	0
1	0			0	0	1
2	0			0	0	2
3	0			0	0	3
4	0			0	0	4
5	0	6		6	1	0
6	0	6		6	1	1
7	0	6		6	1	2
8	0	6		6	1	3
9	0	6		6	1	4
10	0	6	12	12	2	0

表 7-3 例 7-2 的求解过程（$k=2$ 时）

u_2	$5x_2+f_3(u_3)$			$f_2(u_2)$	x_2	u_3
	$x_2=0$	$x_2=1$	$x_2=2$			
0	0+0			0	0	0
1	0+0			0	0	1
2	0+0			0	0	2
3	0+0			0	0	3
4	0+0	5+0		5	1	0
5	0+6	5+0		6	0	5
6	0+6	5+0		6	0	6
7	0+6	5+0		6	0	7
8	0+6	5+0	10+0	10	2	0
9	0+6	5+6	10+0	11	1	5
10	0+12	5+6	10+0	12	0	10

表 7-4 例 7-2 的求解过程（$k=1$ 时）

u_1	$4x_1+f_2(u_2)$				$f_1(u_1)$	x_1	u_2
	$x_1=0$	$x_1=1$	$x_1=2$	$x_1=3$			
10	0+12	4+6	8+5	12+0	13	2	4

$x_1^*=2$，由 $u_2=4$ 知 $x_2^*=1$（查表 7-3），再由 $u_3=0$ 知 $x_3^*=0$（查表 7-2）。至此，得最优解为 $x_1^*=2$，$x_2^*=1$，$x_3^*=0$，最大值 $f_{\max}=13$。即第一种物品装 2 件，第二种物品装 1 件，第三种物品不装，此时背包的利用价值最大。

例 7-3 对例 7-2 去掉整数限制变连续问题，再用动态规划来求解。

$$\max f=4x_1+5x_2+6x_3$$

$$\text{s. t.}\begin{cases}3x_1+4x_2+5x_3\leqslant 10\\ x_j\geqslant 0 j=1,2,3\end{cases}$$

解：从已知状态出发，还用逆序法公式求解，阶段 k，状态变量 u_k，决策变量 x_k 与例 7-2 含义（除整数限制外）相同。

当 $k=3$ 时，$f_3(u_3)=\max\limits_{0\leqslant x_3\leqslant\frac{u_3}{5}}\{6x_3+f_4(u_4)\}=\frac{6}{5}u_3$，$x_3^*=\frac{u_3}{5}$

此时把 u_3 看成与 x_3 无关的确定的常数，只看成 x_3 的函数。

当 $k=2$ 时，$f_2(u_2)=\max\limits_{0\leqslant x_2\leqslant\frac{u_2}{4}}\left\{5x_2+6\,\frac{(u_2-4x_2)}{5}\right\}=1.25u_2$，$x_2^*=\frac{u_2}{4}$

当 $k=1$ 时，

$$f_1(10)=\max_{0\leqslant x_1\leqslant\frac{10}{3}}\{4x_1+f_2(10-3x_1)\}=\max_{0\leqslant x_1\leqslant\frac{10}{3}}\{4x_1+1.25(10-3x_1)\}$$

$$=\max_{0\leqslant x_1\leqslant\frac{10}{3}}\{0.25x_1+12.5\}=\frac{40}{3},x_1^*=\frac{10}{3}$$

最优解为 $x_1^*=10/3$，$x_2^*=u_2/4=(10-3x_1)/4=0$；$x_3^*=0$，最优值为 $f_{\max}=40/3$。

以上讨论的是具有一种限制（重量限制）的背包问题，有一个状态变量。如果背包问题除受重量的限制外，还存在其他的限制，如体积，即不但要求旅行背包的重量不能超过 b，还要求旅行者的背包体积不能超过 d，这样的问题称为二维背包问题。所谓“二维”是指使用动态规划方法求解问题时，需要引进两个状态变量：重量与体积。

例 7-4 用动态规划方法来求下面二维背包问题：

$$\max f=3x_1+4x_2$$

$$\text{s.t.}\begin{cases}2x_1+\ \ 5x_2\leqslant 10 & \text{重量}\\ 0.1x_1+0.3x_2\leqslant 1.2 & \text{体积}\\ x_j\geqslant 0 \text{ 且为整数}, j=1,2\end{cases}$$

解：用逆序法。

当 $k=2$ 时，

$$f_2(u_2,v_2)=\max_{0\leqslant x_2\leqslant \min\left\{\left[\frac{u_2}{5}\right],\left[\frac{v_2}{0.3}\right]\right\}\text{的整数}}\{4x_2+f_3(u_3,v_3)\}$$

$$=\max_{0\leqslant x_2\leqslant \min\left\{\left[\frac{u_2}{5}\right],\left[\frac{v_2}{0.3}\right]\right\}\text{的整数}}\left\{4\min\left\{\left[\frac{u_2}{5}\right],\left[\frac{v_2}{0.3}\right]\right\}\right\}=4\min\left\{\left[\frac{u_2}{5}\right],\left[\frac{v_2}{0.3}\right]\right\}$$

此时，

$$x_2^*=\min\left\{\left[\frac{u_2}{5}\right],\left[\frac{v_2}{0.3}\right]\right\}$$

当 $k=1$ 时，

$$f_1(u_1,v_1)=f_1(10,1.2)=\max_{0\leqslant x_1\leqslant \min\left\{\left[\frac{10}{2}\right],\left[\frac{1.2}{0.1}\right]\right\}\text{的整数}}\{3x_1+f_2(u_2,v_2)\}$$

$$=\max_{x_1\in\{0,1,2,3,4,5\}}\left\{3x_1+4\min\left\{\left[\frac{10-2x_1}{5}\right],\left[\frac{1.2-0.1x_1}{0.3}\right]\right\}\right\}$$

$$=\max\{0+4\times 2,3+4\times 1,6+4\times 1,9+4\times 0,12+4\times 0,15+4\times 0\}=15$$

最优解为 $x_1^*=5$，$x_2^*=0$，$u_2=0$，$v_2=0.7$，最优值为 $f_{\max}=15$。

7.3.2 生产存储问题

在生产和经营管理中，决策者经常要考虑合理安排生产（或采购）与库存问题，达到既要满足社会的需要、又要尽量降低成本费用要求。因此，如何正确制定生产（或采购）策略，确定不同时期的生产量（或采购量）和库存量，使得总的生产成本（或采购费用）和库存费用之和最小的问题就是生产存储问题。

假设某公司对某种产品要制订一项 n 个时期的生产计划。已知它的初始库存量为零（也可为一个已知常数）；每个时期生产该产品的数量有上限 P 的限制（或无限制）；每个时期市场对该产品的需求量是已知的，公司保证供应，不允许缺货；在第 n 个时期末的库存量为零（也可为一个已知常数）。问该公司如何制订每个时期的生产计划，从而使总成本最小。

令 g_k 为第 k 时期对产品的需求量，x_k 为第 k 时期该产品的生产量，u_k 为第 k 时期开始产品的库存量，由于各个时期的需求量保证供应，所以 $u_k \geqslant 0$，$k=1,2,\cdots,n$，且 $u_1=u_{n+1}=0$。$c_k(x_k)$表示在第 k 个时期生产 x_k个产品的成本，包括固定成本 k 和可变成本 $a_k x_k$，$E(u_k)$表示在第 k 时期开始时有库存量 u_k所需要的存储费用。

$$c_k(x_k)=\begin{cases}0, & x_k=0\\ k+a_k x_k, & x_k=1,2,\cdots\end{cases}$$

因而，上述问题的数学模型为

$$\min Z=\sum_{k=1}^{n}\left[c_k(x_k)+E(u_k)\right]$$

$$\text{s.t.}\begin{cases}u_1=0,u_{n+1}=0\\ u_k=\sum_{j=1}^{k-1}x_j-\sum_{j=1}^{k-1}g_j\geqslant 0\\ 0\leqslant x_k\leqslant P,\text{且为整数},k=1,2,\cdots,n\end{cases}$$

下面用动态规划的方法来解此问题。首先将其看作一个 n 阶段决策问题，决策变量 x_k表示第 k 阶段的生产量，状态变量 u_k表示第 k 阶段开始的库存量。最优化函数 $f_k(u_k)$表示当第 k 阶段初库存量为 u_k时，从第 k 阶段到第 n 阶段的最小总成本。因此，动态规划的基本方程如下：

$$u_{k+1}=u_k+x_k-g_k,k=1,2,\cdots,n$$

$$f_k(u_k)=\min_{x_k\in D_k(u_k)}\{c_k(x_k)+E(u_k)+f_{k+1}(u_{k+1})\}$$

边界条件为 $f_{n+1}(u_{n+1})=0$，由此最后得出的 $f_1(u_1)$就是所求的最小总成本。

例 7-5 某工厂生产并销售某种产品，已知今后 4 个月市场需求预测如表 7-5 所示，又每月生产 j 单位产品费用为

$$c(j)=\begin{cases}0, & j=0\\ 3+j, & j=1,2,\cdots,6(\text{万元})\end{cases}$$

每月库存 j 单位产品的费用为 $E(j)=0.5$(万元)，该厂最大库存容量为 3 单位，每月最大生产能力为 6 单位，计划开始和计划期末库存量都是零。试制订四个月的生产计划，在满足用户需求条件下总费用最小。假设第 i+1 个月的库存量是第 i 个月可销售量与该月用户需求量之差，而第 i 个月的可销售量是本月初库存量与产量之和。

表 7-5 需求预测

时间	第 i 个月			
	1	2	3	4
g_i（需求量）	2	3	2	4

用动态规划方法求解时，对有关概念进行如下分析：

(1) 阶段：每个月为一个阶段，$k=1,2,3,4$；

(2) 状态变量：u_k为第 k 个月月初的库存量；

(3) 决策变量：x_k为第 k 个月的生产量；

(4) 状态转移方程：$u_{k+1}=u_k+x_k-g_k$；

(5) 最优指标函数：$f_k(u_k)$表示第 k 个月状态为 u_k时，采取最佳策略生产，从本月到计

划结束（第 4 个月月末）的生产与存储最低费用。

当 $k=4$ 时，因为要求第 4 个月月末库存为零，本月需求为 4，所以本月产量应为 $x_4=4-u_4$。由于库存量最大为 3，所以 u_4 取值只能是 $0,1,2,3$。$f_4(u_4)=\min\{C(x_4)+E(u_4)\}$，可以列出 $f_4(u_4)$ 与 $x_4(u_4)$ 的值，如表 7-6 所示。

表 7-6　$f_4(u_4)$ 与 $x_4(u_4)$ 的值

u_4	0	1	2	3
$x_4(u_4)=4-u_4$	4	3	2	1
$f_4(u_4)$	7	6.5	6	5.5

当 $k=3$ 时，先分析状态变量 u_3 的取值范围，它与库存能力、生产能力、需求量均有关，在此由最大库存量决定 $u_3=\{0,1,2,3\}$。再分析决策变量 x_3 的允许决策集合，为满足本月需求，产量 x_3 至少为 $g_3-u_3=2-u_3$，若库存量 $u_3>2$，则 x_3 应取 0。

为保证期末库存量为零，产量 x_3 不能超过 $g_3+g_4-u_3=6-u_3$，另外产量 x_3 还受最大库存量 3 的限制，即不能超过 $g_3+3-u_3=5-u_3$，同时还受最大生产能力 6 的限制，总之有

$$\max(0,2-u_3)\leqslant x_3\leqslant\min(6,5-u_3,6-u_3)$$

的整数，

$$f_3(u_3)=\min_{x_3\in D_3(u_3)}\{c(x_3)+E(u_3)+f_4(u_3+x_3-g_3)\}$$

对 $u_3=0,1,2,3$ 分别求出 $f_3(u_3)$ 的值，当 $u_3=0$ 时，

$$f_3(0)=\min_{2\leqslant x_3\leqslant 5\text{的整数}}\{(3+x_3)+0.5\times 0+f_4(x_3-2)\}$$

$$=\min\{5+7,6+6.5,7+6,8+5.5\}=12(\text{万元}),x_3^*(0)=2$$

这就是说，若第 3 个月月初库存为零，则第 3、4 两个月最低费用为 12 万元，第 3 个月最优产量为 2 单位。以此类推，可得表 7-7。

表 7-7　费用与产量的关系

u_3	0				1				2				3		
$x_3(u_3)$	2	3	4	5	1	2	3	4	0	1	2	3	0	1	2
$C+E+f_4$	12	12.5	13	13.5	11.5	12	12.5	13	8	11.5	12	12.5	8	11.5	12
$f_3(u_3)$	12				11.5				8				8		
$x_3^*(u_3)$	2				1				0				0		

当 $k=2$ 时，有 $f_2(u_2)=\min\limits_{x_2\in D_2(u_2)}\{c(x_2)+E(u_2)+f_3(u_2+x_2-g_2)\}$，其中状态变量 $u_2=\{0,1,2,3\}$，决策变量 x_2 取值范围为 $\max(0,g_2-u_2)\leqslant x_2\leqslant\min(6,g_2+3-u_2,g_2+g_3+g_4-u_2)$ 的整数，即 $\max(0,3-u_2)\leqslant x_2\leqslant\min(6,6-u_2,9-u_2)$ 的整数。计算结果如表 7-8 所示。

表 7-8　计算结果表

u_2	0				1				2				3			
$x_2(u_2)$	3	4	5	6	2	3	4	5	1	2	3	4	0	1	2	3
$C+E+f_3$	18	18.5	16	17	17.5	18	15.5	16.5	17	17.5	15	16	13.5	17	14.5	15.5

（续）

u_2	0	1	2	3
$f_2(u_2)$	16	15.5	15	13.5
$x_2^*(u_2)$	5	4	3	0

当 $k=1$ 时，有 $f_1(u_1)=\min\limits_{x_1\in D_1(u_1)}\{c(x_1)+E(u_1)+f_2(u_1+x_1-g_1)\}$。由于状态变量 $u_1=0$，本月产量 x_1 同样要受本月需求量、最大库存容量、最大生产能力等约束限制，应为 $2\leqslant x_1\leqslant 5$ 的整数，则 $f_1(0)=\min\limits_{2\leqslant x_1\leqslant 5\text{的整数}}\{c(x_1)+f_2(x_1-2)\}$，计算结果如表7-9所示。

表7-9 $u_1=0$ 时计算结果表

u_1	0			
$x_1(u_1)$	2	3	4	5
$C+0+f_2$	21	21.5	22	21.5
$f_1(u_1)$	21			
$x_1^*(u_1)$	2			

由表7-9可知，总最低费用为 $f_1(0)=21$ 万元，第1个月最佳产量为2单位。而需求 $g_1=2$，所以第2个月初库存量为零，再由表7-8中查 $u_2=0$ 列可得第2个月最佳产量为5单位，同理通过查表7-7，表7-6可得第3、4个月的最佳产量。即最佳生产计划为：第1个月生产2单位，第2个月生产5单位，第3个月不生产，第4个月生产4单位。

总结上述解题过程，可得此类生产存储问题的基本方程为

$$f_k(u_k)=\min_{x_k\in D_k(u_k)}\{c_k(x_k)+E(u_k)+f_{k+1}(u_k+x_k-g_k)\}$$

边界条件：$f_{n+1}(u_{n+1})=0(k=1,2,\cdots,n)$。若最大库存量为 Q，每月最大生产能力为 P，则状态集合为

$$0\leqslant u_k\leqslant\min\left\{Q,\sum_{j=k}^{n}g_j,\sum_{j=1}^{k-1}(P-g_j)\right\}$$

允许决策集合为

$$\max(0,g_k-u_k)\leqslant x_k\leqslant\min\left(P,g_k+Q-u_k,\sum_{j=k}^{n}g_j-u_k\right)$$

7.3.3 多阶段生产安排问题

以上两节中的动态规划问题，由于约束条件简单，可以直接从约束条件得到状态转移函数。在另外一些问题中，只要选好了决策变量和状态变量，划分好了阶段，也能较为容易地写出状态转移函数。若约束条件不易列出或即使可列出也较为烦琐，对于这类问题，则需要更多的技巧和经验。本节就多阶段生产安排这类约束条件不明显的动态规划问题进行实例分析。

设有某种原料，其数量为 $\bar{x}$，用于生产两种不同类型的产品，记为类型 A 和类型 B。已知投入该原料进行生产后，还可以回收部分原料用于下一阶段再生产。假设：

$g(x)$ 为投入数量 x 的原料，生产 A 型产品的收益值，并且 $g(0)=0$。

$h(x)$为投入数量 x 的原料，生产 B 型产品的收益值，并且 $h(0)=0$。

a 为生产 A 型产品的回收率（$0\leqslant a<1$）；b 为生产 B 型产品的回收率（$0\leqslant b<1$）。

该问题是：对总数量为 $\bar{x}$ 的原料进行 n 个阶段的生产，对每个阶段应如何分配原料用于生产 A 型产品及 B 型产品，使得经过 n 个阶段生产之后总的收益最大。

令 $f_k(u_k)$为初始原料量 u_k 进行 k 至 n 个阶段生产，采取最优分配策略所获得的最大收益。

u_k为状态变量，表示第 k 阶段初可供投入生产的原料总数量。

x_k为决策变量，表示进行第 k 阶段生产时，投入用于生产 A 型产品的原料数量（$0\leqslant x_k\leqslant u_k$）；投入用于生产 B 型产品的原料数量 u_k-x_k。

进行第 k 阶段生产时，可得收益为 $g(x_k)+h(u_k-x_k)$。

第 k 阶段生产后，总的回收原料的数量为 $ax_k+b(u_k-x_k)$。

第 k 至第 n 阶段生产采取最优分配策略所获得的最大收益为（递推关系式）

$$f_k(u_k)=\max_{0\leqslant x_k\leqslant u_k}\{g(x_k)+h(u_k-x_k)+f_{k+1}(u_{k+1})\}$$

状态转移方程为

$$u_{k+1}=ax_k+b(u_k-x_k)=bu_k+(a-b)x_k$$

则

$$f_k(u_k)=\max_{0\leqslant x_k\leqslant u_k}\{g(x_k)+h(u_k-x_k)+f_{k+1}(bu_k+(a-b)x_k)\},k=1,2,\cdots,n$$

显然，$f_{k+1}(bu_k+(a-b)x_k)=0$，本节要求解的问题是$f_1(\bar{x})$。

例 7-6 现有 100t 原料用于生产 A，B 两种产品。A 型产品收益 $g(x)=0.6x$，回收率 $\alpha=0.2$；B 型产品收益 $h(x)=0.4x$，回收率 $\beta=0.5$，第二、三年生产原料均由上一年回收得到，问如何安排三年生产使总收益最大？

解：逆序法：设 k 为阶段数 $k=1,2,3$（按时间顺序）。

状态变量：u_k为第 k 年初可提供生产（用于生产 A，B 产品）的原料总量。

决策变量：x_k为第 k 年初可提供生产 A 产品的原料数量，则第 k 年初可提供生产 B 产品的原料数量 u_k-x_k。

状态转移方程：

$$u_{k+1}=\alpha x_k+\beta(u_k-x_k)=0.2x_k+0.5(u_k-x_k)=0.5u_k-0.3x_k$$

则第 k 阶段的收益为（阶段指标）

$$g(x_k)+h(u_k-x_k)=0.6x_k+0.4(u_k-x_k)=0.4u_k+0.2x_k$$

最优指标函数（递推公式）

$$f_k(u_k)=\max_{0\leqslant x_k\leqslant u_k}\{g(x_k)+h(u_k-x_k)+f_{k+1}(u_{k+1})\}$$

当 $k=3$ 时，$f_4(u_4)=0$ 为边界条件，

$$f_3(u_3)=\max_{0\leqslant x_3\leqslant u_3}\{g(x_3)+h(u_3-x_3)\}=\max_{0\leqslant x_3\leqslant u_3}\{0.4u_3+0.2x_3\}=0.6u_3,x_3^*=u_3$$

当 $k=2$ 时，

$$f_2(u_2)=\max_{0\leqslant x_2\leqslant u_2}\{g(x_2)+h(u_2-x_2)+f_3(u_3)\}=\max_{0\leqslant x_2\leqslant u_2}\{0.4u_2+0.2x_2+0.6(0.5u_2-0.3x_2)\}$$

$$=\max_{0\leqslant x_2\leqslant u_2}\{0.7u_2+0.02x_2\}=0.72u_2,x_2^*=u_2$$

当 $k=1$ 时，

$$f_1(u_1)=\max_{0\leqslant x_1\leqslant u_1=100}\{g(x_1)+h(u_1-x_1)+f_2(u_2)\}=\max_{0\leqslant x_1\leqslant u_1=100}\{0.4u_1+0.2x_1+0.72(0.5u_1-0.3x_1)\}$$

$$=\max_{0\leqslant x_1\leqslant u_1=100}\{0.76u_1-0.016x_1\}=76,$$

$$x_1^*=0$$

$$x_2^*=u_2=0.5u_1-0.3x_1=0.5\times100-0.3\times0=50$$

$$x_3^*=u_3=0.5u_2-0.3x_2=0.5\times50-0.3\times50=10$$

结果列于表 7-10 中。

表 7-10　例 7-6 解表

u_k	投产 A 产品的原料数量	投产 B 产品的原料数量
$u_1=100$	$x_1=0$	$u_1-x_1=100$
$u_2=50$	$x_2=50$	$u_2-x_2=0$
$u_3=10$	$x_3=10$	$u_3-x_3=0$

采用最优方案的总收益为 76，先低负荷生产，转折点后都用于高负荷生产。

7.3.4　系统可靠性问题

假如一个复杂的工作系统由 n 个部件串联组成的，只要有一个部件失灵，整个系统就不能工作。为提高系统的可靠性，可以增加部件的备用件。由于系统成本（或重量、体积）的限制，应如何选择各个部件的备件数，使整个系统的可靠性最大。假设部件 i $(i=1,2,\cdots,n)$ 上装有 x_i 个备用件，该部件正常工作的概率为 $p_i(x_i)$。装一个部件 i 的备用件的成本为 c_i，要求备件的总费用为 C，那么该问题模型为

$$\max P=\prod_{i=1}^{n}p_i(x_i)$$

$$\text{s.t.}\begin{cases}\sum\limits_{i=1}^{n}c_ix_i\leqslant C\\ x_i\geqslant 0\text{ 且为整数},i=1,2,\cdots,n\end{cases}$$

如果用动态规划方法来解该问题，将问题分为 n 个阶段，状态变量 u_k 表示从第 k 个到第 n 个部件所允许使用的总费用，决策变量 x_k 为部件 k 上装的备用件的个数。最优化函数 $f_k(u_k)$ 表示从部件 k 到部件 n 的最大可靠性。该问题的动态规划的基本方程如下：

$$f_k(u_k)=\max_{x_k\in D_k(u_k)}\{p_k(x_k)f_{k+1}(u_{k+1})\}$$

边界条件为 $f_{k+1}(u_{k+1})=1$，状态转移方程为 $u_{k+1}=u_k-c_kx_k$，$k=1,2,\cdots,n$。最后，计算 $f_1(u_1)$ 即为所求问题的最大可靠性。

同理，如果一个复杂的工作系统是由 n 个部件并联组成的，当 n 个部件都失灵，整个系统就不能工作。假设 $p_i(x_i)$ 为第 i 个部件失灵的概率，为提高系统的可靠性，可以增加部件的备用件。由于系统成本（或重量、体积）的限制，应如何选择各个部件的备件数，使整个系统的可靠性最大。

在这个问题中，系统的可靠性为 $1-\prod\limits_{i=1}^{n}p_i(x_i)$，那么该问题的数学模型为

$$\min P=\prod_{i=1}^{n}p_i(x_i)$$

$$\text{s. t.}\begin{cases}\sum_{i=1}^{n}c_ix_i\leqslant C\\ x_i\geqslant 0\text{ 且为整数},i=1,2,\cdots,n\end{cases}$$

如果用动态规划方法来解该问题，将问题分为 n 个阶段，状态变量 u_k 仍表示从第 k 个到第 n 个部件所允许使用的总费用，决策变量 x_k 仍为部件 k 上装的备用件的个数。最优化函数 $f_k(u_k)$ 则表示从部件 k 到部件 n 的最小的失灵概率。该问题的动态规划的基本方程如下：

$$f_k(u_k)=\min_{x_k\in D_k(u_k)}\{p_k(x_k)f_{k+1}(u_{k+1})\}$$

边界条件为 $f_{k+1}(u_{k+1})=1$，状态转移方程

$$u_{k+1}=u_k-c_kx_k,k=1,2,\cdots,n$$

最后，计算 $f_1(u_1)$ 即为所求问题全系统的最小失灵的概率。

例 7-7 我国的载人航天飞船项目中存在一个技术问题，有 3 个研究小组分别用三种方法来解决该问题。在目前的情况下，3 个研究小组失败的概率分别是 0.4，0.6，0.8。那么这个技术问题无法解决的概率为 0.4×0.6×0.8=0.192。现在有两个顶级的科学家将加入该项研究中，表 7-11 给出了当 0，1 或 2 个科学家分别加入 3 个研究小组时，各个研究小组失败的概率。如果每个科学家只能全身心投入一个研究小组，那么如何分派这两位科学家，才能使这个技术问题无法解决的概率降到最小。

表 7-11 各个研究小组可能失败的概率

新加入科学家的人数	研究小组		
	1	2	3
0	0.40	0.60	0.80
1	0.20	0.40	0.50
2	0.15	0.20	0.30

首先，假设 $p_i(x_i)$ 表示当 x_i 个科学家分派到第 i 组时，该研究小组可能失败的概率，也就是表 7-11 中所提供的数据。那么，技术问题无法解决的概率就是三个小组全都失败的概率为 $p_1(x_1)p_2(x_2)p_3(x_3)$，所以该问题的数学模型如下：

$$\min P=\prod_{i=1}^{3}p_i(x_i)=p_1(x_1)p_2(x_2)p_3(x_3)$$

$$\text{s. t.}\begin{cases}\sum_{i=1}^{n}x_i=x_1+x_2+x_3=2\\ x_i\geqslant 0\text{ 且为整数},i=1,2,3\end{cases}\tag{7-7}$$

现在用动态规划的方法来解决。将问题分为 3 个阶段（3 个小组）$k=1,2,3$，假设状态变量 u_k 表示第 k 阶段也就是第 k 小组可以分派的科学家的人数，其中 $u_4=0$，决策变量 x_k 表示决定在第 k 小组分派的科学家的人数。最优化函数 $f_k(u_k)$ 表示从第 k 阶段到第 3 阶段项目

都没有成功的概率的最小值。那么，根据式（7-7），$k=3$，$k=2$，$k=1$ 的动态规划方法计算过程如表 7-12～表 7-14 所示。

表 7-12 动态规划方法计算过程（$k=3$）

u_3	$p_3(x_3)f_4(u_4)$	x_3^*
0	0.8	0
1	0.5	1
2	0.3	2

表 7-13 动态规划方法计算过程（$k=2$）

u_2	$p_2(x_2)f_3(u_2-x_2)$			$f_2(u_2)$	x_2^*
	$x_2=0$	$x_2=1$	$x_2=2$		
0	0.6×0.8=0.48			0.48	0
1	0.6×0.5=0.30	0.4×0.8=0.32		0.30	0
2	0.6×0.3=0.18	0.4×0.5=0.20	0.2×0.8=0.16	0.16	2

表 7-14 动态规划方法计算过程（$k=1$）

u_1	$p_1(x_1)f_2(u_1-x_1)$			$f_1(u_1)$	x_1^*
	$x_1=0$	$x_1=1$	$x_1=2$		
2	0.4×0.16=0.064	0.2×0.30=0.060	0.15×0.48=0.072	0.060	1

因此，可以得出最优的分派方式是 $x_1^*=1$，$x_2^*=0$，$x_3^*=1$，也就是说分派给第一小组和第三小组各一个科学家，那么项目可能失败的最小概率为 0.060。

7.3.5 设备更新问题

一台设备在使用过程中会逐渐变旧以致损坏。对旧设备进行维修，或者卖掉旧的再买新的（即更新）。在给定的年限 n 年内，使用此种设备进行生产，设备应使用多少年后再进行更新，以使得总的纯收入最大或总的使用成本最小，即所谓的设备更新问题。令 i= 当前的年份。t_i=役龄，即设备已使用过的年限。$r_i(t_i)$= 在第 i 年役龄为 t_i 的一台设备在运转一年带来的收入额。显然 $r_i(t_i)$ 是 t_i 的递减函数，这是因为设备随着使用时间的增加（即役龄的增加）而变旧，因而收益减少。$c_i(t_i)$= 在第 i 年卖掉一台役龄为 t_i 的设备所得到的资金额（即旧设备的折价），由于设备越旧越不值钱，所以 $c_i(t_i)$ 是 t_i 的递减函数。$u_i(t_i)$= 在第 i 年役龄为 t_i 的一台设备，继续使用，每年所需维修费。因为设备随着使用年限的增加而逐渐变旧，维修费也逐渐增加，因此 $u_i(t_i)$ 是 t_i 的递增函数。p_i=在第 i 年购买一台新设备所需的费用。

应用动态规划模型求解，设 i 为阶段变量（$i=1,2,\cdots,n$），它表示营运年数，选取役龄 t_i 为状态变量，它表示第 i 年年初设备的役龄。

$x_i(t_i)$ 表示在第 i 年初，对役龄为 t_i 年的设备做出一种决定：保留或更新。令决策变量

$$x_i(t_i)=\begin{cases}0, & \text{表示第 } i \text{ 年年初继续使用旧设备} \\ 1, & \text{表示第 } i \text{ 年年初更换新的设备}\end{cases}$$

$f_i(t_i)$ 表示在第 i 年年初，开始使用一个役龄为 t_i 年的设备时，采取更新的最优策略，直

到 n 年末所获得的最大收入。

状态转移函数为

$$t_{i+1}=\begin{cases}t_i+1, & x_i(t_i)=0\\ 1, & x_i(t_i)=1\end{cases}$$

阶段指标为

$$v(t_i,x_i)=\begin{cases}r_i(t_i)-u_i(t_i), & x_i(t_i)=0\\ r_i(0)-u_i(0)-p_i+c_i(t_i), & x_i(t_i)=1\end{cases}$$

由最优化原理可得到如下递推关系式（逆序法递推计算），其中，$i=n,n-1,\cdots,2,1$。

$$f_i(t_i)=\max_{x_i\in\{0,1\}}\{v(t_i,x_i)+f_{i+1}(t_{i+1})\}=\max\begin{cases}r_i(t_i)-u_i(t_i)+f_{i+1}(t_i+1), & x_i(t_i)=0\\ r_i(0)-u_i(0)-p_i+c_i(t_i)+f_{i+1}(1), & x_i(t_i)=1\end{cases}$$

边界条件为 $f_{n+1}(t_{n+1})=0$。

例 7-8 某工厂的一型号车床年均收入额 $r_i(t_i)$、旧设备折价 $c_i(t_i)$、年维修费用 $u_i(t_i)$，以及新车床购置费 p_i 等如表 7-15 所示，试求出 5 年生产的设备更新的最优策略。

表 7-15 费用收益表

项目	役龄					
	0	1	2	3	4	5
$r_i(t_i)$	5	4.5	4	3.75	3	2.5
$u_i(t_i)$	0.5	1	1.5	2	2.5	3
p_i	5	5	5	5	5	5
$c_i(t_i)$	4.5	4	3.5	3	2.5	2

解：$i=1,2,3,4,5$，决策变量为

$$x_i(t_i)=\begin{cases}0, & \text{表示第 } i \text{ 年初使用旧设备}\\ 1, & \text{表示第 } i \text{ 年初更新旧设备}\end{cases}$$

状态转移函数为

$$t_{i+1}=\begin{cases}t_i+1, & x_i(t_i)=0\\ 1, & x_i(t_i)=1\end{cases}$$

状态转移图见图 7-2。

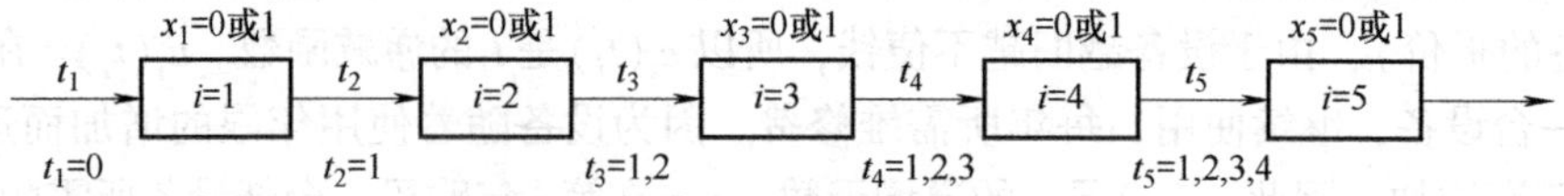

图 7-2 设备更新状态转移图

阶段指标为

$$\begin{cases}r_i(t_i)-u_i(t_i), & x_i(t_i)=0(\text{继续使用})\\ r_i(0)-u_i(0)-p_i+c_i(t_i), & x_i(t_i)=1(\text{更新})\end{cases}$$

递推公式为

$$f_i(t_i)=\max_{x_i\in\{0,1\}}\{r_i(t_i)-u_i(t_i)+f_{i+1}(t_{i+1}),r_i(0)-u_i(0)-p_i+c_i(t_i)+f_{i+1}(1),\}$$

当 $i=5$ 时，$t_5=1,2,3,4$，

$$f_5(1)=\max_{x_5=0,1}\{4.5-1,5-0.5-5+4\}=3.5\qquad(\bar{x}_5(1)=0,1)$$

$$f_5(2)=\max_{x_5=0,1}\{4-1.5,5-0.5-5+3.5\}=3\qquad(\bar{x}_5(2)=1)$$

$$f_5(3)=\max_{x_5=0,1}\{3.75-2,5-0.5-5+3\}=2.5\qquad(\bar{x}_5(3)=1)$$

$$f_5(4)=\max_{x_5=0,1}\{3-2.5,5-0.5-5+2.5\}=2\qquad(\bar{x}_5(4)=1)$$

当 $i=4$ 时，$t_4=1,2,3$，

$$f_4(t_4)=\max_{x_4\in\{0,1\}}\begin{cases}r_4(t_4)-u_4(t_4)+f_5(t_4+1), & x_4(t_4)=0\\ r_4(0)-u_4(0)-p_4+c_4(t_4)+f_5(1), & x_4(t_4)=1\end{cases}$$

$$f_4(1)=\max_{x_4\in\{0,1\}}\begin{Bmatrix}4.5-1+f_5(2)\\5-0.5-5+4+f_5(1)\end{Bmatrix}=\max\begin{Bmatrix}4.5-1+3\\5-0.5-5+4+3.5\end{Bmatrix}=7\qquad(\bar{x}_4(1)=1)$$

$$f_4(2)=\max\begin{Bmatrix}4-1.5+2.5\\5-0.5-5+3.5+3.5\end{Bmatrix}=6.5\qquad(\bar{x}_4(2)=1)$$

$$f_4(3)=6(\bar{x}_4(3)=1)$$

当 $i=3$ 时，$t_3=1$，2 $f_3(1)=10.5\quad(\bar{x}_3(1)=1)$，$f_3(2)=10\quad(\bar{x}_3(2)=1)$。

当 $i=2$ 时，

$$f_2(1)=\max\begin{Bmatrix}4.5-1+10\\5-0.5-5+4+10.5\end{Bmatrix}=14\qquad(\bar{x}_2(1)=1)$$

当 $i=1$ 时：

$$f_1(0)=\max\begin{Bmatrix}5-0.5+14\\5-0.5-5+4.5+14\end{Bmatrix}=18.5\qquad(\bar{x}_1(0)=0)$$

最优更新策略为 $x^{(1)}=\{0,1,1,1,0\}$ 或 $x^{(2)}=\{0,1,1,1,1\}$。此题在学过图与网络分析之后，用求最大流方法计算更为简便。

7.3.6 其他应用

例 7-9 用动态规划的方法求解下列问题。

$$\min f=x_1^2+x_2^2+x_3^2$$
$$\text{s. t.}\begin{cases}x_1+x_2+x_3\geqslant 9\\x_j\geqslant 0,\ j=1,2,3\end{cases}$$

解：当 $k=3$ 时，$f_3(u_3)=\min\limits_{x_3=u_3}\{x_3^2\}=u_3^2$，$(x_3^*=u_3)$。

因为，$x_1+x_2+x_3=u_1\geqslant 9$，$u_2=u_1-x_1$，$u_3=u_2-x_2$，$u_4=u_3-x_3$，相加得

$$x_1+x_2+x_3\geqslant 9-u_4$$

所以，$u_4=0$，即 $x_3=u_3$，始端固定，终端固定。

当 $k=2$ 时，

$$f_2(u_2)=\min_{0\leqslant x_2\leqslant u_2}\{x_2^2+(u_2-x_2)^2\}=\frac{u_2^2}{2},\left(x_2^*=\frac{u_2}{2}\right)$$

当 $k=1$ 时，

$$f_1(9)=\min_{0\leqslant x_1\leqslant 9}\left\{x_1^2+\frac{(u_1-x_1)^2}{2}\right\}=\frac{9^2}{3}=27,\left(x_1^*=\frac{9}{3}=3\right)$$

最优解为 $x_1^*=x_2^*=x_3^*=3$，最优值为 $f_{\min}(9)=27$。

7.4　用 Excel、LINGO 和 MATLAB 求解动态规划问题

7.4.1　Excel 求解动态规划问题

Excel 求解动态规划问题，采用的还是单纯形法。因此，首先要构建其线性规划的数学模型，下面以例 7-6 为例，说明 Excel 求解动态规划问题的过程。设 x_{ij} 为第 i 年分配给第 j 型产品的资源数量（$i=1,2,3$；$j=1,2$）将变量列于表 7-16 中。

表 7-16　资源数量表

产　　品	第 1 年	第 2 年	第 3 年
A	x_{11}	x_{21}	x_{31}
B	x_{12}	x_{22}	x_{32}

因此，线性规划模型如下：

$$\max f=0.6(x_{11}+x_{21}+x_{31})+0.4(x_{12}+x_{22}+x_{32})$$

$$\text{s. t.}\begin{cases}x_{11}+x_{12}=100\\x_{21}+x_{22}=0.2x_{11}+0.5x_{12}\\x_{31}+x_{32}=0.2x_{21}+0.5x_{22}\\x_{ij}\geqslant 0(i=1,2,3;\ j=1,2)\end{cases}$$

根据 Excel 建立的模型如图 7-3 所示。第一年将所有原料投入生产产品 B，第二、三年将所有原料投入生产产品 A 时，总收益最大为 76。

	A	B	C	D	E	F	G
1	例7-6 多阶段生产安排问题						
2							
3			A	B			
4		回收率	0.2	0.5			
5		收益系数	0.6	0.4			
6							
7		资源量	A	B	实际分配		可用资源量
8		1年	0	100	100	=	100
9		2年	50	0	50	=	50
10		3年	10	0	10	=	10
11		合计	60	100	总收益	=	76

图 7-3　例 7-6 的 Excel 模型

7.4.2　LINGO 求解动态规划问题

对例 7-1 最短路线问题。设 A→顶点 1，B_1→顶点 2，B_2→顶点 3，B_3→顶点 4，C_1→顶点 5，C_2→顶点 6，C_3→顶点 7，D_1→顶点 8，D_2→顶点 9，E→顶点 10。用 LINGO 求解动态规划问题的程序如图 7-4 所示。

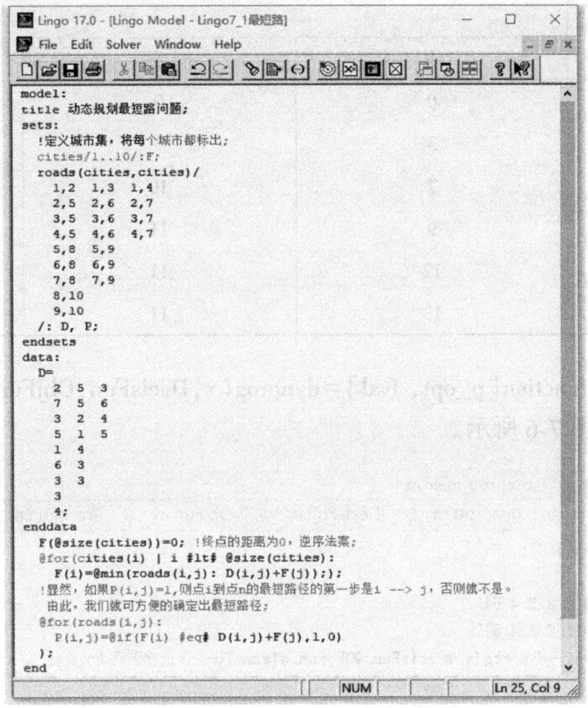

```
model:
title 动态规划最短路问题;
sets:
  !定义城市集，将每个城市都标出;
  cities/1..10/:F;
  roads(cities,cities)/
    1,2  1,3  1,4
    2,5  2,6  2,7
    3,5  3,6  3,7
    4,5  4,6  4,7
    5,8  5,9
    6,8  6,9
    7,8  7,9
    8,10
    9,10
  /: D, P;
endsets
data:
  D=
    2  5  3
    7  5  6
    3  2  4
    5  1  5
    1  4
    6  3
    3  3
    3
    4;
enddata
  F(@size(cities))=0; !终点的距离为0，逆序法案;
  @for(cities(i) | i #lt# @size(cities):
    F(i)=@min(roads(i,j): D(i,j)+F(j)););
  !显然，如果P(i,j)=1,则点i到点n的最短路径的第一步是i --> j，否则就不是。
   由此，我们就可方便的确定出最短路径;
  @for(roads(i,j):
    P(i,j)=@if(F(i) #eq# D(i,j)+F(j),1,0)
  );
end
```

图 7-4　LINGO 动态规划最短路模型

运行去掉不相关部分的结果如图 7-5 所示。即从 A 到 E 的最短路长度 11，再按计算 p 值的最优路线为 A→B_3→C_2→D_2→E。

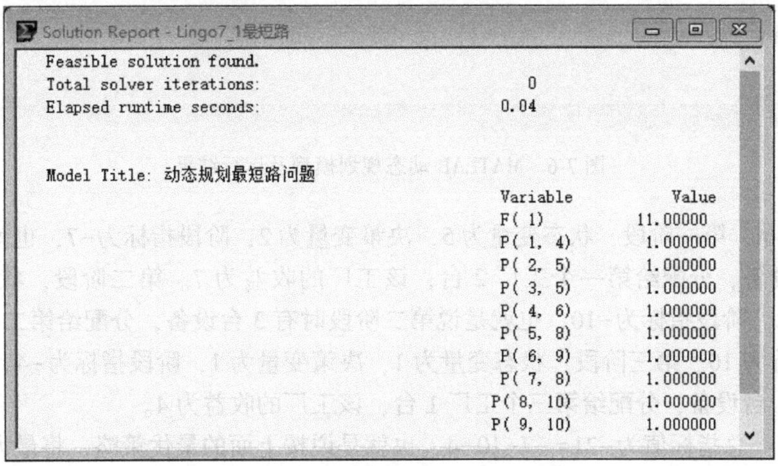

```
Feasible solution found.
Total solver iterations:                    0
Elapsed runtime seconds:                 0.04

Model Title: 动态规划最短路问题
                               Variable           Value
                               F( 1)           11.00000
                               P( 1, 4)        1.000000
                               P( 2, 5)        1.000000
                               P( 3, 5)        1.000000
                               P( 4, 6)        1.000000
                               P( 5, 8)        1.000000
                               P( 6, 9)        1.000000
                               P( 7, 8)        1.000000
                              P( 8, 10)        1.000000
                              P( 9, 10)        1.000000
```

图 7-5　LINGO 最短路模型运行结果

7.4.3 MATLAB 求解动态规划问题

某公司拟将某种设备 5 台分配给甲、乙、丙 3 个工厂，各工厂利润与设备数量之间的关系如表 7-17 所示，问这 5 台设备如何分配使 3 个工厂的总利润为最大？

表 7-17 各工厂利润与设备数量之间的关系

设备	利润		
	甲	乙	丙
0	0	0	0
1	3	5	4
2	7	10	6
3	9	11	11
4	12	11	12
5	13	11	12

动态规划函数为 function[p_opt, fval] = dynprog(x, DecisFun, ObjFun, TransFun)，动态规划模型及运行结果如图 7-6 所示。

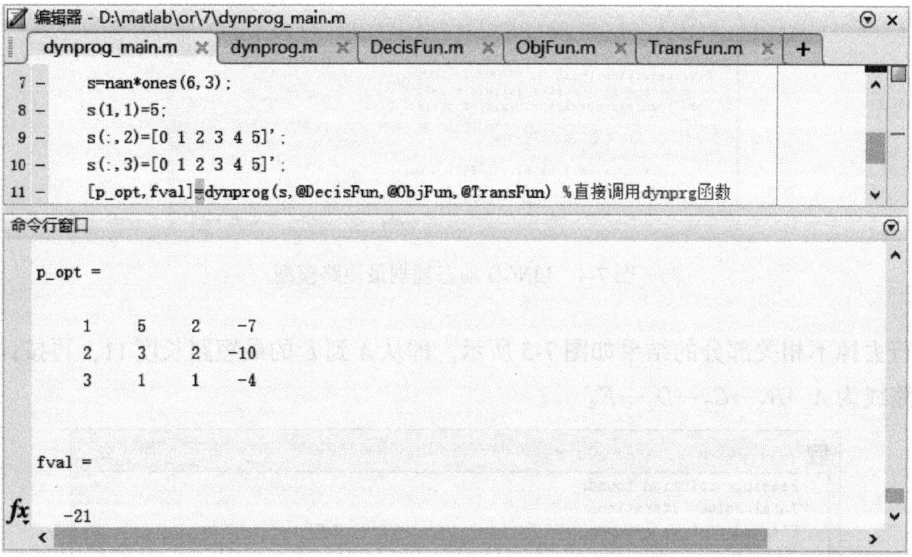

图 7-6 MATLAB 动态规划模型及运行结果

对于 p_opt，第一阶段，状态变量为 5，决策变量为 2，阶段指标为-7，也就是说第一阶段时有 5 台设备，分配给第一个工厂 2 台，该工厂的收益为 7。第二阶段，状态变量为 3，决策变量为 2，阶段指标为-10，也就是说第二阶段时有 3 台设备，分配给第二个工厂 2 台，该工厂的收益为 10。第三阶段，状态变量为 1，决策变量为 1，阶段指标为-4，也就是说第三阶段时有 1 台设备，分配给第三个工厂 1 台，该工厂的收益为 4。

对于 fval：总指标值为-21=-7-10-4，也就是说按上面的最优策略，将最大获利 21。

【扩展】

新时代北斗精神　北斗：想象无限　北斗：北斗之路　北斗：时空文明

北斗赋能照亮智慧城市

对美好生活的向往，催促着人们不断前行。中国制造的北斗卫星导航系统的影响已经无处不在。北斗已经构成了一个环绕地球的导航星座，分别由30颗北斗三号卫星、15颗北斗二号卫星以及许多颗试验卫星和备份星共同在轨组成，它们各自飞行在不同高度、不同角度的太空轨道。

2020年疫情突如其来，中国邮政依托湘邮科技的“北斗+5G”技术，出动了多台无人小车与无人机，实现了无接触式精准投放，为疫情防控提供及时、充足的后勤补给保障。

北斗推进多式联运发展优化运输结构，全程可监测、可追溯，从而实现多式联运信息共享，提升管理精细化水平，推动多式联运交通智慧化发展。

智能手机的内置芯片无时无刻不在接收者北斗发出的信号，在世界任何地方，任何时间我们头顶上至少有8颗以上的北斗卫星在运行着，无论我们走到哪里，北斗卫星都能从遥远的太空计算出我们所处的精确位置。无论我们身处何地，无论我们身处何时，北斗系统都在我们看不见的苍穹之上指引我们前行的路。北斗已在城市生活、农业、航海、交通运输、公共安全等领域应用带来的许多不为人知的改变，对改善城市环境、提升居民生活品质等方面都具有重要意义。

习题7

7.1　判断对错，并说明理由。

（1）动态规划的基本方程是将一个多阶段的决策问题转化为一系列具有递推关系的单阶段的决策问题。（　）

（2）连乘形式的递推方程的边界条件等于1，连和形式的递推方程的边界条件等于0。（　）

（3）动态规划的成功之处在于，把一个 n 阶段决策问题变换为 n 个单阶段最优化问题，一个一个地求解。（　）

（4）动态规划方法能够求出全局最优解。（　）

（5）动态规划方法在每阶段的决策是从全局来考虑的，与该段的最优决策一般是相同的。（　）

（6）动态规划方法中的“动态”与“时间”关系密切，因此，该种方法主要是用来解决按时间分阶段的决策问题。（　）

（7）建立背包问题（车辆装载问题）的动态规划模型且用逆序求解时，将状态变量设置为在 k 阶段开始时，背包（车辆）允许装入第 k 件至第 n 件物品的总质量。（　）

（8）动态规划是解决动态决策过程中最优化问题的一种方法。（　）

（9）动态规划中，定义状态时应保证在各个阶段中所做决策的相对独立性。（　）

（10）如果某问题能用动态规划方法求解，则其应满足具有无后效性，即不论过去状态和决策如何，对前面的决策所形成的状态而言，余下的诸决策必须构成最优策略。（　）

7.2　某物流企业从国外承运一台设备，由工厂 A 到 G 港口有多条通路可供选择，其路线及费用如图7-7所示。现要确定一条从 A 到 G 的使总运费最小的路线，请将该问题描述成一个动态规划问题，然后求其最优解。

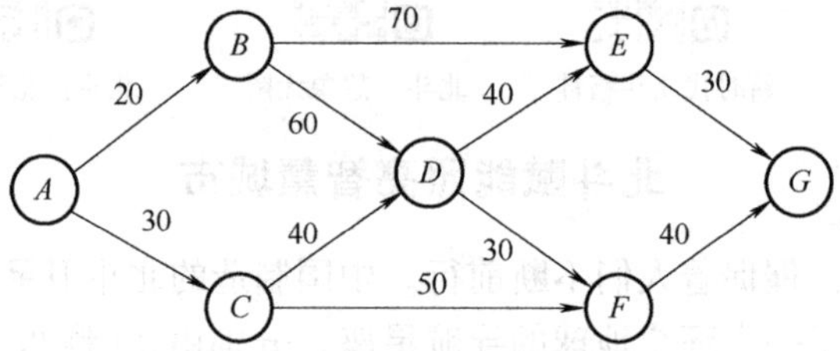

图 7-7　路线及费用图

7.3　求下列数学规划的解。

(1) $\max f=4x_1+7x_2+8x_3$

$$\text{s.t.}\begin{cases}2x_1+3x_2+4x_3\leqslant 8\\ x_j\geqslant 0 \text{ 且为整数}, j=1,2,3\end{cases}$$

(2) $\max f=8x_1+7x_2$

$$\text{s.t.}\begin{cases}2x_1+x_2\leqslant 8\\ 5x_1+2x_2\leqslant 15\\ x_j\geqslant 0 \text{ 且为整数}, j=1,2\end{cases}$$

7.4　用动态规划的方法求解下列非线性规划问题。

(1) $\max f=\prod_{j=1}^{3} jx_j$

$$\text{s.t.}\begin{cases}x_1+3x_2+2x_3\leqslant 12\\ x_j\geqslant 0,\ j=1,2,3\end{cases}$$

(2) $\max Z=x_1x_2x_3$

$$\text{s.t.}\begin{cases}x_1+x_2+x_3=C\\ x_j\geqslant 0,\ j=1,2,3\end{cases}$$

7.5　用动态规划解下面问题。

(1) $\min f=x_1^2+x_2^2+x_3^2$

$$\text{s.t.}\begin{cases}x_1x_2x_3=64\\ x_j\geqslant 0, j=1,2,3\end{cases}$$

(2) $\min Z=x_1+x_2^2+x_3^2$

$$\text{s.t.}\begin{cases}x_1+x_2+x_3=C\\ x_1,\ x_2,\ x_3\geqslant 0\end{cases}$$

7.6　多阶段生产安排问题，现有 100t 原料用于生产 A，B 两种产品。A 型产品收益 $g(x)=0.6x$，回收率 $\alpha=0.2$；B 型产品收益 $h(x)=0.4x$，回收率 $\beta=0.5$，第二、三年生产原料均由上一年回收得到，要使第三年年末剩 9t 原料，问如何安排三年生产使总收益最大？

7.7　某物流公司拟将 3 千万元资金用于改造扩建所属的 3 个配送中心，每个配送中心的利润增长额与所分配到的投资额有关，各配送中心在获得不同的投资额时所能增加的利润如表 7-18 所示，问应如何分配这些资金，使公司总的利润增长额最大？

表 7-18　投资利润表　　单位：百万元

配送中心	投资			
	0	10	20	30
1	0	2.5	4	10
2	0	3	5	8.5
3	0	2	6	9

7.8　某单位在 5 年内需使用一台机器，该种机器的年收入、年运行费及每年年初一次性更新重置的费用随机器的役龄变化而变化，如表 7-19 所示，该单位现有一台役龄为 1 年的机器，试制订最优更新计划，以使 5 年内的总利润最大（不计 5 年期末时机器的残值）。

表 7-19 费用–役龄变化表

役龄	0	1	2	3	4	5
年收入	20	19	18	16	14	10
年运行费	4	4	6	6	9	10
更新费	25	27	30	32	35	36

7.9 某电子仪器由三个串联的组件（$j=1,2,3$）构成，如果有一个组件失效，仪器就无法工作。为提高该仪器的可靠性，每个组件中可增加并联的备用元件数。用 R_j 代表各组件的可靠性，k_j 代表组件中并联的元件数，C_j 代表并联不同元件时第 j 个组件的相应费用，有关数据如表 7-20 所示，若限定用于仪器中组件的总费用不超过 1000 元，试确定使该仪器可靠性为最高的设计方案。

表 7-20 并联元件的可靠性和费用表

k_j	组件					
	$j=1$		$j=2$		$j=3$	
	R_1	C_1	R_2	C_2	R_3	C_3
1	0.6	100	0.7	300	0.5	200
2	0.8	200	0.8	500	0.7	400
3	0.9	300	0.9	600	0.9	500

7.10 试求满足费用 105 元的条件下，系统可靠度 R 最大，要求：同一元件最多可并联 3 件（至少要一个，否则断路）。其中，R_j 是第 j 子系统每个元件的可靠度；x_j 是第 j 子系统并联元件 D_i 的个数，单价见表 7-21。

表 7-21 单价表

元件	单价（元）	R_j
D_1	30	0.9
D_2	15	0.8
D_3	20	0.5

7.11 某工厂共有 4 个单位能源供给 3 个车间使用，由于各车间的设备条件不同，使用能源所能获得的收益情况也不同，具体数据见表 7-22。为使工厂获得最大收益，每个车间各应分配多少单位能源，建立用动态规划法求解的数学模型。

表 7-22 习题 7.11 用表 （单位：万元）

车间	能源				
	0	1	2	3	4
A	0	4	7	10	13
B	0	5	9	11	13
C	0	4	6	11	14

第 8 章 图与网络分析

教学目标：

通过本章的学习，能够辨别图与网络的有关概念，学会最小支撑树和最小费用最大流的计算方法，利用网络最大流最小割分析网络最大承载能力和最佳控制节点，根据任意两点间最短距离设计网络重心和网络中心方案，能灵活应用软件进行图与网络建模和求解。

图论是应用十分广泛的运筹学分支，现已广泛应用在管理科学、理学、物流与供应链管理、信息论、计算机、控制论等各个领域。在实际生活、生产和科学研究中，有很多问题可以用图论的理论和方法来解决。欧拉（Euler）在1736年发表图论方面的第一篇论文，解决了著名的哥尼斯堡七桥问题，被公认为是图论的创始人。18世纪的哥尼斯堡城中有一条被称为普雷格尔的河流，该河两岸上有七座桥和两个岛屿，如图8-1a所示。

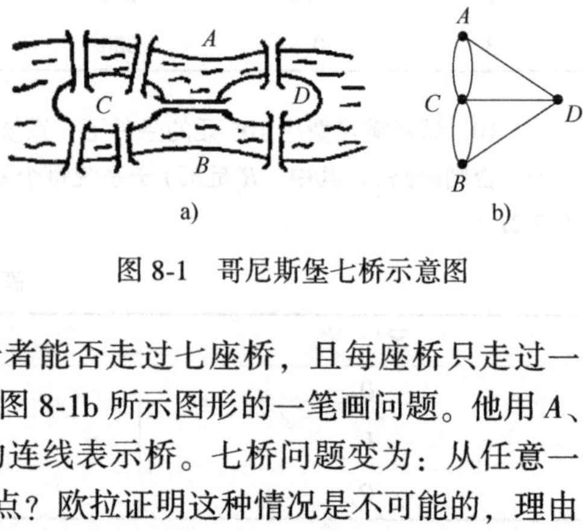

图 8-1　哥尼斯堡七桥示意图

当时那里的人们热衷于这样的问题：一个散步者能否走过七座桥，且每座桥只走过一次，最后回到出发点。1736年欧拉将该问题归结为图8-1b所示图形的一笔画问题。他用A、B、C、D四点表示河的两岸和小岛，用两点之间的连线表示桥。七桥问题变为：从任意一点出发，能否通过每条边一次且仅一次，再回到该点？欧拉证明这种情况是不可能的，理由是图中的每个点都只与奇数条线相关联，不可能将该图一笔画成。这就是古典图论中的一个著名问题。图论的内容十分丰富，本章重点介绍图与树的基本概念以及图与网络中较为重要的几个应用模型——最短路模型、最大流模型及最小费用流模型。

8.1　图的基本概念

在现实生产和生活中，人们为了反映一些对象之间的关系，常常在纸上用点和线画出各种样式的示意图。

例 8-1　图8-2是我国北京、天津等十个城市的铁路交通图，反映了这十个城市间的铁路分布情况。该图用点表示城市，点与点之间的连线代表这两个城市之间的铁路线。

例 8-2　有甲、乙、丙、丁、戊五个球队，它们之间比赛的情况，可以用图8-3表示出来。已知甲队和其他各队都赛过一次；乙队和甲队、丙队比赛过；丙队和乙队、丁队比赛过，丁队和丙队、戊队比赛过，戊队和甲队、丁队比赛过。为了反映此种情况，用v_1，v_2，

v_3，v_4，v_5分别表示这五支球队，某两个队之间比赛过，就在这两个队所对应的点之间连一条线，该线不过其他的点。

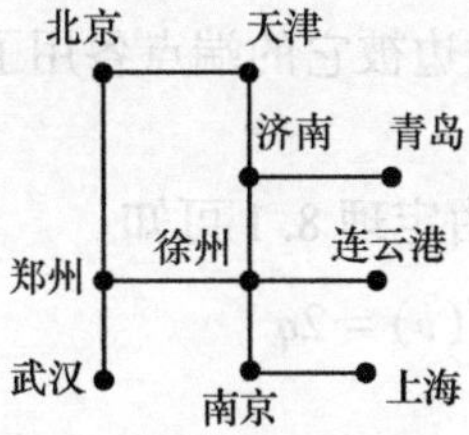

图 8-2 十城市铁路交通图

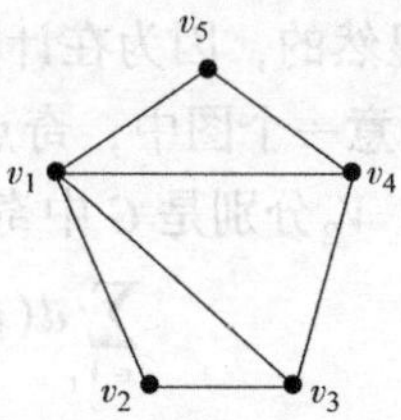

图 8-3 五个球队比赛关系

综上所述，一个图是由一些点及一些点之间的连线所组成的。两点之间不带箭头的连线称为边，边的集合用 E 表示，连接点 v_i，$v_j \in V$ 的边记为 $[v_i,v_j]$（或 $[v_j,v_i]$）；带箭头的连线称为弧，弧的集合用 A 表示，一条方向从 v_i指向 v_j的弧记为（v_i,v_j）。

定义 8.1 如果一个图 G 是由点和边所构成的，则称之为无向图，简称为图，记为 $G=(V,E)$。式中 $V=\{v_i\}$（$i=1,2,\cdots,p$）和 $E=\{e_j\}$（$j=1,2,\cdots,q$）分别表示 G 的点集合和边集合，V 中的元素 v_i叫作顶点，E 中的元素 e_j叫作边，如图 8-4a 所示。

定义 8.2 如果一个图 D 是由点及弧所构成的，则称为有向图，记为 $D=(V,A)$。式中 $V=\{v_i\}$（$i=1,2,\cdots,p$）和 $A=\{a_k\}$（$k=1,2,\cdots,q$）分别表示 D 的点集合和弧集合，V 中的元素 v_i叫作顶点，A 中的元素 a_k叫作弧，如图 8-4b 所示。

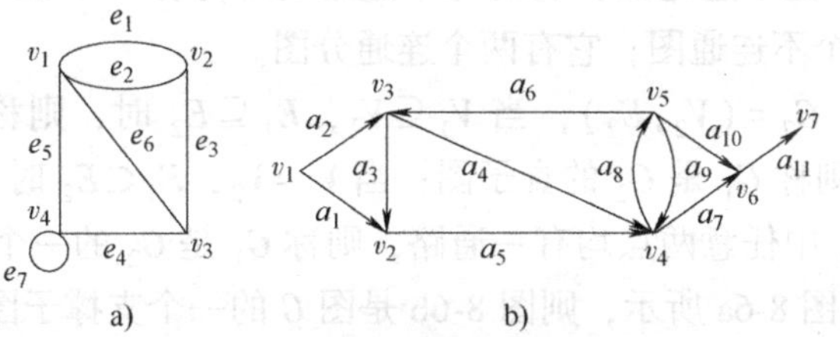

图 8-4 无向图和有向图

例 8-3 图 8-4a 和图 8-4b 分别是一个无向图 $G=(V,E)$ 和有向图 $D=(V,A)$。在 G 中，$V=\{v_1,v_2,v_3,v_4\}$，$E=\{e_1,e_2,e_3,e_4,e_5,e_6,e_7\}$。其中，$e_1=[v_1,v_2]$，$e_2=[v_1,v_2]$，$e_3=[v_2,v_3]$，$e_4=[v_3,v_4]$，依次类推。在 D 中，$V=\{v_1,v_2,v_3,v_4,v_5,v_6,v_7\}$，$A=\{a_1,a_2,\cdots,a_{11}\}$。其中，$a_1=(v_1,v_2)$，$a_2=(v_1,v_3)$，依次类推。

本节首先介绍一下常用的名词和记号，先考虑无向图 $G=(V,E)$。

若边 $e=[v_i,v_j]\in E$，则称 v_i，v_j 是 e 的端点，也称 v_i，v_j 是相邻的；称 e 是点 v_i 及点 v_j 的关联边。若图 G 中，某条边的两个端点相同，则称 e 是环（如图 8-4a 中的 e_7）。若两个点之间有多于一条的边，称这些边为多重边（如图 8-4a 中的 e_1和 e_2）。一个无环、无多重边的图称为简单图，一个无环、但允许有多重边的图称为多重图。

定义 8.3 以点 v 为端点的边的个数称为 v 的次或度，记 $d(v)$，其中环上端点的次为 2。图 8-4a 中，$d(v_1)=4$，$d(v_2)=3$，$d(v_3)=3$，$d(v_4)=4$。并且称次为 1 的点为悬挂点，悬挂点的关联边称为悬挂边。次为 0 的点称为孤立点。次为奇数的点称为奇点，次为偶数的点称为偶点。

定理 8.1 图 $G=(V,E)$ 中，所有点的次之和是边数的两倍，即

$$\sum_{v \in V} d(v) = 2q$$

证明 这是显然的，因为在计算各点的次时，每条边被它的端点各用了一次。

定理 8.2 任意一个图中，奇点的个数为偶数。

证明 设 V_1，V_2分别是 G 中奇点和偶点的集合，由定理 8.1 可知

$$\sum_{v \in V_1} d(v) + \sum_{v \in V_2} d(v) = \sum_{v \in V} d(v) = 2q$$

因 $\sum_{v \in V} d(v)$ 是偶数，$\sum_{v \in V_2} d(v)$ 也是偶数，故 $\sum_{v \in V_1} d(v)$ 必定也是偶数，从而 V_1的点数是偶数。

定义 8.4 给定一个图 $G=(V,E)$，一个点、边的交错序列 $\mu=\{v_0,e_1,v_1,e_2,\cdots,e_k,v_k\}$，如果满足 $e_r=[v_{r-1},v_r](r=1,2,\cdots,k)$，则称 μ 为链。若链中，$v_0=v_k$，则称之为一个圈，若链中的点都是不同的，则称之为初等链。若圈中的点都是不相同的，则称之为初等圈。若链或圈中含有的边均不相同，则称之为简单链或简单圈。点边皆不同的称之为路。起点和终点重合的称回路。

例 8-4 图 8-5 中，$\mu_1=\{v_1,e_1,v_2,e_2v_3,e_3,v_4,e_5,v_5\}$ 是一条初等链，也是一条路。$\mu_2=\{v_4,e_4,v_1,e_1,v_2,e_2,v_3,e_6,v_5,e_9,v_7,e_8,v_6,e_7,v_3,e_3,v_4\}$ 是简单圈，但不是初等圈。

定义 8.5 图 $G=(V,E)$ 中，若任何两个点之间，至少有一条链，则称 G 是**连通图**，否则称为不连通图。若 G 是不连通图，它的每个连通的部分称为 G 的一个连通分图（简称为分图）。如图 8-5 是一个不连通图，它有两个连通分图。

对 $G_1=(V_1,E_1)$，$G_2=(V_2,E_2)$，当 $V_1 \subseteq V_2$，$E_1 \subseteq E_2$ 时，则称 G_1 是 G_2 的子图；当 $V_1 \subset V_2$，$E_1 \subset E_2$ 时，则称 G_1 是 G_2 的真子图；当 $V_1=V_2$，$E_1 \subset E_2$ 时，则称 G_1 是 G_2 的部分图；若 G_2 的部分图 G_1 中任意两点均有一通路，则称 G_1 是 G_2 的一个**支撑子图**。

例 8-5 若图 G 如图 8-6a 所示，则图 8-6b 是图 G 的一个支撑子图。

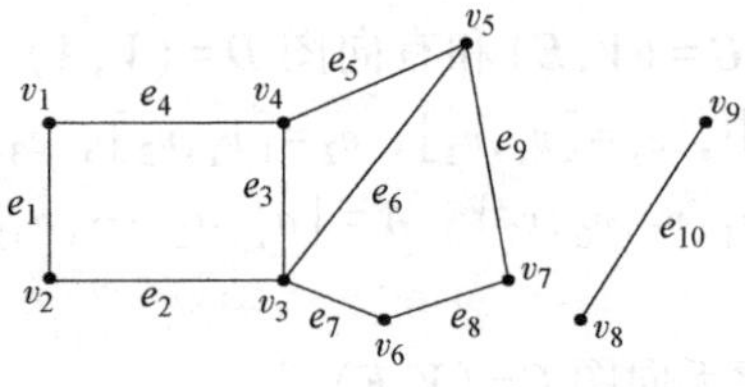

图 8-5 不连通图

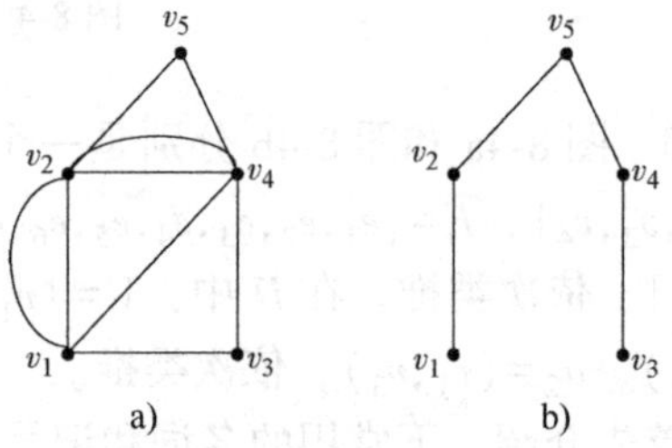

图 8-6 支撑子图

8.2 树

8.2.1 树图的基本概念

例 8-6 已知有五个城市，要在它们之间架设电话线，要求任何两个城市都可以相互通话（允许通过其他城市），并且所用电话线长度最少。

用 v_1，v_2，v_3，v_4，v_5 五个点代表五个城市，若在某两个城市间架设电话线，则在相应的两点之间连一条边，这样一个电话网就可以用图来表示。为了使任何两个城市都能通话，这样的图必须是连通的。其次，如果图中有圈的话，从圈上任意删除一条边，余下的图仍是连通的，这样可以省去一部分电话线。因而，满足要求的电话线网所对应的图必定是不含圈的连通图。图 8-7 代表了满足要求的一个电话线网。

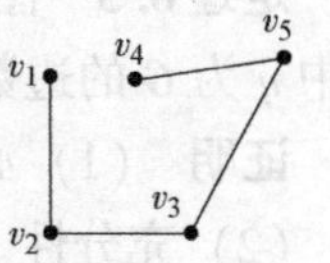

图 8-7　电话线网

定义 8.6　无圈、连通的无向图称为树。

例 8-7　某大学的部分组织机构图，如图 8-8 所示。如果用图表示，该大学的组织机构图就是一个树，如图 8-9 所示。

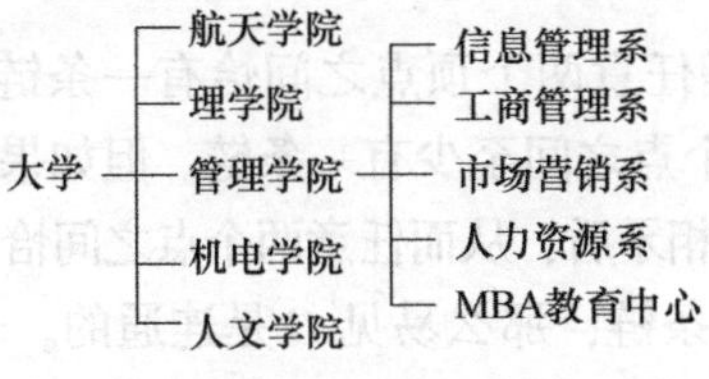

图 8-8　组织机构图

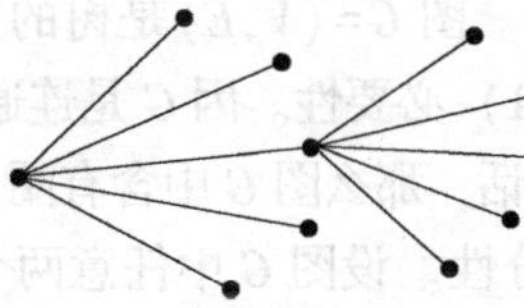
图 8-9　组织机构图对应的树图

树图具有以下一些重要性质：

定理 8.3　设图 $G=(V,E)$ 是一个树，G 中的节点数 $p(G)\geqslant 2$，则 G 中至少有两个悬挂点。

证明　令 $p=(v_1,v_2,\cdots,v_r)$ 是 G 中含边数最多的一条初等链，因 $p(G)\geqslant 2$，并且 G 是连通的，故链 p 中至少有一条边，从而 v_1 与 v_r 是不同的。只需证明 v_1 是悬挂点，即 $d(v_1)=1$。利用反证法，若 $d(v_1)\geqslant 2$，则存在边 $[v_1,v_m]$，使 $m\neq 2$。若点 v_m 不 P 上，那么 $(v_m,v_1,v_2,\cdots,v_r)$ 是 G 中的一条初等链，它含的边数比 P 多一条，这与 P 是含边数最多的初等链相矛盾。若点 v_m 在 P 上，那么 $(v_1,v_2,\cdots,v_m,v_1)$，不是树，即 v_1 是悬挂点。同理可证 v_r 也是悬挂点，因而 G 至少有两个悬挂点。

定理 8.4　图 $G=(V,E)$ 节点数为 p，则 G 是一个树的充分必要条件是 G 不含圈，恰有 $p-1$ 条边。

证明　（1）必要性。设 G 是一个树，根据定义，G 不含圈，故只要证明 G 恰有 $p-1$ 条边。对点数 p 施行数学归纳法。当 $p=1$，2 时，结论显然成立。假设对点数 $p\leqslant n$ 时，结论成立。设树 G 含 $n+1$ 个点。由定理 8.3，G 含悬挂点。设 v_1 是 G 的一个悬挂点，考虑 $G-v_1$ 易见 $p(G-v_1)=n$，边数 $q(G-v_1)=q(G)-1$。因为 $G-v_1$ 是 n 个点的树，由归纳假设知，$q(G-v_1)=n-1$，于是有 $q(G)=q(G-v_1)+1=n-1+1=n=p(G)-1$。

（2）充分性。只要证明 G 是连通的。用反证法，设 G 是不连通的，G 含 s 个连通分图 $G_1,G_2,\cdots,G_s$（$s\geqslant 2$）。因每个 $G_i(i=1,2,\cdots,s)$ 是连通的，并且不含圈，故每个 G_i 是树。设 G_i 有 p_i 个点，则由必要性，G_i 有 p_i-1 条边，于是

$$q(G)=\sum_{i=1}^{s}q(G_i)=\sum_{i=1}^{s}(p_i-1)=\sum_{i=1}^{s}p_i-s=p(G)-s\leqslant p(G)-2$$

这与 $q(G)=p(G)-1$ 的假设相矛盾。

定理 8.5 图 $G=(V,E)$ 是一个树的充分必要条件是 G 是连通图，并且 $q(G)=p(G)-1$，其中 q 为 G 的边数，p 为 G 的节点数。

证明 (1) 必要性。设 G 是树，根据定义，G 是连通图，由定理 8.4，$q(G)=p(G)-1$。

(2) 充分性。只要证明 G 不含圈，对点数 p 施行数学归纳法。当 $p(G)=1$，2 时，结论显然成立。设 $p(G)=n$ ($n\geqslant 1$) 时，结论成立。现设 $p(G)=n+1$，首先证明 G 必有悬挂点。若不然，因 G 是连通的，且 $p(G)\geqslant 2$，故对每个点 v_i，有 $d(v_i)\geqslant 2$。从而

$$q(G)=\frac{1}{2}\sum_{i=1}^{p(G)} d(v_i) \geqslant p(G)$$

这与 $q(G)=p(G)-1$ 矛盾，故 G 必有悬挂点。设 v_1 是 G 的一个悬挂点，考虑 $G-v_1$，这个图仍是连通的 $q(G-v_1)+1=q(G)-1=p(G)-2=p(G-v_1)-1$，由归纳假设知 $G-v_1$ 不含圈，于是 G 也不含圈。

定理 8.6 图 $G=(V,E)$ 是树的充分必要条件是任意两个顶点之间恰有一条链。

证明 (1) 必要性。因 G 是连通的，故任意两个点之间至少有一条链。但如果某两个点之间有两条链的话，那么图 G 中含有圈，这与树的定义相矛盾，从而任意两个点之间恰有一条链。

(2) 充分性。设图 G 中任意两个点之间恰有一条链，那么易见 G 是连通的。若 G 中含有圈，那么这个圈上的两个顶点之间有两条链，这与假设相矛盾，故 G 不含圈，于是 G 是树。

由定理 8.6，很容易推出如下结论：

(1) 从一个树中删除任意一条边，则余下的图是不连通的。由此可知，在点集合相同的所有图中，树是含边数最少的连通图。

(2) 在树中不相邻的两个点间添上一条边，则恰好得到一个圈。

8.2.2 最小支撑树

定义 8.7 设图 $T=(V,E')$ 是图 $G=(V,E)$ 的支撑子图，如果图 $T=(V,E')$ 是一个树，则称 T 是 G 的一个支撑树。

若 $T=(V,E')$ 是 $G=(V,E)$ 的一个支撑树，则显然，树 T 中边的个数是 $p(G)-1$，G 中不属于树 T 的边数是 $q(G)-p(G)+1$。

定理 8.7 图 G 有支撑树的充分必要条件是图 G 是连通图。

证明 必要性是显然的。

充分性。设图 G 是连通图，若 G 不含圈，那么 G 本身是一个树，从而 G 是它自身的一个支撑树。现设 G 含圈，任取一个圈，从圈中任意地去掉一条边，得到图 G 的一个支撑子图 G_1。如果 G_1 不含圈，那么 G_1 是 G 的一个支撑树（因为易见 G_1 是连通的）；如果 G_1 仍含圈，那么从 G_1 中任取一个圈，从圈中再任意去掉一条边，得到图 G 的一个支撑子图 G_2，如此重复，最终可以得到 G 的一个支撑子图 G_r，它不含圈，于是 G_r 是 G 的一个支撑树。

定理 8.7 中充分性的证明，提供了一个寻求连通图的支撑树的方法。这就是任取一个圈，从圈中去掉一条边，对余下的图重复这个步骤，直到不含圈为止，即得到一个支撑树，称这种方法为破圈法。

也可以用另一种方法来寻求连通图的支撑树。在图中任取一条边 e_1，找一条与 e_1 不构成圈的边 e_2，再找一条与 $\{e_1,e_2\}$ 不构成圈的边 e_3，设已有 $\{e_1,e_2,\cdots,e_r\}$，找一条与 $\{e_1,e_2,\cdots,e_r\}$ 中的任何一条边不构成圈的边 e_{r+1}。重复这个过程，直到不能进行为止。这时，由

所有取出的边所构成的图是一个支撑树，称这种方法为避圈法。

实际上，由定理8.4和定理8.5可知，在“破圈法”中去掉的边数必是$q(G)-p(G)+1$条，在“避圈法”中取出的边数必定是$p(G)-1$。

定义8.8 给图$G=(V,E)$，对G中的每一条边$[v_i,v_j]$，相应地有一个数w_{ij}，则称这样的图G为赋权图，w_{ij}称为边$[v_i,v_j]$上的权。这里所说的“权”，是指与边有关的数量指标。根据实际问题的需要，可以赋予它不同的含义，例如表示距离、时间、费用等。

定义8.9 设有一个连通图$G=(V,E)$，每一边$e=[v_i,v_j]$有一个非负权$w(e)=w_{ij}(w_i\geqslant 0)$。

若$T=(V,E')$是G的一个支撑树，称E'中所有边的权之和为支撑树T的权，记为$w(T)$。即

$$w(T)=\sum_{[v_i,v_j]\in T} w_{ij}$$

如果支撑树T^*的权$w(T^*)$是G的所有支撑树的权中最小者，则称T^*是G的最小支撑树（简称最小树）。即

$$w(T^*)=\min_T w(T)$$

式中对G所有支撑树T取最小。下面简单介绍一下最小支撑树的算法。

（1）破圈法。任取一个圈，从圈中去掉一个权最大的边（如果有两条或两条以上的边都是权最大的边，则任意删去其中一条）。在余下的图中，重复这个步骤，一直得到一个不含圈的图为止，这时的图便是一个最小支撑树。

（2）避圈法或克鲁斯卡尔（Kruskal）法。开始选一条最小权的边，以后每一步中，总从未被选取的边中选一条权最小的边，并使之与已选取的边不构成圈（在每一步中，如果有两条或两条以上的边都是权最小的边，则从中任选一条）。

算法的具体步骤如下：

第1步：令$i=1$，$e_0=\varnothing$。

第2步：选一条边$e_i\in E\backslash E_i$，使e_i是使$(V,E_{i-1}\cup\{e\})$不含圈的所有边$e(e\in E\backslash E_i)$中权最小的边。如果这样的边不存在，则$T=(V,E_{i-1})$是最小树。

第3步：把i换成$i+1$，转入第2步。

例8-8 某城市内联结七个市县的道路网如图8-10所示。已知每条道路的长，要求沿道路铺设联结七个市县的煤气管道网，使管道线的总长最小？

解：该问题就是要求如图8-10所示的赋权图上的最小树，利用破圈法求解。任取一个圈，例如(v_1,v_2,v_3,v_1)，边$[v_1,v_3]$是这个圈中权最大的边，于是去掉$[v_1,v_3]$；再取(v_2,v_3,v_5,v_2)，同理去掉该圈中权最大的边$[v_3,v_5]$；取圈(v_2,v_5,v_4,v_2)，去掉此圈中权最大的边$[v_2,v_5]$；依次类推，得到一个不含圈的图，即为最小树。即管道线总长最小的管道线铺设方案（如图8-11所示），铺设的管道线总长为13单位。

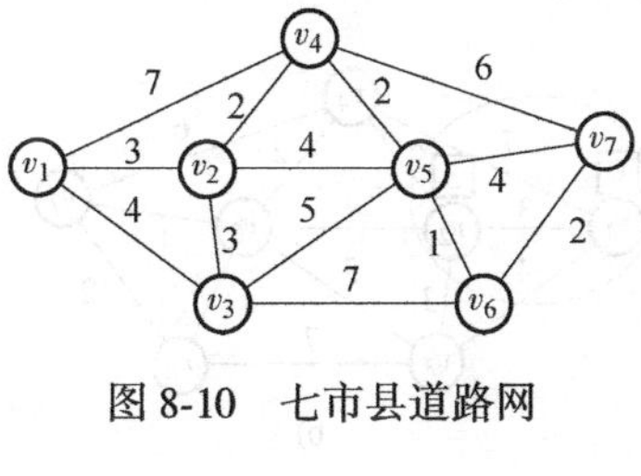

图8-10 七市县道路网

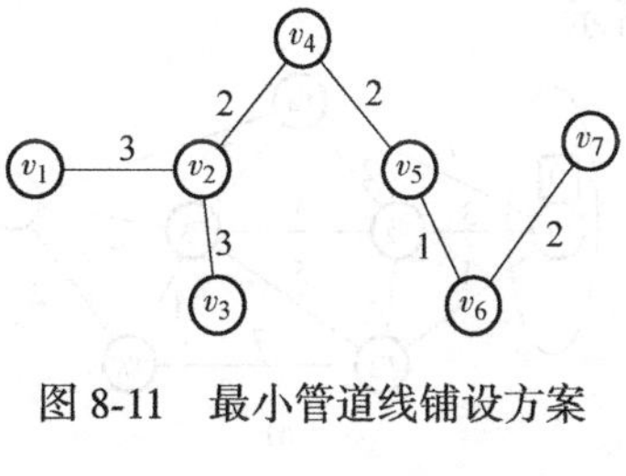

图8-11 最小管道线铺设方案

利用避圈法求解。$i=1$，$E_0=\varnothing$，E 中选最小权边 $[v_5,v_6]$，$E_1=\{[v_5,v_6]\}$；$i=2$，从 $E\backslash E_1$ 中选最小权边 $[v_2,v_4]$（或 $[v_4,v_5]$ 与 $[v_6,v_7]$ 不构成圈）$E_2=\{[v_5,v_6],[v_2,v_4]\}$；$i=3$，从 $E\backslash E_2$ 中选最小权边 $[v_4,v_5]$（或选 $[v_6,v_7]$）（不含圈）；依次类推，直到任意一条未选的边都与已选的边构成圈，所以算法终止，图 8-11 就是要求的最小树，即铺设管道线的最小长度为 13 单位。

8.3 最短路问题

定义 8.10 最短路问题就是要在所有从 v_s 到 v_t 的路中，求一条权最小的路，即求一条从 v_s 到 v_t 的路 P_0，使 $w(P_0)=\min\limits_{P} w(P)$，式中所有从 v_s 到 v_t 的路 P 取最小，称 P_0 是从 v_s 到 v_t 的最短路。路 P_0 的权称为从 v_s 到 v_t 的距离，记为 $d(v_s,v_t)$。显然，$d(v_s,v_t)$ 与 $d(v_t,v_s)$ 不一定相等。

最短路问题是重要的最优化问题之一，它不仅可以直接应用于解决实际生产的许多问题，如管道铺设、电话线架设、线路安排、厂区布局、设备更新等，而且经常被作为一个基本工具，用于解决其他的优化问题。本节将介绍在一个赋权有向图中寻求最短路的方法，这种方法实际上求出了从给定一个点出发，到任意一点的最短路。在一个赋权的有向图中，经常要用到如下事实：如果 P 是 D 中从 v_s 到 v_j 的最短路，v_i 是 P 中的一个点，那么，从 v_s 沿 P 到 v_i 的路是从 v_s 到 v_i 的最短路。事实上，如果这个结论不成立，设 Q 是从 v_s 到 v_i 的最短路，令 P' 是从 v_s 沿 Q 到达 v_i，再从 v_i 沿 P 到达 v_j 的路，那么，P' 的权就比 P 的权小，这与 P 是从 v_s 到 v_j 的最短路相矛盾。在权为非负的有向图中，求最短路目前最好的方法是由迪杰斯特拉（Dijkstra）于 1959 年提出来的，称为 Dijkstra 方法。它的步骤：d_{ij} 表示图中两节点距离，若两节点 i 与 j 不相邻，令 $d_{ij}=\infty$，显然 $d_{ii}=0$，若用 L_{si} 表示从 s 点到 i 点的最短距离，现要求从 s 点到某一点 t 的最短路，具体步骤如下：

第 1 步：从 s 点出发，因 $L_{ss}=0$，将此值标注在 s 旁的小方框内，表示 s 点已标号。

第 2 步：从 s 点出发，找出与 s 相邻的点中距离最小的一个，设为 r，将 $L_{sr}=L_{ss}+d_{sr}$ 的值标注在 r 旁的小方框内，表示 r 点已标号。

第 3 步：从已标号的点出发，找出与这些相邻的所有未标号点 p，若有 $L_{sp}=\min\{L_{ss}+d_{sp};L_{sr}+d_{rp}\}$，则对 p 点标号，并将 L_{sp} 的值标注在 p 点旁的小方框内。

第 4 步：重复步骤 3，直到 t 点得到标号为止。

例 8-9 现在用 Dijkstra 方法求例 8-8 中从 v_1 到各个顶点的最短路。

从 v_1 点出发，对 v_1 标号，将 $L_{11}=0$ 标注在 v_1 旁的小方框内，令 $v_1\in V$，其余点属于 $\overline{V}$，如图 8-12a 所示。

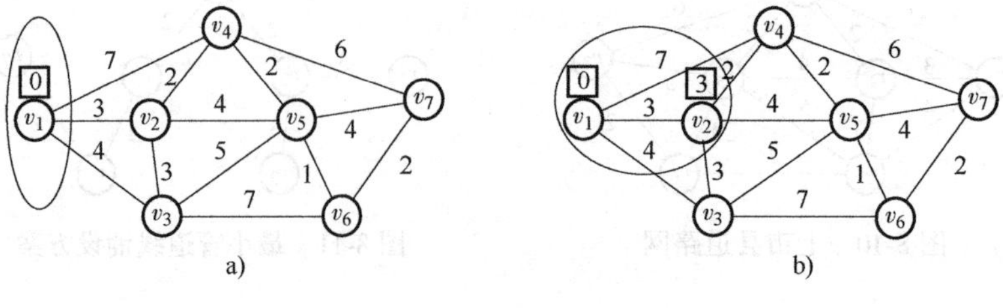

a)　　　　b)

图 8-12　例 8-9 图

同 v_1 相邻的未标号点有 v_2，v_3，v_4，$L_{1r}=\min\{d_{12},d_{13},d_{14}\}=\min\{3,4,7\}=3=L_{12}$，即对点 v_2 标号，将 L_{12} 的值标注在 v_2 旁的小方框内，将［v_1,v_2］加粗，并令 $V\cup v_2\to V$，$\overline{V}\setminus v_2\to\overline{V}$，如图8-12b所示。同标号点 v_1，v_2 相邻的点有 v_3，v_4，v_5，因有

$$\begin{aligned}L_{1p}&=\min\{L_{11}+d_{13},L_{12}+d_{23},L_{11}+d_{14},L_{12}+d_{24},L_{12}+d_{25}\}\\&=\min\{\underline{0+4},3+3,0+7,3+2,3+4\}=4=L_{13}\end{aligned}$$

对点 v_3 标号，将 L_{13} 的值标注在 v_3 旁的小方框内将［v_1,v_3］加粗，并令 $V\cup v_3\to V$，$\overline{V}\setminus v_3\to\overline{V}$，如图8-13a所示。同标号点 v_1，v_2，v_3 相邻的点有 v_4，v_5，v_6，因有

$$\begin{aligned}L_{1p}&=\min\{L_{11}+d_{14},L_{12}+d_{25},L_{13}+d_{35},L_{13}+d_{36},L_{12}+d_{24}\}\\&=\min\{5+2,3+4,4+5,4+7,\underline{3+2}\}=5=L_{14}\end{aligned}$$

对点 v_4 标号，将 L_{14} 的值标注在 v_4 旁的小方框内将［v_2,v_4］加粗，并令 $V\cup v_4\to V$，$\overline{V}\setminus v_4\to\overline{V}$，如图8-13b所示。

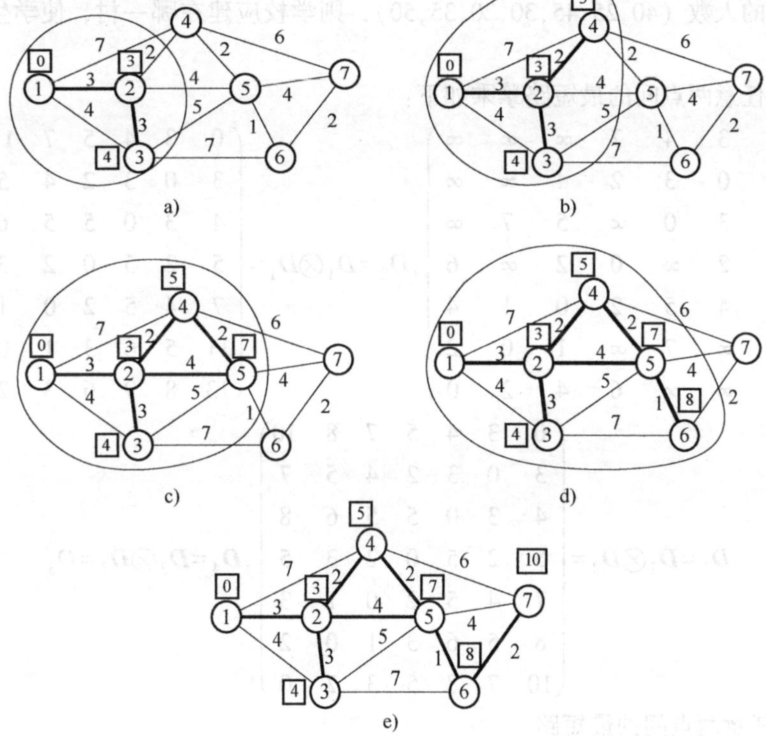

图8-13　Dijkstra方法求解过程

同标号点 v_1，v_2，v_3，v_4 相邻的点有 v_5，v_6，v_7，因有

$$\begin{aligned}L_{1p}&=\min\{L_{14}+d_{45},L_{14}+d_{47},L_{12}+d_{25},L_{13}+d_{35},L_{13}+d_{36}\}\\&=\min\{\underline{5+2},5+6,\underline{3+4},4+5,4+7\}=7=L_{15}\end{aligned}$$

对点 v_5 标号，将 L_{15} 的值标注在 v_5 旁的小方框内将［v_2,v_5］［v_4,v_5］加粗，并令 $V\cup v_5\to V$，$\overline{V}\setminus v_5\to\overline{V}$，如图8-13c所示。同标号点 v_1，v_2，v_3，v_4，v_5 相邻的点有 v_6，v_7，因有

$$L_{1p}=\min\{L_{15}+d_{56},L_{13}+d_{36},L_{14}+d_{47},L_{15}+d_{57}\}=\min\{\underline{7+1},4+7,5+6,7+4\}=8=L_{16}$$

对点 v_6 标号，将 L_{16} 的值标注在 v_6 旁的小方框内将 $[v_5,v_6]$ 加粗，并令 $V\cup v_6\to V$，$\overline{V}\backslash v_6\to\overline{V}$，如图 8-13d 所示。未标号的只有 v_7。

$$L_{17}=\min\{L_{14}+d_{47},L_{15}+d_{57},L_{16}+d_{67}\}=\min\{5+6,7+4,\underline{8+2}\}=10$$

对点 v_7 标号，将 L_{17} 的值标注在 v_7 旁的小方框内将 $[v_6,v_7]$ 加粗，如图 8-13e 所示。得 v_1 到 v_7 的最短路：①→②→④→⑤→⑥→⑦或①→②→⑤→⑥→⑦，$f_{\min}=10$。

任意两点间的最短路，用矩阵摹乘法计算。

$$\boldsymbol{D}_k=(d_{ij}^{(k)})_{n\times n},\boldsymbol{D}_1=(d_{ij}^{(1)})_{n\times n}=(w_{ij})_{n\times n},\boldsymbol{D}_k=\boldsymbol{D}_{k-1}\otimes\boldsymbol{D}_{k-1},k=2,3,\cdots,p$$

$$d_{ij}^{(k)}=\min_{1\leqslant s\leqslant n}\{d_{is}^{(k-1)}+d_{sj}^{(k-1)}\},i,j=1,2,\cdots,n$$

终止条件：

（1）当 $D_{k-1}=D_k$，$k=2,3,\cdots,p$。

（2）计算次数 $2^{p-1}\leqslant n-1<2^p$。

例 8-10　求例 8-8 中各点到各点的最短路，并求网络的重心。如 7 点为 7 村，要建学校，已知各村的人数（40,25,45,30,20,35,50），则学校应建在哪一村，使学生上学走的总路程为最短。

解：先求任意两点间的最短路摹乘如下：

$$\boldsymbol{D}_1=\begin{pmatrix}0&3&4&7&\infty&\infty&\infty\\3&0&3&2&4&\infty&\infty\\4&3&0&\infty&5&7&\infty\\7&2&\infty&0&2&\infty&6\\\infty&4&5&2&0&1&4\\\infty&\infty&7&\infty&1&0&2\\\infty&\infty&\infty&6&4&2&0\end{pmatrix},\boldsymbol{D}_2=\boldsymbol{D}_1\otimes\boldsymbol{D}_1=\begin{pmatrix}0&3&4&5&7&11&13\\3&0&3&2&4&5&8\\4&3&0&5&5&6&9\\5&2&5&0&2&3&6\\7&4&5&2&0&1&3\\11&5&6&3&1&0&2\\13&8&9&6&3&2&0\end{pmatrix}$$

$$\boldsymbol{D}_3=\boldsymbol{D}_2\otimes\boldsymbol{D}_2=\begin{pmatrix}0&3&4&5&7&8&10\\3&0&3&2&4&5&7\\4&3&0&5&5&6&8\\5&2&5&0&2&3&5\\7&4&5&2&0&1&3\\8&5&6&3&1&0&2\\10&7&8&5&3&2&0\end{pmatrix},\boldsymbol{D}_4=\boldsymbol{D}_3\otimes\boldsymbol{D}_3=\boldsymbol{D}_3$$

即 $\boldsymbol{D}_3$ 为任意两点间的最短路。

$$\begin{matrix}40\times\\25\times\\45\times\\30\times\\20\times\\35\times\\50\times\end{matrix}\begin{pmatrix}0&3&4&5&7&8&10\\3&0&3&2&4&5&7\\4&3&0&5&5&6&8\\5&2&5&0&2&3&5\\7&4&5&2&0&1&3\\8&5&6&3&1&0&2\\10&7&8&5&3&2&0\end{pmatrix}$$

累加求和得 1325，920，1095，870，（850），925，1215，学校应建在 v_5 村。

8.4 最大流最小割

研究网络能通过的流量是生产和管理工作经常遇到的实际问题。例如，公路系统中研究车辆的最大通过能力，供水系统中通过的水流量，生产流水线上产品的最大加工能力，信息网络中的信息流，金融系统中有现金流等。组成这类系统的弧都具有确定的通过能力，称为容量。而实际通过弧的流量则与系统各弧容量配置相关，有些经常达不到各弧的额定容量值。因此，研究实际能通过的最大流量问题，可以充分发挥各系统的设备能力，并且能明确为使最大流增大应如何改造各系统。

8.4.1 网络与流

定义 8.11　给一个有向图 $D=(V,A)$，在 V 中指定了一点，称为发点（记为 v_s），和另一点，称为收点（记为 v_t），其余的点称为中间点。对于每一个弧 $(v_i,v_j)\in A$，对应有一个 $c(v_i,v_j)\geqslant 0$（或简写为 c_{ij}），称为弧的容量。通常把这样的 D 叫作一个**网络**，记作 $D=(V,A,C)$。所谓网络上的**流**，是指定义在弧集合 A 上的一个函数 $f=\{f(v_i,v_j)\}$，并称 $f(v_i,v_j)$ 为弧 (v_i,v_j) 上的流量，有时简记作 f_{ij}。

例如图 8-14 就是一个网络，指定 v_s 是发点，v_t 是收点，其他的点是中间点。弧旁的数字为 $c_{ij}(f_{ij})$。

在运输网络的实际问题中，可以看出，对于流有两个明显的要求：一是每个弧上的流量不能超过该弧的容量；二是中间点的流量为零。因为对于每个点，运出这点的产品总量与运进这点的产品总量之差，是这点的净输出量，简称为这一步的流量；由于中间点只起转运作用，所以中间点的流量比为零。易见发点的净输出量和收点的净流入量必相等，也是这个方案的总输出量。因此有以下定义：

定义 8.12　满足下述条件的流 f 称为可行流：

（1）容量限制条件：对每一弧 $(v_i,v_j)\in A$

$$0\leqslant f_{ij}\leqslant c_{ij}$$

（2）平衡条件：对于中间点，流出量=流入量，即对每个 i（$i\neq s,t$）有

$$\sum_{(v_i,v_j)\in A} f_{ij}-\sum_{(v_j,v_i)\in A} f_{ji}=0$$

对于发点 v_s，记

$$\sum_{(v_s,v_j)\in A} f_{sj}-\sum_{(v_j,v_i)\in A} f_{ji}=v(f)$$

对于收点 v_t，记

$$\sum_{(v_i,v_j)\in A} f_{ij}-\sum_{(v_j,v_t)\in A} f_{jt}=-v(f)$$

式中，$v(f)$ 称为这个可行流的流量，即发点的净输出量（或收点的净输入量）。可行流总是存在的。例如令所有弧的流量 $f_{ij}=0$，就得到一个可行流（称为零流）。其流量 $v(f)=0$。最大流问题就是求一个流 f_{ij} 使其流量 $v(f)$ 达到最大，并且满足 $0\leqslant f_{ij}\leqslant c_{ij}$，$(v_i,v_j)\in A$，

$$\sum f_{ij}-\sum f_{ji}=\begin{cases}v(f) & (i=s)\\ 0 & (i\neq s,t)\\ -v(f) & (i=t)\end{cases}$$

最大流问题是一个特殊的线性规划问题。即求一组 $\{f_{ij}\}$，在满足（1）和（2）条件下使 f_{ij} 达到极大。在本节中将会看到利用图的特点，解决这个问题的方法较之线性规划的一般方法要方便、直观得多。

定义 8.13 若给一个可行流 $f=\{f_{ij}\}$，把网络中使 $f_{ij}=c_{ij}$ 的弧成为饱和弧，使 $f_{ij}<c_{ij}$ 的弧称为非饱和弧。把 $f_{ij}=0$ 的弧称为零流弧，$f_{ij}>0$ 弧称为非零流弧。

如图 8-14 所示，(v_s,v_2) 和 (v_3,v_2) 为非饱和弧；(v_3,v_6) 是零流弧外，其他的弧均为非零流弧。若 μ 是网络中连接发点 v_s 和收点 v_t 的一条链，定义链的方向是从 v_s 到 v_t，则链上的弧被分为两类：一类是弧的方向与链的方向一致，叫作前向弧，前向弧的全体记为 μ^+；另一类弧与链的方向相反，称为后向弧，后向弧的全体记为 μ^-。

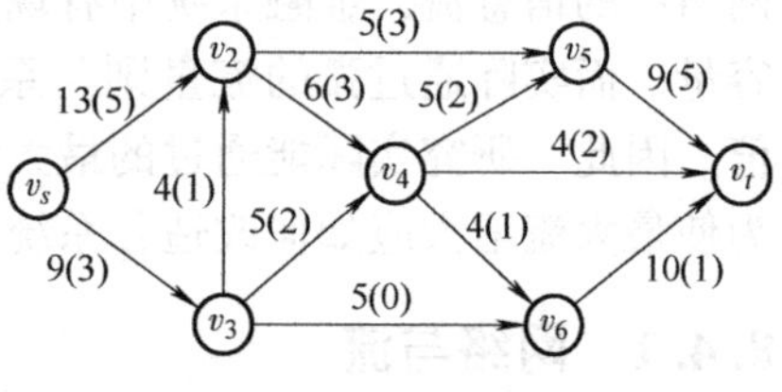

图 8-14 各种弧的形式

定义 8.14 设 f 是一个可行流，μ 是从 v_s 到 v_t 的一条链，若 μ 满足下列条件，称之为（关于可行流 f 的）一条增广链。

在弧 $(v_i,v_j)\in\mu^+$ 上，$0\leqslant f_{ij}<c_{ij}$，即 μ^+ 中每一弧是非饱和弧。

在弧 $(v_i,v_j)\in\mu^-$ 上，$0<f_{ij}\leqslant c_{ij}$，即 μ^- 中每一弧是非零流弧。

8.4.2 割集与割量

定义 8.15 设 $S,T\subset V$，$S\cap T=\varnothing$，把始点在 S，终点在 T 中的所有弧构成的集合，记为 (S,T)。给定网络 $D=(V,A,C)$，若点集 V 被剖分为两个非空集合 V_1 和 $\overline{V}_1$，使 $v_s\in V_1$，$v_t\in\overline{V}_1$，则把弧集 $(V_1,\overline{V}_1)$ 称为是（分离 v_s 和 v_t 的）割集。

显然，若把一割集的弧从网络中丢去，则从 v_s 到 v_t 便不存在路。所以，直观上说，割集是 v_s 到 v_t 的必经之路。对割集 $(V_1,\overline{V}_1)$ 中所有弧的容量之和称为这个割集的容量（简称为割量），记为 $c(V_1,\overline{V}_1)$，即

$$c(V_1,\overline{V}_1)=\sum_{(v_i,v_j)\in(V_1,\overline{V}_1)}c_{ij}$$

不难证明，任何一个可行流的流量 $v(f)$ 都不会超过任一割集的容量。即 $v(f)\leqslant c(V_1,\overline{V}_1)$。显然，若对于一个可行流 f^*，网络中有一个割集 $(V_1^*,\overline{V}_1^*)$ 使 $v(f^*)=c(V_1^*,\overline{V}_1^*)$，则 f^* 必是最大流，而 $(V_1^*,\overline{V}_1^*)$ 必定是 D 的所有割集中，容量最小的一个，即最小割集或最小割。

定理 8.8 可行流 f^* 是最大流，当且仅当不存在关于 f^* 的增广链。

证明 若 f^* 是最大流，设 D 中存在关于 f^* 的增广链 μ，令

$$\theta=\min\{\min_{\mu^+}(c_{ij}-f_{ij}^*),\min_{\mu^-}f_{ij}^*\}$$

由增广链的定义，可知 $\theta>0$，令

$$f_{ij}^*=\begin{cases}f_{ij}^*+\theta, & (v_i,v_j)\in\mu^+\\ f_{ij}^*-\theta, & (v_i,v_j)\in\mu^-\\ f_{ij}^*, & (v_i,v_j)\notin\mu\end{cases}$$

不难验证$\{f^{**}\}$是一个可行流，且$v(f^{**})=v(f^*)+\theta>v(f^*)$。这与$f^*$是最大流的假设矛盾。假设$D$中不存在关于$f^*$的增广链，证明$f^*$是最大流。利用下面的方法来定义$V_1^*$。令$v_s\in V_1^*$，若$v_i\in V_1^*$，且$f_{ij}^*<c_{ij}$，则令$v_j\in V_1^*$。若$v_i\in V_1^*$，且$f_{ij}^*>0$，则令$v_j\in V_1^*$。因为不存在关于$f^*$的增广链，故$v_t\in V_1^*$，记$\overline{V}_1^*=V\setminus V_1^*$，于是得到一个割集（$V_1^*,\overline{V}_1^*$）。显然必有

$$f_{ij}^*=\begin{cases}c_{ij}, & (v_i,v_j)\in(V_1^*,\overline{V}_1^*)\\ 0, & (v_i,v_j)\in(\overline{V}_1^*,V_1^*)\end{cases}$$

所以，$v(f^*)=c(V_1^*,\overline{V}_1^*)$。于是$f^*$必是最大流，定理得证。由上述证明中可见，若$f^*$是最大流，则网络中必存在一个割集$(V_1^*,\overline{V}_1^*)$，使$v(f^*)=c(V_1^*,\overline{V}_1^*)$

定理8.9 最大流最小割量定理：任一个网络D中，从v_s到v_t的最大流的流量等于分离v_s，v_t的最小割集的容量。

定理8.8提供了寻求网络中最大流的一个方法。若给了一个可行流f，只要判断D中有无增广链。如果有增广链，则可以按定理8.8前半部分证明中的办法，改进f，得到一个流量增大的新的可行流。如果没有增广链，则得到最大流。而利用定理8.8后半部分证明中定义V_1^*的办法，可以根据是否属于V_1^*来判断有无关于f的增广链。

在实际计算时，用给顶点标号的方法来定义V_1^*。在标号的过程中，有标号的顶点表示是V_1^*中的点，没有标号的点表示不是V_1^*中的点。一旦v_t有了标号，就表明找到一条增广链；如果标号过程进行不下去了，而v_t尚未标号，则说明不存在增广链，于是得到最大流，而且同时也得到了一个最小割集。

8.4.3 福特-富尔克森法

寻求最大流的标号法福特-富尔克森（Ford Fulkerson）法。从一个可行流出发（若网络中没有给定f，则可以设f是零流），经过标号过程与调整过程。

标号过程：网络中的点或是标号点（分为已检查和未检查的两种），或者是未标号的点。每个标号点的标号包含两部分：第一标号表明它的标号是从哪一点得到的，以便找出增广链；第二个标号是为确定增广链的调整量θ用的。

标号过程开始，总先给v_s标上（$0,+\infty$），这时v_s是标号而未检查的点，其余都是未标号点。从一般意义上讲，取一个标号而未检查的点v_i，对一切未标号点v_j：

（1）若在弧（v_i,v_j）上，$f_{ij}<c_{ij}$，则给v_j标号（$v_i,l(v_j)$）。这里$l(v_j)=\min[l(v_i),c_{ij}-f_{ij}]$。这时点$v_j$成为标号而未检查的点；

（2）若在弧（v_j,v_i）上，$f_{ji}>0$，则给v_j标号（$v_i,l(v_j)$），这里$l(v_j)=\min[l(v_i),f_{ji}]$。这时点$v_j$成为标号而未检查的点。

于是v_i成为标号而已检查过的点。重复上述步骤，一旦v_t被标上号，表明得到一条从v_s到v_t的增广链μ，转入调整过程。若所有标号都是已检查过，而标号过程进行不下去时，则算法结束，这时的可行流就是最大流。

调整过程：首先按v_t及其他点的第一标号，利用“反向追踪”的方法，找出增广链μ。例如设v_t的第一标号为v_k，则弧（v_k,v_t）（或相应地（v_t,v_k））是μ上的弧。接下来检查v_k

的第一个标号，若为 v_i，则找出 (v_i, v_k)（或相应地 (v_k, v_i)）。再检查 v_i 的第一个标号，依次下去，直到 v_s 为止。这时被找出的弧就构成了增广链 μ。令调整量 $\theta = l(v_t)$，即 v_t 的第二个标号。

$$f'_{ij} = \begin{cases} f_{ij} + \theta, & (v_i, v_j) \in \mu^+ \\ f_{ij} - \theta, & (v_i, v_j) \in \mu^- \\ f_{ij}, & (v_i, v_j) \notin \mu \end{cases}$$

除去所有的标号，对新的可行流 $f' = \{f'_{ij}\}$，重新进入标号过程。

例 8-11 用标号法求图 8-14 所示网络的最大流，弧旁的数字是 $c_{ij}(f_{ij})$。

解：标号 (v_i, θ) 即（从哪来的，调整量），任找一条增广链，见图 8-15a。

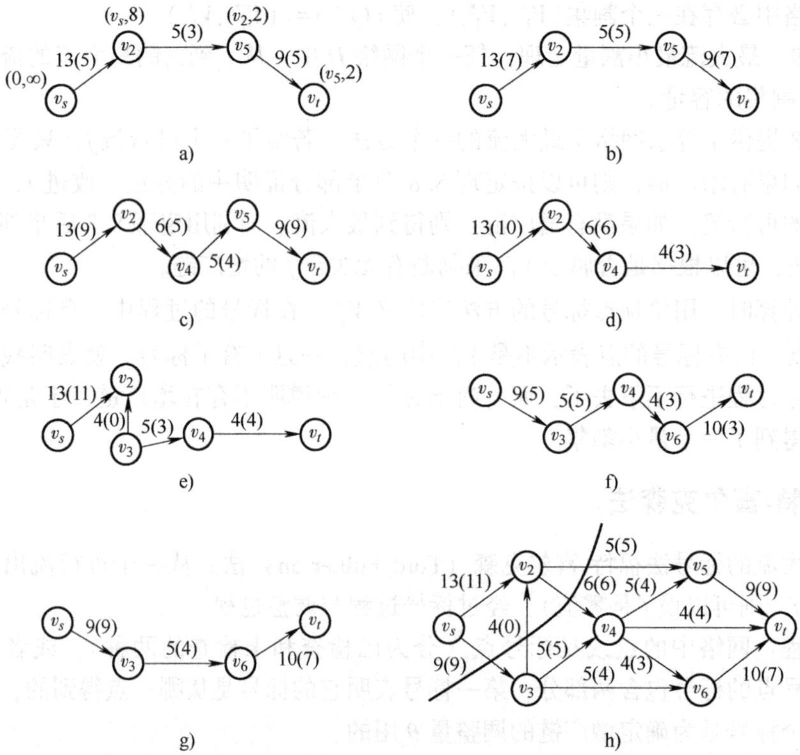

图 8-15 双标号法求解网络最大流

调整，该链中有饱和弧，不再是增广链，如图 8-15b 所示。再找增广链调整，直到不存在为止。其详细调整过程如图 8-15c～h 所示。于是：

最小割集：$(V_1^*, V_2^*) = \{(v_2, v_5), (v_2, v_4), (v_5, v_3)\}$

最小割量：$C(V_1^*, V_2^*) = 5+6+9 = 20 = v(f^*) = 11+9 = 9+4+7$

由上述实例分析可知，用标号法找增广链以求最大流的结果，同时得到一个最小割集。最小割集的容量的大小影响总的输送量的提高。因此，一方面，为提高总的输送量，必须首先考虑改善最小割集中各弧的输送情况，提高它们的通过能力。另一方面，一旦最小割集中弧的通过能力降低，就会使总的输送量减少。

8.5　最小费用最大流问题

在实际的网络应用中，常常希望不仅其流量达到最大，而且希望运费达到最低，即对于一个网络不仅要求找到网络的最大流，而且在这些最大流（如果最大流有多个）中找一个使运费最低的最大流。

设网络 $D=(V,A,C)$，每个弧 $a_{ij}=(v_i,v_j)\in A$ 上除了已给定的容量 c_{ij} 之外，再定义一个单位流量的费用 $b(v_i,v_j)\geqslant 0$（简记为 b_{ij}）。f 是 D 的一个可行流，其总费用为

$$b(f)=\sum_{(v_i,v_j)\in A} b_{ij}f_{ij}$$

求使得 $b(f)$ 为最小且流量 $v(f)$ 最大的问题称为最小费用最大流问题。从上一节可知，求最大流的方法是从某个可行流出发，找出关于这个可行流的一条增广链 μ 进行调整，得到新的可行流 f'。由于 f'_{ij} 与 f_{ij} 只在增广链 μ 上相差 θ，其他弧上相同，所以 f' 与 f 的费用差也只在增广链上反映出来，则这条增广链的费用为

$$b(f')-b(f)=\sum_{\mu^+} b_{ij}\theta-\sum_{\mu^-} b_{ij}\theta=\left(\sum_{\mu^+} b_{ij}-\sum_{\mu^-} b_{ij}\right)\theta \underset{\text{取}\theta=1}{\Rightarrow} \sum_{\mu^+} b_{ij}-\sum_{\mu^-} b_{ij}$$

可以证明，若 f 是流量为 $v(f)$ 的所有可行流中费用最小者，而 μ 是关于 f 的所有增广链中费用最小的增广链，则沿着 μ 去调整 f，得到的可行流 f' 就是流量为 $v(f')$ 的所有可行流中的最小费用流，当 f' 是最大流时，它就是所求的最小费用最大流。因为 $b_{ij}\geqslant 0$，所以 $f=0$ 的总费用 $b(f)=0$ 必是流量为零的最小费用流，所以通常称零流为求最小费用流问题的初始解。

设已知 f 是流量为 $v(f)$ 的最小费用流，如何求关于 f 的最小费用增广链。最小费用增广链有两层含义：一方面，对费用 b_{ij} 网络来说，它是一条费用最小的链，可以通过求以 b_{ij} 为权的网络的最短路径获得；另一方面，对容量流量网络 $\{c_{ij},f_{ij}\}$ 来说，它必是一条能增大流量的增广链。为此，可构造一个赋权有向图 $W(f)$，它的顶点是原网络 D 的顶点，而把 D 中的每一条弧（v_i,v_j）变成两个相反的弧（v_i,v_j）和（v_j,v_i）。定义 $W(f)$ 中弧的权 w_{ij} 为

$$w_{ij}=\begin{cases} b_{ij}, & \text{若 } f_{ij}<c_{ij} \\ +\infty, & \text{若 } f_{ij}=c_{ij} \end{cases}$$

$$w_{ij}=\begin{cases} -b_{ij}, & \text{若 } f_{ij}>0 \\ +\infty, & \text{若 } f_{ij}=0 \end{cases}$$

长度为 $+\infty$ 中的弧可以从 $W(f)$ 中去掉。

因此，在网络 D 中寻找关于 f 的最小费用增广链就等价于在赋权有向图 $W(f)$ 中，寻求从 v_s 到 v_t 的最短路。算法如下：首先取 $f^{(0)}=0$，若在第 $k-1$ 步得到最小费用流 $f^{(k-1)}$，则构造赋权有向图 $W(f^{(k-1)})$，在 $W(f^{(k-1)})$ 中求从 v_s 到 v_t 的最短路。若不存在最短路，即最短路权是 $+\infty$，则 $f^{(k-1)}$ 就是最小费用最大流；若存在最短路，则在原网络 D 中得到相应的增广链 μ，在增广链 μ 上对 $f^{(k-1)}$ 进行调整，调整量为

$$\theta=\min\left\{\min_{\mu^+}(c_{ij}-f_{ij}^{(k-1)}),\min_{\mu^-}(f_{ij}^{(k-1)})\right\}$$

令

$$f_{ij}^{(k)}=\begin{cases}f_{ij}^{(k-1)}+\theta, & (v_i,v_j)\in\mu^+\\ f_{ij}^{(k-1)}-\theta, & (v_i,v_j)\in\mu^-\\ f_{ij}^{(k-1)}, & (v_i,v_j)\notin\mu\end{cases}$$

得到新的可行流$f^{(k)}$，对$f^{(k)}$重复上述步骤。

例 8-12 求如图 8-16 所示网络 D 的最小费用最大流，弧旁的数字为 (b_{ij},c_{ij})。

解：取$f^{(0)}=0$为初始最小费用可行流，如图 8-17a 所示。为寻找$f^{(0)}=0$的最小费用增广链，构造赋权有向图 $W(f^{(0)})$，如图 8-17b 所示。因为$f^{(0)}=0<c_{ij}$，所以 $W(f^{(0)})$中与原网络中 D 同向的弧 $w_{ij}=c_{ij}$，反向弧 $w_{ij}=+\infty$ 可省略不画。求得最短路 (v_1,v_2,v_4)，与这条最短路相应的增广链为$\mu=\{v_1,v_2,v_4\}$。

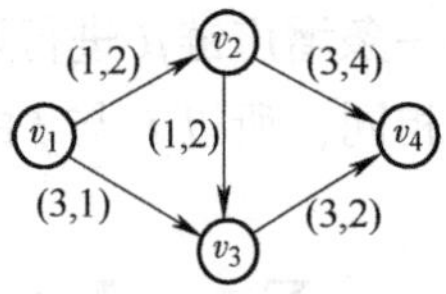

图 8-16 例 8-12 图

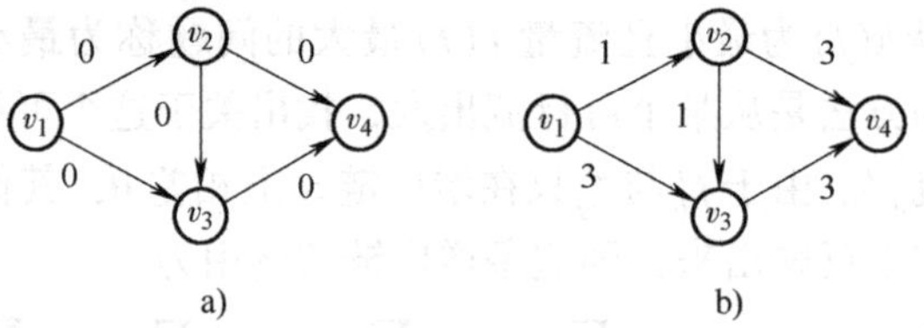

图 8-17 例 8-12 解图一

调整量$\theta=\min\left\{\min\limits_{\mu^+}(c_{ij}-f_{ij}^{(k-1)}),\min\limits_{\mu^-}(f_{ij}^{(k-1)})\right\}=\min\{\min(2-0,4-0),+\infty\}=2$，在$\mu$上调整，得到新的可行流$f^{(1)}$，总流量$v(f^{(1)})=2$。如图 8-18a 所示。对$f^{(1)}$寻找最小费用增广链。构造赋权有向图 $W(f^{(1)})$，如图 8-18b 所示。因为$f_{12}=2=c_{12}>0$，所以 $w_{12}=+\infty$，$w_{21}=-b_{21}=-1$；因为$f_{24}=2<c_{24}$，所以 $w_{24}=b_{24}=3$，$w_{42}=-b_{42}=-3$，其余的弧与 $W(f^{(0)})$中相同。对图 8-18b，求得最短路 (v_1,v_3,v_4)，与这条最短路相应的增广链为$\mu_1=\{v_1,v_3,v_4\}$，调整量$\theta=\min\{\min\limits_{\mu^+}(c_{ij}-f_{ij}^{(k-1)}),\min\limits_{\mu^-}(f_{ij}^{(k-1)})\}=\min\{\min(1-0,2-0),+\infty\}=1$，在$\mu_1$上调整，得到新的可行流$f^{(2)}$，总流量$v(f^{(2)})=3$，如图 8-18c 所示。对$f^{(2)}$寻找最小费用增广链。构造赋权有向图 $W(f^{(2)})$，如图 8-18d 所示。因为$f_{13}=1=c_{13}>0$，所以 $w_{13}=+\infty$，$w_{31}=-b_{31}=-3$；因为$f_{34}=1<c_{34}$，所以 $w_{34}=b_{34}=3$，$w_{43}=-b_{43}=-3$，其余的弧与$W(f^{(1)})$中相同。

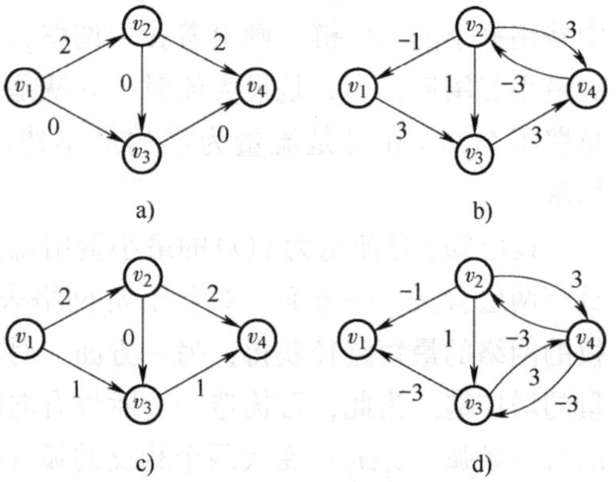

图 8-18 例 8-12 解图二

从图 8-18d 可以看出，没有从 v_1到 v_4的最短路，所以可行流$f^{(2)}$就是网络 D 的最小费用最大流。最大流量 $v(f^{(2)})=3$，最小费用为 14。

8.6 用 Excel、LINGO 和 MATLAB 求解图与网络问题

8.6.1 Excel 求解最小费用最大流问题

在 Excel 的“规划求解”中，用于最小费用最大流问题的方法还是采用“单纯形法”。

大规模的最大流问题求解一般采用“网络单纯形”。现在，有许多专业软件都使用“网络单纯形”求解最大流问题、最小费用流、最短路等问题。同样，下面仅以例 8-12 为例，先说明用 Excel 求解最大流问题的过程。其最大流的线性规划模型如下：

$$\max v(f)=f_{12}+f_{13}$$

$$\text{s.t.}\begin{cases}f_{12}+f_{13}=v(f)\\f_{12}-f_{23}-f_{24}=0\\f_{13}+f_{23}-f_{34}=0\\f_{24}+f_{34}=v(f)\\0\leqslant f_{ij}\leqslant c_{ij}\end{cases}$$

可以用 Excel 来描述和求解最大流问题，其模型如图 8-19 所示。

	A	B	C	D	E	F	H	I	J	K
1	例8-12									
2										
3		从	到	流量		容量	节点	净流量		供应/需求
4		v1	v2	2	<=	2	v1	3		发点
5		v1	v3	1	<=	1	v2	0	=	0
6		v2	v3	0	<=	2	v3	0	=	0
7		v2	v4	2	<=	4	v4	-3	=	收点
8		v3	v4	1	<=	2				
9										
10			最大流	3						

图 8-19　例 8-12 的 Excel 模型（1）

本例中使用了 Excel 的 SUMIF(range,criteria,sum_range）函数。其中：range 为用于条件判断的单元格区域；criteria 为确定哪些单元格将被相加求和的条件，其形式可以为数字、表达式或文本；sum_range 是需要求和的实际单元格。两个 SUMIF( )函数的差来计算每个节点的净流量，不仅快捷而且不容易出错。

由图 8-20 可知，最大流量为 3。再说明，在最大流量的所有解中，找出一个最小费用的解。

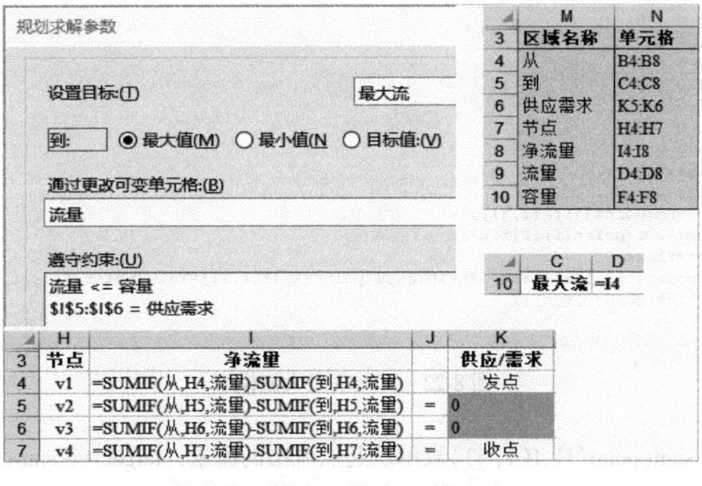

图 8-20　例 8-12 的 Excel 模型（2）

8.6.2 LINGO 求解最大流问题

以最大流为例，可以将最大流问题写成线性规划模型：

$$\max Z = \text{flow}$$

$$\text{s.t.}\begin{cases} \text{flow} = \sum\limits_{j=2}^{n} f_{1j} \\ \text{flow} = \sum\limits_{i=1}^{n-1} f_{in} \\ \sum\limits_{k=1}^{n} f_{ki} = \sum\limits_{j=i}^{n} f_{ij}, i = 2,3,\cdots,n-1 \\ 0 \leqslant f_{ij} \leqslant c_{ij}, i,j = 1,2,\cdots,n \end{cases}$$

设有 6 个节点的有向图如图 8-21 所示，弧上数字表示容量，求起始点 1 到终点 6 的最大流量。

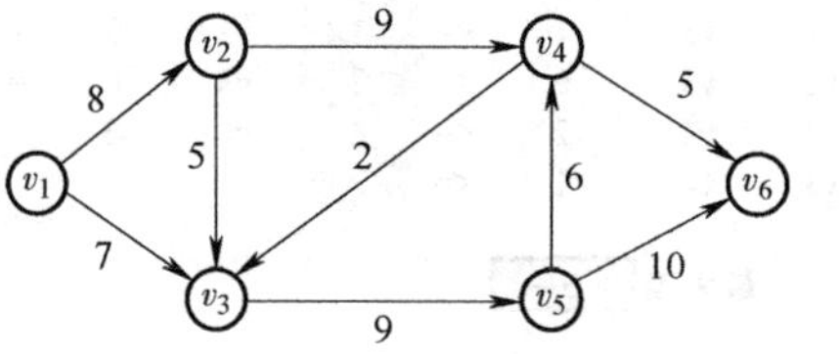

图 8-21　6 个节点有向图的初始网络

其 LINGO 实现的程序如图 8-22 所示。

```
Lingo Model - Lingo8_1最大流
model:
sets:
  point/1..6/;
  link(point,point):c,f;
endsets
data:
c=
0 8 7 0 0 0
0 0 5 9 0 0
0 0 0 0 9 0
0 0 2 0 0 5
0 0 0 6 0 10
0 0 0 0 0 0;
enddata
[obj]max=flow;
n=@size(point);
flow=@sum(point(j):f(1,j));
target=@sum(point(i):f(i,n));
target=flow;
@for(point(i)|i#ne#1#and#i#ne#n:@sum(point(k):f(k,i))=@sum(point(j):f(i,j)));
@for(link:@bnd(0,f,c));
end
```

图 8-22　LINGO 最大流模型

其中 flow=@sum(point(j):f(1, j))表示从起点流出的流量，target=@sum(point(i):f(i,n))表示流入终点的流量，@for(point(i)|i#ne#1#and#i#ne#n:@sum(point(k):f(k,i))=@sum (point(j):f(i, j)))表示中间各节点流入与流出的流量相等，@ bnd(0, f,c)表示容量限制条件。运行结果如图 8-23 所示。

```
Solution Report - Lingo2
Global optimal solution found.
Objective value:                           14.00000
                          Variable           Value        Reduced Cost
                          F( 1, 2)        7.000000            0.000000
                          F( 1, 3)        7.000000            0.000000
                          F( 2, 3)        2.000000            0.000000
                          F( 2, 4)        5.000000            0.000000
                          F( 3, 5)        9.000000            0.000000
                          F( 4, 6)        5.000000            0.000000
                          F( 5, 6)        9.000000            0.000000
```

图 8-23　LINGO 最大流模型运行结果

或在 data:中加入@ text( )= @ table(f);语句，运行结果如图 8-24 所示。

```
Solution Report - Lingo2
Global optimal solution found.
Objective value:                                        14.00000

          1         2         3         4         5         6
1  0.000000  7.000000  7.000000  0.000000  0.000000  0.000000
2  0.000000  0.000000  2.000000  5.000000  0.000000  0.000000
3  0.000000  0.000000  0.000000  0.000000  9.000000  0.000000
4  0.000000  0.000000  0.000000  0.000000  0.000000  5.000000
5  0.000000  0.000000  0.000000  0.000000  0.000000  9.000000
6  0.000000  0.000000  0.000000  0.000000  0.000000  0.000000
```

图 8-24　LINGO 最大流模型运行结果显示

结果为 $\max Z=14$，各节点最优流量如图 8-25 所示。

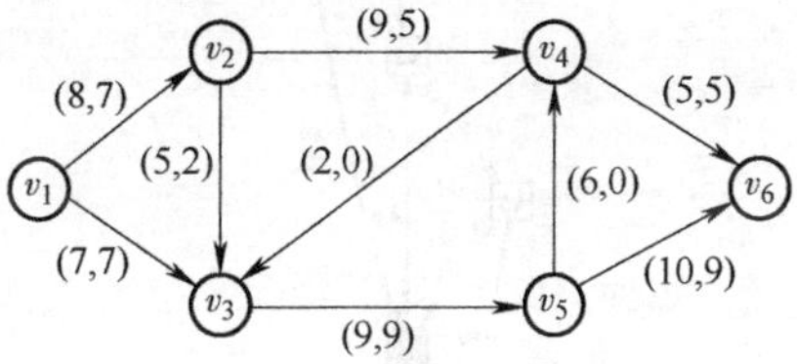

图 8-25　计算结果图

8.6.3　MATLAB 求解最短路问题

设有 6 个节点的有向图如图 8-26 所示，弧上数字表示两点间距离，求起始点 1 到终点 6 的最短路。

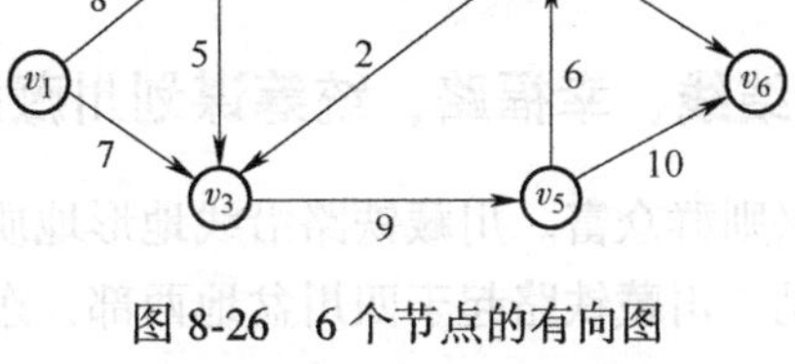

图 8-26　6 个节点的有向图

其 MATLAB 实现的程序、结果及生成的图形见图 8-27 和图 8-28。

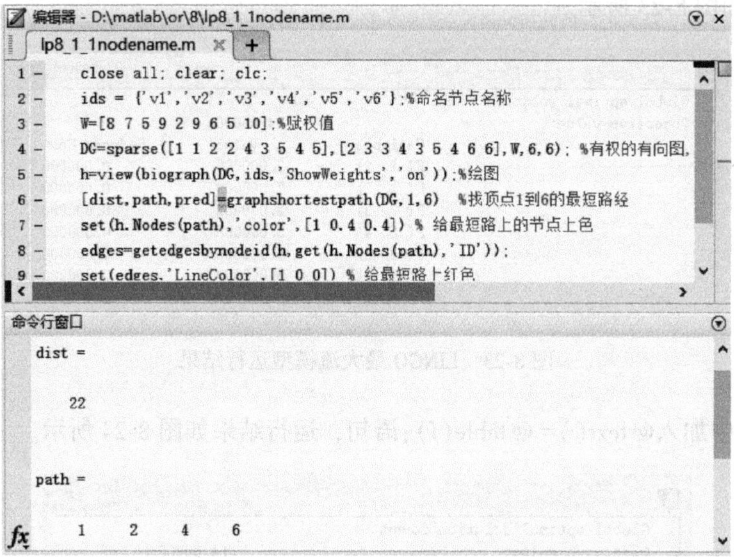

图 8-27 MATLAB 实现的程序及结果

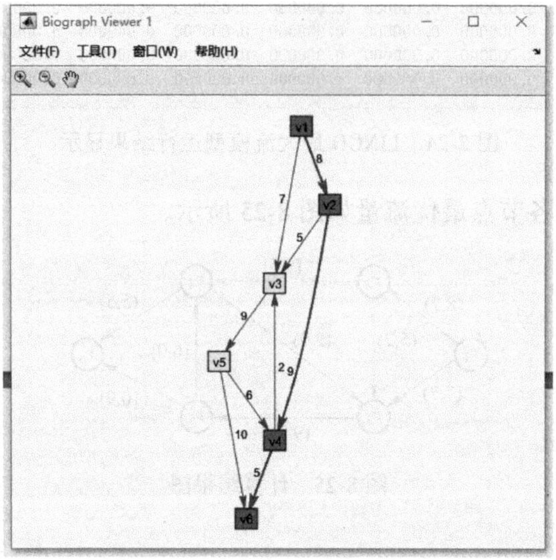

图 8-28 MATLAB 实现的图形结果

【扩展】

川藏公路修筑纪实　川藏公路修筑纪实　川藏公路修筑纪实

团结线、幸福路，统筹谋划川藏路

道路通则百业兴、百业兴则群众富。川藏铁路沿线地形地质和气候条件复杂、生态环境脆弱，修建难度之大世所罕见。川藏铁路起于四川盆地西部，东西横穿横断山脉，最后止于青藏高原中东部。拟建铁路沿线地形地貌极其复杂，新构造运动强烈，地震活动频繁，不良地质现象极多，铁路建设难度极大。川藏公路的修建从1950年4月开始，经过11万军民的艰苦努力，北线于1954年12月正式通车，2000多名军民为此付出了生命。

川藏铁路的修建需要对铁路地质灾害易发区减灾选线场景模型搭建，模拟铁路沿线滑坡泥石流灾变演化规律，实现铁路场景的三维可视化体验，完成多种线路方案仿真优化，确保铁路建设及运营安全的可行性。

建设川藏铁路是贯彻落实新时代党的治藏方略的一项重大举措，对维护国家统一、促进民族团结、巩固边疆稳定，对推动西部地区特别是川藏两省区经济社会发展，具有十分重要的意义，将进一步优化和改善西藏自治区交通路网布局，结束藏东南不通火车的历史，为当地的经济社会发展注入新的活力。

习题8

8.1　判断如下序列是否为某个简单图的次的序列，并说明理由。

(1) 7，6，5，4，3，2　　(2) 6，6，5，4，3，2，1

(3) 1，1，2，3，2，3　　(4) 6，5，5，4，3，2，1

8.2　已知图8-29表示7个城市间拟建一条连接各个城市的通信线路，各边的权数表示两个城市之间线路的修建费。利用破圈法和避圈法，求连接各城市通信线路最小修建费用方案。

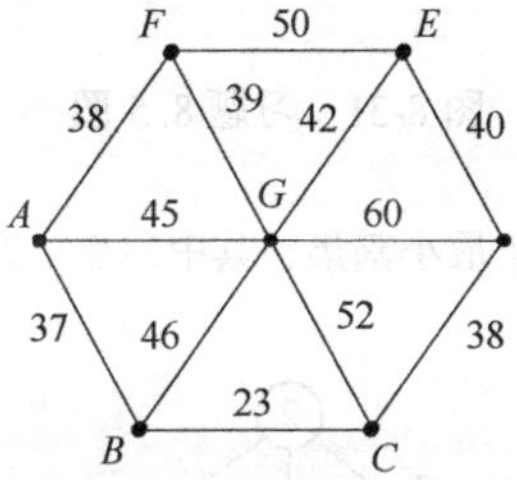

图8-29　习题8.2图

8.3　分别用破圈法和避圈法求图8-30a、b中各个圈的最小树。

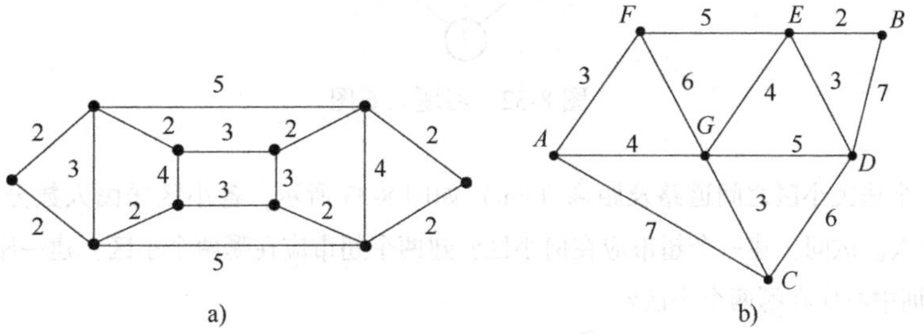

图8-30　习题8.3图

8.4　10名应聘者参加六门技能科目的考核。表8-1给出了每名应聘者应参加考核的科目（打√号的）。规定考核在三天内结束，每天上下午各安排一门。应聘者提出希望每人每天最多考一门，又科目A必须安排在第一天上午考，科目F安排在最后一门，科目B只能安排在下午考，试列出一张满足各方面要求的考核日程表。

表 8-1 习题 8.4 表

应聘者	考核科目					
	A	B	C	D	E	F
1	√	√		√		
2	√		√			
3	√					√
4		√			√	√
5	√		√	√		
6			√		√	
7			√		√	√
8		√		√		
9	√	√				√
10	√		√			√

8.5 用标号法求图 8-31a、b 中点 v_1 到各点的最短路。

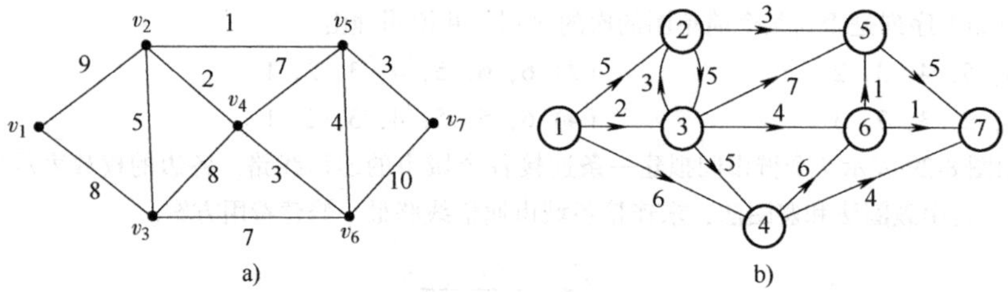

图 8-31 习题 8.5 图

8.6 求如图 8-32 所示的网络最大流、最小割集，其中顶点 1 为发点，顶点 5 为收点，弧上数字为弧的容量，并写出其对应的线性规划模型。

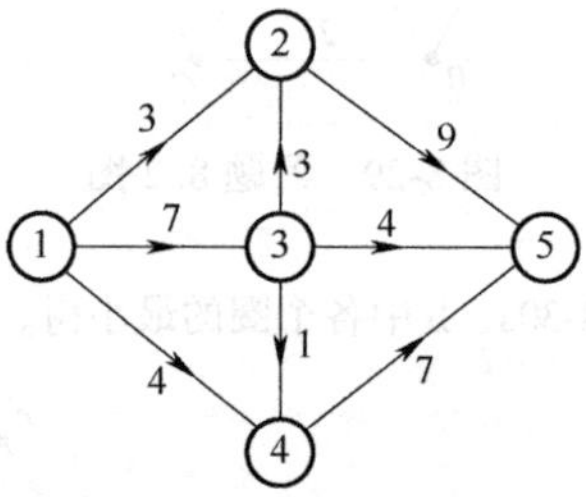

图 8-32 习题 8.6 图

8.7 已知 4 个居民小区之间道路及距离（km）如图 8-33 所示，各小区居民人数分别为 300 人，500 人，400 人，600 人。试问：建一个超市应在何小区？建两个超市应在哪两个小区？建一座培训中心应在何小区？建两座培训中心应在哪两个小区？

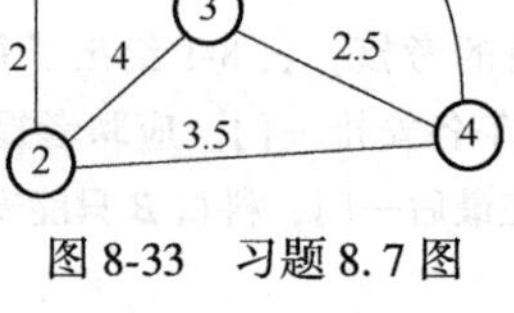

图 8-33 习题 8.7 图

8.8　在如图 8-34 所示的网络图中，每弧旁的数字是 $c_{ij}(f_{ij})$，求网络中从 v_s 到 v_t 的最大流和最小割。

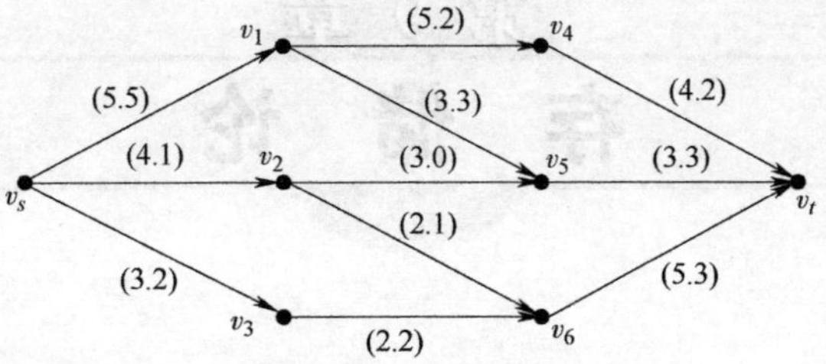

图 8-34　习题 8.8 图

8.9　求图 8-35 所示的网络最大流和最小割集。

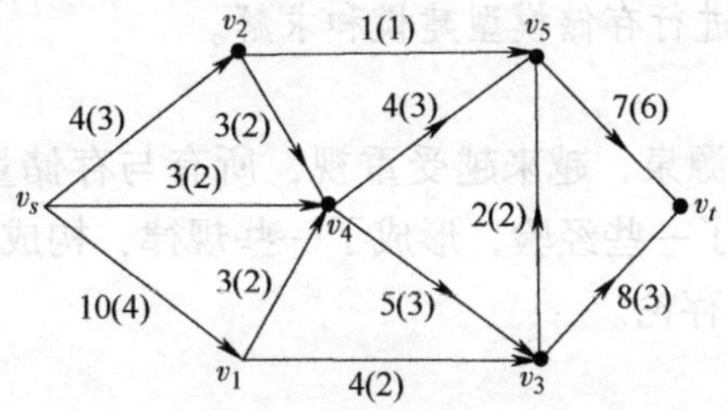

图 8-35　习题 8.9 图

第 9 章 存 储 论

教学目标：

通过本章的学习，能够阐释存储问题的基本要素及费用项目，辨别确定性存储模型及随机性存储模型，能使用软件进行存储模型建模和求解。

物流作为“第三利润”源泉，越来越受重视，所有与存储量有关的问题，在经过人们长期实践中的摸索后，积累了一些经验，形成了一些规律，构成了运筹学的一个分支，叫作存储论（inventory），也称库存论。

9.1 基本概念

9.1.1 存储系统

存储论的对象，是一个由补充、存储、需求三个环节紧密构成的现实运行系统，并且以存储为中心环节，故称为存储系统，其一般结构如图 9-1 所示。由于生产或销售等的需求，从存储点（仓库）取出一定数量的库存货物，这就是存储的输出；由于不断输出而使存储减少，因而必须及时加以补充，这就是存储的输入。任一存储系统都有存储、补充、需求三个组成部分。

图 9-1 存储系统结构图

存储的某种货物简称存储物，它随时间的推移所发生的盘点数量的变化，称为存储状态。存储状态随需求过程而减小，随补充过程而增大。

需求可以有不同的形式：①间断的或连续的；如商业存储系统中，顾客对时令商品的需求是间断的，对日用品的需求是连续的；②均匀的（线性的）或不均匀的（非线性的）；如工厂自动生产流水线对原料的需求是均匀的，而一个城市对电力的需求是不均匀的；③确定性的或随机性的；如生产活动中对原材料的需求一般是确定性的，而销售活动中对商品的需求往往是随机性的。对于随机性需求，通过大量观察试验，其统计规律性也是可以认识的。因而无论需求形式如何，存储系统的输出特性还是可以明确的。

补充有内部生产和外部订购（采购）两种方式。在有些情况下，从订货到交货之间有一段滞后时间，简称时滞，它可能是确定性的，也可能是随机性的。因此，为使存储在某一时刻获得补充，就必须提前一段时间订货，这段时间称为订货提前期。若时滞为确定常数，则提前期就可取作时滞；若时滞随机，则提前期往往取作时滞的期望值。

9.1.2　存储策略

对一个存储系统而言，需求是其服务对象，因而即便需求是确定性的，也不作为控制的对象，更何况随机需求是不可控的。因此，需求控制的只不过是存储的输入过程。而这里有两个基本问题需要做出决策：

(1) 何时补充？称为“期”的问题。

(2) 补充多少？称为“量”的问题。

管理者可以通过控制补充的期与量这两个决策变量，来调节存储系统的运行，以便达到最优运营效果。这便是存储系统的最优运营问题。

关于补货的期与量所做的决策，构成存储系统的一个运营策略，称为存储策略。给定一个存储策略，则何时补充及补充多少，就完全明确了。常用的存储策略有以下几种类型：

(1) T循环策略。设

T——运营周期，它是一个决策变量；

Q——进货（补充）批量，它也是一个决策变量。

该策略的含义是：每隔T时刻补充一次，补充数量为Q。这种策略又称为经济批量策略，它适用于需求确定的存储系统。

(2) (T_0,S)策略。设

T_0——固定周期（如一年、一月、一周等），它是一个决策变量；

S——存储上限，即最大存储量，它也是一个决策变量；

I——本周期期初（或上一个周期期末）的存储状态，它是一个参数而非决策变量。

该策略的含义是：每隔T_0时段盘点一次，把存储补充到S水平，因而进货批量为$Q=S-I$。这种策略又称为定期订货策略。

(3) (T_0,β,Q)策略。设

β——订货点，即标志订货时刻的存储状态，它是一个决策变量；

$I(t)$——t时刻的存储状态，它是一个参数而非决策变量。

该策略的含义是：以T_0为一个计划期（T_0通常很短，如每天、每周），其间每当存储量$I(t)\leqslant\beta$时立即订货，订货批量为Q。这种策略又称为定量订货策略。

9.1.3　运营费用

衡量一个存储策略优劣的常用数量指标就是存储系统的运营费用（operating costs）。它包括进货费用、保管费用、缺货费用这三项费用，分述如下：

(1) 进货费用（inputting costs）。进货费用是指补充存储而发生的费用，记为$C_{\rm I}$，其一般形式为

$$C_{\rm I}=\begin{cases}C_0+cQ, & Q>0\\ 0, & Q=0\end{cases}$$

其中：C_0——每次进货的固定费用，与进货批量Q的大小无关；

c——单位变动费用；而cQ则是变动费用，与进货批量Q有关。

由于进货分为内部生产与外部订购两种方式，故分别解释如下：

1) 订购费用：订货与购货而发生的费用。这时称：

C_0——每次订货费用（ordering costs），如手续费、电信费、外出采购的差旅费、最低起运费、检查验收费等，与进货批量 Q 无关。

c——单位货物的购置费用，如货物本身的单价、单位运费等，cQ 为一批货物的购置费用，与订货批量 Q 有关。

2）生产费用：生产货物所发生的费用。这时称：

C_0——每批次的装配费用（或准备、结束费用），如更换生产线上的器械，添置专用设备等的费用，与生产批量 Q 无关。

c——单位产品的生产费用，即单位产品所消耗的原材料、能源、人工、包装等费用之和，cQ 为一批产品的变动生产费用，与生产批量 Q 有关。

（2）保管费用（holding or carrying costs）。保管费用又称为持货费用、存储费用，即因持有这些货物而发生的费用。它包括仓库使用费、管理费、货物维护费、保险费、税金、积压资金所造成的损失（利息、占用资金费等）、存货陈旧、变质、损耗、降价所造成的损失等。记

C_H——保管费用，与单位时间的存储量有关。

h——单位时间内单位货物的保管费用。

（3）缺货费用（shortage loss costs）。缺货费用是指因缺货所造成的损失费，如停工待料所造成的生产损失，因货物脱销而造成的机会损失（少得的收益），延期付货所交付的罚金，以及商誉降低所造成的无形损失等。记

C_S——缺货费用，与单位时间的缺货量有关。

l——单位时间内缺少单位货物所造成的损失费。

运营费用即为上述三项费用之和，故又称为总费用，记为 C_T，则

$$C_T = C_I + C_H + C_S$$

又记 f——单位时间的平均（或期望）运营费用。

能使运营费用 f 达到极小的进货批量称为经济批量（economic lot size），记为 Q^*。对几种确定性存储系统，人们已经导出了经济批量 Q^* 的数学表达式，称为经济批量公式。这些公式也是存储模型的一种形式，称为经济批量模型。

9.2 定性存储模型

本节介绍具有连续确定性需求、采用 T 循环策略的存储系统的五种基本模型。它们都是在一些假设条件下建立的，因此实际应用时首先必须检查真实系统是否与这些假设相符或相近。

9.2.1 模型 1——经济订货批量模型

经济订货批量（economic order quantity，EOQ）模型最早是由 F. W. Harris 于 1915 年提出的。该模型有如下假设条件：

（1）需求连续均匀，需求速率为一常数 R；

（2）不允许缺货，因此在存储告急时应立即补充；

（3）在每一周期 T 的初始时刻进行补充，每期进货批量相同，均为 Q。

根据上述条件可知：$I(t)=Q-Rt, t\in[0,T]$；于是可以画出该系统的存储状态图，如图9-2所示。图中L是订货提前期，当每个运营周期T内存储状态$I(t)=RL$时就立即订货，这样可保证在$I(t)=0$时将存储立即补充到Q水平，易知$Q=RT$。

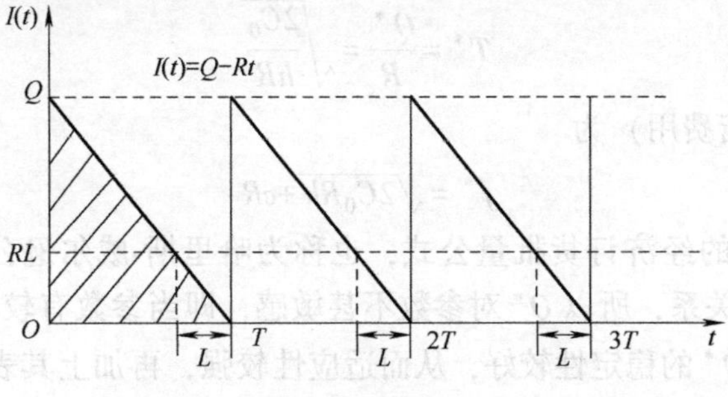

图9-2 经济订货批量模型存储状态图

由图9-2可知，在$[0,T]$时段内的存储量为

$$\int_0^T I(t)\,\mathrm{d}t=\int_0^T(Q-Rt)\,\mathrm{d}t=QT-\frac{1}{2}RT^2=\frac{1}{2}QT$$

另外，根据定积分的几何意义，上述定积分等于图9-2中阴影部分的面积，这样立即可得上述结果。因此，在一个运营周期T内的存储费为

$$C_H=\frac{1}{2}hQT$$

式中，h为单位存储费，而订购费为

$$C_I=C_0+cQ$$

式中，C_0为订购费用，c为单价，由于不允许缺货，无缺货现象，也无此项费用，故一个周期T内的运营费用C_T只包括上述两项，为

$$C_T=C_H+C_I=\frac{1}{2}hQT+C_0+cQ$$

而单位时间的平均运营费用为

$$f=\frac{C_T}{T}=\frac{1}{2}hQ+\frac{C_0}{T}+\frac{cQ}{T} \tag{9-1}$$

式中，有Q，T两个决策变量。因$Q=RT$，故$T=Q/R$，代入式（9-1）得

$$f(Q)=\frac{1}{2}hQ+\frac{C_0R}{Q}+cR \tag{9-2}$$

为了求得$f(Q)$的极小点，由一阶条件

$$f'(Q)=\frac{1}{2}h-\frac{C_0R}{Q^2}=0$$

解得驻点

$$Q^*=\sqrt{\frac{2C_0R}{h}} \tag{9-3}$$

（根号前取正号是因为$Q>0$）又由二阶条件

$$f''(Q)=\frac{2C_0R}{Q^3}>0\ (Q>0)$$

可知：式（9-3）给出的 Q^* 为 f 在 $Q\in(0,\infty)$ 上的全局唯一最小点。而最佳运营周期为

$$T^*=\frac{Q^*}{R}=\sqrt{\frac{2C_0}{hR}} \tag{9-4}$$

最优值（最小平均运营费用）为

$$f^*=\sqrt{2C_0Rh}+cR \tag{9-5}$$

式（9-3）即经典的经济订货批量公式，也称为哈里斯-威尔逊公式。由于 Q^* 与参数 C_0，h，R 是平方根的关系，所以 Q^* 对参数不甚敏感，即当参数有较小的估计误差时，Q^* 的相应误差更小。故 Q^* 的稳定性较好，从而适应性较强，再加上其表达形式简单，概念浅显易懂，因而在工业系统中应用很广。

例 9-1 某仪表厂今年拟生产某种仪表 30000 个，该仪表中有个元件需向仪表元件厂订购，每次订货费用为 120 元，该元件购价为每只 0.50 元，全年保管费为购价的 20%。

（1）试求仪表厂今年对该元件的最佳存储策略及费用。

（2）若明年拟将这种仪表产量提高一倍，则所需元件的订购批量应比今年增加多少？订购次数又为多少？

解：（1）依题意取一年为时间单位，且知

$$C_0=120(\text{元/次}),c=0.50(\text{元/只}),R=30000(\text{只/年})$$
$$h=0.2c=0.2\times0.5=0.10(\text{元/只/年})$$

由式（9-3）~式（9-5）得

$$Q^*=\sqrt{\frac{2C_0R}{h}}=\sqrt{\frac{2\times120\times30000}{0.1}}\approx8485(\text{只})$$

$$T^*=\frac{Q^*}{R}=\frac{8485}{30000}\approx0.28(\text{年})$$

$$f^*=\sqrt{2C_0Rh}+cR=\sqrt{2\times120\times0.1\times30000}+0.5\times30000\approx15848(\text{元/年})$$

而全年订购次数为

$$n^*=\frac{1}{T^*}=\frac{1}{0.28}\approx3.57(\text{次})$$

由于 n^* 须为正整数，故还应比较 $n=3$ 与 $n=4$ 时的全年费用。

若 $n=3$，则

$$T=\frac{1}{n}=\frac{1}{3},\ Q=\frac{30000}{3}=10000$$

代入式（9-1），得

$$f=\frac{1}{2}\times0.1\times10000+120\times3+0.5\times30000=15860(\text{元/年})$$

类似可得 $n=4$ 时，$Q=7500$，全年费用为

$$f=\frac{1}{2}\times0.1\times7500+120\times4+0.5\times30000=15855(\text{元/年})$$

所以取 $n=4$，每次订购批量为 7500 只，全年费用为 15855 元，比最优值 f^* 略多 7 元。

（2）若没学过经典经济订货批量模型，很可能会认为明年订购批量为今年的 2 倍。但由式（9-3）知道，明年订购批量应为今年的$\sqrt{2}$倍，订购次数也为今年的$\sqrt{2}$倍，从而有

$$Q^*=\sqrt{2}\times 8485\approx 11999(\text{只}),n^*=\sqrt{2}\times 3.57\approx 5.05(\text{次})$$

为使用方便，也需比较 $n=5$ 与 $n=6$ 时的费用（请读者自行完成），结果为 $n=5$，$Q=12000$（只），$f=31200$（元/年）。有时题目没有给出单价，最优解不变，目标函数差一个常数 cR。

9.2.2 模型 2——经济生产批量模型

模型 1 有个前提条件，即每次进货能在瞬间全部入库，称为即时补充。许多实际存储系统并非即时补充，例如订购的货物很多，不能一次运到，需要一段时间陆续入库；又如工业企业通过内部生产来实现补充时也往往需要一段时间大于 0。除非即时补充外，模型 1 的其余假设条件均成立。设

T_P——进货周期，即每次进货的时间（$0<T_P<T$）；

p——进货速率，即单位时间内入库的货物数量（$p>R$）。

又设在每一运营周期 T 的初始时刻开始进货，且每期开始与结束时刻存储状态均为 0。

根据上述假设条件，可以画出该系统的存储状态图，如图 9-3 所示。由图可见，一个周期［$0,T$］被分为两段：在［$0,T_P$］内，存储状态从 0 开始以 $p-R$ 的速率增加，到 T_P 时刻达到最高水平（$p-R$）T_P，这时停止进货，而 pT_P 就是一个周期 T 内的总进货量 Q，即有 $Q=pT_P$；在［T_P,T］内，存储状态从最高水平（$p-R$）T_P 以速率 R 减少，到 T 时刻降为 0。

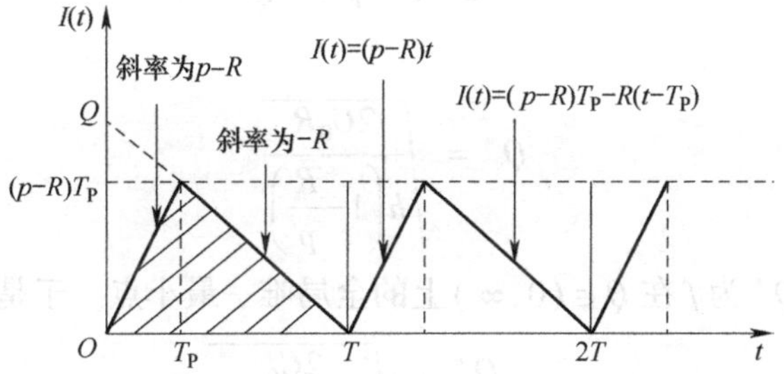

图 9-3 经济生产批量模型存储状态图

综上可知，在［$0,T$］内的存储状态为

$$I(t)=\begin{cases}(p-R)t, & t\in[0,T_P]\\(p-R)T_P-R(t-T_P), & t\in[T_P,T]\end{cases}$$

故每一运营周期内的存储量为

$$\int_0^T I(t)\,\mathrm{d}t=\int_0^{T_P}(p-R)t\,\mathrm{d}t+\int_{T_P}^{T}[(p-R)T_P-R(t-T_P)]\,\mathrm{d}t$$

根据定积分的几何意义，它等于图 9-3 中阴影部分的面积，即为

$$\int_0^T I(t)\,\mathrm{d}t=\frac{1}{2}(p-R)T_PT$$

故每一周期 T 的保管费为

$$C_H = \frac{1}{2} h(p-R) T_P T$$

而订购费为

$$C_I = C_0 + cQ$$

故每一周期 T 的运营费用为

$$C_T = C_H + C_I = \frac{1}{2} h(p-R) T_P T + C_0 + cQ$$

而单位时间内的平均运营费用为

$$f = \frac{C_T}{T} = \frac{1}{2} h(p-R) T_P + \frac{C_0}{T} + \frac{cQ}{T} \tag{9-6}$$

式中，有三个决策变量 Q，T_P，T，易知它们之间有下述关系：

$$Q = pT_P = RT$$

故

$$T_P = \frac{Q}{p},\ T = \frac{Q}{R}$$

代入式（9-6）得

$$f(Q) = \frac{1}{2} h\left(1-\frac{R}{p}\right) Q + \frac{C_0 R}{Q} + cR \tag{9-7}$$

由一阶条件

$$f'(Q) = \frac{1}{2} h\left(1-\frac{R}{p}\right) - \frac{C_0 R}{Q^2} = 0$$

解得驻点

$$Q^* = \sqrt{\frac{2C_0 R}{h\left(1-\frac{R}{p}\right)}} \tag{9-8}$$

由二阶条件易知 Q^* 为 f 在 $Q \in (0,\infty)$ 上的全局唯一最小点。于是有

$$T^* = \frac{Q^*}{R} = \sqrt{\frac{2C_0}{hR\left(1-\frac{R}{p}\right)}} \tag{9-9}$$

$$T_P^* = \frac{Q^*}{p} = \sqrt{\frac{2C_0 R}{hp(p-R)}} \tag{9-10}$$

$$f^* = \sqrt{2C_0 hR\left(1-\frac{R}{p}\right)} + cR \tag{9-11}$$

当 $p \to \infty$ 时，由上述公式易知：$T_P^* \to 0$，而 Q^*，T^*，f^* 与模型 1 完全一致。

例 9-2　假设仪表元件厂每天只能供给仪表厂 1000 只元件，今年拟生产某种仪表 30000 个，该仪表中有个元件需向仪表元件厂订购，每次订货费用为 50 元，该元件购价为每只 0.50 元，全年保管费为 0.1 元/只/年，试求仪表厂今年对该元件的最优存储策略及费用。

解：由题意知

$$p=1000(\text{只/天})=365000(\text{只/年})$$

则

$$1-\frac{R}{p}=1-\frac{30000}{365000}\approx 0.9178$$

由式（9-8）~式（9-11），可得

$$Q^*=\sqrt{\frac{2\times 50\times 30000}{0.1\times 0.9178}}\approx 5717(\text{只})$$

$$T^*=\frac{5717}{30000}\approx 0.19(\text{年})$$

$$T_P^*=\frac{5717}{365000}\approx 0.016(\text{年})$$

$$f^*=\sqrt{2\times 50\times 0.1\times 30000\times 0.9178}+0.5\times 30000\approx 15524.73(\text{元/年})$$

由于

$$n^*=\frac{1}{T^*}=\frac{1}{0.19}\approx 5.26(\text{次})$$

由于 n^* 须为正整数，故为实用方便，还须比较 $n=5$ 与 $n=6$ 时的运营费用（请读者自行完成），结果为 $n=5$，这时有

$$T=\frac{1}{n}=\frac{1}{5}(\text{年})=73(\text{天}),Q=6000(\text{只})\text{或}\ T_P=6(\text{天}),f=15525.34(\text{元/年})$$

故今年订货 5 次（每隔 73 天订购一次），每次订购 6000 只元件。

9.2.3 模型 3——允许缺货的经济订货批量模型

模型 1 的假设条件之一为不允许缺货，现在考虑放宽这一条件而允许缺货的存储模型，除此之外，其余假设同模型 1 一致。

由于允许缺货，所以当存储告罄时不急于补充，而是过一段时间再补充。这样，虽然需要支付一些缺货费，但可少付一些订货费和保管费，因而运营费用或许能够减少。假设在时段［$0,T$］内，开始存储状态为最高水平 S，它可以供应长度为 $T_1\in[0,T]$ 的时段内的需求；在［T_1,T］内则存储状态持续为 0，并发生缺货，假设这时本系统采用“缺货后补”的办法，即先对需求者进行预售登记，待订货一到立即全部付清。于是有

$$I(t)=\begin{cases}S-Rt, & t\in[0,T_1]\\ 0, & t\in[T_1,T]\end{cases}$$

还可画出存储状态图，如图 9-4 所示。图中 W 为最大缺货量，$W=R(T-T_1)$。

由图 9-4 可知，［$0,T$］内的存储量为 $ST_1/2$，故存储费为

$$C_H=\frac{1}{2}hST_1$$

而［T_1,T］内的缺货量为 $W(T-T_1)/2=R(T-T_1)^2/2$，即图 9-4 中阴影部分的面积；因［$0,T_1$］内不缺货，而只是在［T_1,T］内缺货，故［$0,T$］内的缺货费用为

$$C_S=\frac{1}{2}lW(T-T_1)=\frac{1}{2}lR(T-T_1)^2$$

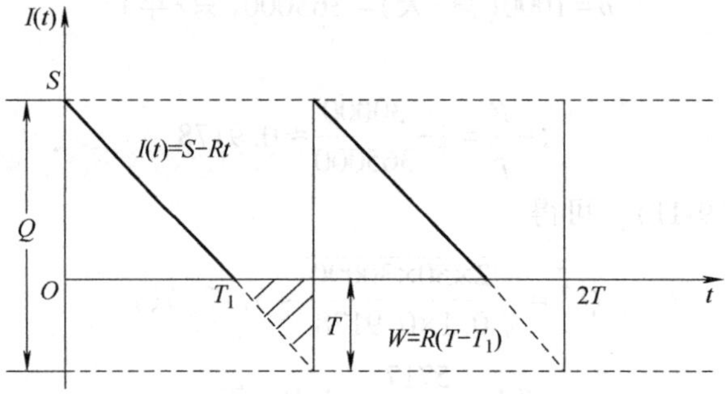

图 9-4 允许缺货的经济订货批量模型存储状态图

又知订购费为

$$C_{\mathrm{I}}=C_0+cQ$$

则 $[0,T]$ 内的运营费用为

$$C_{\mathrm{T}}=C_{\mathrm{H}}+C_{\mathrm{S}}+C_{\mathrm{I}}=\frac{1}{2}hST_1+\frac{1}{2}lR\,(T-T_1)^2+C_0+cQ$$

而单位时间内的平均运营费用为

$$f=\frac{1}{T}\left[\frac{1}{2}hST_1+\frac{1}{2}lR\,(T-T_1)^2\right]+\frac{C_0}{T}+\frac{cQ}{T} \tag{9-12}$$

式中，有 Q，S，T，T_1 四个决策变量，但自由变量只有两个。易知

$$S=RT_1,\quad Q=RT$$

代入式（9-12）得

$$f(T_1,T)=\frac{1}{T}\left[\frac{1}{2}hRT_1^2+\frac{1}{2}lR\,(T-T_1)^2\right]+\frac{C_0}{T}+cR \tag{9-13}$$

其极小点的一阶条件为

$$\frac{\partial f}{\partial T_1}=\frac{1}{T}[hRT_1-lR(T-T_1)]=0\Rightarrow T_1=\frac{l}{h+l}T$$

$$\frac{\partial f}{\partial T}=-\frac{1}{T^2}\left[\frac{1}{2}hRT_1^2+\frac{1}{2}lR\,(T-T_1)^2\right]+\frac{1}{T}lR(T-T_1)-\frac{C_0}{T^2}=0$$

可化简为

$$\frac{\partial f}{\partial T}=-\frac{1}{2}lR-\frac{1}{2T^2}(h+l)RT_1^2-\frac{C_0}{T^2}=0$$

再把 $T_1=l/(h+l)T$ 代入，可得

$$\frac{hlR}{2(h+l)}-\frac{C_0}{T^2}=0$$

由此可得

$$T^*=\sqrt{\frac{2C_0(h+l)}{hlR}} \tag{9-14}$$

$$T_1^*=\frac{l}{h+l}T^*=\sqrt{\frac{2C_0l}{hR(h+l)}} \tag{9-15}$$

$$Q^* = RT^* = \sqrt{\frac{2C_0R(h+l)}{hl}} \tag{9-16}$$

$$S^* = RT_1^* = \sqrt{\frac{2C_0lR}{h(h+l)}} \tag{9-17}$$

$$W^* = Q^* - S^* = \frac{h}{h+l}Q^* = \sqrt{\frac{2C_0hR}{l(h+l)}} \tag{9-18}$$

$$f^* = \sqrt{\frac{2C_0hlR}{h+l}} + cR \tag{9-19}$$

另外，把 $T_1 = lT/(h+l)$ 代入式（9-13）中，可得

$$f(T) = \frac{hlR}{2(h+l)}T + \frac{C_0}{T} + cR \tag{9-20}$$

$$f(Q) = \frac{1}{2}hQ\frac{l}{h+l} + \frac{C_0R}{Q} + cR \tag{9-21}$$

若不允许缺货，则 $l \to \infty$，$l/(h+l) \to 1$，易见这时模型 3 就成为模型 1 了。

讨论：模型 1 的存储系统在 $[0, T^*]$ 内的存储量为 $Q^*T^*/2$，故单位时间的平均存储量为

$$\frac{1}{2}Q^* = \frac{1}{2}\sqrt{\frac{2C_0R}{h}}$$

而模型 3 的存储系统在 $[0, T^*]$ 内的存储量为 $S^*T_1^*/2$，故单位时间的平均存储量为

$$\frac{S^*T_1^*}{2T^*} = \frac{1}{2}\sqrt{\frac{2C_0R}{h}}\left(\frac{l}{h+l}\right)^{\frac{3}{2}} < \frac{1}{2}\sqrt{\frac{2C_0R}{h}} = \frac{1}{2}Q^*$$

因此考虑缺货后，系统的平均存储量降低，从而保管费也得以减少。

而模型 3 的订购次数 n_3^* 也比模型 1 的订购次数 n_1^* 要少

$$n_3^* = \frac{1}{T_3^*} = \sqrt{\frac{hlR}{2C_0(h+l)}} = \sqrt{\frac{hR}{2C_0}}\sqrt{\frac{l}{h+l}} < \sqrt{\frac{hR}{2C_0}} = n_1^*$$

从而订货费用也得以减少。

例 9-3 假设仪表元件厂每天只能供给仪表厂 1000 只元件，今年拟生产某种仪表 30000 个，该仪表中有个元件需向仪表元件厂订购，每次订货费用为 50 元，该元件购价为每只 0.50 元，全年保管费为 0.1 元/只/年，若允许元件缺货，且每只全年缺货费为购价的 10%，试求最优策略、最大缺货量和最小费用。

解：由题意知

$$l = 0.1c = 0.1 \times 0.5 = 0.05[\text{元}/(\text{只} \cdot \text{年})]$$

按式（9-14）~式（9-19）得

$$T^* = \sqrt{\frac{2C_0(h+l)}{hlR}} = \sqrt{\frac{2\times50\times(0.1+0.05)}{0.1\times0.05\times30000}} \approx 0.3162(\text{年})$$

$$T_1^* = \frac{l}{h+l}T^* = \frac{0.05}{0.1+0.05}\times0.3162 = 0.1054(\text{年})$$

$$S^* = RT_1^* = 30000\times0.1054 = 3162(\text{只})$$

$$Q^* = RT^* = 30000\times0.3162 = 9486(\text{只})$$

$$W^* = Q^* - S^* = 9486-3162 = 6324(\text{只})$$

$$f^* = \sqrt{\frac{2\times50\times0.1\times0.05\times30000}{0.1+0.05}} + 0.5\times30000 \approx 15316.23(\text{元/年})$$

因全年订购次数为

$$n^* = \frac{1}{T^*} = \frac{1}{0.3162} \approx 3.16(\text{次})$$

由于 n^* 须为正整数，故为使用方便，比较 $n=3$ 和 $n=4$ 时的 f 值。

当 $n=3$ 时，$T=1/3$，代入式（9-20）得

$$f\left(\frac{1}{3}\right) = \frac{0.1\times0.05\times30000}{2(0.1+0.05)}\times\frac{1}{3} + 3\times50 + 0.5\times30000 \approx 15316.67(\text{元/年})$$

当 $n=4$ 时，$T=1/4$，代入式（9-20）得

$$f\left(\frac{1}{4}\right) = \frac{0.1\times0.05\times30000}{2(0.1+0.05)}\times\frac{1}{4} + 4\times50 + 0.5\times30000 = 15325(\text{元/年})$$

故取 $n=3$，即全年订货 3 次，每隔四个月订货一次，每次订货量为

$$Q = 30000\times\frac{1}{3} = 10000(\text{只})$$

最高存储水平为

$$S = RT_1 = 30000\times\frac{0.05}{0.1+0.05}\times\frac{1}{3} \approx 3333(\text{只})$$

最大缺货量为

$$W = 10000-3333 = 6667(\text{只})$$

全年运营费用为 15316.67 元。

注意：本例 $W=6667$ 只，为每期元件缺货量，按模型 3 的假设条件，这些缺货量待订货运到须一次付清。对本例而言，这意味着仪表厂有充分的生产能力，可以在极短的时间（近似为 0）内迅速生产出 6667 只元件，并立即把这 6667 只元件用光。这样，数量为 10000 只的订货就只剩下 3333 只，恰为最高存储水平。这便是本例允许缺货的深层含义。若仪表厂没有这样大的生产能力，不能在极短的时间内耗尽这 6667 只缺货元件，则最高存储将远远超 $S=3333$ 水平，因而元件的保管费不仅不会减少，反而会增加。这时“允许缺货”毫无实际意义，也就是说真实系统与此假设不符，故不能应用模型 3。

9.2.4 模型 4——允许缺货的经济生产批量模型

本模型为模型 2、模型 3 的综合。其存储状态如图 9-5 所示。

在每一周期 $[0,T]$ 内，从 $t=0$ 时刻开始以速率 p 进货，但因此刻有累计缺货量 W，因此在开始一段时间 $[0,T_1]$ 内无存储，进货除满足该段内的需求外，还清偿预售的缺货。从 T_1 时刻起，存储以 $p-R$ 的速率由 0 递增，到 T_2 时刻达到最高水平 S 并停止进货。$[T_2,T_3]$ 为纯消耗期，存储以速率 R 由 S 递减，到 T_3 时刻降为 0。$[T_3,T]$ 为缺货期，不进货但预售，直到 T 时刻才开始进货，从而又开始新一周期的运行。从图 9-5 中任取一个周

期 T，得到图9-6。

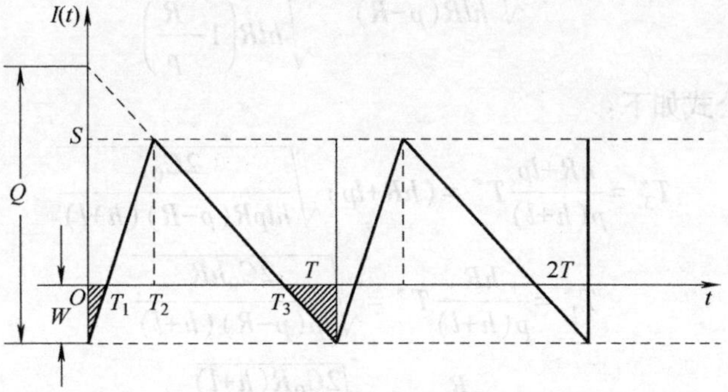

图9-5 允许缺货的经济生产批量模型存储状态图

连接 SB 做一条辅助线。由三角形相似

$\Delta BDE \sim \Delta BST$，$\Delta ACO \sim \Delta ATS$，$\Delta BEF \sim \Delta BTG$，$\Delta TAB \sim \Delta TCE$ 易得

$$\frac{DE}{ST}=\frac{BD}{BS}=\frac{BF}{BG}=\frac{OC}{ST}$$

则

$$DE=OC$$
$$CE=OD$$

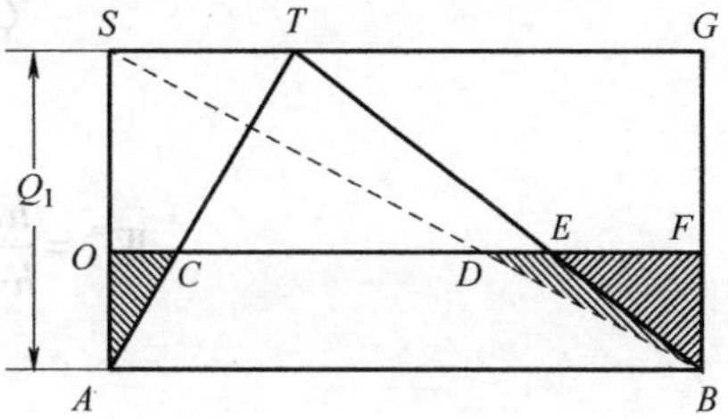

图9-6 一个周期内允许缺货的经济生产批量模型

于是，ΔAOC 与 ΔBDE 面积相等（同底同高），进而

ΔBDF 的面积 $=\Delta AOC$ 与 ΔBEF 的面积之和 $=$ 缺货量

类似还有

ΔODS 的面积 $=\Delta CET$ 的面积 $=$ 存储量

这样，图9-5中的每一周期 T 都对应于图9-4（模型3）中的一个周期 T，相应的需求率是 SD 的斜率的绝对值，记作 R_1，则有

$$Q_1=R_1T$$

又由图9-5及假设条件可知

$$\left.\begin{array}{l}W=R(T-T_3)=(p-R)T_1\\ S=R(T_3-T_2)=(p-R)(T_2-T_1)\end{array}\right\}\Rightarrow T_2=\frac{R}{p}T$$

$$Q=pT_2=p\frac{R}{p}T=RT$$

则有

$$Q_1=S+W=R(T-T_2)=R\left(T-\frac{R}{p}T\right)=R\left(1-\frac{R}{p}\right)T$$

故

$$R_1=R\left(1-\frac{R}{p}\right)$$

用 R_1 取代式（9-14）中的 R，即得

$$T^{*}=\sqrt{\frac{2C_{0}p(h+l)}{hlR(p-R)}}=\sqrt{\frac{2C_{0}(h+l)}{hlR\left(1-\frac{R}{p}\right)}} \tag{9-22}$$

类似可得其他公式如下：

$$T_{3}^{*}=\frac{hR+lp}{p(h+l)}T^{*}=(hR+lp)\sqrt{\frac{2C_{0}}{hlpR(p-R)(h+l)}} \tag{9-23}$$

$$T_{1}^{*}=\frac{hR}{p(h+l)}T^{*}=\sqrt{\frac{2C_{0}hR}{lp(p-R)(h+l)}} \tag{9-24}$$

$$T_{2}^{*}=\frac{R}{p}T^{*}=\sqrt{\frac{2C_{0}R(h+l)}{hlp(p-R)}} \tag{9-25}$$

$$Q^{*}=RT^{*}=\sqrt{\frac{2C_{0}R(h+l)}{hl\left(1-\frac{R}{p}\right)}} \tag{9-26}$$

$$W^{*}=\frac{hR}{h+l}\left(1-\frac{R}{p}\right)T^{*}=\sqrt{\frac{2C_{0}hR}{l(h+l)}\left(1-\frac{R}{p}\right)} \tag{9-27}$$

$$S^{*}=\sqrt{\frac{2C_{0}lR}{h(h+l)}\left(1-\frac{R}{p}\right)} \tag{9-28}$$

$$f^{*}=\sqrt{\frac{2C_{0}hlR}{h+l}\left(1-\frac{R}{p}\right)}+cR \tag{9-29}$$

$$f(T)=\frac{hlR}{2(h+l)}\left(1-\frac{R}{p}\right)T+\frac{C_{0}}{T}+cR \tag{9-30}$$

$$f(Q)=\frac{1}{2}hQ\frac{l}{h+l}\left(1-\frac{R}{p}\right)+\frac{C_{0}R}{Q}+cR \tag{9-31}$$

易见：当$p\to\infty$时，模型4就成为模型3；当$l\to\infty$时，模型4就成为模型2；而当$p\to\infty$且$l\to\infty$时，则模型4就成为模型1。

例 9-4 试就例9-2、例9-3的条件求最优策略、最大缺货量及最小费用。

解： 由题意可知$C_0=50$（元/次），$c=0.5$（元/只），$R=30000$（只/年），$p=365000$（只/年），$h=0.1$[元/(只·年)]，$l=0.05$[元/(只·年)]，$1-R/p\approx0.9178$

由式（9-22）、式（9-26）、式（9-27）、式（9-29），得

$$T^{*}=\sqrt{\frac{2\times50(0.1+0.05)}{0.1\times0.05\times30000\times0.9178}}\approx0.33(\text{年})$$

$$Q^{*}=30000\times0.33=9900(\text{只})$$

$$W^{*}=\sqrt{\frac{2\times50\times0.1\times30000}{0.05(0.1+0.05)}}\times0.9178\approx6059(\text{只})$$

$$f^{*}=\sqrt{\frac{2\times50\times0.1\times0.05\times30000}{0.1+0.05}\times0.9178}+0.5\times30000\approx15302.95(\text{元/年})$$

可见本例的f^*比例9-2、例9-3的f^*都小。由于订货次数为

$$n^*=\frac{1}{T^*}=\frac{1}{0.33}\approx 3.03(\text{次})$$

故为使用方便，取 $n=3$，则 $t=1/3$ 年，这时

$$Q=30000\times\frac{1}{3}=10000(\text{只})$$

$$W=\frac{0.1\times 30000}{0.1+0.05}\times 0.9178\times\frac{1}{3}\approx 6119(\text{只})$$

故每当缺货量达到 W 水平就开始进货，而运营费用为

$$f\left(\frac{1}{3}\right)=\frac{0.1\times 0.05\times 30000}{2(0.1+0.05)}\times 0.9178\times\frac{1}{3}+3\times 50+0.5\times 30000\approx 15302.97(\text{元/年})$$

与最优值 f^* 几乎相等。

9.2.5 模型5——定价有折扣的存储模型

所谓“定价有折扣”，是指供方采取的一种鼓励用户多订货的优惠政策，即根据订货量的大小规定不同购价，订购越多则购价越低。换言之，购价为关于订货量 Q 的分段函数 $c(Q)$。通常 $c(Q)$ 是一个阶梯函数，其一般形式为

$$c(Q)=\begin{cases} c_1, & Q\in[Q_0,Q_1) \\ c_2, & Q\in[Q_1,Q_2) \\ \vdots & \\ c_m, & Q\in[Q_{m-1},Q_m) \end{cases}$$

其中 $c_1>c_2>\cdots>c_m$，$0=Q_0<Q_1<Q_2<\cdots<Q_{m-1}<Q_m=\infty$，且 c_i，Q_i 均为常数($i=1,2,\cdots,m$)。上式也可简写成

$$c(Q)=c_i,\quad Q\in[Q_{i-1},Q_i),\quad i=1,2,\cdots,m$$

下面仅就模型1为例加以分析，其方法也适用于模型2~模型4。按式（9-2），令

$$f_i=\frac{1}{2}hQ+\frac{C_0R}{Q}+c_iR,\quad i=1,2,\cdots,m$$

则目标函数为

$$f(Q)=f_i,\quad Q\in[Q_{i-1},Q_i),\quad i=1,2,\cdots,m \quad (9\text{-}32)$$

如图9-7所示，$f(Q)$ 由以 Q_1,Q^*,Q_2 为分界点的几条不连续的曲线段（实线）所构成，因而也是一个分段函数。

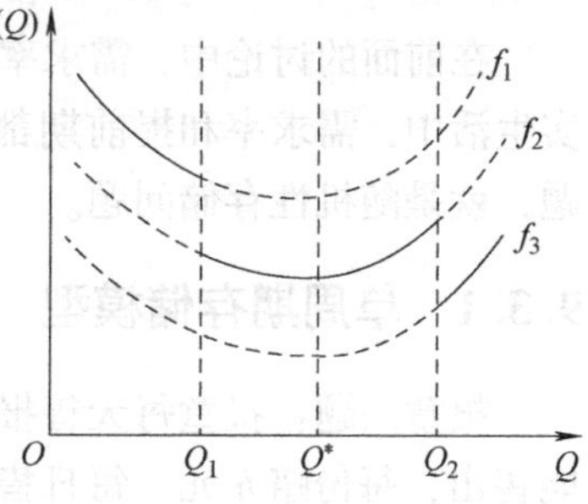

图9-7 定价有折扣的存储模型

由于 c_iR 为常数，所以每一 f_i 的极小点都是

$$Q^*=\sqrt{\frac{2C_0R}{h}}$$

如果 $Q^*\in[Q_1,Q_2)$，则由式（9-5）可得

$$f(Q^*)=\sqrt{2C_0hR}+c_2R$$

对于一切 $Q\in(0,Q_2)$，都有

$$f(Q^*)\leqslant f(Q)$$

即 Q^* 为 $f(Q)$ 在 $(0,Q_2)$ 上的极小点。但当 $Q=Q_2$ 时，由于购价由 c_2 降为 c_3，所以可能有 $f(Q_2)<f(Q^*)$。类似地，对 Q^* 右侧的每一分界点 $Q_i(>Q^*)$，都可能有 $f(Q_i)<f(Q^*)$。所以应依次计算 Q^* 右侧各分界点 Q_i 的目标函数值：

$$f(Q_i)=\frac{1}{2}hQ_i+\frac{C_0R}{Q_i}+c_iR,\quad (Q_i>Q^*) \tag{9-33}$$

并与 $f(Q^*)$ 一起加以比较，从中选出最小值

$$f(\overline{Q})=\min\{f(Q^*),f(Q_i)\mid Q_i>Q^*\}$$

而它所对应的 $\overline{Q}$ 即为最优订购量。

例 9-5 承例 9-1，假设仪表元件厂规定该元件的购价为

$$c(Q)=\begin{cases}0.50, & Q<15000\\0.48, & 15000\leqslant Q<30000\\0.46, & Q\geqslant 30000\end{cases}$$

试求仪表厂对该元件的最优存储策略及最小费用。

解：由例 9-1 知 $Q^*=8485$（只），$C_0=120$（元/次），$R=30000$（只/年），以及 $f(Q^*)=15848$（元/年）

又按式（9-33）得

$$f(15000)=\frac{1}{2}\times 0.1\times 15000+120\times 2+0.48\times 30000=15390(\text{元/年})$$

$$f(30000)=\frac{1}{2}\times 0.1\times 30000+120\times 1+0.46\times 30000=15420(\text{元/年})$$

故 $\overline{Q}=15000$（只），$\overline{n}=R/\overline{Q}=2$（次），$\overline{f}=15390$（元/年）。

9.3 随机性存储模型

在前面的讨论中，需求率和订货提前期都被视为确定的，这只是一种理想的情况。在现实生活中，需求率和提前期都是随机变量。需求率和提前期中有一个为随机变量的存储问题，就是随机性存储问题。

9.3.1 单周期存储模型

报童问题：报童每天售报数量是一个随机变量，报童每售出一份报纸赚 k 元，如报纸未能售出，每份赔 h 元。每日售出报纸份数 r 的概率 $p(r)$ 根据以往的经验是已知的，问报童每日最好准备多少份报纸？此类问题可以引申为存储问题，根据随机需求变量的类型，可以分为离散的和连续的两种。

1. 需求是离散的随机变量

方法一：期望损失最小法

顾名思义，期望损失最小法就是比较不同订货量下的期望损失，取期望损失最小的订货量作为最佳订货量。已知库存物品的单位成本为 C，单位售价为 P，即单位盈利为 $k=P-C$。若在预定的时间卖不出去，则单价只能降为 $S(S<C)$ 卖出，单位超储损失为 $h=C-S$，即赔

$h=C-S$；若需求量超过存货，有需求而没有库存造成的潜在利润损失，即单位缺货损失（机会损失）k，其数值等于单位盈利。设订货量为 Q 时的期望损失为 $E_L(Q)$，则取使 $E_L(Q)$ 最小的 Q 作为最佳订货量。$E_L(Q)$ 可通过下式计算：

$$E_L(Q)=\sum_{r\leqslant Q}h(Q-r)p(r)+\sum_{r>Q}k(r-Q)p(r) \tag{9-34}$$

式中，$p(r)$ 为需求量为 r 时的概率。

例 9-6 按过去的记录，新年期间对某商店挂历的需求分布率如表 9-1 所示。

表 9-1 某商店挂历的需求分布率

需求 r（份）	0	10	20	30	40	50
概率 $p(r)$	0.05	0.15	0.20	0.25	0.20	0.15

已知，每份挂历的进价为 $C=50$ 元，售价 $P=80$ 元。若在 1 个月内卖不出去，则每份挂历只能按 $S=30$ 卖出。求该商店应该进多少挂历为好。

解：设该商店买进 Q 份挂历。

当实际需求 $r\leqslant Q$ 时，将有一部分挂历卖不出去，每份超储损失为

$$h=C-S=50-30=20(\text{元})；$$

当实际需求 $r>Q$ 时，将有机会损失，每份欠储损失为

$$k=P-C=80-50=30(\text{元})；$$

当 $Q=30$ 时，根据式（9-34），则

$$\begin{aligned}E_L(Q)&=\sum_{r\leqslant Q}h(Q-r)p(r)+\sum_{r>Q}k(r-Q)p(r)\\&=[20\times(30-0)\times0.05+20\times(30-10)\times0.15+20\times(30-20)\times0.20]+\\&\quad[30\times(40-30)\times0.20+30\times(50-30)\times0.15]=280(\text{元})\end{aligned}$$

当 Q 取其他值时，可按同样方法算出 $E_L(Q)$，结果如表 9-2 所示。由表 9-2 可以得出最佳订货量为 30 份。

表 9-2 期望损失计算表

订货量 Q	实际需求 r						期望损失 $E_L(Q)$（元）
	0	10	20	30	40	50	
	$p(r)$						
	0.05	0.15	0.20	0.25	0.20	0.15	
0	0	300	600	900	1200	1500	855
10	200	0	300	600	900	1200	580
20	400	200	0	300	600	900	380
30	600	400	200	0	300	600	280
40	800	600	400	200	0	300	305
50	1000	800	600	400	200	0	430

方法二：期望利润最大法

期望利润最大法就是比较不同订货量下的期望利润，取期望利润最大的订货量作为最佳

订货量。当 $r \leqslant Q$ 时，由于需求量为 r，可售出获利 kr。未售出的滞销损失为 $h(Q-r)$。当 $r>Q$ 时，赢利值为 kQ。设订货量为 Q 时的期望利润为 $E_P(Q)$，则

$$E_P(Q)=\sum_{r\leqslant Q}[kr-h(Q-r)]p(r)+\sum_{r>Q}kQp(r) \tag{9-35}$$

例 9-7 承例 9-6，用期望利润最大法求最佳订货量。

解：当 $Q=30$ 时，根据式（9-35），则

$$E_P(30)=[30\times20-20\times(30-20)]\times0.2+[30\times10-20\times(30-10)]\times0.15+$$
$$[-20\times(30-0)]\times0.05+30\times30\times0.25+30\times30\times0.2+30\times30\times0.15=575$$

当 Q 取其他值时，可按同样方法算出 $E_P(Q)$，结果如表 9-3 所示。

表 9-3 期望利润计算表

订货量 Q	实际需求 r						期望利润 $E_P(Q)$(元)
	0	10	20	30	40	50	
	$p(r)$						
	0.05	0.15	0.20	0.25	0.20	0.15	
0	0	0	0	0	0	0	0
10	-200	300	300	300	300	300	275
20	-400	100	600	600	600	600	475
30	-600	100	400	900	900	900	575
40	-800	-300	200	700	1200	1200	550
50	-1000	-500	0	500	1000	1500	425

由表 9-3 可以得出最佳订货量为 30，与期望损失最小法得出的结果相同。

方法三：边际分析法

要从式（9-34）中决定 Q 的值，使 $E_L(Q)$ 最小。由于需求是离散的随机变量，不能用求导数的方法求极值，所以设原计划订货最佳量为 Q，其期望损失值满足：

（1）$E_L(Q)\leqslant E_L(Q+1)$；

（2）$E_L(Q)\leqslant E_L(Q-1)$。

从（1）出发进行推导有

$$h\sum_{r=0}^{Q}(Q-r)p(r)+k\sum_{r=Q+1}^{\infty}(r-Q)p(r)\leqslant h\sum_{r=0}^{Q+1}(Q+1-r)p(r)+k\sum_{r=Q+2}^{\infty}(r-Q-1)p(r)$$

因为

$$h\sum_{r=0}^{Q}(Q-r)p(r)=h\sum_{r=0}^{Q}(Q+1-r)p(r)-h\sum_{r=0}^{Q}p(r)$$

$$k\sum_{r=Q+1}^{\infty}(r-Q)p(r)=k\sum_{r=Q+1}^{\infty}(r-Q-1)p(r)+k\sum_{r=Q+1}^{\infty}p(r)$$

$$h\sum_{r=0}^{Q}(Q+1-r)p(r)=h\sum_{r=0}^{Q+1}(Q+1-r)p(r)$$

$$k\sum_{r=Q+1}^{\infty}(r-Q-1)p(r)=k\sum_{r=Q+2}^{\infty}(r-Q-1)p(r)$$

所以

$$k\sum_{r=Q+1}^{\infty}p(r)\leqslant h\sum_{r=0}^{Q}p(r)$$

即

$$k\left(1-\sum_{r=0}^{Q}p(r)\right)\leqslant h\sum_{r=0}^{Q}p(r)$$

化简得
$$\sum_{r=0}^{Q}p(r)\geqslant\frac{k}{k+h}$$

从（2）出发进行推导有

$$h\sum_{r=0}^{Q}(Q-r)p(r)+k\sum_{r=Q+1}^{\infty}(r-Q)p(r)\leqslant h\sum_{r=0}^{Q-1}(Q-1-r)p(r)+k\sum_{r=Q}^{\infty}(r-Q+1)p(r)$$

化简得

$$\sum_{r=0}^{Q-1}p(r)\leqslant\frac{k}{k+h}$$

即最佳数量 Q 应按下列不等式确定。

$$\sum_{r=0}^{Q-1}p(r)<\frac{k}{k+h}\leqslant\sum_{r=0}^{Q}p(r)\tag{9-36}$$

若从赢利最大来考虑获利的期望值 $E_P(Q)$ 可导出相同的确定最佳量 Q 值条件。

例 9-8　某批发商准备订购一批圣诞树供圣诞节期间销售。该批发商对包括订货费在内的每棵圣诞树要支付 2 元，树的售价为 6 元。未售出的树只能按 1 元出售。节日期间圣诞树需求量的概率分布如表 9-4 所示（批发商的订货量必须是 10 的倍数）。试求该批发商的最佳订货量。

表 9-4　圣诞树需求量的概率分布

需求量	10	20	30	40	50	60
$p(r)$	0.10	0.10	0.20	0.30	0.15	0.15

解：由题意可知：$h=2-1=1$；$k=6-2=4$。

所以，根据式（9-36），则

$$\frac{k}{k+h}=\frac{4}{4+1}=0.80$$

$$\sum_{r=0}^{40}p(r)=0.70<0.80\leqslant\sum_{r=0}^{50}p(r)=0.85$$

查表 9-4 可知，最佳订货量为 50 棵。

2. 需求是连续的随机变量

若需求量 r 为连续型的随机变量，也可导出相仿的计算公式。其他条件和参数与上述需求是离散的随机变量相同，根据概率论的知识，可得出损失费用的期望值为

$$E_L(Q)=h\int_0^Q(Q-r)p(r)\,dr+k\int_Q^{\infty}(r-Q)p(r)\,dr$$

将 $E_L(Q)$ 对 Q 求导并令其等于 0，即可求出 Q 值。

$$\frac{dE_P(Q)}{dQ}=\frac{d}{dQ}\left[h\int_0^Q(Q-r)p(r)\,dr+k\int_Q^{\infty}(r-Q)p(r)\,dr\right]$$

$$\frac{\mathrm{d}}{\mathrm{d}Q}\int_0^Q (Q-r)p(r)\,\mathrm{d}r = \int_0^Q \frac{\partial(Q-r)}{\partial Q}p(r)\,\mathrm{d}r + (Q-Q)p(Q)\frac{\mathrm{d}r}{\mathrm{d}Q} - (Q-0)p(0)\frac{\mathrm{d}r}{\mathrm{d}Q} = \int_0^Q p(r)\,\mathrm{d}r$$

$$\frac{\mathrm{d}}{\mathrm{d}Q}\int_Q^\infty (r-Q)p(r)\,\mathrm{d}r = \int_Q^\infty \frac{\partial(r-Q)}{\partial Q}p(r)\,\mathrm{d}r + (\infty-Q)p(\infty)\frac{\mathrm{d}r}{\mathrm{d}Q} - (Q-Q)p(Q)\frac{\mathrm{d}r}{\mathrm{d}Q} = -\int_Q^\infty p(r)\,\mathrm{d}r$$

所以

$$\begin{aligned}\frac{\mathrm{d}E_\mathrm{P}(Q)}{\mathrm{d}Q} &= h\int_0^Q p(r)\,\mathrm{d}r - k\int_Q^\infty p(r)\,\mathrm{d}r \\ &= h\int_0^Q p(r)\,\mathrm{d}r - k\left[\int_0^\infty p(r)\,\mathrm{d}r - \int_0^Q p(r)\,\mathrm{d}r\right] \\ &= h\int_0^Q p(r)\,\mathrm{d}r - k\left[1 - \int_0^Q p(r)\,\mathrm{d}r\right] \\ &= (h+k)\int_0^Q p(r)\,\mathrm{d}r - k = 0\end{aligned}$$

因此

$$\int_0^Q p(r)\,\mathrm{d}r = \frac{k}{h+k} \tag{9-37}$$

例 9-9 某产品的需求量呈正态分布，已知数学期望值 $\mu=150$，标准差 $\sigma=25$。又知每单位产品进价 $C=8$ 元，卖价 $P=15$ 元，如销售不完，每单位产品按 $S=5$ 元处理，不考虑缺货损失费。问最佳的订货批量应为多少？

解：根据式（9-37），可得 $k=15-8=7$，$h=C-S=3$，$k/(h+k)=7/(7+3)=0.7$

即

$$F(Q) = \int_0^Q p(r)\,\mathrm{d}r = 0.7$$

化为标准形正态分布函数，查正态分布表可知，使 $\int_0^Z N(0,\ 1)\,\mathrm{d}z = 0.7$ 成立的 Z 值为 0.52。由 $Z=(Q-\mu)/\sigma$ 可得最佳的订货批量为

$$Q^* = \mu + Z\sigma = 150 + 0.52\times 25 = 163$$

3. 有初始库存量的单周期存储模型

有初始库存量的单周期存储模型与前面模型不同的是在周期开始有一初始库存量 I，由于需求是一个随机变量，所以需要计算费用的期望值，来确定最佳订购量 Q。

在周期开始时，若订购量为 Q，则存储量为 $I+Q$。此时需求 r 与初始存储水平相比，可能有两种情况：① $r\leqslant I+Q$，即供大于求；② $r>I+Q$，即供不应求。

（1）当 $r\leqslant I+Q$ 时，造成货物积压，应付出的存储费用期望值为

$$\sum_{r\leqslant I+Q} h(I+Q-r)p(r)$$

（2）当 $r>I+Q$ 时，造成货物短缺，其缺货费用的期望值为

$$\sum_{r>I+Q} l(r-I-Q)p(r)$$

（3）若每次订购费为 C_0，货物单价为 c，则付出的订货费为

$$C_1=\begin{cases}C_0+cQ, & Q>0\\0, & Q=0\end{cases}$$

则周期内总费用期望值为

$$E(I+Q)=C_0+cQ+\sum_{r\leqslant I+Q} h(I+Q-r)p(r)+\sum_{r>I+Q} l(r-I-Q)p(r)$$

问题是求出 Q 使得 $E(I+Q)$ 达到最小。由于 r 取离散值仍然可以用差分解法。为此定义 $G=I+Q$，并人为地排列需求量 r 的随机值为 $r_0,r_1,r_2,\cdots,r_m$，且 $r_{i+1}>r_i$，$i=0,1,\cdots,m-1$。G 只在 r_i 中取值，当 $G=r_i$ 时，记作 G_i。

$$\Delta G_i=G_{i+1}-G_i=r_{i+1}-r_i=\Delta r_i>0$$

$$E(G_i)=C_0+c(G_i-I)+\sum_{r\leqslant G_i} h(G_i-r)p(r)+\sum_{r>G_i} l(r-G_i)p(r)$$

$$E(G_{i+1})=C_0+c(G_{i+1}-I)+\sum_{r\leqslant G_{i+1}} h(G_{i+1}-r)p(r)+\sum_{r>G_{i+1}} l(r-G_{i+1})p(r)$$

令 $\Delta E(G_i)=E(G_{i+1})-E(G_i)$，经运算后得

$$\Delta E(G_i)=c\Delta G_i+h\Delta G_i\sum_{r\leqslant G_i} p(r)-l\Delta G_i+l\Delta G_i\sum_{r\leqslant G_i} p(r)$$

令 $\Delta E(G_i)=0$，因为 $\Delta G_i\neq 0$，所以

$$c+h\sum_{r\leqslant G_i} p(r)-l+l\sum_{r\leqslant G_i} p(r)=0$$

即

$$\sum_{r\leqslant G_i} p(r)=\frac{l-c}{h+l}$$

上式右边的临界值 $M=(l-c)/(h+l)$ 恒小于1，为使等式成立，G 选 $\sum_{r\leqslant G_i} p(r)\geqslant M$ 中 G_i 的最小整数值，这时 $Q^*=G-I$。

如果 r 为连续型的随机变量，推导过程与（9-37）相同，可得临界值公式为

$$\int_0^G p(r)\,\mathrm{d}r=\frac{l-c}{h+l}=M$$

例 9-10 某商店代销一种产品，每件进价3元，单位时间内每件产品应付存储费1元，若出现缺货，每件应承担缺货费用16元，已知产品需求概率如表9-5所示，且店内仍有10件存货。问仍需向外订购多少件产品，才能使费用期望值为最小？

表 9-5 产品需求概率表

需求量 r	17	18	19	20	21	22	23	24
$p(r)$	0.02	0.06	0.12	0.34	0.20	0.14	0.08	0.04
$\sum p(r)$	0.02	0.08	0.20	0.54	0.74	0.88	0.96	1.00

解：由题意可知 $c=3$，$h=1$，$l=16$，$I=10$，求 G 的最小整数值使下式成立

$$\sum_{r\leqslant G} p(r)\geqslant\frac{l-c}{h+l}=\frac{16-3}{1+16}=\frac{13}{17}\approx 0.7647$$

由表 9-5 可知

$$\sum_{r\leqslant 21}p(r)=0.74<0.7647,\sum_{r\leqslant 22}p(r)=0.88>0.7647$$

所以 $G^*=22$（件），因此 $Q^*=G^*-I=22-10=12$（件），即该产品订购 12 件能使费用期望值达到最小。

9.3.2 多周期存储模型

许多需求随机的库存问题并不是单时期的，而与 EOQ 模型的库存模式十分类似，可用图 9-8 表示。

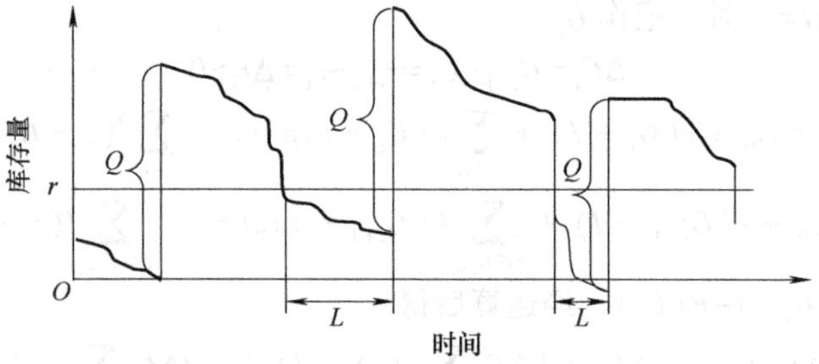

图 9-8 多周期存储模型

由于需求量是随机变量，所以库存的减少并不像 EOQ 模型那样呈直线下降，而是呈曲线下降，同时需求量的变化也导致了提前期内的实际需求量也是一个随机变量，当库存量降低到 r 时，立即订货，故称 r 为订货点。因此，模型中重新订货点也不像 EOQ 模型重新订货点那样可以保证满足提前期内的实际需求量，并使库存水平在订货期末为 0，所以此类模型中重新订货点不仅影响库存费用的大小，而且影响缺货费用的大小。因而此类模型中重新订货点是一个非常重要的量，所以常称此类随机库存模型为 (r,Q) 模型。设一次订货所需费用为 C_0，单位存储费用为 h，订货量与订货提前期分别为 Q 和 L，该产品需求期望值为 D，在订货提前期内，需求量为 x 的概率为 $f(x)$，期望值为 μ，$\mu=D/L$。当 $\mu>r$ 时，发生供不应求现象，短缺的数量下一批订货到达时补上，用 l 表示每短缺一件时的损失。若用 $EC_T(r,Q)$ 表示订货点为 r，订货量为 Q 时年总费用的期望值，则有

$$EC_T(r,Q)=C_I+C_H+C_S \tag{9-38}$$

C_I，C_H，C_S 分别为年订货费、年库存费和年短缺费的综合。分别计算如下：

（1）$C_I=C_0\dfrac{D}{Q}$。 (9-39)

（2）计算 C_H。因为在订货时的库存量为 r，在提前期内的期望需求量为 μ，所以在一批新订货到达前的库存量为 $r-\mu$，而订货后的库存量为 $Q+r-\mu$。

其中 $Q+r-\mu$ 是一个周期内库存的最高点，$r-\mu$ 为最低点，平均库存量为

$$\frac{[(Q+r-\mu)+(r-\mu)]}{2}=\frac{Q}{2}+r-\mu$$

所以

$$C_H=h\left(\frac{Q}{2}+r-\mu\right) \tag{9-40}$$

(3) 计算 C_S。当且仅当提前期内需求量超过 r 时才会发生供应短缺。用 x 表示提前期内的需求量，当 $x>r$ 时，需要补充的短缺数量为 $x-r$，在 $x\leqslant r$ 时，不需要补充。

若用 $S(r)$ 表示一个周期内的期望短缺数量，则有

$$S(r)=\int_r^{\infty}(x-r)f(x)\,\mathrm{d}x \tag{9-41}$$

所以

$$C_S=l\frac{D}{Q}S(r) \tag{9-42}$$

将式 (9-39)、式 (9-40)、式 (9-42) 代入式 (9-38) 得

$$EC_T(r,Q)=C_0\frac{D}{Q}+h\left(\frac{Q}{2}+r-\mu\right)+l\frac{D}{Q}S(r) \tag{9-43}$$

将式 (9-43) 分别对 Q 和 r 求偏导数，并令其为零得

$$\frac{\partial EC_T(r,Q)}{\partial Q}=-C_0\frac{D}{Q^2}+\frac{h}{2}-l\frac{D}{Q^2}S(r)=0 \tag{9-44}$$

所以

$$Q=\sqrt{\frac{2D[C_0+lS(r)]}{h}} \tag{9-45}$$

$$\frac{\partial EC_T(r,Q)}{\partial r}=h+\left(\frac{lD}{Q}\right)\frac{\mathrm{d}S(r)}{\mathrm{d}r}=0 \tag{9-46}$$

由式 (9-41) 得

$$\frac{\mathrm{d}S(r)}{\mathrm{d}r}=-\int_r^{\infty}f(x)\,\mathrm{d}x \tag{9-47}$$

将式 (9-47) 代入式 (9-46) 得

$$\int_r^{\infty}f(x)\,\mathrm{d}x=\frac{hQ}{lD} \tag{9-48}$$

由于在式 (9-45) 和式 (9-48) 中，为求 Q 需知道 r，为求 r 需知道 Q，所以需采用以下迭代算法。步骤如下：

(1) 作为初始解，在式 (9-45) 中令 $S(r)=0$，求解得 Q_1；

(2) 将 Q_1 的值代入式 (9-48)，求解得 r_1；

(3) 将 r_1 的值代入式 (9-41)，计算得 $S(r_1)$；

(4) 再将 $S(r_1)$ 的值代入式 (9-45)，求解得 Q_2；

(5) 重复 (2)~(4) 步，直到 Q_i 和 r_i 的值基本上不会再有较大变化为止。实际计算的收敛速度是很快的，一般只需迭代 2~3 个循环。

当 $f(x)$ 为正态分布时，式 (9-41) 可写为

$$S(r)=\int_r^{\infty}(x-r)\frac{1}{\sigma\sqrt{2\pi}}\mathrm{e}^{\left[-\frac{1}{2}\left(\frac{x-\mu}{\sigma}\right)^2\right]}\mathrm{d}x$$

$$=\int_r^{\infty}\left(\frac{x-\mu}{\sigma}+\frac{\mu-r}{\sigma}\right)\frac{1}{\sqrt{2\pi}}\mathrm{e}^{\left[-\frac{1}{2}\left(\frac{x-\mu}{\sigma}\right)^2\right]}\mathrm{d}x$$

令

$$y=\frac{x-\mu}{\sigma}$$

则

$$dy=\frac{dx}{\sigma}, dx=\sigma dy$$

$$\begin{aligned}S(r) &= \int_{\frac{r-\mu}{\sigma}}^{\infty} y \frac{\sigma}{\sqrt{2\pi}} e^{\left[-\frac{1}{2}y^2\right]} dy + \int_{\frac{r-\mu}{\sigma}}^{\infty} (\mu - r) \frac{1}{\sqrt{2\pi}} e^{\left[-\frac{1}{2}y^2\right]} dy \\ &= \frac{\sigma}{\sqrt{2\pi}} \int_{\frac{r-\mu}{\sigma}}^{\infty} y e^{\left[-\frac{1}{2}y^2\right]} dy + (\mu - r) \int_{\frac{r-\mu}{\sigma}}^{\infty} \frac{1}{\sqrt{2\pi}} e^{\left[-\frac{1}{2}y^2\right]} dy \\ &= A + B\end{aligned}$$

其中

$$\begin{aligned}A &= \frac{\sigma}{\sqrt{2\pi}} \int_{\frac{r-\mu}{\sigma}}^{\infty} - e^{\left[-\frac{1}{2}y^2\right]} d\left(-\frac{1}{2}y^2\right) = \frac{\sigma}{\sqrt{2\pi}} \left(- e^{\left[-\frac{1}{2}y^2\right]}\right) \Bigg|_{\frac{(r-\mu)}{\sigma}}^{\infty} \\ &= \frac{\sigma}{\sqrt{2\pi}} \left(- e^{\left[-\frac{1}{2}\left(\frac{r-\mu}{\sigma}\right)^2\right]}\right) = \sigma f\left(\frac{r-\mu}{\sigma}\right)\end{aligned}$$

$$B = (\mu - r)\left[1 - \int_{-\infty}^{\frac{r-\mu}{\sigma}} \frac{1}{\sqrt{2\pi}} e^{\left[-\frac{1}{2}y^2\right]} dy\right] = (\mu - r) G\left(\frac{r-\mu}{\sigma}\right)$$

$G[(r-\mu)/\sigma]$是一个与累计正态分布互补的分布，将 A 和 B 的表达式代入得

$$S(r)=\sigma f\left(\frac{r-\mu}{\sigma}\right)+(\mu-r)G\left(\frac{r-\mu}{\sigma}\right) \tag{9-49}$$

例 9-11 已知对某种产品年需求期望值 1600 件/年，订货费为 4000 元/次，存贮费为 10 元/件·年，短缺费 2000 元/件，订货提前期的需求为 $N(750,50^2)$，求最佳订货点 r^* 和最佳订货量 Q^*。

解：由题意可知 $D=1600$，$C_0=4000$，$h=10$，$l=2000$，令 $S(r)=0$，由式（9-45）

$$Q_1=\sqrt{\frac{2DC_0}{h}}=\sqrt{\frac{2\times1600\times4000}{10}}\approx1131$$

因为

$$\int_{\frac{r-\mu}{\sigma}}^{\infty} f(x)dx = \frac{hQ_1}{lD} = \frac{10 \times 1131}{2000 \times 1600} = 0.0035$$

由累计正态分布表查得$(r-\mu)/\sigma=2.7$，所以 $r_1=750+2.7\times50=750+135=885$。

由式（9-49）可知

$$\begin{aligned}S(r_1)&=\sigma f\left(\frac{r_1-\mu}{\sigma}\right)+(\mu-r_1)G\left(\frac{r_1-\mu}{\sigma}\right)\\&=50f\left(\frac{885-750}{50}\right)+(750-885)G\left(\frac{885-750}{50}\right)\\&=50\times0.0104-135\times0.0035=0.0475\end{aligned}$$

代入式（9-45）得

$$Q_2=\sqrt{\frac{2D[C_0+lS(r)]}{h}}=\sqrt{\frac{2\times1600\times(4000+2000\times0.0475)}{10}}\approx1145$$

因为

$$\int_{\frac{r-\mu}{\sigma}}^{\infty} f(x)\,\mathrm{d}x = \frac{hQ_2}{lD} = \frac{10 \times 1145}{2000 \times 1600} = 0.0036$$

由累计正态分布表查得 $(r-\mu)/\sigma=2.69$，所以 $r_2=750+2.69\times50=884.5$

$$S(r_2)=\sigma f\left(\frac{r_2-\mu}{\sigma}\right)+(\mu-r_2)\,G\left(\frac{r_2-\mu}{\sigma}\right)$$

$$=50f\left(\frac{884.5-750}{50}\right)+(750-884.5)\,G\left(\frac{884.5-750}{50}\right)$$

$$=50\times0.0107-134.5\times0.0036=0.0508$$

$$Q_3=\sqrt{\frac{2\times1600\times(4000+2000\times0.0508)}{10}}\approx1145.65$$

因为

$$\int_{\frac{r-\mu}{\sigma}}^{\infty} f(x)\,\mathrm{d}x = \frac{hQ_3}{lD} = \frac{10 \times 1145.65}{2000 \times 1600} = 0.0036$$

则 $r_3=884.5$，因此最优解 $Q^*=1145$，$r^*=884.5$

9.4 用 Excel 和 LINGO 求解存储问题

9.4.1 Excel 求解存储问题

（1）用 Excel 求解单周期存储模型。

例 9-12 以例 9-8 为例，说明 Excel 求解报童模型的过程。Excel 求解单周期存储模型采用的是边际分析法，式（9-36）可写成如下等价形式

$$p(r\leqslant Q)\geqslant\frac{k}{k+h} \tag{9-50}$$

其 Excel 求解过程如图 9-9 所示。其中：B12=B5/(B4+B5)

	A	B	C	D	E	F	G
1	例9-12 单时期库存模型–报童问题计算						
2							
3	输入						
4	单位损失成本h:	1	$/棵				
5	单位盈利k:	4	$/棵				
6	需求量(r)的概率分布:						
7	r(棵):	10	20	30	40	50	60
8	r的分布率P(r):	0.10	0.10	0.20	0.30	0.15	0.15
9							
10	输出						
11	r的累积概率F(r):	0.10	0.20	0.40	0.70	0.85	1.00
12	k/(k+h):	0.8					
13	最优订货量Q*:	50	棵				

	B	C	D	E	F	G
11	=B8	=B8+C8	=SUM(B8:D8)	=SUM(B8:E8)	=SUM(B8:F8)	=SUM(B8:G8)
12	=B5/(B4+B5)					

图 9-9 例 9-12 的 Excel 求解过程

B13=IF(B12<=B11,B7,IF(B12<=C11,C7,IF(B12<=D11,D7,IF(B12<=E11,E7,IF(B12<=F11,F7,G7)))))

由图 9-9 可知，最佳订货量为 50 棵。

（2）用 Excel 求解多周期存储模型。

多周期存储模型的最优订货量 Q 虽然可以用 EOQ 模型中的 Q^* 的计算公式近似求出，本节介绍一种较为简单的求解方法——规划求解方法。设产品年需求量为 D，且服从正态分布 $N(E(D),\sigma_D^2)$，订货量与订货提前期分别为 Q 和 L，提前期内的需求量 D_L 也服从正态分布 $N(E(D_L),\sigma_L^2)$，D_L 的分布可由年需求量算出。重新订货点为 r，$r=E(D_L)+k\sigma_L$。需求能够及时得到满足的百分比为 s，代表服务水平。一个周期内的缺货量为 B，由于提前期内的需求量是随机变量，因而在提前期内缺货量也是一个随机变量，B 的分布函数由重新订货点 r 和提前期内需求量的分布函数决定。一次订货所需费用为 C_0，单位存储费用为 h。因此提前期内的需求量大于重新订货点的概率为

$$p(D_L>r)=p\left(D_L>E(D_L)+k\sigma_L\right)=p\left(\frac{D_L-E(D_L)}{\sigma_L}>k\right)=p(Z>k)$$

而 $s=(1-E(B)/Q)\times100\%$，其中 $E(B)$ 是周期内的期望缺货量

$$E(B)=\sigma_L\left(\frac{1}{\sqrt{2\pi}}e^{-k^2/2}-kp(Z>k)\right)$$

用 Excel 求解多周期存储模型关键是写出正确的目标函数，订货量 Q 和 k 为规划求解的可变变量。为分析方便，这里令总费用函数是

$$TC=年订购费用+年库存费用$$

$$年订购费用=年订购次数\times C_0，年订购次数=E(D)/Q$$

在任一个订货周期内，库存量的期望最小值为 $k\sigma_L$，商品进库时库存量达到最大值，期望值最大为 $Q+k\sigma_L$，所以平均库存水平为

$$平均库存水平=\frac{k\sigma_L+(Q+k\sigma_L)}{2}=\frac{Q}{2}+k\sigma_L$$

而

$$年库存费用=h\left(\frac{Q}{2}+k\sigma_L\right)$$

因此，

$$TC=\frac{E(D)}{Q}\times C_0+h\left(\frac{Q}{2}+k\sigma_L\right)$$

所以规划求解的模型为

$$\min TC=\frac{E(D)}{Q}\times C_0+h\left(\frac{Q}{2}+k\sigma_L\right)$$

$$\text{s. t.}\begin{cases}1-\left[\sigma_L\left(\dfrac{1}{\sqrt{2\pi}}e^{-k^2/2}-kp(Z>k)\right)\right]/Q=s\\Q,k\geqslant0\end{cases}\tag{9-51}$$

例 9-13 某商店出售手机，该手机的年需求量 D 服从 $N(1200,70^2)$ 的分布，手机的每次订货费用为 35 元，每年每台手机的库存费用为 10 元，手机从订单发出到手机入库需要 7 天，商店的手机管理人员要求，必须有 98% 的顾客到达商店时均能购买到手机，试求该商店应该何时订货？每次的最佳订货量是多少？

解：因为 $D\sim N(1200,70^2)$，所以提前期内的需求量 D_L 也服从正态分布。

由 $365/7\approx 52$，则

$$D_L\sim N\left(\frac{E(D)}{52},\left(\sqrt{\frac{1}{52}}\sigma_D\right)^2\right)$$

其中

$$E(D_L)=\frac{E(D)}{52}=\frac{1200}{52}\approx 23(\text{台})$$

$$\sigma_L=\sqrt{\frac{1}{52}}\sigma_D=\sqrt{\frac{1}{52}}\times 70\approx 9.7$$

手机的重新订货点： $r=E(D_L)+k\sigma_L=23+9.7k$

$$1-\left[\sigma_L\left(\frac{1}{\sqrt{2\pi}}e^{-k^2/2}-kp(Z>k)\right)\right]/Q=s=0.98$$

其详细求解过程如图 9-10 所示。

	A	B	C
1	**例9-13 多时期库存模型**		
2			
3	**已知**		
4	订购费用(C_0)：	35	元/次
5	年库存费用($_h$)：	10	元/台
6	平均需求量(E(D))：	1200	台
7	需求量偏差(σ_D)：	70	台
8	提前期(L)：	0.019230769	年
9	服务水平(s)：	0.98	
10			
11	**规划求解**		
12	提前期内的需求量均值(E(D_L))：	23.07692308	台
13	提前期内需求量偏差(σ_L)：	9.707253434	台
14	最优订货批量Q^*：	98.12540577	台
15	k：	0.485952631	
16	kσ_L：	4.717265343	
17	P(Z>k)：	0.313500376	
18	1-E(B)/Q：	0.980000369	
19	重新订货点(r)：	27.79418842	台
20	年订货成本：	428.0237077	元
21	年库存成本：	537.7996823	元
22	总成本(*TC*)：	965.82339	元

	A	B
12	提前期内的需求量均值(E(D_L))：	=B8*B6
13	提前期内需求量偏差(σ_L)：	=SQRT(B8)*B7
14	最优订货批量Q^*：	98.1254057664706
15	k：	0.485952630714005
16	kσ_L：	=B15*B13
17	P(Z>k)：	=1-NORMSDIST(B15)
18	1-E(B)/Q：	=1-B13*(NORMDIST(B15,0,1,FALSE)-B15*B17)/B14
19	重新订货点(r)：	=B12+B16
20	年订货成本：	=B6/B14*B4
21	年库存成本：	=0.5*B14*B5+B5*B16
22	总成本(*TC*)：	=B20+B21

图 9-10　例 9-13 的 Excel 模型

由此可知该商店应在手机库存量为 28 台时开始订购，每次的订货量为 98 台。

9.4.2 LINGO 求解存储问题

由于存储模型大多是非线性模型，选用 LINGO 以确定性存储模型中的经济订货批量模型为例，说明求解存储问题的详细求解过程。首先要建立存储问题的模型，其目标是要求单位时间的平均运营费用 $f=C_T/T=hQ/2+C_0/T+cQ/T$ 最小，如何确定 Q，T 两个决策变量，同时要保证订货次数为整数。具体模型如下：

$$\min f=\frac{1}{2}hQ+\frac{C_0}{T}+\frac{cQ}{T}$$

$$\text{s. t}\begin{cases}Q=\dfrac{R}{n}\\ n=\dfrac{1}{T}\\ Q\geqslant 0,n\geqslant 0\text{ 且为整数}\end{cases}$$

以例 9-1 为例，存储问题输入如图 9-11 所示。LINGO 是以“model:”开始的，以“end”结束。其中，从“data:”到“enddata”为数据输入部分，给出常量的值。“min =”表示目标函数部分，其余为约束条件。“@ gin(x):”为变量定界函数，限制 x 的取值为整数。值得注意的是每条语句后面用“;”结束。

求得的结果如图 9-12 所示，只保留变量和目标函数值。由图 9-12 可知，最佳存储策略是每年订购 $n=4$ 次，每次订购批量为 $Q=7500$ 只，全年费用为 15855 元。结果与理论求解相同。由于 LINGO 编程的模块化，当仪表产量提高一倍时，LINGO 存储问题输入中只需修改 R 值即可，方便扩展，速度快捷。

```
Lingo Model - LING例9-1
model:
 min=f;
  f=0.5*h*Q+c0/T+c*Q/T;
  Q=R/n;
  n=1/T;
  @gin(n);
 data:
  c0=120;
  c=0.5;
  R=30000;
  h=0.1;
 enddata
end
```

图 9-11　例 9-1 LINGO 存储问题输入


```
Solution Report - LING例9-1
 Local optimal solution found.
 Objective value:                          15855.00

                       Variable           Value        Reduced Cost
                              F        15855.00            0.000000
                              H       0.1000000            0.000000
                              Q        7500.000            0.000000
                             C0        120.0000            0.000000
                              T       0.2500000            0.000000
                              C       0.5000000            0.000000
                              R        30000.00            0.000000
                              N        4.000000            26.24995
```

图 9-12　例 9-1 LINGO 存储问题输出结果

【扩展】

垃圾分类

优化垃圾分类大势所趋

垃圾分类是一项关乎民生与社会可持续发展的问题，由于人口迅速增长、城市化进程加快以及对垃圾缺乏妥善的回收与处理，城市生活垃圾问题正日益恶化成一场全球性危机，将垃圾分类收集和治理是大势所趋。

从2019年起，全国地级以上城市生活垃圾分类工作正式启动，垃圾分类是指按照垃圾的成分，将垃圾分为厨余垃圾、其他垃圾、可回收物和有害垃圾，并对垃圾进行分类存储、投放、运输和处理，其目的是提高垃圾的资源价值和经济价值，实现垃圾的资源化、减量化的综合利用。其中，垃圾分类收运是实行垃圾分类的重要环节，对垃圾分类收运路线的设计和优化，有利于贯彻落实垃圾分类的政策，降低垃圾分类的成本，提高垃圾收运效率。

垃圾分类收运路线的设计和优化需要考虑垃圾收运的时间窗、不同类型垃圾对应的异型车辆、不同垃圾类型的运输频率和运输量、以及多层车辆路径对不同类型垃圾收运路线单独规划等因素，垃圾收运路线优化问题可归结为车辆路径问题（vehicle routing problem，VRP），VRP是交通运输、管理科学等领域的一个热点问题[28]。

习题 9

9.1 某企业全年需要某种材料1000t，单价为500元，每吨材料的年保管费为50元，每次订货的手续费为170元，求最优存储策略。

9.2 天鹅出租车汽车公司平均每月使用汽油10000L，每次订货费为500元，保管费为每月每公升0.4元。试求最优策略及其费用。

9.3 某加工车间计划加工一种零件，这种零件需要先在车床上加工，每月可加工500件，然后在铣床上加工，每月加工100件，组织一次车床加工的准备费用为5元，车床加工后的在制品保管费为0.5元/(月·件)，要求铣加工连续生产，试求车床加工的最优生产计划（不计生产成本）。

9.4 某厂按照合同每月向外单位供货100件，每次生产准备结束费用为5元，每件年存储费为4.8元，每件生产成本为20元，若不能按期交货每件每月罚款0.5元（不计其他损失），试求总费用最小的生产方案。

9.5 某单位每年需要某种产品500000件，每次订购费为300元，每年每件存储费为货物单价的10%，并值货物单价的折扣情况如下：

$$c(Q)=\begin{cases}20.10, & Q<14000\\ 20.02, & 14000\leqslant Q<30000\\ 20.00, & Q\geqslant 30000\end{cases}$$

试求订购量为多少，才能使每年平均总费用达到最小？

9.6 有一零售冰糕的代销者，每天早上需从冷饮店领回一定数量的冰糕出售，假设代销者没有购置冰箱，又知每块冰糕的进价为0.03元，卖价为0.05元，若到下午八点还不能全部售完，则每块0.02元削价处理完毕，经长期经营可知冰糕需求量的概率分布如表9-6所示，试求该代销者的最佳订货量。

表 9-6 冰糕需求量的概率分布

r	900	1000	1100	1200	1300	1400
$p(r)$	0.05	0.15	0.20	0.40	0.15	0.05

9.7 某公司利用塑料作为原料制成产品出售，已知每箱塑料购价为 800 元，订购费 60 元，存储费每箱 40 元，缺货费每箱 1015 元，原有存储量 10 箱。已知对原料需求的概率 $p(r=30$ 箱$)=0.20$，$p(r=40$ 箱$)=0.20$，$p(r=50$ 箱$)=0.40$，$p(r=60$ 箱$)=0.20$，求该公司订购原料的最佳订购量。

第 10 章

无约束非线性规划

教学目标：

通过本章的学习，能够释义非线性规划问题的基本概念及其数学模型，能熟练运用凸函数、凸规划判别非线性规划是否存在极值，学会一维搜索方法和无约束非线性规划问题求解的原理及计算步骤，能灵活应用软件进行无约束非线性规划的建模和求解。

在科学管理和其他领域中，很多实际问题可以归结为线性规划问题，其目标函数和约束条件都是自变量的一次函数。但是，还有另外一些问题，其目标函数和（或）约束条件很难用线性函数表达。如果目标函数或约束条件中含有**非线性函数**，就称这种规划问题为**非线性规划**问题。非线性规划（Nonlinear Programming，NLP）是 20 世纪 50 年代左右发展起来的，它是规划论的一个重要分支。非线性规划一般分为两类：无约束非线性规划和有约束非线性规划。

非线性规划作为一个独立分支，一般认为始于 1948—1951 年，其间弗利茨 · 约翰（Fritz John）、库恩（Kuhn）、塔克（Tucker）等人在基础理论研究中取得重大成果，提出并证明了有约束非线性规划的必要条件，初步奠定了非线性规划的理论基础。但是，它的某些算法，如牛顿法（切线性）、拉格朗日乘子法、梯度法（柯西）等，则出现得更早。早期对非线性规划的算法做出贡献的主要有：1953 年，基弗（Kiefer）提出了一元函数优化的分数法［又称斐波那契（Fibonacci）法］和黄金分割法；1959 年，戴维顿（Davidon）提出了无约束非线性规划的变尺度法；1963 年为弗莱彻（Fletcher）和鲍威尔（Powell）所发展，形成所谓 DFP 法；1960—1961 年，罗森（Rosen）提出了有约束 NLP 的梯度投影法；1963 年，沃尔夫（Wolfe）提出了非线性规划的既约梯度法等。1965 年以后，非线性规划呈现“知识爆炸”，不胜枚举，不仅提出许多新算法，还形成了凸分析、不可微分析等新理论和新技术。这不仅为非线性规划的发展奠定了更雄厚的基础，也有力地促进了整个数学规划的发展。迄今为止，非线性规划已广泛地应用于各行各业的系统设计与运营管理，取得了显著的成果。

由于很多实际问题要求进一步精确化，电子计算机的发展使非线性规划在近几十年来得以快速发展，并在最优设计、管理科学、系统控制等许多领域得到越来越广泛的应用。

一般说来，由于非线性函数的复杂性，解非线性规划问题要比解线性规划问题困难得多。而且，也不像线性规划有单纯形法等通用方法，虽然 NLP 已经有了许多算法，但只能适用于某一类型的问题或在某些条件下有效，也就是说，迄今为止尚没有一种通用的有效算法。因此，继续寻求更有效、更通用的算法仍是值得深入研究的课题。

本章简要介绍非线性规划的基本概念和一维搜索法，着重说明无约束非线性规划问题的主要解法。为了叙述方便，用大写字母代表 n 维欧氏空间中的向量（点），而以相应的小写字母代表该向量的分量（点的坐标）。此外，在这一部分所用到的向量，均规定为列向量。

10.1 基本概念

10.1.1 非线性规划问题及数学模型

1. 问题的提出

举两个简单的实例说明如何建立非线性规划数学模型。

例 10-1 某企业有 5 万元闲置资金，可投资于 A，B 两个项目，每万元投资额的年收益分别为 2 万元、1.6 万元，其风险损失期望值 $2x_1^2+x_2^2+(x_1+x_2)^2$ 万元，其中 x_1，x_2 分别为 A，B 项目的投资额（万元）。应如何使用这笔资金才能使年收益期望值最大？

解： 设该企业投资 A，B 两个项目的投资额分别为 x_1 和 x_2 万元。根据题意，可知其数学模型为

$$\max f(x_1,x_2)=2x_1+1.6x_2-2x_1^2-x_2^2-(x_1+x_2)^2$$

$$\text{s.t.}\begin{cases}x_1+x_2\leqslant 5\\ x_1\geqslant 0,x_2\geqslant 0\end{cases}$$

该模型的约束条件为线性，但目标函数是非线性，它是一个非线性规划模型。

例 10-2 某公司经营两种产品，第一种产品每件售价 300 元，第二种产品每件售价 450 元。根据统计，售出一件第一种产品所需要的服务时间平均是 0.5h，售出一件第二种产品所需要的服务时间平均是 $(2+0.25x_2)$h，其中 x_2 是第二种产品的售出数量。已知该公司在这段时间内的总服务时间为 800h，决定使其营业额最大的营业计划。

分析这个例子，并为其建立数学模型。

解： 设该公司计划售出第一种产品 x_1 件，第二种产品 x_2 件。根据题意，其营业额为

$$f(x_1,x_2)=300x_1+450x_2$$

由于服务时间的限制，该计划必须满足

$$0.5x_1+(2+0.25x_2)x_2\leqslant 800$$

此外，这个问题还应满足 $x_1\geqslant 0$，$x_2\geqslant 0$

如此，得到这个问题的数学模型如下：

$$\max f(x_1,x_2)=300x_1+450x_2$$

$$\text{s.t.}\begin{cases}0.5x_1+2x_2+0.25x_2^2\leqslant 800\\ x_1\geqslant 0,x_2\geqslant 0\end{cases}$$

该模型的目标函数为线性，但约束条件为非线性，故它是一个非线性规划模型。

例 10-1 的目标函数是自变量的非线性函数，因而它是非线性规划问题。例 10-2 的目标函数为自变量的线性函数，但其第一个约束条件却是自变量的二次函数，所以它也是非线性规划问题。

2. 非线性规划问题的数学模型

上述二例的模型都是有约束非线性规划模型，其一般形式为

$$
(N_1)\begin{cases}\min f(\boldsymbol{X}) & (10\text{-}1)\\ \text{s. t.}\begin{cases}h_i(\boldsymbol{X})=0, & (i=1,2,\cdots,m) & (10\text{-}2)\\ g_j(\boldsymbol{X})\geqslant 0, & (j=1,2,\cdots,p) & (10\text{-}3)\end{cases}\end{cases}
$$

式中，$\boldsymbol{X}=(x_1,x_2,\cdots,x_n)^{\mathrm{T}}$；$f(\boldsymbol{X})$是目标函数；式（10-2）是等式约束，式（10-3）是不等式（$\geqslant$）约束，二者统称约束条件。

把模型（N_1）称为非线性规划的标准形。有些非线性规划模型（如例 10-1）不含等式约束，还有些则不含不等式约束，但只要符合式（10-1）与式（10-3）的形式，或式(10-1)与式（10-2）的形式，则也称为标准形。另外，由于等式约束 $h_i(\boldsymbol{X})=0$ 可等价化成两个不等式约束 $h_i(\boldsymbol{X})\geqslant 0$ 与$-h_i(\boldsymbol{X})\geqslant 0$，因此（$N_1$）在形式上总能简记如下：

$$
(N_2)\begin{cases}\min f(\boldsymbol{X})\\ \text{s. t. } g_i(\boldsymbol{X})\geqslant 0,\ (i=1,2,\cdots,m)\end{cases}
$$

同线性规划一样，把满足所有约束条件的点 $\boldsymbol{X}$ 称为非线性规划的可行解，其集合称为可行域，记为 R；把满足目标要求的可行解称为最优解，其目标函数值称为最优值。

例 10-1 可化为下述标准形：

$$
\min \bar{f}(\boldsymbol{X})=3x_1^2+2x_1x_2+2x_2^2-20x_1-16x_2
$$

$$
\text{s. t.}\begin{cases}g_1(\boldsymbol{X})=5-x_1-x_2\geqslant 0\\ g_2(\boldsymbol{X})=x_1\geqslant 0\\ g_3(\boldsymbol{X})=x_2\geqslant 0\end{cases}
$$

其中$\bar{f}(\boldsymbol{X})=-f(\boldsymbol{X})$。该标准形 NLP 问题与原问题最优解相同，最优值仅差一个符号。

3. 非线性规划问题的图解法

对某些简单的二维非线性规划问题，也可像线性规划那样，利用图解法进行求解。

例 10-3 用图解法求解下述非线性规划问题：

$$
\min f(\boldsymbol{X})=(x_1-3)^2+(x_2-2)^2
$$

$$
\text{s. t.}\begin{cases}(x_1-1)^2+x_2\leqslant 2\\ x_1+2x_2\leqslant 4\\ x_1,x_2\geqslant 0\end{cases}
$$

解：图解如图 10-1 所示。

在图 10-1 中，阴影部分 $OABCD$ 为可行域 R。目标函数的等值线$f(\boldsymbol{X})=c$（常数）就是以 $E(3,2)$ 点为圆心的一族圆（虚线所示）。易知目标函数在 R 上的 $B(2,1)$点达到最小。故最优解为 $\boldsymbol{X}^*=(2,1)^{\mathrm{T}}$。最优值为 $f(\boldsymbol{X}^*)=2$。

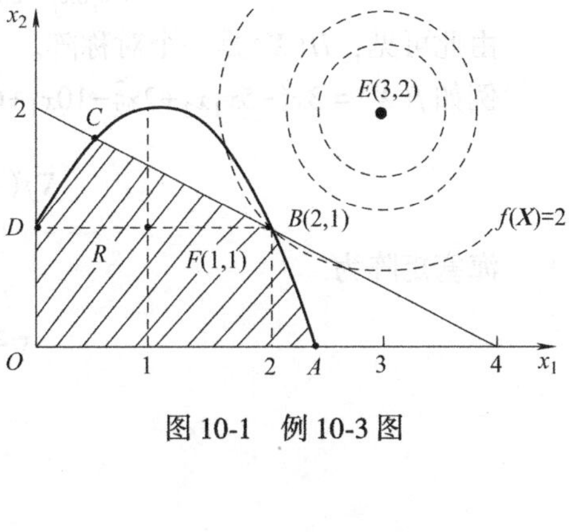

图 10-1 例 10-3 图

在许多非线性规划问题中，目标函数 $f(\boldsymbol{X})$ 以及约束函数 $h_i(\boldsymbol{X})$ 和 $g_j(\boldsymbol{X})$ 的形式比较复杂。即便 $\boldsymbol{X}$ 为二维向量，这些关于 $\boldsymbol{X}$ 的函数的图像也不易绘制。因此，即便对二维的非线性规划问题，图解法也非通用有效解法。

在例 10-3 中，最优解在可行域 R 的极点 B 处得到。若将例 10-3 中的目标函数改为

$$f(\boldsymbol{X})=(x_1-1)^2+(x_2-1)^2$$

则易知相应的最优解为 $\boldsymbol{X}^*=(1,1)^{\mathrm{T}}$，最优值 $f(\boldsymbol{X}^*)=0$。此时最优解在 R 的一个内点 F 处得到。由此可见，非线性规划的最优解可能在其可行域 R 内的某一点处得到，这跟线性规划（LP）问题的最优解必在其可行域的某极点或某边界处得到具有很大不同。这是非线性规划的一个特别值得注意的特点。

10.1.2　预备知识

这里复习一下在微积分中已经学过的关于函数极值的知识，以及相关的线性代数的知识，同时做些必要的补充。

1. 梯度与海塞矩阵

（1）梯度。设 $f(\boldsymbol{X})$ 为定义在 n 维欧氏空间 E^n 的某一点集 S 上的实值函数，若 $f(\boldsymbol{X})$ 一阶连续可微（即具有连续的一阶偏导数），则它的一阶偏导数构成的向量称为 $f(\boldsymbol{X})$ 的梯度向量，简称梯度，记为 $\nabla f(\boldsymbol{X})$，即

$$\nabla f(\boldsymbol{X})=\left(\frac{\partial f}{\partial x_1},\frac{\partial f}{\partial x_2},\cdots,\frac{\partial f}{\partial x_n}\right)^{\mathrm{T}}$$

（2）海塞矩阵（Hessian matrix）。若 $f(\boldsymbol{X})$ 二阶连续可微（即具有连续的二阶偏导数），则它的二阶偏导数构成的矩阵

$$H(\boldsymbol{X})=\begin{bmatrix}\dfrac{\partial^2 f}{\partial x_1^2} & \dfrac{\partial^2 f}{\partial x_1\partial x_2} & \cdots & \dfrac{\partial^2 f}{\partial x_1\partial x_n}\\ \dfrac{\partial^2 f}{\partial x_2\partial x_1} & \dfrac{\partial^2 f}{\partial x_2^2} & \cdots & \dfrac{\partial^2 f}{\partial x_2\partial x_n}\\ \vdots & \vdots & & \vdots\\ \dfrac{\partial^2 f}{\partial x_n\partial x_1} & \dfrac{\partial^2 f}{\partial x_n\partial x_2} & \cdots & \dfrac{\partial^2 f}{\partial x_n^2}\end{bmatrix}$$

称为 $f(\boldsymbol{X})$ 的海塞矩阵，它也可记为 $\nabla^2 f(\boldsymbol{X})$。

由于 $f(\boldsymbol{X})$ 二阶连续可微，因此必有

$$\frac{\partial^2 f}{\partial x_i\partial x_j}=\frac{\partial^2 f}{\partial x_j\partial x_i}\quad (i,j=1,2,\cdots,n)$$

由此可见，$H(\boldsymbol{X})$ 是一个对称阵。

例如 $f(\boldsymbol{X})=3x_1^2-5x_1x_2+2x_2^2-10x_1+6x_2+8$ 的梯度为

$$\nabla f(\boldsymbol{X})=\begin{pmatrix}6x_1-5x_2-10\\ -5x_1+4x_2+6\end{pmatrix}$$

海塞矩阵为

$$\nabla^2 f(\boldsymbol{X})=\begin{pmatrix}6 & -5\\ -5 & 4\end{pmatrix}$$

2. 二次型及其正定性

（1）二次型。一个 n 元二次齐次多项式

$$f(\boldsymbol{X})=a_{11}x_1^2+2a_{12}x_1x_2+\cdots+2a_{1n}x_1x_n+a_{22}x_2^2+$$
$$2a_{23}x_2x_3+\cdots+2a_{2n}x_2x_n+\cdots+a_{nn}x_n^2$$

称为一个 n 元二次型，简称二次型。注意：形为 x_ix_j 的项均为 $i<j$。另外，这里“齐次”是指各项都是二次项。

令 $a_{ji}=a_{ij}$，由于 $x_ix_j=x_jx_i$，所以上述二次型也可写成

$$f(\boldsymbol{X})=\sum_{i=1}^{n}\sum_{j=1}^{n}a_{ij}x_ix_j=\boldsymbol{X}^{\mathrm{T}}\boldsymbol{A}\boldsymbol{X}$$

式中，$\boldsymbol{A}=(a_{ij})_{n\times n}$ 显然是一个对称阵，称为二次型 $f(\boldsymbol{X})$ 的系数矩阵。它的主对角线上的元素 a_{ii} 为 x_i^2 项的系数，其余元素 $a_{ij}=a_{ji}$（$i\neq j$）恰好是 x_ix_j 项的系数 $2a_{ij}$ 的一半。因此二次型与它的系数矩阵相互唯一确定。

例如，三元二次型

$$f(\boldsymbol{X})=5x_1^2+x_2^2+3x_3^2+4x_1x_2-6x_1x_3-2x_2x_3 \tag{10-4}$$

可表示为下述矩阵形式：

$$f(\boldsymbol{X})=(x_1,x_2,x_3)\begin{pmatrix}5 & 2 & -3\\ 2 & 1 & -1\\ -3 & -1 & 3\end{pmatrix}\begin{pmatrix}x_1\\ x_2\\ x_3\end{pmatrix}$$

（2）二次型的正定性。设有 n 元实二次型 $f(\boldsymbol{X})=\boldsymbol{X}^{\mathrm{T}}\boldsymbol{A}\boldsymbol{X}$，对任意 n 维常向量 $\boldsymbol{C}\neq\boldsymbol{0}$，有

1）若恒有 $f(\boldsymbol{C})>0$，则称 $f(\boldsymbol{X})$ 正定，$\boldsymbol{A}$ 正定。

2）若恒有 $f(\boldsymbol{C})\geqslant0$，则称 $f(\boldsymbol{X})$ 半正定，$\boldsymbol{A}$ 半正定。

3）若恒有 $f(\boldsymbol{C})<0$，则称 $f(\boldsymbol{X})$ 负定，$\boldsymbol{A}$ 负定。

4）若恒有 $f(\boldsymbol{C})\leqslant0$，则称 $f(\boldsymbol{X})$ 半负定，$\boldsymbol{A}$ 半负定；

5）若对某些 $\boldsymbol{C}$，有 $f(\boldsymbol{C})>0$，而对另一些 $\boldsymbol{C}$，有 $f(\boldsymbol{C})<0$，则称 $f(\boldsymbol{X})$ 不定，$\boldsymbol{A}$ 不定。

上述定义不易用来判断一个具体的二次型的正定性。由于二次型与其系数矩阵相互唯一确定，因此二者的正定性也相互唯一确定。而实对称矩阵的正定性则较易判断，从而也可据以判断相应的二次型的正定性。

（3）矩阵正定性的判别。设 $\boldsymbol{A}$ 是一个 n 阶实对称矩阵，它的 r 阶主子式记为 Δ_r，即

1）若 $\boldsymbol{A}$ 的各阶主子式都大于 0，即对 $r=1,2,\cdots,n$，都有 $\Delta_r>0$，则 $\boldsymbol{A}$ 正定。

2）若 $\Delta_r\geqslant0$，$r=1,2,\cdots,n$，则 $\boldsymbol{A}$ 半正定。

3）若 $\boldsymbol{A}$ 的顺序主子式负正相间，即

$$\begin{cases}\Delta_r<0, & \text{当 } r \text{ 为奇数}\\ \Delta_r>0, & \text{当 } r \text{ 为偶数}\end{cases}\quad(r=1,2,\cdots,n)$$

则 $\boldsymbol{A}$ 负定。

4）若

$$\begin{cases}\Delta_r\leqslant0, & \text{当 } r \text{ 为奇数}\\ \Delta_r\geqslant0, & \text{当 } r \text{ 为偶数}\end{cases}\quad(r=1,2,\cdots,n)$$

则 $\boldsymbol{A}$ 半负定。

5）若 $\boldsymbol{A}$ 既非半正定，又非半负定，则 $\boldsymbol{A}$ 不定。

例如式（10-4）所示二次型，其系数矩阵为

$$\boldsymbol{A}=\begin{pmatrix}5 & 2 & -3\\ 2 & 1 & -1\\ -3 & -1 & 3\end{pmatrix}$$

由于

$$\Delta_1=5>0,\ \Delta_2=\begin{vmatrix}5 & 2\\ 2 & 1\end{vmatrix}=1>0,\ \Delta_3=\begin{vmatrix}5 & 2 & -3\\ 2 & 1 & -1\\ -3 & -1 & 3\end{vmatrix}=1>0$$

所以 $\boldsymbol{A}$ 正定，从而式（10-4）所示二次型 $f(\boldsymbol{X})$ 亦正定。

又如

$$f(\boldsymbol{X})=-3x_1^2-2x_2^2-4x_3^2+4x_1x_2+2x_2x_3$$

其系数阵为

$$\boldsymbol{A}=\begin{pmatrix}-3 & 2 & 0\\ 2 & -2 & 1\\ 0 & 1 & -4\end{pmatrix}$$

由于

$$\Delta_1=-3<0,\ \Delta_2=\begin{vmatrix}-3 & 2\\ 2 & -2\end{vmatrix}=2>0,\ \Delta_3=\begin{vmatrix}-3 & 2 & 0\\ 2 & -2 & 1\\ 0 & 1 & -4\end{vmatrix}=-5<0$$

所以 $\boldsymbol{A}$ 负定，$f(\boldsymbol{X})$ 亦负定。

3. 局部极值与全局极值

（1）极值点与极值的概念。

1）局部极值（点）。设 $f(\boldsymbol{X})$ 为定义在 $S\subset E^n$ 上的实函数，若对 $\boldsymbol{X}^*\in S$，存在 $\varepsilon>0$，使对任意 $\boldsymbol{X}\in S$ 且 $\|\boldsymbol{X}-\boldsymbol{X}^*\|<\varepsilon$，均有 $f(\boldsymbol{X})\geqslant f(\boldsymbol{X}^*)$，则称 $\boldsymbol{X}^*$ 为 $f(\boldsymbol{X})$ 在 S 上的局部极小点，称 $f(\boldsymbol{X}^*)$ 为局部极小值；若对任意 $\boldsymbol{X}\neq\boldsymbol{X}^*$，且 $\boldsymbol{X}\in S$ 及 $\|\boldsymbol{X}-\boldsymbol{X}^*\|<\varepsilon$，均有 $f(\boldsymbol{X})>f(\boldsymbol{X}^*)$，则称 $\boldsymbol{X}^*$ 为 $f(\boldsymbol{X})$ 在 S 上的严格局部极小点，称 $f(\boldsymbol{X}^*)$ 为严格局部极小值。

上述定义中的 $\|\boldsymbol{X}-\boldsymbol{X}^*\|$ 表示 $\boldsymbol{X}$ 与 $\boldsymbol{X}^*$ 的距离，即

$$\|\boldsymbol{X}-\boldsymbol{X}^*\|=\sqrt{\sum_{j=1}^{n}(x_j-x_j^*)^2}$$

式中，x_j（或 x_j^*）是向量 $\boldsymbol{X}$（或 $\boldsymbol{X}^*$）的第 j 个分量。

2）全局极值（点）。设 $f(\boldsymbol{X})$ 为定义在 $S\subset E^n$ 上的实函数，若存在 $\boldsymbol{X}^*\in S$，使对任意 $\boldsymbol{X}\in S$，均有 $f(\boldsymbol{X})\geqslant f(\boldsymbol{X}^*)$，则称 $\boldsymbol{X}^*$ 为 $f(\boldsymbol{X})$ 在 S 上的全局极小点，称 $f(\boldsymbol{X}^*)$ 为全局极小值；若对任意 $\boldsymbol{X}\neq\boldsymbol{X}^*$，且 $\boldsymbol{X}\in S$，均有 $f(\boldsymbol{X})>f(\boldsymbol{X}^*)$，则称 $\boldsymbol{X}^*$ 为 $f(\boldsymbol{X})$ 在 S 上的严格全局极小点，称 $f(\boldsymbol{X}^*)$ 为严格全局极小值。

在上述关于极小值（点）的定义中，若把凡是出现 $f(\boldsymbol{X})\geqslant f(\boldsymbol{X}^*)$ 或 $f(\boldsymbol{X})>f(\boldsymbol{X}^*)$ 之处的不等号全都反向，就可得到关于极大值（点）的相应定义。极小值（点）与极大值（点）统称极值（点）。而无约束非线性规划就是研究函数全局极值的问题，本章主要研究极小值问题。

（2）极值的存在性条件。

定理 10.1　必要条件

设 $f(\boldsymbol{X})$ 为定义在 $S\subset E^n$ 上的实函数，$\boldsymbol{X}^*$ 是 S 的内点（即 $\boldsymbol{X}^*\in S$ 但不在 S 的边界上），$f(\boldsymbol{X})$ 在 S 上二阶连续可微。若 $f(\boldsymbol{X})$ 在 $\boldsymbol{X}^*$ 处取得局部极小（大）值，则必有

① $\nabla f(\boldsymbol{X}^*)=\boldsymbol{0}$；　(10-5)

② $\nabla^2 f(\boldsymbol{X}^*)$ 半正（负）定。　(10-6)

式（10-5）称为一阶必要条件，使它成立的点 $\boldsymbol{X}^*$ 称为驻点，它是函数 $f(\boldsymbol{X})$ 在 S 的内部可能取得极值的点，即 $f(\boldsymbol{X})$ 在 S 内部的极值点必为驻点，但驻点不一定是极值点。

式（10-6）称为二阶必要条件，它在无约束非线性规划的迭代解法的分析中起着重要的作用。

例 10-4　$f(x_1,x_2)=\dfrac{1}{3}x_1^3-x_1x_2^2+x_2^2$ 研究函数的驻点。

解：由一阶条件得

$$\begin{cases}x_1^2-x_2^2=0\\-2x_1x_2+2x_2=0\end{cases}$$

解得驻点 $\boldsymbol{X}_1^*=(0,0)^{\mathrm{T}}$，$\boldsymbol{X}_2^*=(1,1)^{\mathrm{T}}$，$\boldsymbol{X}_3{}^*=(1,-1)^{\mathrm{T}}$。

由于

$$\nabla^2 f(x_1,x_2)=\begin{pmatrix}2x_1 & -2x_2\\-2x_2 & -2x_1+2\end{pmatrix}$$

易知 $\nabla^2 f(0,0)$ 半正定，而 $\nabla^2 f(1,1)$ 与 $\nabla^2 f(1,-1)$ 均为不定，故 $\boldsymbol{X}_2^*$ 与 $\boldsymbol{X}_3^*$ 不是极值点。$\boldsymbol{X}_1^*=(0,0)^{\mathrm{T}}$ 尽管满足必要条件式（10-5）和式（10-6），但因

$$f(-c,0)<f(0,0)<f(0,c),(\text{任意 } c>0)$$

所以 $\boldsymbol{X}^*$ 也不是极值点。

定理 10.2　充分条件

设 $f(\boldsymbol{X})$ 在包含内点 $\boldsymbol{X}^*$ 的定义域 $S\subset E^n$ 上二阶连续可微。如果

1）$\nabla f(\boldsymbol{X}^*)=\boldsymbol{0}$；　(10-7)

2）$\nabla^2 f(\boldsymbol{X}^*)$ 正（负）定；

则 $\boldsymbol{X}^*$ 必为 $f(\boldsymbol{X})$ 在 S 上的一个严格局部极小（大）点。

式（10-7）称为二阶充分条件。但它不是必要条件。因此，不能因为某个驻点不满足式（10-7）就断定它不是极值点。例如：

$$f(x_1,x_2)=x_1^2-2x_1x_2+x_2^2$$

有无穷多个驻点 $\boldsymbol{X}^*=(c,c)^{\mathrm{T}}$，$c$ 为任意常数。$\boldsymbol{X}^*$ 恰是极小点，但是

$$\nabla^2 f(c,c)=\begin{pmatrix}2 & -2\\-2 & 2\end{pmatrix}$$

为半正定，而非正定。

例 10-5　求 $f(x_1,x_2)=x_1^2+2x_1x_2+2x_2^2-6x_1-10x_2+8$ 的极值点与极值。

解：由一阶条件

$$\frac{\partial f}{\partial x_1}=2x_1+2x_2-6=0,\quad \frac{\partial f}{\partial x_2}=2x_1+4x_2-10=0$$

解得驻点 $\boldsymbol{X}^*=(1,2)^{\mathrm{T}}$。

由于

$$\nabla^2 f(x_1,x_2)=\begin{pmatrix}2&2\\2&4\end{pmatrix}$$

对任意 $\boldsymbol{X}\in E^2$ 均为正定，当然 $\nabla^2 f(1,2)$ 也正定，故 $\boldsymbol{X}^*=(1,2)^{\mathrm{T}}$ 为严格局部极小点，$f(X^*)=-5$。

10.2 凸函数与凸规划

凸集、凸函数以及凸函数的极值的性质，是研究非线性规划问题不可缺少的内容。凸集和极点的概念在讲线性规划时已做过说明，因而这里简要说明凸函数的有关问题。再引入几种凸性的定义以及有关的凸分析知识，这对非线性规划的理论是有用的。

10.2.1 凸函数与凹函数

定理 10.2 给出了函数局部极值的充分条件，但非线性规划却要求全局极值，而凸函数与凹函数的引入将会对此有所裨益。

1. 凸函数的概念

设 $f(\boldsymbol{X})$ 是定义在凸集 $R\subset E^n$ 上的函数，若对任意 $\boldsymbol{X}_1\in R$ 和任意 $\boldsymbol{X}_2\in R$，以及任意 $\alpha\in[0,1]$，都有

$$f(\alpha\boldsymbol{X}_1+(1-\alpha)\boldsymbol{X}_2)\leqslant\alpha f(\boldsymbol{X}_1)+(1-\alpha)f(\boldsymbol{X}_2) \tag{10-8}$$

则称 $f(\boldsymbol{X})$ 为 R 上的凸函数。若对任意 $\alpha\in(0,1)$ 且 $\boldsymbol{X}_1\neq\boldsymbol{X}_2$，都有

$$f(\alpha\boldsymbol{X}_1+(1-\alpha)\boldsymbol{X}_2)<\alpha f(\boldsymbol{X}_1)+(1-\alpha)f(\boldsymbol{X}_2) \tag{10-9}$$

则称 $f(\boldsymbol{X})$ 为 R 上的严格凸函数。

将式（10-8）与式（10-9）中的不等号反向，就可得到凹函数与严格凹函数的定义。

凸函数的几何意义是：函数图形上任意两点的连线，处处都不在该函数图形的下方。直观地看，一元函数的图形像悬链线形状，则它就是凸的；二元函数的图形像碗状，则它就是凸的。图 10-2 示出了几个凸、凹或非凸非凹的一元函数的例子。

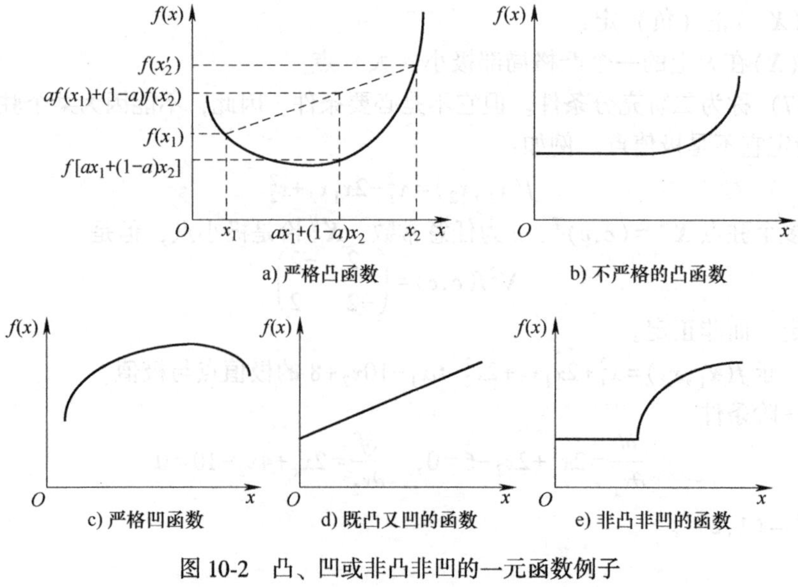

a) 严格凸函数　b) 不严格的凸函数

c) 严格凹函数　d) 既凸又凹的函数　e) 非凸非凹的函数

图 10-2 凸、凹或非凸非凹的一元函数例子

由上述定义易知：

（1）若 f 凸，则 $\bar{f} \triangleq -f$ 凹；若 f 凹，则 $\bar{f}$ 凸。

（2）线性函数既凸又凹。

由于（严格）凹函数的负函数为（严格）凸函数，因此只需研究其一。以下主要研究凸函数。

2. 凸函数的性质

性质（1）设 f 是凸集 R 上的凸函数，则对任意 $\alpha \geqslant 0$，αf 也是 R 上的凸函数。

性质（2）设 f_1 和 f_2 是凸集 R 上的凸函数，则 f_1+f_2 也是 R 上的凸函数。

由凸函数的定义不难证明上述性质。由性质（1）、性质（2）容易推出：凸函数的非负组合

$$\alpha_1 f_1+\alpha_2 f_2+\cdots+\alpha_m f_m$$

仍是凸函数。

性质（3）设 f 是凸集 R 上的凸函数，则对每一实数 c，集合

$$S_c=\{\boldsymbol{X} \mid \boldsymbol{X} \in R, f(\boldsymbol{X}) \leqslant c\} \tag{10-10}$$

为凸集。

由凸集和凸函数的定义不难证明性质（3）。式（10-10）所定义的集合 S，称为水平集。

根据凸集的交集仍为凸集和性质（3）容易推出：同时满足

$$f_1(\boldsymbol{X}) \leqslant c_1, \quad f_2(\boldsymbol{X}) \leqslant c_2, \cdots, f_m(\boldsymbol{X}) \leqslant c_m$$

的点集也是凸集，其中 f_i 是凸集 R 上的凸函数。

3. 函数凸性的判别

要判明一个函数的凸凹性，除了定义和性质（1）、性质（2）可利用外，对于可微函数还可按下述几个定理加以判别。

定理 10.3　凸函数的一阶充要条件

设 f 为凸集 $R \subset E^n$ 上的可微函数，则 f 为凸函数的充要条件是：对 R 中的任意两点 $\boldsymbol{X} \neq \boldsymbol{Y}$，恒有

$$f(\boldsymbol{Y}) \geqslant f(\boldsymbol{X})+\nabla f(\boldsymbol{X})^{\mathrm{T}}(\boldsymbol{Y}-\boldsymbol{X}) \tag{10-11}$$

证明　（1）必要性。已知 f 凸，要证明式（10-11）成立。

按定义，对一切 $\alpha \in[0,1]$，恒有

$$f(\alpha \boldsymbol{Y}+(1-\alpha) \boldsymbol{X}) \leqslant \alpha f(\boldsymbol{Y})+(1-\alpha) f(\boldsymbol{X})$$

则对 $\alpha \neq 0$ 有

$$\frac{f(\boldsymbol{X}+\alpha(\boldsymbol{Y}-\boldsymbol{X}))-f(\boldsymbol{X})}{\alpha} \leqslant f(\boldsymbol{Y})-f(\boldsymbol{X})$$

令 $\alpha \rightarrow 0$，得到

$$\nabla f(\boldsymbol{X})^{\mathrm{T}}(\boldsymbol{Y}-\boldsymbol{X}) \leqslant f(\boldsymbol{Y})-f(\boldsymbol{X})$$

由此可得式（10-11）。

（2）充分性。已知式（10-11）对 R 中任意两点 $\boldsymbol{X} \neq \boldsymbol{Y}$ 恒成立，要证明 f 在 R 上为凸的。固定 $\boldsymbol{X}_1$，$\boldsymbol{X}_2 \in R$ 和 $\alpha \in[0,1]$，令

$$\boldsymbol{X}=\alpha \boldsymbol{X}_1+(1-\alpha) \boldsymbol{X}_2 \tag{10-12}$$

对式（10-11），令 $Y=X_1$，$Y=X_2$，于是有

$$f(X_1)\geqslant f(X)+\nabla f(X)^{\mathrm{T}}(X_1-X) \tag{10-13}$$

$$f(X_2)\geqslant f(X)+\nabla f(X)^{\mathrm{T}}(X_2-X) \tag{10-14}$$

用 α 乘以式（10-13），用 $(1-\alpha)$ 乘以式（10-14），然后两式相加，得到

$$\alpha f(X_1)+(1-\alpha)f(X_2)\geqslant f(X)+\nabla f(X)^{\mathrm{T}}[\alpha X_1+(1-\alpha)X_2-X]$$

把式（10-12）代入上式，得到

$$\alpha f(X_1)+(1-\alpha)f(X_2)\geqslant f(\alpha X_1+(1-\alpha)X_2)$$

则按定义，f 在 R 上为凸的（证毕）。

若式（10-11）为严格不等式，即≥可替换成>，则它就是严格凸函数的一阶充要条件。

定理 10.3 给出了凸函数原始定义的一种等价定义或对偶性质。原始定义本质上是说凸函数两点间的线性插值不低于该函数；而定理 10.3 则表明，基于某点梯度的线性近似不高于该函数。图 10-3 给出了一个一元凸函数的这种对偶性质。

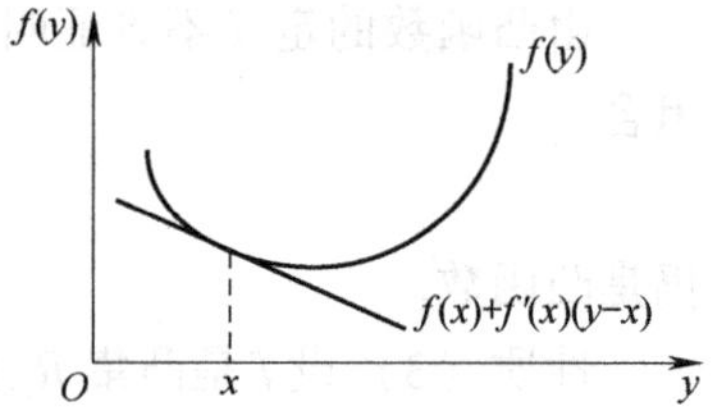

图 10-3　一元凸函数对偶性质

定理 10.4　凸函数的二阶充要条件

设 f 是含有内点的凸集 $R\subset E_n$ 上的二阶连续可微函数。则 f 为 R 上的凸函数的充要条件是：f 是海塞矩阵，在整个 R 上半正定。

证明　（1）充分性。已知 $\nabla^2 f$ 在整个 R 上半正定，要证明 f 在 R 上为凸的。

因为 f 在 R 上二阶连续可微，则对任意 X，$Y\in R$，根据泰勒（Taylor）公式，必有

$$f(Y)=f(X)+\nabla f(X)^{\mathrm{T}}(Y-X)+\frac{1}{2}(Y-X)^{\mathrm{T}}\nabla^2 f(X+\alpha(Y-X))(Y-X) \tag{10-15}$$

式中，$\alpha\in(0,1)$。

因为 $\nabla^2 f$ 在整个 R 上半正定，且易知 $\alpha Y+(1-\alpha)X\in R$，所以 $\nabla^2 f(X+\alpha(Y-X))$ 也半正定，则

$$(Y-X)^{\mathrm{T}}\nabla^2 f(X+\alpha(Y-X))\geqslant 0$$

据此由式（10-15）易得

$$f(Y)\geqslant f(X)+\nabla f(X)^{\mathrm{T}}(Y-X)$$

按定理 10.3，f 在 R 上为凸的。

（2）必要性。已知 f 在含有内点的凸集 R 上为凸的，要证明 $\nabla^2 f$ 在整个 R 上半正定。

（反证法）假设 $\nabla^2 f$ 在某点 $\hat{X}\in R$ 不是半正定的。下面分两种情况进行讨论。

1）当 $\hat{X}$ 是 R 的内点时，因为 $\nabla^2 f(\hat{X})$ 非半正定，则必存在 $Y\in R$，使

$$(Y-\hat{X})^{\mathrm{T}}\nabla^2 f(\hat{X})(Y-\hat{X})<0$$

由于 f 二阶连续可微，所以 $\nabla^2 f$ 连续，因此可以选择这样的 Y，使得对于一切 $\alpha\in[0,1]$ 都有

$$(Y-\hat{X})^{\mathrm{T}}\nabla f(\hat{X}+\alpha(Y-\hat{X}))(Y-\hat{X})<0$$

于是由式（10-15），有

$$f(Y)<f(\hat{X})+\nabla f(\hat{X})^{\mathrm{T}}(Y-X)$$

这与 f 在 R 上为凸函数相矛盾。

2）当 $\hat{X}$ 是 R 的边界点时，由 $\nabla^2 f$ 的连续性，必可找到 $\hat{X}$ 的一个充分小的邻域 $N_t(\hat{X})$，使 $\nabla^2 f$ 在 $N_t(\hat{X})$ 内也不是半正定的。而在 $N_t(\hat{X})$ 内必含有 R 的内点，这就属于情况 1）。

定理 10.5　严格凸函数的二阶充分条件

设 $R \subset E^n$ 为非空开凸集，f 是 R 上的二阶连续可微函数。若 $\nabla^2 f$ 在 R 上处处正定，则 f 在 R 上严格凸。

本定理中的二阶条件不是必要条件。例如：

$$f(x)=x^4$$

是严格凸函数，但 $\nabla^2 f(0)=f''(0)=0$。即 $\nabla^2 f$ 在 $x=0$ 处非正定。

定理 10.3 在理论上是有用的，但在实际判别函数的凸凹性时并不常用，而定理 10.4 和定理 10.5 则较为常用。还应指出，若把定理 10.4（或定理 10.5）中 f 的半正定性（或正定性）改为半负定性（或负定性），则可得到凹函数（或严格凹函数）的二阶条件。从而，若 $\nabla^2 f$ 不定，则 f 非凸非凹。

根据上述结论，不难验证：式（10-4）的二次型在 E^3 上为严格凸函数，例 10-5 中的函数在 E^2 上为严格凸函数。

例 10-6　研究例 10-4 中的函数的凸凹性。

解：由例 10-4 知

$$\nabla^2 f(x_1,x_2)=\begin{pmatrix} 2x_1 & -2x_2 \\ -2x_2 & -2x_1+2 \end{pmatrix}$$

不难判定它在 E^2 上为不定的，故 f 在 E^2 上非凸非凹。

但是，由于 $\nabla^2 f(x_1,x_2)$ 的一阶主子式为 $\Delta_1=2x_1$，二阶主子式为 $\Delta_2=2x_1(-2x_1+2)-(-2x_2)(-2x_2)=4x_1-4x_1^2-4x_2^2$，因此，在 E^2 内部的某些区域上，f 可能具有凸凹性。譬如当 $\Delta_1 \geqslant 0$ 且 $\Delta_2 \geqslant 0$ 时，$\nabla^2 f$ 半正定，此时 f 可能为凸的；而当 $\Delta_1 \leqslant 0$ 且 $\Delta_2 \geqslant 0$ 时，$\nabla^2 f$ 半负定，此时 f 可能为凹的，为此，令

$$R_1=\{(x_1,x_2)^{\mathrm{T}} \mid 2x_1 \geqslant 0, 4x_1-4x_1^2-4x_2^2 \geqslant 0\}$$

$$R_2=\{(x_1,x_2)^{\mathrm{T}} \mid 2x_1 > 0, 4x_1-4x_1^2-4x_2^2 \geqslant 0\}$$

$$R_3=\{(x_1,x_2)^{\mathrm{T}} \mid 2x_1 \leqslant 0, 4x_1-4x_1^2-4x_2^2 \geqslant 0\}$$

$$R_4=\{(x_1,x_2)^{\mathrm{T}} \mid 2x_1 < 0, 4x_1-4x_1^2-4x_2^2 \geqslant 0\}$$

由于这些集合都含有约束 $\Delta_2 \geqslant 0$ 或 $\Delta_2 > 0$。而当 $\Delta_2 \geqslant 0$ 或 $\Delta_2 > 0$ 时，Δ_2 的图形如图 10-4 所示，从图中可以看出。R_1 为含有内点的闭凸集（形状似馒头）；若除去 R_1 的边界 $\Delta_1=2x_1=0$ 和 $\Delta_2=4x_1-4x_1^2-4x_2^2=0$，则得到 R_2，它是一个非空开凸集。易知 $\nabla^2 f$ 在 R_1 上半正定，在 R_2 上处处正定，所以由定理 10.4 和定理 10.5，f 在 R_1 上为凸函数，在 R_2 上为严格凸函数。

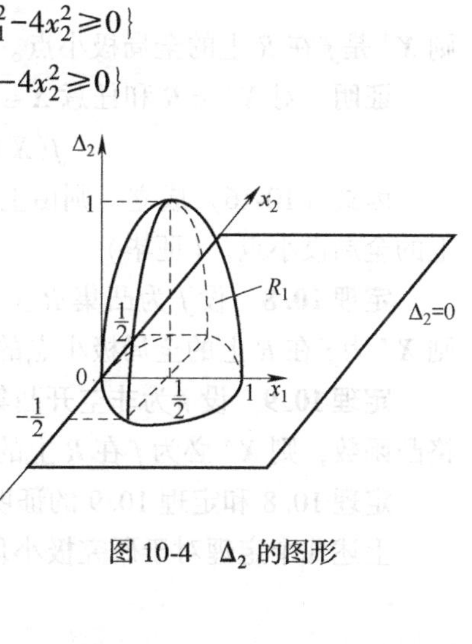

图 10-4　Δ_2 的图形

此外，尽管 $\nabla^2 f$ 在 R_3 上半负定，在 R_4 上处处负定，似乎 f 也能在 R_3 上为凹，在 R_4 上为严格凹。但是由图 10-4

易知：$R_3=\{(0,0)^T\}$为单点集，尽管它是凸集但不含内点，而$R_4=\varnothing$为一个空集，分别不符合定理10.4和定理10.5的条件，因此f在E^2内任何区域上都是非凹的。

关于R_1为凸集这一命题的得出，更为严格的推导方法如下：令$g_1(x_1,x_2)=-2x_1$，$g_2(x_1,x_2)=4x_1^2-4x_1+4x_2^2$。则$R_1$也可表述为由同时满足$g_1\leqslant 0$和$g_2\leqslant 0$的点所构成的集合。因$g_1$为线性函数，故为$E^2$上的凸函数；又易知$g_2$的海塞矩阵

$$\nabla^2 g_2(x_1,x_2)=\begin{pmatrix}8 & 0\\ 0 & 8\end{pmatrix}$$

在E^2上处处正定，故g_2为E^2上的（严格）凸函数。这样，根据凸函数的性质（3）的推论可知，同时满足$g_1(x_1,x_2)\leqslant 0$和$g_2(x_1,x_2)\leqslant 0$的点集R_1为凸集。类似可知R_2也是凸集。

4. 凸函数的极小值

定理10.6 若f为定义在凸集R上的凸函数，则它的任一局部极小点就是R上的全局极小点，而且所有极小点的集合为凸集。

证明 设$\boldsymbol{X}^*\in R$为f的一个局部极小点。先证明$\boldsymbol{X}^*$是f在R上的全局极小点。

（反证法）假设$\boldsymbol{X}^*$不是f在R上的全局极小点，则必存在$\boldsymbol{Y}\in R$，使$f(\boldsymbol{Y})<f(\boldsymbol{X}^*)$。因$R$为凸集，故对任意的$\alpha\in[0,1]$，必有$\alpha\boldsymbol{Y}+(1-\alpha)\boldsymbol{X}^*\in R$，又因$f$为$R$上的凸函数，所以对$\alpha\in(0,1)$，有

$$\begin{aligned}f(\alpha\boldsymbol{Y}+(1-\alpha)\boldsymbol{X}^*)&\leqslant \alpha f(\boldsymbol{Y})+(1-\alpha)f(\boldsymbol{X}^*)\\&=\alpha[f(\boldsymbol{Y})-f(\boldsymbol{X}^*)]+f(\boldsymbol{X}^*)<f(\boldsymbol{X}^*)\end{aligned}$$

因为上式对一切$\alpha\in(0,1)$都成立，所以当α充分小时，$\alpha\boldsymbol{Y}+(1-\alpha)\boldsymbol{X}^*\in R$将充分逼近$\boldsymbol{X}^*$，且仍使上式成立。而这跟$\boldsymbol{X}^*$为$f$的一个局部极小点相矛盾，从而说明所做假设是错误的。故$\boldsymbol{X}^*$就是f在R上的全局极小点。

因此对f在R上的每一极小点$\boldsymbol{X}^*$和任意$\boldsymbol{X}\in R$，都有

$$f(\boldsymbol{X}^*)\leqslant f(\boldsymbol{X})$$

则由性质（3），所有$\boldsymbol{X}^*$构成的水平集S_c为凸集。（证毕）

定理10.7 设f为凸集R上的可微凸函数。若存在点$\boldsymbol{X}^*\in R$，使得对于所有的$\boldsymbol{X}\in R$，都有

$$\nabla f(\boldsymbol{X}^*)^T(\boldsymbol{X}-\boldsymbol{X}^*)\geqslant \boldsymbol{0} \tag{10-16}$$

则$\boldsymbol{X}^*$是f在R上的全局极小点。

证明 对$\boldsymbol{X}^*\in R$和任意$\boldsymbol{X}\in R$，由定理10.3有

$$f(\boldsymbol{X})\geqslant f(\boldsymbol{X}^*)+\nabla f(\boldsymbol{X}^*)^T(\boldsymbol{X}-\boldsymbol{X}^*)$$

因式（10-16）成立，则由上式可得$f(\boldsymbol{X})\geqslant f(\boldsymbol{X}^*)$对任意$\boldsymbol{X}\in R$都成立。故$\boldsymbol{X}^*$为$f$在$R$上的全局极小点。（证毕）

定理10.8 设f为凸集R上的可微函数，$\boldsymbol{X}^*$是R的一个内点。若f是R上的凸函数，则$\boldsymbol{X}^*$为f在R上的全局极小点的充要条件是$\nabla f(\boldsymbol{X}^*)=\boldsymbol{0}$。

定理10.9 设f为非空开凸集R上的可微函数，$\boldsymbol{X}^*\in R$，$\nabla f(\boldsymbol{X}^*)=\boldsymbol{0}$。若$f$是$R$上的严格凸函数，则$\boldsymbol{X}^*$必为$f$在$R$上的唯一全局极小点。

定理10.8和定理10.9的证明将留作读者的习题。

上述几个定理对于研究极小化的NLP问题有着重要的意义：定理10.6使全局最小问题

与局部极小问题统一起来；定理10.7指出了全局极小点（尤其当它是边界点时）的一种有用的性质；定理10.8不仅指出了全局极小点为内点时的一种良好性质，而且提供了一种从一类问题的可行域R内部寻求最小点的特殊途径；而定理10.9则给出一种判断一类问题最小点唯一性的有效方法。所有这些都可能使问题的求解大为简化。

如例10-5，在求解中已知函数f的海塞矩阵在E^2上处处正定，故按定理10.5可知f在E^2上为严格凸函数，再按定理10.6和定理10.9可知例中所得严格局部极小点$\boldsymbol{X}^*=(1,2)^{\mathrm{T}}$也是$f$在$E^2$上的唯一全局最小点，相应的$f(\boldsymbol{X}^*)=-5$也是全局最小值。

又如式（10-4）的二次型$f(\boldsymbol{X})$，由前所述已知其正定，则它是E^3上的严格凸函数，按定理10.8的充要条件得

$$\begin{cases}10x_1+4x_2-6x_3=0\\ 4x_1+2x_2-2x_3=0\\ -6x_1-2x_2+6x_3=0\end{cases}$$

解得唯一全局最小点$\boldsymbol{X}^*=(0,0,0)^{\mathrm{T}}$，$f(\boldsymbol{X}^*)=0$。

类似地不难推知：任何一个正定（或负定）n元二次型都是E^n上的严格凸（或凹）函数，从而它的最小（大）点必存在而且唯一，均为$\boldsymbol{X}^*=(0,0,\cdots,0)^{\mathrm{T}}$，而最小（大）值均为$f(\boldsymbol{X}^*)=0$。

10.2.2　凸规划

1. 凸规划的概念

考虑NLP的标准形式（N_2）：

$$\begin{aligned}&\min f(\boldsymbol{X})\\ &\text{s. t. } g_i(\boldsymbol{X})\geqslant 0\ (i=1,2,\cdots,m)\end{aligned}$$

设开凸集$S\subset E^n$，如果f为S上的凸函数，$g_i(i=1,2,\cdots,m)$为S上的凹函数（或$-g_i$为S上的凸函数），则称这样的NLP为凸规划。

线性规划是一类特殊的凸规划。

2. 凸规划的性质

（1）可行域R为凸集；

（2）若f在R上有局部极小点，则必为问题最优解；

（3）若f在R上严格凸，那么最优解若存在则必唯一；

（4）f的等值线$f(\boldsymbol{X})=c$的形状为凸形。

以上性质的证明很容易，这将留作读者的习题。

现在解释一下性质（4）。由于水平集$S_c=\{\boldsymbol{X}\mid f(\boldsymbol{X})\leqslant c\}$是凸集，因此等值线$f(\boldsymbol{X})=c$是该凸集$S_c$的边界线，因而其形状为凸形。

如例10-3中的NLP问题：

$$\begin{aligned}&\min f(\boldsymbol{X})=(x_1-3)^2+(x_2-2)^2\\ &\text{s. t. }\begin{cases}(x_1-1)^2+x_2^2\leqslant 2\\ x_1+2x_2\leqslant 4\\ x_1,x_2\geqslant 0\end{cases}\end{aligned}\tag{10-17}$$

化标准形式（N_2）如下：

$$\min f(\boldsymbol{X})=(x_1-3)^2+(x_2-2)^2$$
$$\text{s. t.}\begin{cases}g_1(\boldsymbol{X})=2-(x_1-1)^2-x_2^2\geqslant 0\\g_2(\boldsymbol{X})=4-x_1-2x_2\geqslant 0\\g_3(\boldsymbol{X})=x_1\geqslant 0\\g_4(\boldsymbol{X})=x_2\geqslant 0\end{cases}\tag{10-18}$$

因 g_2，g_3，g_4 均为线性，故均为凹函数。当然它们也是凸的，但现在需要其凹性。又因 g_1 的海塞矩阵

$$\nabla^2 g_1(\boldsymbol{X})=\begin{pmatrix}-2 & 0\\0 & -2\end{pmatrix}$$

对任意 $\boldsymbol{X}\in E^2$ 均为负定，故 g_1 在 E^2 上严格凹。而 f 的海塞矩阵

$$\nabla^2 f(\boldsymbol{X})=\begin{pmatrix}2 & 0\\0 & 2\end{pmatrix}$$

在 E^2 上处处正定，故 f 在 E^2 上严格凸。

按凸规划的定义，式（10-18）为凸规划，从而式（10-17）也是凸规划。因此它具有凸规划的 4 个性质（因 f 严格凸）。这些性质在例 10-3 的求解过程中以及图 10-1 中已经明显看出。

读者可以验证：例 10-1 的标准形为凸规划，但例 10-2 的标准形不是凸规划。

10.3 一维搜索

10.3.1 搜索法概述

1. 搜索法的提出

如前所述，对于无约束的 NLP 问题，定理 10.2 给出了一种特殊解法：先由一阶条件

$$\nabla f(\boldsymbol{X})=0\tag{10-19}$$

求出驻点，再用二阶条件判断它是否为满足目标要求的极值点。

但是，若 f 不可微，或者虽然可微但很难求出偏导数，就不能形成 n 元 n 阶方程组，这时上述方法就失效了。即便有时能够形成方程组，也只有在某些比较特殊的情况下才能求出其准确解，而一般情况下则不能用解析方法求出准确解。因此，上述解法不是无约束 NLP 问题的通用有效算法。另外，如前所述，图解法也非通用有效算法。

为了更有效地求解无约束 NLP 问题，人们基于数值逼近的思想，提出了一些逐步搜索寻优而最终找出一个满足一定精度的近似解的算法。这类算法就是搜索法。一元函数极值点的搜索（法）简称一维搜索（法），它是沿着某一直线（自变量的定义域）进行搜索的，故也称线搜索；多元函数极值点的搜索（法）简称多维搜索（法）。许多多维搜索法都是通过一系列的线搜索来逐步逼近最优点的，而有约束的 NLP 问题原则上总能化成一个或一系列的无约束 NLP 问题。因此，一维搜索的原理是整个 NLP 的重要基础之一，并且有人把它称为 NLP 算法的一大支柱。

本节将介绍几种一维搜索法，后几节将介绍几种多维搜索法，为此，下面先概述一下搜索法的基本思想、基本性质、基本步骤和基本类型。为使叙述简便，而且由于 $f(\boldsymbol{X})$ 的极大化问题可以转化为 $-f(\boldsymbol{X})$ 的极小化问题，因此下面仅就极小化问题加以论述。

2. 搜索法的基本思想

首先，对 $f(\boldsymbol{X})$ 的极小点 $\boldsymbol{X}^*$ 试行估计，从而给出一个初始近似点 $\boldsymbol{X}_0$。然后，从 $\boldsymbol{X}_0$ 出发并且依据某种原则进行搜索，从而得到另一个近似点 $\boldsymbol{X}_1$。如此进行下去，得到一系列近似点：$\boldsymbol{X}_0$，$\boldsymbol{X}_1$，…，$\boldsymbol{X}_k$，…，即得到一个点列 $\{\boldsymbol{X}_k\}$。自然希望点列 $\{\boldsymbol{X}_k\}$ 的极限点就是 $\boldsymbol{X}^*$，问题就在于怎样产生这样的点列。更具体地说，在得到点 $\boldsymbol{X}_k$ 以后，如何求点 $\boldsymbol{X}_{k+1}$？为此可这样考虑，由于 $\boldsymbol{X}_k$ 和 $\boldsymbol{X}_{k+1}$ 是两个 n 维向量，所以 $\boldsymbol{X}_{k+1}-\boldsymbol{X}_k$ 也是一个 n 维向量，而一个向量是由它的方向和长度所唯一确定的，因此可将 $\boldsymbol{X}_{k+1}-\boldsymbol{X}_k$ 表示如下：

$$\boldsymbol{X}_{k+1}-\boldsymbol{X}_k=\lambda_k\boldsymbol{P}_k$$

或

$$\boldsymbol{X}_{k+1}=\boldsymbol{X}_k+\lambda_k\boldsymbol{P}_k \tag{10-20}$$

式中，$\boldsymbol{P}_k$ 也是一个 n 维向量，称为方向；λ_k 是一个正实数，称为步长。对此，图 10-5 给出了更为直观的解释。

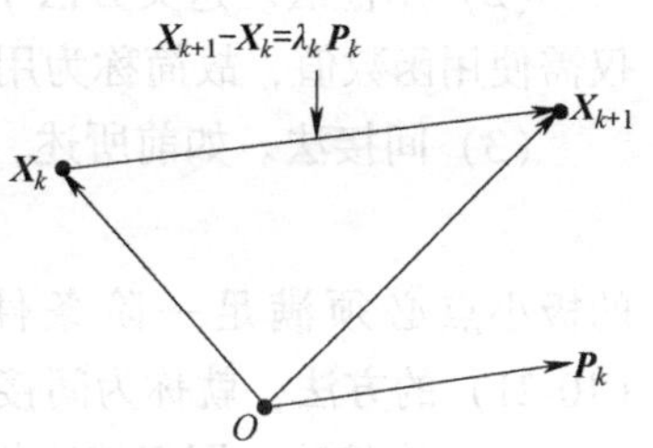

图 10-5　$\boldsymbol{X}_k$ 和 $\boldsymbol{X}_{k+1}$ 的关系

式（10-20）的含义是：从 $\boldsymbol{X}_k$ 点出发，沿 $\boldsymbol{P}_k$ 方向按步长 λ_k 走一步，即到达 $\boldsymbol{X}_{k+1}$ 点。因此，在得到 $\boldsymbol{X}_k$ 点以后，只需确定方向 $\boldsymbol{P}_k$ 和步长 λ_k，就可唯一地确定 $\boldsymbol{X}_{k+1}$ 点。这样，给定一个初始点 $\boldsymbol{X}_0$ 以后，就能确定逼近极小点 $\boldsymbol{X}^*$ 的一个点列 $\{\boldsymbol{X}_k\}$，从而也就确定了一种算法。各种算法的区别就在于方向 $\boldsymbol{P}_k$ 和步长 $\lambda_k(k=1,2,\cdots)$ 的选法不同，而主要区别在于方向 $\boldsymbol{P}_k$ 的选法不同。那么，应该按照什么原则来选取 $\boldsymbol{P}_k$ 和 λ_k 呢？这取决于对点列 $\{\boldsymbol{X}_k\}$ 提出什么样的要求，或者说希望点列具有什么样的性质。由于不同的搜索法的共同之处主要在于都将产生逼近极小点 $\boldsymbol{X}^*$ 的近似点序列 $\{\boldsymbol{X}_k\}$，通常称之为极小化序列，因此它所具有的性质也可说成搜索法的性质。

3. 搜索法的基本性质

各种搜索法具有许多不尽相同的性质，但是比较常见、比较基本的是以下两条：

（1）下降性。它指极小化序列 $\{\boldsymbol{X}_k\}$ 所对应的函数值序列 $\{f(\boldsymbol{X}_k)\}$ 是递减的，起码是非增的，即

$$f(\boldsymbol{X}_0)\geqslant f(\boldsymbol{X}_1)\geqslant\cdots\geqslant f(\boldsymbol{X}_k)\geqslant\cdots$$

具有这种性质的算法，称为下降算法（descent algorithm）。以下将要介绍的一般都是下降算法。

（2）收敛性。它指极小化序列 $\{\boldsymbol{X}_k\}$ 满足条件：或者 $\{\boldsymbol{X}_k\}$ 中的某一点 $\boldsymbol{X}_N$ 本身就是函数 f 的一个极小点，或者 $\{\boldsymbol{X}_k\}$ 有一个极限 $\boldsymbol{X}^*$，而 $\boldsymbol{X}^*$ 是 f 的一个极小点。具有这种性质的算法称为收敛的。收敛性是搜索法所应具有的一个基本性质，因为如果某种算法所产生的极小化序列不收敛于极小点，那么这种算法就没有什么实际意义了。然而在算法的设计中并不容易做到这一点，而要证明一种算法的收敛性更为不易。

4. 搜索法的基本步骤

（1）选择初始点 $\boldsymbol{X}_0$。

（2）若 $\boldsymbol{X}_k$ 已求得，则设法选取一个方向 $\boldsymbol{P}_k$，使目标函数 f 沿此方向是下降的，起码是不增的。$\boldsymbol{P}_k$ 称为搜索方向。

（3）在射线 $\boldsymbol{X}_k+\lambda\boldsymbol{P}_k(\lambda\geqslant 0)$ 上选取适当的步长 λ_k，使

$$f(\boldsymbol{X}_k+\lambda_k\boldsymbol{P}_k)\leqslant f(\boldsymbol{X}_k)$$

从而得到一个新的近似点 $\boldsymbol{X}_{k+1}=\boldsymbol{X}_k+\lambda_k\boldsymbol{P}_k$。

（4）依据某种准则检查点 $\boldsymbol{X}_{k+1}$ 是否达到预定精度，是则停止，否则返回（2）。

由此可见，搜索法实际上是一种迭代算法。

5. 搜索法的基本类型

搜索法除了如前所述可分为一维搜索和多维搜索外，还可分为用导法和用值法、间接法和直接法、梯度类方法、拟合法等。

（1）用导法。这类方法需要使用函数的一阶导数和二阶导数（自然首先要求函数须具有这种可导性质），故简称为用导法。这类方法的优点是收敛速度较快，缺点是适用性较差，当函数不可导或难于求导时，该方法就失效了。

（2）用值法。这类方法不需使用函数的导数（自然也就不要求函数具有可导性质），而仅需使用函数值，故简称为用值法。这类方法的优点是简单易行，缺点是收敛速度较慢。

（3）间接法。如前所述，无约束极小问题

$$\min_{\boldsymbol{X}\in E^n} f(\boldsymbol{X}) \tag{10-21}$$

的极小点必须满足一阶条件式（10-19）。因此，通过求解式（10-19）来间接求解式（10-21）的方法，就称为间接法。

（4）直接法。同间接法相对应，直接求解式（10-21）而不需依据式（10-19）的方法，就称为直接法。

（5）梯度类方法。基于函数梯度的一类方法简称梯度类方法。

（6）拟合法。用解析性质较好的函数来拟合解析性质较差的函数，这类方法称为曲线拟合法，简称拟合法。

以上分类，各出于不同的角度或特点，因此，一个具体的搜索法可能同时属于几种类型。

目前，一维搜索已有许多算法，限于篇幅，只介绍其中三种算法：牛顿法、斐波那契法和黄金分割法。并且都假定所研究的函数 f 在区间 $[a,b]$ 上是下单峰的，即 f 在 $[a,b]$ 上有唯一的局部极小点 x^*，从而 x^* 也就是 f 在 $[a,b]$ 上的唯一全局最小点，如图 10-6 所示。

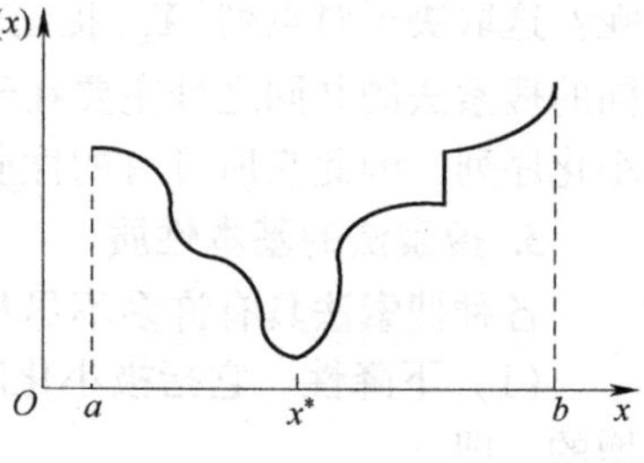

图 10-6　x^* 是 f 在 $[a,b]$ 上的唯一全局最小点

10.3.2　牛顿法

牛顿法（Newton）又称切线法。它是一种二次拟合法、用导法、间接法。

1. 基本思想

假定在已知点 x_k 处，对函数 $f(x)$ 能够算出 $f(x_k)$，$f'(x_k)$ 和 $f''(x_k)$（$\neq 0$）三个值。于是可以用 $f(x)$ 在 x_k 点的泰勒展开式的二次近似（即省略三次以上各项）

$$\varphi(x)=f(x_k)+f'(x_k)(x-x_k)+\frac{1}{2}f''(x_k)(x-x_k)^2$$

作为对 f 在 x_k 点的拟合，故本法属于二次拟合法。显然

$$\varphi(x)=f(x_k),\varphi'(x_k)=f'(x_k),\varphi''(x_k)=f''(x_k)$$

因此，起码在 x_k 的一个小邻域内，二次函数 $\varphi(x)$ 对 $f(x)$ 的拟合是相当贴近的。于是可用 $\varphi(x)$ 的极小点 x_{k+1} 作为原函数 $f(x)$ 极小点的一个近似值。按定理 10.1 的一阶条件，必有

$$\varphi'(x_{k+1})=f'(x_k)+f''(x_k)(x_{k+1}-x_k)=0$$

于是可得

$$x_{k+1}=x_k-\frac{f'(x_k)}{f''(x_k)} \qquad (10\text{-}22)$$

如图 10-7 所示。

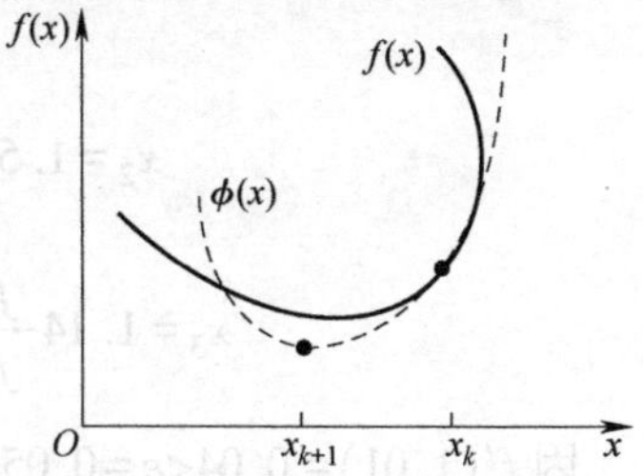

图 10-7　$\varphi(x)$ 对 $f(x)$ 拟合中的 x_{k+1}

若 x_{k+1} 不满足 f 极小的预定精度，则在 x_{k+1} 点重复上述做法，直到满足预定精度为止。

从式（10-22）易见，用牛顿法求出的新点 x_{k+1} 与函数值 $f(x)$ 无关。实际上，该法是一种通过迭代求解方程

$$f'(x)=0$$

来获得 f 的极小点的一种间接法。若令 $g(x)=\Delta f'(x)$，则式（10-22）可改写成

$$x_{k+1}=x_k-\frac{g(x_k)}{g'(x_k)} \qquad (10\text{-}22')$$

如图 10-8 所示。

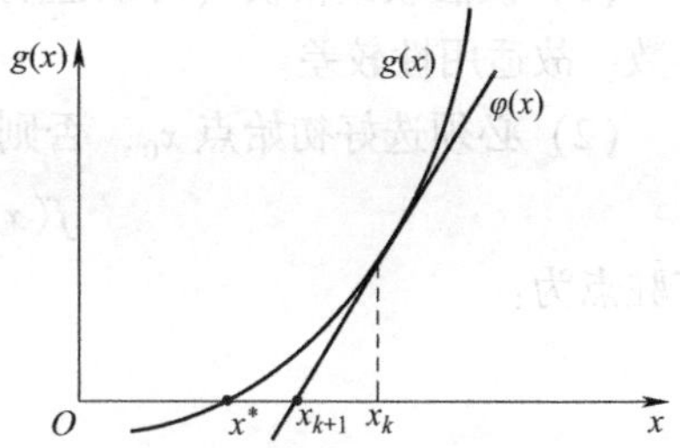

图 10-8　$\varphi(x)$ 对 $g(x)$ 拟合中的 x_{k+1}

图 10-8 中 $g(x)$ 在 x_k 点的切线方程为

$$\varphi(x)=g(x_k)+g'(x_k)(x-x_k)$$

这就是牛顿法又名切线法的缘由。但须注意：所谓切线是 $g(x)=f'(x)$ 的切线，而非原函数 $f(x)$ 的切线。

2. 计算步骤

(1) 给定精度 $\varepsilon>0$，任取初始点 $x_0\in[a,b]$，令 $k=0$。

(2) 计算 $f'(x)$。若 $|f'(x_k)|\leqslant\varepsilon$，则 $x^*\approx x$，停止；否则转 3°。

(3) 计算 $f''(x)$ 及

$$x_{k+1}=x_k-\frac{f'(x_k)}{f''(x_k)}$$

令 $k:=k+1$，返 2°。

例 10-7　给定 $\varepsilon=0.05$，用牛顿法求解：

$$\min f(x)=x^4-4x^3+8x^2-8x+5$$

解：先用解析法求解

$$f'(x)=4x^3-12x^2+16x-8$$
$$f''(x)=12x^2-24x+16$$

令 $f'(x)=0$，即

$$f'(x)=4(x-1)(x^2-2x+2)=0$$

解得唯一实值驻点 $x^*=1$。

因 $f''(1)=12-24+16=4>0$，故 $x^*=1$ 为 $f(x)$ 在 $(-\infty,+\infty)$ 上唯一的全局最小点，最小值为 $f(1)=2$。

下面再用牛顿法重新求解本题。取 $x_0=2$，则

$$x_1=2-\frac{f'(2)}{f''(2)}=2-\frac{8}{16}=2-0.5=1.5$$

$$x_2=1.5-\frac{f'(1.5)}{f''(1.5)}=1.5-\frac{2.5}{7}=1.5-0.36=1.14$$

$$x_3=1.14-\frac{f'(1.14)}{f''(1.14)}\approx 1.14-\frac{0.57}{4.42}\approx 1.14-0.13=1.01$$

因 $f'(1.01)=0.04<\varepsilon=0.05$，故得近似极小点 $x^*\approx 1.01$ 及近似极小值 $f(1.01)=2.0002$。读者可以验证：若再迭代一次，将得到 $x_4=1.00000$，与精确解 $x^*=1$ 几乎没有误差。

3. 几点说明

（1）该法收敛很快（可以证明为二阶收敛），但缺点是必须使用函数的一阶导数、二阶导数，故适用性较差。

（2）必须选好初始点 x_0，否则即便得到驻点 x^*，也不一定是极小点。例如：

$$f(x)=3x^4-16x^3+30x^2-24x+8$$

其驻点为：

$$x_1^*=1(\text{非极值点})$$

$$x_2^*=2(\text{极小点})$$

若取初始点 $x_0=1.5$，则迭代点 $x_k\to 1$，收敛于非极值驻点 x_1^*。因此选好 x_0 很重要。

（3）要求 $f''(x_k)>0$ 是十分重要的，因而一旦发现 $f''(x_k)\not>0$，则应立即改变初始点 x_0。如上述函数的二阶导数为

$$f''(x)=12(x-1)(3x-5)$$

为使 $f''(x_k)>0$，则须 $x_k<1$ 或 $x_k>5/3$。由此可见，取 $x_0=1.5$ 恰好不满足 $f''(x_0)>0$ 的要求。

10.3.3 斐波那契法（分数法）

设 $y=f(t)$ 是区间 $[a,b]$ 上的下单峰函数（如图 10-9 所示），在此区间内它有唯一极小点 t^*。若在此区间内任取两点 a_1 和 b_1，$a_1<b_1$，并计算函数值 $f(a_1)$ 和 $f(b_1)$，可能出现以下两种情形：

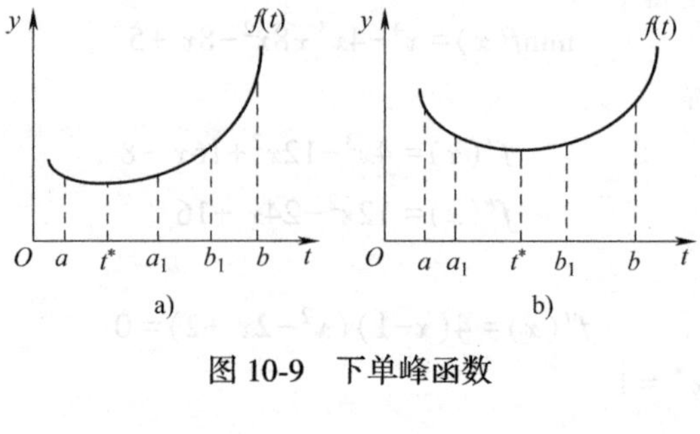

图 10-9　下单峰函数

(1) $f(a_1)<f(b_1)$（见图 10-9a），这时极小点t^*必在区间 $[a,b_1]$ 内。

(2) $f(a_1)\geqslant f(b_1)$（见图 10-9b），这时极小点t^*必在区间 $[a_1,b]$ 内。

这说明，只要在区间 $[a,b]$ 内取两个不同点，并算出它们的函数值加以比较，就可以把搜索区间$[a,b]$ 缩小成 $[a, b_1]$ 或 $[a_1,b]$（缩小后的区间仍需包含极小点）。现在，如果要继续缩小搜索区间 $[a,b_1]$（或 $[a_1,b]$），就只需在上述区间内再取一点算出其函数值，并与$f(a_1)$或$f(b_1)$加以比较即可。只要缩小后的区间包含极小点 t^*，则区间缩小得越小，就越接近于函数的极小点，但计算函数值的次数也就越多。这就说明区间的缩短率和函数值的计算次数有关。现在要问，计算函数值 n 次，能把包含有极小点的区间缩小到什么程度呢？或者换一种说法，计算函数值 n 次能把原来多大的区间缩小成长度为一个单位的区间呢？

如果用 F_n表示计算 n 个函数值能缩短为单位区间的最大原区间长度，显然

$$F_0=F_1=0 \tag{10-23}$$

其原因是，只有当原区间长度本来就是一个单位长度时才不必计算函数值；此外，只计算一次函数值无法将区间缩短，故只有区间长度本来就是单位区间时才行。

现考虑计算两次函数值的情形，今后把计算函数值的点称作试算点或试点。

在区间 $[a,b]$ 内取两个不同点 a_1 和 b_1（如图 10-10a 所示），计算其函数值以缩短区间，缩短后的区间为 $[a,b_1]$ 或 $[a_1,b]$。显然，这两个区间长度之和必大于 $[a,b]$ 的长度，也就是说，计算两次函数值一般无法把长度大于二个单位的区间缩成单位区间。但是，对于长度为两个单位的区间，可以如图 10-10b 那样选取试点 a_1 和 b_1，图中 ε 为任意小的正数，缩短后的区间长度为 $1+\varepsilon$。由于 ε 可任意选取，故缩短后的区间长度接近于一个单位长度。由此可得 $F_2=2$。

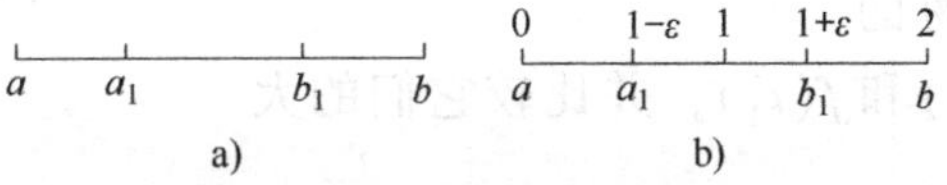

图 10-10　区间 $[a,b]$ 取两个不同点 a_1和 b_1

根据同样的分析（如图 10-10 所示）可得

$$F_3=3, F_4=5, F_5=8, \cdots$$

序列$\{F_n\}$可写成一个递推公式：

$$F_n=F_{n-1}+F_{n-2}, n\geqslant 2 \tag{10-24}$$

利用式（10-24），可依次算出各F_n的值，如表 10-1 所示。这些F_n就是通常所说的斐波那契数。

表 10-1　斐波那契数

n	0	1	2	3	4	5	6	7	8	9	10	11	12
F_n	1	1	2	3	5	8	13	21	34	55	89	144	233

由以上讨论可知，计算 n 次函数值所能获得的最大缩短率（缩短后的区间长度与原区间长度之比）为 $1/F_n$。例如 $F_{20}=10946$，所以计算 20 个函数值即可把原长度为 L 的区间缩短为 $L/10946=0.00009L$ 的区间。$n=3,4,5$ 时，缩短原区间长度如图 10-11 所示。

现在，要想计算 n 个函数值，而把区间 $[a_0,b_0]$ 的长度缩短为原来长度的 $1/\delta$，即缩短后的区间长度为

$$b_{n-1}-a_{n-1}\leqslant(b_0-a_0)\delta \tag{10-25}$$

则只要 n 足够大，能使式（10-25）成立即可。

式（10-25）中，δ 为一个正小数，称为区间缩短的相对精度。有时给出区间缩短的绝对精度 η，即要求

$$b_{n-1}-a_{n-1}\leqslant\eta \tag{10-26}$$

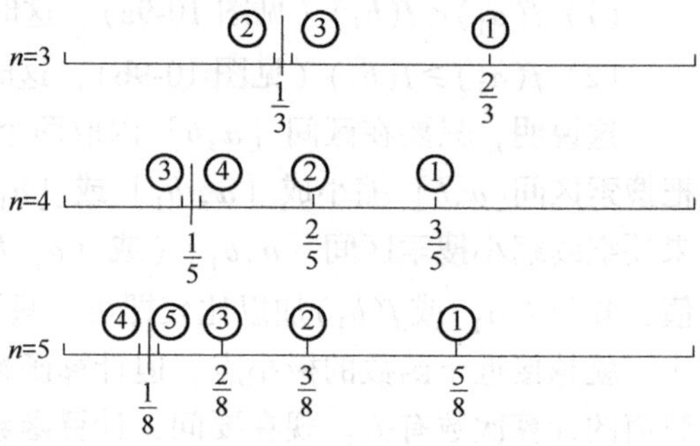

图 10-11　缩短原区间长度示例

显然，上述相对精度和绝对精度之间有如下关系：

$$\eta=(b_0-a_0)\delta \tag{10-27}$$

用这个方法缩短区间的步骤如下：

（1）确定试点的个数 n。根据相对精度 δ，即可用式（10-24）算出 F_n，然后由表 10-1 确定最小的 n。

（2）选取前两个试点的位置。由式（10-27）可知第一次缩短时的两个试点位置（如图 10-12 所示）分别是

$$\begin{cases}t_1=a_0+\dfrac{F_{n-2}}{F_n}(b_0-a_0)=b_0+\dfrac{F_{n-1}}{F_n}(a_0-b_0)\\[2ex] t_1'=a_0+\dfrac{F_{n-1}}{F_n}(b_0-a_0)\end{cases} \tag{10-28}$$

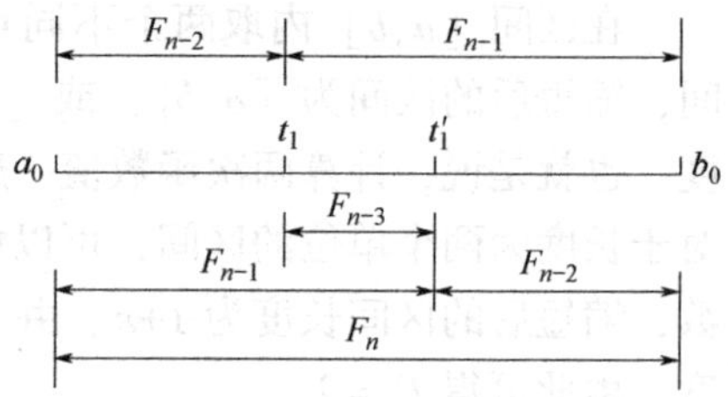

图 10-12　两个试点位置

它们在区间内的位置是对称的。

（3）计算函数值 $f(t_1)$ 和 $f(t_1')$，并比较它们的大小。若 $f(t_1)<f(t_1')$，则取

$$a_1=a_0,b_1=t_1',t_2'=t_1$$

并令

$$t_2=b_1+\frac{F_{n-2}}{F_{n-1}}(a_1-b_1)$$

否则，取

$$a_1=t_1,b_1=b_0,t_2=t_1'$$

并令

$$t_2'=a_1+\frac{F_{n-2}}{F_{n-1}}(b_1-a_1)$$

（4）计算 $f(t_2)$ 或 $f(t_2')$（其中的一个已经算出），如第（3）步那样一步步迭代。计算试点的一般公式为

$$\begin{cases}t_k=b_{k-1}+\dfrac{F_{n-k}}{F_{n-k+1}}(a_{k-1}-b_{k-1})\\[2ex] t_k'=a_{k-1}+\dfrac{F_{n-k}}{F_{n-k+1}}(b_{k-1}-a_{k-1})\end{cases} \tag{10-29}$$

式中，$k=1,2,\cdots,n-1$。

(5) 当进行至 $k=n-1$ 时，

$$t_{n-1}=t'_{n-1}=\frac{1}{2}(a_{n-2}+b_{n-2})$$

这就无法借比较函数值 $f(t_{n-1})$ 和 $f(t'_{n-1})$ 的大小以确定最终区间，为此，取

$$\begin{cases} t_{n-1}=\dfrac{1}{2}(a_{n-2}+b_{n-2}) \\ t'_{n-1}=a_{n-2}+\left(\dfrac{1}{2}+\varepsilon\right)(b_{n-2}-a_{n-2}) \end{cases} \tag{10-30}$$

式中，ε 为任意小的数。在 t_{n-1} 和 t'_{n-1} 这两点中，以函数值较小者为近似极小点，相应的函数值为近似极小值，并得最终区间 $[a_{n-2},t'_{n-1}]$ 或 $[t_{n-1},b_{n-2}]$。

由上述分析可知，斐波那契法使用对称搜索的方法，逐步缩短所考察的区间，它能以尽量少的函数求迭代次数，达到预定的某一缩短率。

例 10-8　用斐波那契法求函数 $f(t)=t^2-t+2$ 的近似极小点和极小值，要求缩短后的区间长度不大于区间 $[-1,3]$ 的 0.08 倍。

解： 容易验证，在此区间上函数 $f(t)=t^2-t+2$ 为严格凸函数。为了进行比较，给出其精确解是：$t^*=0.5$，$f(t^*)=1.75$。

已知 $\delta=0.08$，$F_n\geqslant\dfrac{1}{\delta}=\dfrac{1}{8}=12.5$

查表 10-1，$n=6$，$a_0=-1$，$b_0=3$

$$t_1=b_0+\frac{F_5}{F_6}(a_0-b_0)=3+\frac{8}{13}(-1-3)=0.538$$

$$t'_1=a_0+\frac{F_5}{F_6}(b_0-a_0)=-1+\frac{8}{13}(3-(-1))=1.462$$

$$f(t_1)=0.538^2-0.538+2=1.751$$

$$f(t'_1)=1.462^2-1.462+2=2.675$$

由于 $f(t_1)<f(t'_1)$，故取 $a_1=-1$，$b_1=1.462$，$t'_2=0.538$，

$$t_2=b_1+\frac{F_4}{F_5}(a_1-b_1)=1.462+\frac{5}{8}(-1-1.462)=-0.077$$

$$f(t_2)=(-0.077)^2-(0.077)+2\approx1.929$$

由于 $f(t_2)>f(t'_2)=1.751$，故取 $a_2=-0.077$，$b_2=1.462$，$t'_3=0.538$，

$$t_3=a_2+\frac{F_3}{F_4}(b_2-a_2)=-0.077+\frac{3}{5}(1.462+0.077)=0.846$$

$$f(t_3)=0.846^2-0.846+2=1.870$$

由于 $f(t_3)>f(t'_3)=1.751$，故取 $a_3=-0.077$，$b_3=0.846$，$t'_4=0.538$，

$$t_4=b_3+\frac{F_2}{F_3}(a_3-b_3)=0.846+\frac{2}{3}(-0.077-0.846)=0.231$$

$$f(t_4)=(0.231)^2-0.231+2=1.822$$

由于 $f(t_4)>f(t'_4)=1.751$，故取 $a_4=0.231$，$b_4=0.846$，$t'_5=0.538$。现令 $\varepsilon=0.01$，则

$$t_5 = a_4+\left(\frac{1}{2}+\varepsilon\right)(b_4-a_4)$$

$$= 0.231+(0.5+0.01)(0.846-0.231)= 0.545$$

$$f(t_5)= 0.545^2-0.545+2=1.752>f(t_5)= 1.751$$

故取 $a_5=0.231$，$b_5=0.545$，由于 $f(t_5)= 1.751<f(t_5')= 1.752$，所以以 t_5 为近似极小点，近似极小值为 1.751。

缩短后的区间长度为 0.545−0.231=0.314，0.314/4=0.0785<0.08，其整个计算过程如图 10-13 所示。

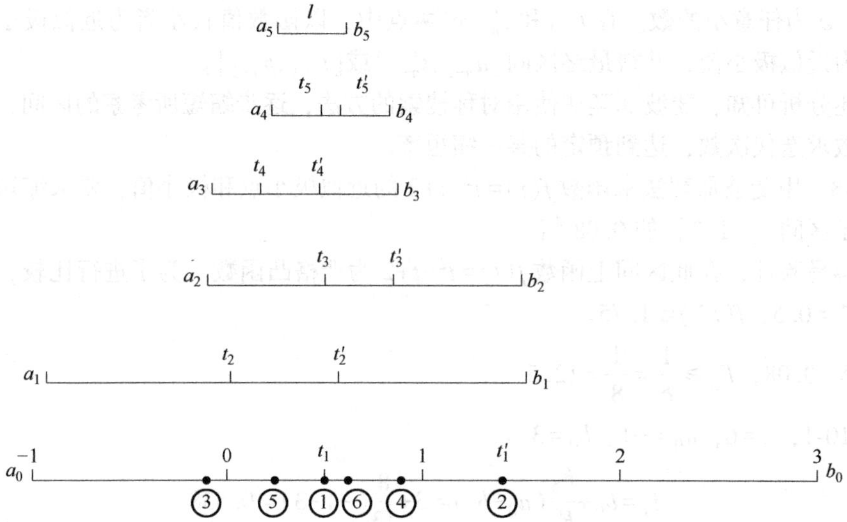

图 10-13　例 10-8 的计算过程

10.3.4　黄金分割法

黄金分割法，又称 0.618 法。华罗庚在 20 世纪 70 年代初推广的“优选法”就是这个方法，它是一种用值法、直接法。

1. 基本思想

用斐波那契法以 n 个点缩减某一区间时，区间长度的缩减率依次为

$$\frac{F_{n-1}}{F_n},\frac{F_{n-2}}{F_{n-1}},\cdots,\frac{F_1}{F_2}$$

现将以上数列分为奇数项 F_{2k-1}/F_{2k} 和偶数项 F_{2k}/F_{2k+1}，可以证明这两个数列收敛于同一个极限。

设当 $k\to\infty$ 时

$$\text{奇数项}\frac{F_{2k-1}}{F_{2k}}\longrightarrow\lambda,\text{偶数项}\frac{F_{2k}}{F_{2k+1}}\longrightarrow\mu$$

由于

$$\frac{F_{2k-1}}{F_{2k}}=\frac{F_{2k-1}}{F_{2k-1}+F_{2k-2}}=\frac{1}{1+\dfrac{F_{2k-2}}{F_{2k-1}}}$$

故

$$\lim_{k\to\infty}\frac{F_{2k-1}}{F_{2k}}=\frac{1}{1+\mu}=\lambda$$

同理

$$\frac{1}{1+\lambda}=\mu$$

将 $\lambda=1/(1+\mu)$ 代入 $1/(1+\lambda)=\mu$，求解有

$$\frac{1+\mu}{2+\mu}=\mu$$

$$\mu^2+\mu-1=0$$

$$\mu=\frac{\sqrt{5}-1}{2}$$

若将 $\mu=1/(1+\lambda)$ 代入 $\lambda=1/(1+\mu)$，则有

$$\lambda^2+\lambda-1=0$$

所以

$$\lambda=\mu=\frac{\sqrt{5}-1}{2}\approx 0.618033989$$

以 0.618 不变的区间缩减率，代替斐波那契法每次不同的缩减率，就得到了黄金分割法。黄金分割法是一种等速对称的搜索方法，每次试点均取在区间长度的 0.618 和 0.382 处，如图 10-14 所示。

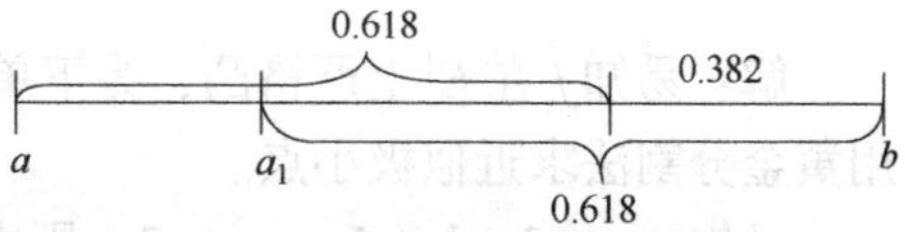

图 10-14　试点选取

令 E_n＝计算 n 个分割点后原区间总的缩短率。

由于开始必须计算两个分割点后才能使原区间缩小，即有

$$E_2=\lambda$$

从第 3 个分割点以后，每次只需计算一点就能使区间缩小，即有 $E_3=\lambda$，$E_4=\lambda^3$，…，从而有

$$E_n=\lambda^{n-1},(n=1,2,\cdots)$$

而迭代次数为 $k=n-1$。

设原区间为$[a_0,b_0]$，第 k 次迭代后的保留区间为 $[a_k,b_k]$，绝对精度为 $\varepsilon>0$，相对精度为 $\delta>0$，则因

$$\varepsilon=\delta(b_0-a_0) \tag{10-31}$$

于是迭代停止准则

$$b_k-a_k\leqslant\varepsilon$$

等价于

$$E_n=\lambda^k=\frac{b^k-a^k}{b_0-a_0}\leqslant\delta,\ k=n-1\ (n=1,2,\cdots) \tag{10-32}$$

据此可以预先估出需要迭代的次数 k 或（和）需要计算的点数 $n=k+1$，从而明确何时停止迭代。当然也可以在迭代过程中逐次判断是否达到预定的精度 ε 或 δ。

2. 计算步骤

设原区间为$[a_0,b_0]$，给定精度 $\varepsilon>0$。

（1）令 $k=1$，计算：

$$x_1=a_0+0.382(b_0-a_0),\ f(x_1)$$

$$y_1=a_0+0.618(b_0-a_0),\ f(y_1)$$

转（2）。

（2）若$f(x_k)<f(y_k)$，转（3）；否则转（4）。

（3）令 $a_k=a_{r-1}$，$b_k=Y_k$；若 $b_k-a_k\leqslant\varepsilon$，转（5）；否则，令 $y_{k+1}=x_k$，$f(y_{k+1})=f(x_k)$，计算

$$x_{k+1}=a_k+0.382(b_k-a_k),\ f(x_{k+1})$$

令 $k=k+1$，返回（2）。

（4）令 $a_k=x_k$，$b_k=b_{k-1}$；若 $b_k-a_k\leqslant\varepsilon$，转（5）；否则，令 $x_{k+1}=y_k$，$f(x_{k+1})=f(y_k)$，计算

$$y_{k+1}=a_k+0.618(b_k-a_k),\ f(y_{k+1})$$

令 $k=k+1$，返回（2）。

（5）取 $x^*\approx(a_k+b_k)/2$，算出$f(x^*)$，停止。

例 10-9 给定 $\varepsilon=0.2$，用黄金分割法求解：

$$\min f(x)=x^2+2x$$

$$\text{s.t.}\ -3\leqslant x\leqslant 5$$

解：易知f在E^1上严格凸，为下单峰函数，有唯一全局极小点 $x^*=-1\in[-3,5]$。下面用黄金分割法求近似极小点。

已知 $a_0=-3$，$b_0=5$，$\varepsilon=0.2$，则由式（10-31）可得

$$\delta=\frac{\varepsilon}{b_0-a_0}=\frac{0.2}{5-(-3)}=0.025$$

再由式（10-32）得

$$\lambda^k\leqslant\delta$$

取对数得

$$k\lg\lambda\leqslant\lg\delta$$

因 $\lambda<1$，故

$$k\geqslant\frac{\lg\delta}{\lg\lambda}\approx\frac{\lg0.025}{\lg0.618}\approx7.667$$

取 $k=8$，则 $n=k+1=8+1=9$，共需迭代 8 次，计算 9 个点，才能达到预定精度 $\varepsilon=0.2$。迭代过程如下：

（1）令 $k=1$，计算

$$x_1=-3+0.382(5-(-3))=0.056$$

$$y_1=-3+0.618\times8=1.944$$

$$f(x_1)=f(0.056)=0.056^2+2\times0.056=0.115$$

$$f(y_1)=f(1.944)=1.944^2+2\times1.944=7.667$$

(2) 因$f(x_1)<f(y_1)$，故转（3）。

(3) 令$a_1=a_0=-3$，$b_1=y_1=1.944$；因$b_1-a_1=1.944-(-3)=4.944\neq\varepsilon=0.2$，故令$y_2=x_1=0.056, f(y_2)=f(x_1)=0.115$；计算

$$x_2=-3+0.382(1.944-(-3))=-1.111$$

$$f(x_2)=-0.988$$

令$k=1+1=2$，返回（2）。

步骤（2）因$f(x_2)=-0.988<f(y_2)=0.115$，故转（3）。

反复计算到$k=8$时，得到

$$a_8=-1.112, b_8=-0.936,$$

因为

$$b_8-a_8=-0.936-(-1.112)=0.176<\varepsilon=0.2$$

所以得到近似极小点

$$x^*\approx(a_8+b_8)/2=(-1.112-0.936)/2=-1.024$$

及近似极小值$f(x^*)\approx-0.9994$。

3. 几点说明

(1) 黄金分割法收敛速度不快，是一种以0.618为收敛阶的线性收敛方法。但它不必求导，甚至对不连续的函数也能应用，因而适应性较强；而且程序简单，计算量小，因此还是较常用的。

(2) 初始搜索区间的选择是很重要的，它将影响迭代的次数。如例10-9，若能估出$x^*\in[-2,0]$，仍取$\varepsilon=0.2$，则$\delta=0.1$，由式（10-32）可以算出$k=5$，将比原例少迭代3次。

本节介绍了一维搜索的三种常见方法，均假定函数为下单峰的，即只有唯一的极小点。这一假定起码在函数的某一局部极小点的足够小的邻域内总是成立的。但有时函数可能有不止一个局部极小点，因此在求得一个极小点后，可以改变初始点或（和）初始搜索区间，再进行几番搜索。若仍得同一极小点，则可以认为它就是全局最优解。

10.4　梯度法与共轭梯度法

本节介绍两种常见的无约束非线性规划的搜索法：梯度法和共轭梯度法。这两种方法都使用梯度且都以一阶条件（梯度为零）为寻优准则。

10.4.1　梯度法

梯度法又称最速下降法，是柯西（Cauchy）于1847年首次提出的多维搜索的最早算法。

1. 基本思想

考虑多元函数极值问题：

$$\min_{X\in E^n} f(\boldsymbol{X})$$

假定f连续可微。

10.3 节曾指出，搜索法生成的点列的通常形式为

$$\boldsymbol{X}_{k+1}=\boldsymbol{X}_k+\lambda_k\boldsymbol{P}_k,(k=0,1,\cdots)$$

式中，$\boldsymbol{P}_k$为搜索方向，$\lambda_k>0$ 为步长；当 $k=0$ 时，X_0 为估出的关于极小点 $\boldsymbol{X}^*$ 的一个近似点。

若取$f(\boldsymbol{X})$的负梯度方向$-\nabla f(\boldsymbol{X})$为每次搜索的方向，即令

$$\boldsymbol{P}_k=-\nabla f(\boldsymbol{X}_k),(k=0,1,\cdots)$$

则这种搜索法就称为梯度法。由于在$\boldsymbol{X}_k$点附近，$-\nabla f(\boldsymbol{X}_k)$是函数$f$的值从这点出发而下降最迅速的方向，故该法又称最速下降法。

为什么说负梯度方向为最速下降方向呢？原因如下：$\boldsymbol{X}_k$点附近的点可表示为

$$\boldsymbol{X}=\boldsymbol{X}_k+\lambda\boldsymbol{P}$$

式中，λ 为一充分小的正实数，$\boldsymbol{P}$ 为任一幺模向量。将$f(\boldsymbol{X})$在 $\boldsymbol{X}_k$点按泰勒公式一阶展开：

$$f(\boldsymbol{X})=f(\boldsymbol{X}_k+\lambda\boldsymbol{P})=f(\boldsymbol{X}_k)+\lambda\ \nabla f(\boldsymbol{X}_k)^{\mathrm{T}}\boldsymbol{P}+o(\lambda)$$

由此可见，只要$\nabla f(\boldsymbol{X}_k)^{\mathrm{T}}\boldsymbol{P}<0$，就能使

$$f(\boldsymbol{X})<f(\boldsymbol{X}_k)$$

即f值下降；而能使$\nabla f(\boldsymbol{X}_k)^{\mathrm{T}}\boldsymbol{P}$ 为最小值的 $\boldsymbol{P}$，就是f从 $\boldsymbol{X}_k$点出发，下降最速的方向。由向量代数知道，两个向量$\nabla f(\boldsymbol{X}_k)^{\mathrm{T}}$和 $\boldsymbol{P}$ 的内积为

$$\nabla f(\boldsymbol{X}_k)^{\mathrm{T}}\boldsymbol{P}=\|\nabla f(\boldsymbol{X}_k)\|\cdot\|P\|\cdot\cos\theta$$

式中，θ 是这两个向量的夹角。显然，当 $\theta=180°$ 时，即 $\boldsymbol{P}$ 跟$\nabla f(\boldsymbol{X}_k)$反向或者说 $\boldsymbol{P}=-f(\boldsymbol{X}_k)/\|\nabla f(\boldsymbol{X}_k)\|$时，能使上式取得最小值，所以说负梯度$-\nabla f(\boldsymbol{X}_k)$方向为函数$f$在$\boldsymbol{X}_k$点附近下降最速的方向。

方向$\boldsymbol{P}_k$确定为$-\nabla f(\boldsymbol{X}_k)$之后，还需要确定步长 λ_k。对此，有以下几种方法：

（1）试探法。取一常数 $\hat{\lambda}$，计算$f(\boldsymbol{X}_k-\hat{\lambda}\nabla f(\boldsymbol{X}_k))$，若

$$f(\boldsymbol{X}_k-\hat{\lambda}\ \nabla f(\boldsymbol{X}_k))<f(\boldsymbol{X}_k)$$

则可取 $\lambda_k=\hat{\lambda}$；否则另取一 $\hat{\lambda}$ 重新试探。

（2）一维搜索法。用某种一维搜索法求解：

$$\min\varphi(\lambda)=f(\boldsymbol{X}_k-\lambda\ \nabla f(\boldsymbol{X}_k))\tag{10-33}$$

得到解 λ^*，可取 $\lambda_k=\lambda^*$，称为最优步长。

（3）近似公式法。若f二阶连续可微，则可将$f(\boldsymbol{X}_k-\lambda\nabla f(\boldsymbol{X}_k))$按泰勒公式二阶展开：

$$f(\boldsymbol{X}_k-\lambda\ \nabla f(\boldsymbol{X}_k))=f(\boldsymbol{X}_k)-\lambda\ \nabla f(\boldsymbol{X}_k)^{\mathrm{T}}\ \nabla f(\boldsymbol{X}_k)+\frac{1}{2}\lambda^2\ \nabla f(\boldsymbol{X}_k)^{\mathrm{T}}H(\boldsymbol{X}_k)\nabla f(\boldsymbol{X}_k)+o(\lambda^2)$$

略去高阶无穷小 $o(\lambda^2)$，得二次近似表达式

$$\varphi(\lambda)=f(\boldsymbol{X}_k)-\lambda\ \|\nabla f(\boldsymbol{X}_k)\|^2+\frac{1}{2}\lambda^2\ \nabla f(\boldsymbol{X}_k)^{\mathrm{T}}H(\boldsymbol{X}_k)\nabla f(\boldsymbol{X}_k)$$

求导，得

$$\varphi'(\lambda)=-\|\nabla f(\boldsymbol{X}_k)\|^2+\lambda\ \nabla f(\boldsymbol{X}_k)^{\mathrm{T}}H(\boldsymbol{X}_k)\nabla f(\boldsymbol{X}_k)$$

令 $\varphi(\lambda)=0$ 解出 λ，即得最优步长的近似公式

$$\lambda_k=\frac{\|\nabla f(X_k)\|^2}{\nabla f(X_k)^{\mathrm{T}}H(X_k)\nabla f(X_k)} \tag{10-34}$$

式中，$H(X_k)$是f在X_k点的海塞矩阵。当它的形式不复杂时，也可按近似公式（10-34）求λ_k。

（4）解析法。当f二阶连续可微，且式（10-33）中$\varphi(\lambda)$的一阶导数、二阶导数形式均不复杂时，也可按定理10.2求解式（10-33），从而确定最优步长。

2. 计算步骤

（1）给定初始点X_0，精度$\varepsilon>0$，令$k=0$。

（2）计算$\nabla f(X_k)$。

（3）检验$\|\nabla f(X_k)\|^2$是否小于ε。是则取$X^*\approx X_k$，算出$f(X^*)$，停止；否则转（4）。

（4）用一维搜索求

$$\varphi(\lambda)=f(X_k-\lambda\nabla f(X_k))$$

的一个极小点λ_k，或者依法选取λ_k，使

$$f(X_k-\lambda\nabla f(X_k))<f(X_k)$$

（5）令$X_{k+1}=X_k-\lambda_k\nabla f(X_k)$，$k=k+1$，返回（2）。

例10-10　给定$\varepsilon=0.1$，用梯度法求解：

$$\min f(X)=(x_1-2)^2+x_2^2$$

解：（1）取初始点$X_0=(1,1)^{\mathrm{T}}$，令$k=0$。

（2）计算

$$\nabla f(X)=[2(x_1-2),2x_2]^{\mathrm{T}},\ \nabla f(X_0)=(-2,2)^{\mathrm{T}}$$

（3）$\|\nabla f(X_0)\|^2=(\sqrt{(-2)^2+2^2})^2=8\not<\varepsilon=0.1$。

（4）用式（10-34）求λ_0。易知$f(X)$的海塞矩阵为

$$H(X)=\begin{pmatrix}2&0\\0&2\end{pmatrix}$$

则按式（10-34）得

$$\lambda_0=\frac{8}{(-2,2)\begin{pmatrix}2&0\\0&2\end{pmatrix}\begin{pmatrix}-2\\2\end{pmatrix}}=\frac{8}{16}=\frac{1}{2}$$

因本题f为二次函数，这时式（10-34）为准确公式，故$\lambda_0=1/2$为准确最优初始步长。再用解析法重新求λ_0。因

$$X_0-\lambda\nabla f(X_0)=\begin{pmatrix}1\\1\end{pmatrix}-\lambda\begin{pmatrix}-2\\2\end{pmatrix}=\begin{pmatrix}1+2\lambda\\1-2\lambda\end{pmatrix}$$

故

$$\varphi(\lambda)=f(X_0-\lambda\nabla f(X_0))=((1+2\lambda)-2)^2+(1-2\lambda)^2=2(2\lambda-1)^2$$

由

$$\varphi'(\lambda)=8(2\lambda-1)=0$$

解得$\lambda_0=1/2$，跟公式法结果一致。

（5）$X_1=X_0-\lambda_0\nabla f(X_0)=\begin{pmatrix}1\\1\end{pmatrix}-\frac{1}{2}\begin{pmatrix}-2\\2\end{pmatrix}=\begin{pmatrix}2\\0\end{pmatrix}$。

步骤（2）为$\nabla f(\boldsymbol{X}_1)=(0,0)^{\mathrm{T}}$。

步骤（3）为$\|\nabla f(\boldsymbol{X}_1)\|^2=0^2+0^2=0<\varepsilon$，故

$$\boldsymbol{X}^*=\boldsymbol{X}_1=(2,0)^{\mathrm{T}},\ f(\boldsymbol{X}^*)=0$$

本例$f(\boldsymbol{X})$的等值线为圆，不论初始点选在何处，$f(\boldsymbol{X})$的负梯度方向恒指向圆心，而圆心即极小点。因此只要选取最优步长，只需迭代一次即可达到极小点。

3. 几点说明

（1）收敛性。可以证明：若f为一阶连续可微的凸函数，且算法所生成的点列$\{\boldsymbol{X}_k\}$有界，则必有：

1）序列$\{f(\boldsymbol{X}_k)\}$单调下降。

2）点列$\{\boldsymbol{X}_k\}$存在极限$\boldsymbol{X}^*$，且$\nabla f(\boldsymbol{X}^*)=\boldsymbol{0}$。

3）$\boldsymbol{X}^*$为全局最小点。

（2）优点。方法简单，每次迭代工作量较小；若用计算机计算，所需存储量也较少；即便从一个不好的初始点出发，往往也能收敛到极小点。

（3）缺点。

1）收敛速度往往取决于函数本身的性质，这对一种算法来说是不好的。如例10-3的函数性质较好，其等值线为圆，只需迭代一次就能收敛于极小点；若f仍为一个二元二次函数，但其等值线均为椭圆，譬如$f(\boldsymbol{X})=x_1^2+25x_2^2$，若取$\boldsymbol{X}_0=(2,2)^{\mathrm{T}}$，$\varepsilon=0.1$，则需迭代3次才能求得近似极小点$\boldsymbol{X}_3=(0.7,0)^{\mathrm{T}}$；若$\varepsilon$取得很小，则大约需迭代10次，才能达到极小点$(0,0)^{\mathrm{T}}$。又若等值线椭圆非常扁平，则收敛更慢。为什么会出现这种情况呢？原因在于：对一组同心椭圆，每次迭代时从全局上看最好的方向是指向椭圆中心的方向，但使用最速下降法迭代时，每次分搜索方向都没有指向椭圆中心，椭圆越扁平，指向越偏离椭圆中心。

2）在极小点附近收敛很慢。表面看来，这似乎有悖于最速下降性。但是，梯度只是函数的局部性质，即仅在某一点附近负梯度方向才为最速下降方向，但从全局寻优来看，则往往不是最速下降方向。若步长λ_k是由一维搜索确定的最优步长，则容易证明：梯度法逐次确定的搜索方向是相互正交（垂直）的。因而搜索路线呈锯齿状，如图10-15所示，开始步幅较大，函数值下降较快，但在极小点附近，步长越来越小，收敛速度越来越慢。

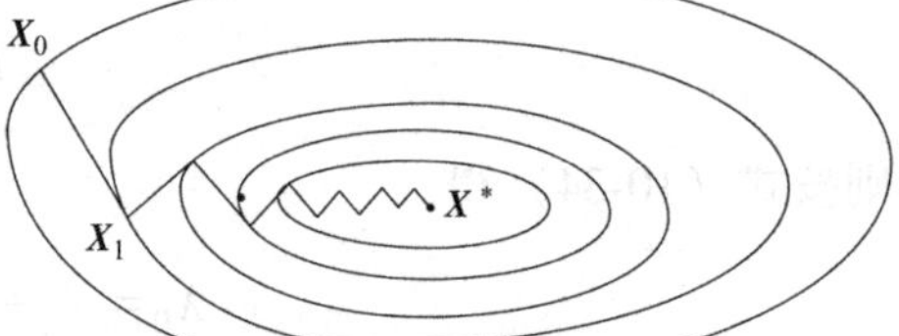

图10-15　梯度法搜索路线

3）稳定性较差。即算法对小的扰动比较灵敏，从而可能破坏收敛性。而小的扰动，如舍入误差、λ_k选得不准等，总是难免的。

10.4.2　共轭梯度法

它是一类名为共轭方向法的一种算法，实现这种算法又有许多不同的形式，这里只介绍其中一个算法。

由10.4.1节知道，选取负梯度作为搜索方向，收敛往往很慢。为加快收敛速度，需要寻找其他更好的方向。共轭方向就是这样一类较好的方向。而共轭方向法就是以共轭方向为

搜索方向的一种多维搜索法，它具有这样的性质：对正定 n 元二次函数，采用共轭方向法最多经过 n 次搜索，必收敛于函数的唯一极小点。然而，共轭方向的选取具有相当大的灵活性，不同的选取方式将导致不同的共轭方向法。作为一种迭代方法，自然希望共轭方向能在迭代过程中逐次生成。而利用每次迭代点 $\boldsymbol{X}_k$ 处的梯度来逐次生成共轭方向的方法，就称为共轭梯度法。它对规模较大的、无约束优化问题的求解具有很好的效果，因此在无约束 NLP 的算法中占有重要的地位，是目前最常用的方法之一。

关于这一方法的原理以及上面涉及的有关概念的严格定义，需要较大篇幅才能阐明，对此不做介绍，而仅给出其计算步骤并举例加以说明。首先给出关于二次函数的计算步骤，然后把它推广到一般目标函数。

1. 正定二次函数的共轭梯度法

考虑正定二次函数极小问题：

$$\min f(\boldsymbol{X})=\frac{1}{2}\boldsymbol{X}^{\mathrm{T}}\boldsymbol{A}\boldsymbol{X}+\boldsymbol{C}^{\mathrm{T}}\boldsymbol{X}+a \tag{10-35}$$

式中，$\boldsymbol{A}$ 为 n 阶对称正定阵，$\boldsymbol{X}$ 为 n 维变矢，$\boldsymbol{C}$ 为 n 维常矢，a 为一常数（因而也可将它从目标函数中删去）。

正定性只不过是为了保证式（10-35）有最优解 $\boldsymbol{X}^*$，它满足

$$\nabla f(\boldsymbol{X}^*)=\boldsymbol{A}\boldsymbol{X}^*+\boldsymbol{C}=\boldsymbol{0}$$

故具有如下形式：

$$\boldsymbol{X}^*=-\boldsymbol{A}^{-1}\boldsymbol{C}$$

但是正如定理 10.2 所述，正定性条件是充分的，而非必要的。

适用于问题（10-35）的共轭梯度法的计算步骤如下：

（1）给定初始点 $\boldsymbol{X}_0$ 及精度 $\varepsilon>0$；算出 $\nabla f(\boldsymbol{X})$ 和 $\boldsymbol{A}=\nabla^2 f(\boldsymbol{X})$。

（2）计算 $\boldsymbol{g}_0=\nabla f(\boldsymbol{X}_0)$，令 $\boldsymbol{P}_0=-\boldsymbol{g}_0$；计算 $\|\boldsymbol{g}_0\|^2$，令 $k=0$。

（3）计算

$$\lambda_k=\frac{\|\boldsymbol{g}_k\|^2}{\boldsymbol{P}_k^{\mathrm{T}}\boldsymbol{A}\boldsymbol{P}_k} \tag{10-36}$$

$$\boldsymbol{X}_{k+1}=\boldsymbol{X}_k+\lambda_k\boldsymbol{P}_k$$

$$\boldsymbol{g}_{k+1}=\nabla f(\boldsymbol{X}_{k+1})\ \text{及}\ \|\boldsymbol{g}_{k+1}\|^2$$

（4）若 $\|\boldsymbol{g}_{k+1}\|^2\leqslant\varepsilon$，则取 $\boldsymbol{X}^*=\boldsymbol{X}_{k+1}$，算出 $f(\boldsymbol{X}^*)$，停止；否则转（5）；

（5）若 $k<n-1$，计算：

$$\mu_{k+1}=\frac{\|\boldsymbol{g}_{k+1}\|^2}{\|\boldsymbol{g}_k\|^2}$$

$$\boldsymbol{P}_{k+1}=-\boldsymbol{g}_{k+1}+\mu_{k+1}\boldsymbol{P}_k$$

令 $k=k+1$，返回（3）；若 $k=n-1$，令 $\boldsymbol{X}_0=\boldsymbol{X}_n$，返回（2）。

尽管如前所述：用共轭方向法求正定 n 元二次函数的极小点，至多只需 n 次迭代就可得到，但这只是理论上正确的命题，在实际计算中，由于舍入误差的积累，不一定能做到这一点。由于可以证明：对 n 元函数来说，满足要求的共轭方向最多只有 n 个，因此若经过 n 次迭代（$k=n-1$ 时）仍未得到满足预定精度的近似极小点，此时就不可能再生成新的、满足

要求的共轭方向了。为使迭代继续下去，可将X_n作为新的初始点X_0，重新迭代（步骤（5）已指明了这一做法）。实践证明，这样做一般都能取得良好的效果。

例 10-11 用共轭梯度法求解

$$\min f(X)=x_1^2+2x_2^2-2x_1x_2-4x_1$$

解：(1) 取$X_0=(1,1)^T$，$\varepsilon=0.01$，算出

$$\nabla f(X)=\begin{pmatrix}2x_1-2x_2-4\\-2x_1+4x_2\end{pmatrix},\ A=\begin{pmatrix}2&-2\\-2&4\end{pmatrix}$$

(2) $$g_0=\nabla f(X_0)=(-4,2)^T, P_0=(4,-2)^T, \|g_0\|^2=(-4)^2+2^2=20$$

(3) $$\lambda_0=\frac{20}{(4,-2)\begin{pmatrix}2&-2\\-2&4\end{pmatrix}\begin{pmatrix}4\\-2\end{pmatrix}}=\frac{20}{80}=\frac{1}{4}$$

$$X_1=X_0+\lambda_0P_0=\begin{pmatrix}1\\1\end{pmatrix}+\frac{1}{4}\begin{pmatrix}4\\-2\end{pmatrix}=\begin{pmatrix}2\\0.5\end{pmatrix}$$

$$g_1=\nabla f(X_1)=(-1,-2)^T$$

$$\|g_1\|^2=(-1)^2+(-2)^2=5$$

(4) $$\|g_1\|^2=5\nless 0.01=\varepsilon$$

(5) $$\mu_1=\frac{\|g_1\|^2}{\|g_0\|^2}=\frac{5}{20}=\frac{1}{4}$$

$$P_1=-g_1+\mu_1P_0=\begin{pmatrix}1\\2\end{pmatrix}+\frac{1}{4}\begin{pmatrix}4\\-2\end{pmatrix}=\begin{pmatrix}2\\1.5\end{pmatrix}$$

返回（3）为 $$\lambda_1=\frac{5}{(2,1.5)\begin{pmatrix}2&-2\\-2&4\end{pmatrix}\begin{pmatrix}2\\1.5\end{pmatrix}}=\frac{5}{5}=1$$

$$X_2=X_1+\lambda_1P_1=\begin{pmatrix}2\\0.5\end{pmatrix}+1\begin{pmatrix}2\\1.5\end{pmatrix}=\begin{pmatrix}4\\2\end{pmatrix}$$

$$g_2=\nabla f(X_2)=(0,0)^T, \|g_2\|^2=0$$

返回（4）为 $$\|g_2\|^2=0<0.01=\varepsilon$$

$$X^*=X_2=(4,2)^T, f(X^*)=-8$$

2. 非二次函数的共轭梯度法

它是用二次函数去逼近非二次函数$f(X)$，前提是$f(X)$二阶连续可微且存在极小点X^*。因此只需将式（10-36）中的A换成$f(X)$在X_k点的海塞矩阵$H(X_k)$即可。

同正定二次函数的情形一样，该算法有一个显著的特点，就是每一步迭代都不要求做一维搜索，虽比梯度法稍微复杂一些，但收敛速度较快。其缺点是每步都需计算$H(X_k)$，这往往不易做到；即便f二阶连续可微，但往往$H(X_k)$的形式复杂，当n很大时，则更为繁复，不仅计算量与存储量迅速增加以致不能实行，而且这种形式的算法不是全局收敛的。

为了克服这一缺点，在确定步长λ_k时可不采用式（10-36）、而代之以一维搜索，即求解一元函数$\varphi_k(\lambda)$的极小化问题：

$$\min\varphi_k(\lambda)=f(\boldsymbol{X}_k+\lambda\boldsymbol{P}_k) \tag{10-37}$$

并以最小点作为 $\boldsymbol{\lambda}_k$。

这样就不必计算 $H(\boldsymbol{X}_k)$ 了，从而可以确保全局收敛性，而且算法对一般目标函数实用效果也较好。

例 10-12　用共轭梯度法求解：

$$\min f(\boldsymbol{X})=x_1^3+x_2^3-3x_1x_2$$

解：取 $\boldsymbol{X}_0=(2,2)^{\mathrm{T}}$，算出

$$\nabla f(\boldsymbol{X})=\begin{pmatrix}3x_1^2-3x_2\\3x_2^2-3x_1\end{pmatrix}$$

则

$$\boldsymbol{g}_0=\nabla f(\boldsymbol{X}_0)=\begin{pmatrix}6\\6\end{pmatrix},\ \boldsymbol{P}_0=-\boldsymbol{g}_0=\begin{pmatrix}-6\\-6\end{pmatrix},\boldsymbol{X}_0+\lambda\boldsymbol{P}_0=\begin{pmatrix}2-6\lambda\\2-6\lambda\end{pmatrix}$$

有

$$\varphi_0(\lambda)=(2-6\lambda)^3+(2-6\lambda)^3-3(2-6\lambda)(2-6\lambda)(2-6\lambda)=4(1-3\lambda)^2(1-12\lambda)$$

$$\varphi_0'(\lambda)=-72(1-3\lambda)(1-6\lambda)$$

令 $\varphi_0'(\lambda)=0$，解得 $\lambda=1/3$ 或 $1/6$；又由

$$\varphi_0''(\lambda)=648(1-4\lambda)$$

易见 $\varphi_0''(1/3)<0$，$\varphi_0''(1/6)>0$，所以 $\lambda=1/6$ 为极小点，$\lambda=1/3$ 为非极小点；故取 $\lambda_0=1/6$。于是，

$$\boldsymbol{X}_1=\boldsymbol{X}_0+\lambda_0\boldsymbol{P}_0=(1,1)^{\mathrm{T}},\ \boldsymbol{g}_1=\nabla f(\boldsymbol{X}_1)=(0,0)^{\mathrm{T}}$$

由于 $\|\boldsymbol{g}_1\|^2=0<\varepsilon(>0)$，故

$$\boldsymbol{X}^*=\boldsymbol{X}_1=(1,1)^{\mathrm{T}},\ f(\boldsymbol{X}^*)=-1$$

本小节介绍的共轭梯度法通常称为弗莱彻（Fletcher）-瑞夫斯（Reeves）法，这个算法是由这两人于 1964 年最先提出的。此外，还有其他几个算法。由于这种算法计算简单、存储量少，可用于求解较大规模的问题，特别用于最优控制问题时，效果很好，因此引起了人们的兴趣和重视。

10.5　用 Excel、LINGO 和 MATLAB 求解无约束非线性规划问题

10.5.1　Excel 求解无约束非线性规划问题

例 10-13　求无约束非线性规划问题 $f(x)=(x-3)^2-1$。

解：求单变量无约束无界非线性函数体的极小值，首先在 Excel 上要建立模型，式子如下：

$$\min f(x)=(x-3)^2-1$$

表示的意义是指返回值是极小点 x 和函数的极小值，并在无界的范围上

(1) 首先在 Excel 中定义相应的单元格名称，如表 10-2 所示，并建立相应的数学模型，如图 10-16 所示。

表 10-2　Excel 单元格表

单 元 格	C1	B2	B3	B4	B5	B6
名称	函数	二次项系数（A）	一次项系数（B）	常数（C）	可变单元格（X）	目标函数值（F）

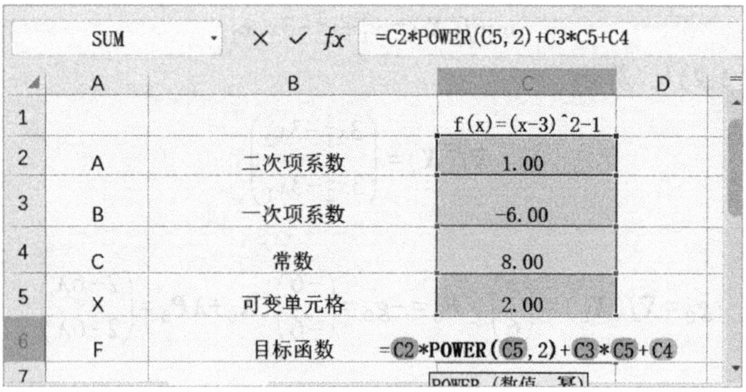

图 10-16　模型函数图

由图 10-17 的计算结果可知，在无界范围内函数的最小值情况为：当 x 取值为 2 时，此时的最小值是为 0。

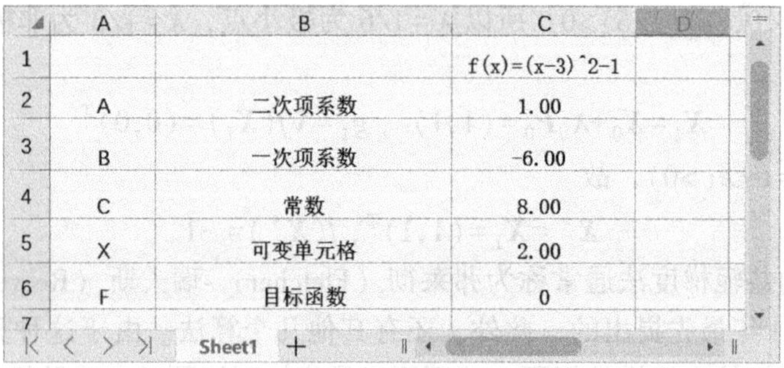

图 10-17　模型计算结果图

10.5.2　LINGO 求解无约束非线性规划问题

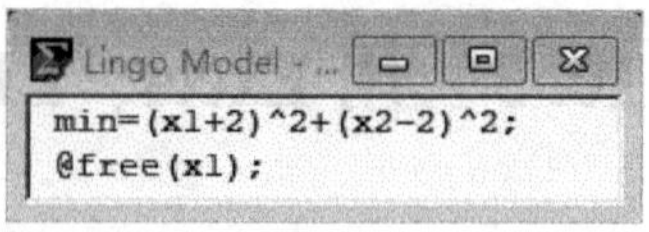

图 10-18　LINGO 无约束极值程序

求函数 $f=(x_1+2)^2+(x_2-2)^2$ 的最小值。编写 LINGO 程序和结果如图 10-18 和图 10-19 所示。其中@ free(x1)表示取消对变量 x_1 的限制，即 x_1 可以取任意实数。

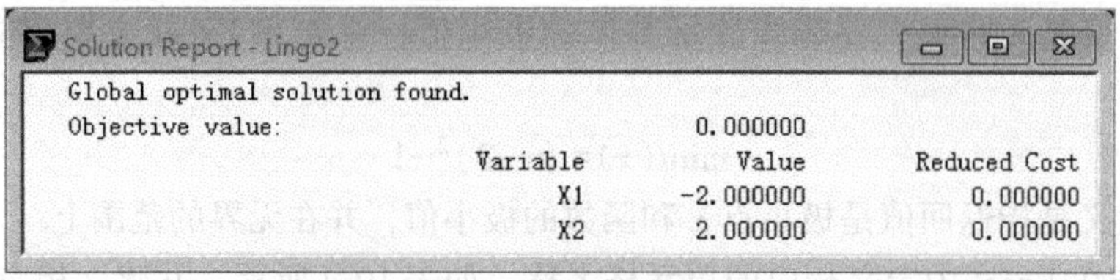

图 10-19　LINGO 无约束极值结果

10.5.3　MATLAB 求解无约束非线性规划问题

非线性规划问题求解应化为标准形式：

$$\min_{x} f(\boldsymbol{x})=\boldsymbol{c}^{\mathrm{T}}\boldsymbol{x}$$

$$\text{s. t.}\begin{cases}\boldsymbol{A}\boldsymbol{x}\leqslant\boldsymbol{b}\\ \mathrm{Aeq}\boldsymbol{x}=\mathrm{beq}\\ g(\boldsymbol{x})\leqslant\boldsymbol{0}\\ \mathrm{geq}(\boldsymbol{x})=\boldsymbol{0}\\ \mathrm{lb}\leqslant\boldsymbol{x}\leqslant\mathrm{ub}\end{cases}$$

式中，$\boldsymbol{c}=(c_1,c_2,\cdots,c_n)^{\mathrm{T}}$ 为系数向量，$\boldsymbol{x}=(x_1,x_2,\cdots,x_n)^{\mathrm{T}}$ 为决策变量，$\boldsymbol{A}\boldsymbol{x}\leqslant\boldsymbol{b}$ 为线性不等式约束，$\mathrm{Aeq}\boldsymbol{x}=\mathrm{beq}$ 为线性等式约束，$g(\boldsymbol{x})\leqslant\boldsymbol{0}$ 为非线性不等式约束，$\mathrm{geq}(\boldsymbol{x})=\boldsymbol{0}$ 为非线性等式约束，lb 为最优解的下界，ub 为最优解的上界。MATLAB 具体求解步骤如下：

（1）定义目标函数 $f(\boldsymbol{x})$ 的 m 文件 fun. m。

functionf = fun(x)

$f=c^{\mathrm{T}}x$;

（2）若约束条件中有非线性约束，建立非线性约束 nonlcon. m 文件。

function[g,geq] = nonlcon(x)

g = g(x);

geq = geq(x);

（3）建立主文件。非线性规划求解的函数是 fmincon()，其调用格式：

[x, fval,exitflag] = fmincon('fun',x_0,A,b,Aeq,beq,lb,ub,'nonlcon')

其中 nonlcon 为函数，输入 x，返回 g 和 geq。

求解：
$$\min f(x)=(x_1-2)^2+(x_2-2)^2$$
$$\text{s. t. } x_1+x_2-6=0$$

其 MATLAB 实现的程序、结果及生成的图形如图 10-20 和图 10-21 所示。

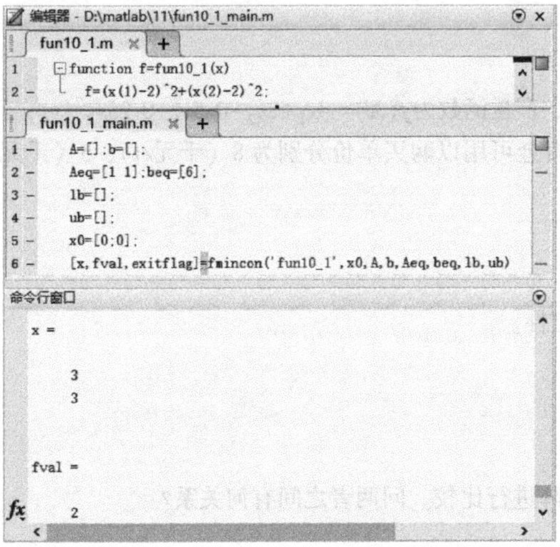

图 10-20　MATLAB 建模及结果

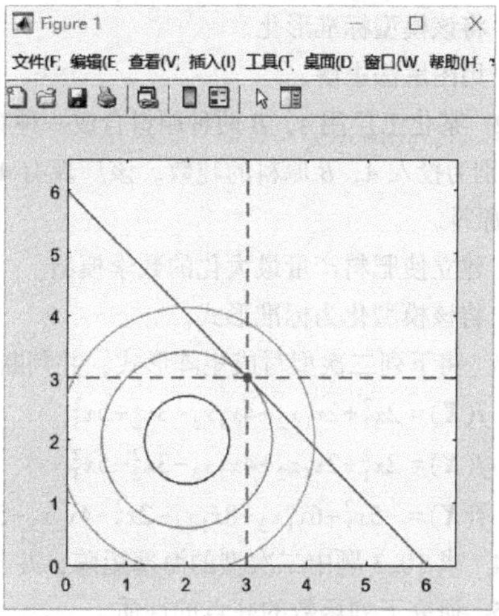

图 10-21　MATLAB 生成图形结果

最优解 $\boldsymbol{x}^*=(3,3)^{\mathrm{T}}$，最优解 $f_{\min}=2$。

【扩展】

地心之火　地心之火　地心之火　地心之火

建设零碳中国——地心之火

我国力争2030年前实现碳达峰、2060年前实现碳中和，地热能在能源革命中具有独特的“先发优势”，目前地热能作为五大非碳基能源之一已纳入到“中国碳中和框架路线图研究”路线中。实现碳达峰、碳中和目标，既涉及能源结构的优化调整，又涉及能源利用效率的提升，这与地热能等减碳优化技术的应用密切相关。

相对于太阳能和风能的间歇性和波动性，地热能是稳定可靠的可再生能源，是赋存于地球内部岩土体、流体和岩浆中，能够为人类合理开发和利用的热能。中国科学院地质与地球物理研究所地热资源研究中心主任庞忠和介绍，在新能源和可再生能源大家族中，地热发电的利用效率最高，可达90%以上，为光伏发电的5.2倍，风力发电的3.5倍，这是其他可再生能源无法相比的。地热能作为一种清洁低碳能源，近年来在大气污染治理、冬季清洁取暖电能替代工作中发挥了积极重要作用。

机器学习和人工智能等为地热能行业提供的解决方案相对丰富，从利用智能传感器数据和应用机器学习算法优化加热和冷却系统，到用于资产监测、地下监测、井况等的物联网传感器，一切都有助于进一步增加地热能行业的价值。

习题10

10.1　一套设备每天运行20h，能分别生产甲、乙两种化学产品，每种化学产品生产一吨都要花一小时。甲、乙两种产品的收益（千元/t）分别为 x_1+4 和 x_2+2，其中 x_1，x_2 分别是甲、乙产品的日产量（t）。由于原料的限制，甲、乙两种产品最大日产量分别为10t和15t。

（1）建立使总收益最大化的数学模型。

（2）将该模型标准形化。

（3）用图解法求解。

10.2　某化工厂用 A，B 两种原料合成一种新肥料，产量函数为 $f(\boldsymbol{X})=4x_1+2x_2-0.5x_1^2-0.25x_2{}^2$(t)，其中 x_1，x_2 分别为投入 A，B 原料的吨数。该厂现有4万元资金可用以购买单价分别为8（千元/t），5（千元/t）的 A，B 原料。

（1）建立使肥料产量最大化的数学模型。

（2）将该模型化为标准形式。

10.3　将下列二次型写成矩阵形式，并判断其正定性。

（1）$f(\boldsymbol{X})=2x_1^2+2x_1x_2+4x_1x_3+3x_2^2+5x_3^2$

（2）$f(\boldsymbol{X})=2x_1^2+2x_1x_2+4x_1x_3-3x_2^2-5x_3^2$

（3）$f(\boldsymbol{X})=-5x_1^2+6x_1x_2+8x_1x_3-2x_2^2-4x_2x_3-5x_3^2$

10.4　求10.3题中二次型的海塞矩阵，并与系数阵进行比较。问两者之间有何关系？

10.5　研究下列函数的驻点的性质。

（1）$f(\boldsymbol{X})=x_1^2-x_2^2$　（2）$f(\boldsymbol{X})=x_1^3-x_1^2x_2+2x_2^2$　（3）$f(x)=x^2-x^3$

10.6　判断下列函数的凸凹性并说明理由。

(1) $f(\boldsymbol{X})=x_1^2-x_1+x_2^2+x_1x_2$　　(2) $f(\boldsymbol{X})=x_1^2-x_1+x_2+x_1x_2$

(3) $f(\boldsymbol{X})=x_1x_2$　　(4) $f(x)=\dfrac{1}{x},x<0$

10.7　求下列函数的极值，判断极值点的性质并说明理由。

(1) $f(\boldsymbol{X})=x_1^2-2x_1x_2+2x_2^2+x_1+4x_2+5$

(2) $f(\boldsymbol{X})=5x_1^2+12x_1x_2-16x_1x_3+10x_2^2-26x_2x_3+17x_3^2-2x_1-4x_2-6x_3$

10.8　分析下列模型是否是凸规划。

(1) $\min f(\boldsymbol{X})=x_1+2x_1x_2+2x_2^2+10x_1$

$$\text{s. t.}\begin{cases}2x_1+x_2\leqslant 5\\2x_2\geqslant x_1^2\end{cases}$$

(2) $\min f(\boldsymbol{X})=x_1^2-4x_1x_2+2x_2^2$

$$\text{s. t.}\begin{cases}x_1+x_2\leqslant 5\\3x_1-x_2\geqslant 2\\x_1,x_2\geqslant 0\end{cases}$$

(3) $\min f(\boldsymbol{X})=x_1^2+x_2^2+8$

$$\text{s. t.}\begin{cases}x_1^2-x_2\geqslant 0\\-x_1-x_2^2+2=0\\x_1,x_2\geqslant 0\end{cases}$$

(4) $\min f(\boldsymbol{X})=2x_1^2+x_2^2+x_3^2-x_1x_2$

$$\text{s. t.}\begin{cases}x_1^2+x_2^2\leqslant 4\\5x_1^2+x_3=10\\x_1,x_2,x_3\geqslant 0\end{cases}$$

10.9　画出牛顿法的计算框图，并求解下列各题。

(1) $\min f(x)=x^4-4x^3-6x^2-16x+4$；给定 $x_0=6$，$\varepsilon=0.001$。

(2) $\min\limits_{1\leqslant x\leqslant 2} f(x)=\mathrm{e}^x-5x$；给定 $x_0=2$，$\varepsilon=0.01$。

10.10　用斐波那契法求函数

$$f(x)=x^2-6x+2$$

在区间[0,10]上的极小点，要求缩短后的区间长度不大于原区间长度的8%。

10.11　画出黄金分割法的计算框图，并求解下列各题。

(1) $\min\limits_{0\leqslant x\leqslant 1} f(x)=x-2$；给定 $\varepsilon=0.02$；$0\leqslant x\leqslant 1$。

(2) $\min\limits_{0\leqslant x\leqslant 10} f(x)=x^2-6x+2$；给定 $\varepsilon=0.03$；$0\leqslant x\leqslant 10$。

10.12　用最速下降法求解

$$\min f(\boldsymbol{X})=x_1^2+x_2^2+x_3^2$$

选初始点 $\boldsymbol{X}^{(0)}=(2,-2,1)^{\mathrm{T}}$，要求做三次迭代，并验证相邻两步的搜索方向正交。

10.13　用最速下降法求函数

$$f(\boldsymbol{X})=-(x_1-2)^2-2x_2^2$$

的极大点。先以 $\boldsymbol{X}^{(0)}=(0,0)^{\mathrm{T}}$ 为初始点进行计算，求出极大点；再以 $\boldsymbol{X}^{(0)}=(0,1)^{\mathrm{T}}$ 为初始点进行两次迭代。最后比较从上述两个不同初始点出发的寻优过程。

第11章 有约束非线性规划

教学目标：

通过本章的学习，能够阐释有约束非线性规划的基本概念，辨别有约束非线性规划最优解的存在性条件，模拟几类特殊的 NLP 问题及其处理方法，学会有约束非线性规划的几种常用算法，能灵活应用软件进行有约束非线性规划的建模和求解。

从本章起，将讨论有约束非线性规划问题及其解法。一般说来，这类问题比无约束问题更为复杂，其求解也更困难。它们通常可分为线性约束类（这时相应的目标函数必为非线性）与非线性约束类（这时目标函数可为线性或非线性）两种类型。对此，尽管目前算法很多，但没有一种是通用有效的，而且求得的多为局部最优解，因此都不尽人意。而实际应用中的 NLP 问题多为有约束的，因此这类问题的性质与解法更受人们的关注与重视。

目前的算法，大致可分成转化类与不转化类两大类型。

1. 转化类

这里所谓“转化”，是指将比较复杂、比较难解的问题的求解，转化成求解一个或一系列比较简单、比较易解的问题，以期求得原问题的最优解。这又可细分为以下几类：①转化成无约束问题；②转化成线性规划问题等。

2. 不转化类

跟转化类相对应的就是不做这样的转化的、其他类型的算法。同无约束情况一样，这又可细分为间接法和直接法、用导法和用值法等。

11.1 基本概念

考虑标准形式的 NLP 问题：

$$\min f(\boldsymbol{X}) \tag{11-1}$$

$$(N_1)\ \text{s.t.}\begin{cases} h_i(\boldsymbol{X})=0 \quad (i=1,2,\cdots,m) & (11\text{-}2)\\ g_j(\boldsymbol{X})\geqslant 0 \quad (j=1,2,\cdots,p) & (11\text{-}3)\end{cases}$$

其可行域为

$$R=\{\boldsymbol{X}\mid h_i(\boldsymbol{X})=0,i=1,2,\cdots,m;g_j(\boldsymbol{X})\geqslant 0,\ j=1,2,\cdots,p\}$$

1. 紧约束

设 $\boldsymbol{X}_0\in R$，现在考虑式（11-3）中的某个约束跟 $\boldsymbol{X}_0$ 的关系。因 $\boldsymbol{X}_0\in R$，所以不可能出现 $g_j(\boldsymbol{X}_0)<0$ 的情况，因此只有以下两种情况：

（1）若 $g_j(\boldsymbol{X}_0)=0$，则称该约束 $g_j(\boldsymbol{X})\geqslant 0$ 为 $\boldsymbol{X}_0$ 点的紧约束或起作用约束。

（2）若 $g_j(\boldsymbol{X}_0)>0$，则称该约束 $g_j(\boldsymbol{X})\geqslant 0$ 为 $\boldsymbol{X}_0$ 点的松约束或不起作用约束。

等式约束 $h_i(\boldsymbol{X})=0$ 对任何 $\boldsymbol{X}\in R$ 都是紧约束，当然对 $\boldsymbol{X}_0$ 也不例外。

由于 $g_j(\boldsymbol{X})=0$ 或 $h_i(\boldsymbol{X})=0$ 上的点均为 R 的边界点，所以，若 $\boldsymbol{X}_0$ 点有紧约束，则 $\boldsymbol{X}_0$ 至少位于 R 的某一个边界上；反之，若 $\boldsymbol{X}_0$ 为 R 的一个边界点，则至少有一个约束为 $\boldsymbol{X}_0$ 点的紧约束。而所有约束对 R 的任何内点都是松约束。

2. 正则点

设 $\boldsymbol{X}_0\in R$，把式（11-3）中为 $\boldsymbol{X}_0$ 点紧约束的那些约束的标号所构成的集合记为

$$J(\boldsymbol{X}_0)=\{j \mid g_j(\boldsymbol{X}_0)=0,\ 1\leqslant j\leqslant p\}$$

若梯度向量线性无关，则称 $\boldsymbol{X}_0$ 为 R 的一个正则点或称 $\boldsymbol{X}_0$ 在 R 上（为）正则（的）。

11.2　最优性条件（基本定理）

1. 必要条件

定理 11.1　一阶必要条件

设 $\boldsymbol{X}^*$ 是问题（N_1）的可行域 R 上的一个正则点。若 $\boldsymbol{X}^*$ 是问题（N_1）的一个局部最优解，则存在实数 $u_i(i=1,2,\cdots,m)$ 及 $v_j(j=1,2,\cdots,p)$，使下式成立：

$$\begin{cases}\nabla f(\boldsymbol{X}^*)=\sum\limits_{i=1}^{m}u_i\nabla h_i(\boldsymbol{X}^*)+\sum\limits_{j=1}^{p}v_j\nabla g_j(\boldsymbol{X}^*) & \text{(11-4a)}\\ v_j g_j(\boldsymbol{X}^*)=0,\ j=1,2,\cdots,p & \text{(11-4b)}\\ v_j\geqslant 0,\ j=1,2,\cdots,p & \text{(11-4c)}\end{cases}$$

式（11-4b）称为互补松弛条件。它表明，只有当 $g_j(\boldsymbol{X}^*)\geqslant 0$ 必然是 $\boldsymbol{X}^*$ 点的紧约束，即 $g_j(\boldsymbol{X}^*)=0$ 时，v_j 才可以不为 0。否则 $v_j=0$。

若将式（11-4a）中的“$\sum\limits_{j=1}^{p}$”改为“$\sum\limits_{j\in J(\boldsymbol{X}^*)}$”，则式（11-4b）可删去；或者等价地，可将式（11-4）改为

$$\begin{cases}\nabla f(\boldsymbol{X}^*)=\sum\limits_{i=1}^{m}u_i\nabla h_i(\boldsymbol{X}^*)+\sum\limits_{j\in J(\boldsymbol{X}^*)}v_j\nabla g_j(\boldsymbol{X}^*) & \text{(11-4a}')\\ v_j\geqslant 0,\ j\in J(\boldsymbol{X}^*) & \text{(11-4c}')\end{cases}$$

定理 11.1 给出了正则点为局部最优解的一阶必要条件，即式（11-4），它是库恩（Kuhn）和塔克（Tucker）于 1953 年提出的，因此称为库恩-塔克条件，简称 K-T 条件。它是非线性规划的最重要的理论成果之一。通常把满足 K-T 条件的可行点称为 K-T 点，它的作用同无约束问题的驻点很相似，是有可能成为局部最优解的点，但不一定就是局部最优解。然而，对凸规划来说，K-T 点必为全局最优解。或者等价地，凸规划的可行解为全局最优解的充分必要条件就是 K-T 条件。

例 11-1 用 K-T 条件分析点 $X^*=(2,1)^T$ 是否为下述 NLP 问题的最优解。

$$\min f(X)=(x_1-3)^2+(x_2-2)^2$$

$$\text{s.t.}\begin{cases}(x_1-1)^2+x_2\leqslant 2\\ x_1+2x_2\leqslant 4\\ x_1,x_2\geqslant 0\end{cases}$$

解：先化为标准形式如下：

$$\min f(X)=(x_1-3)^2+(x_2-2)^2$$

$$\text{s.t.}\begin{cases}g_1(X)=2-(x_1-1)^2-x_2\geqslant 0\\ g_2(X)=4-x_1-2x_2\geqslant 0\\ g_3(X)=x_1\geqslant 0\\ g_4(X)=x_2\geqslant 0\end{cases}$$

由于

$$\nabla f(X)=\begin{pmatrix}2(x_1-3)\\2(x_2-2)\end{pmatrix},\nabla^2 f(X)=\begin{pmatrix}2&0\\0&2\end{pmatrix}\text{ 正定}$$

故 f 严格凸；又

$$\nabla g_1(X)=\begin{pmatrix}-2(x_1-1)\\-1\end{pmatrix},\ \nabla^2 g_1(X)=\begin{pmatrix}-2&0\\0&0\end{pmatrix}\text{半负定}$$

故 g_1 凹；而 g_2，g_3，g_4 皆线性，故皆凹。

由此可见，问题是凸规划。因此，只需验证 $X^*=(2,1)^T$ 是 K-T 点，它就是全局最优解。

先检验可行性。由于

$$g_1(X^*)=2-(2-1)^2-1=0$$

$$g_2(X^*)=4-2-2\times1=0$$

$$g_3(X^*)=2>0$$

$$g_4(X^*)=1>0$$

所以 X^* 可行，且知 $g_1(X)\geqslant 0$ 和 $g_2(X)\geqslant 0$ 为 X^* 点的紧约束。

再检验正则性。由于对 X^* 点的紧约束函数 $g_1(X)$，$g_2(X)$，有

$$\nabla g_1(X^*)=\begin{pmatrix}-2\\-1\end{pmatrix},\nabla g_2(X^*)=\begin{pmatrix}-1\\-2\end{pmatrix}$$

按这两个梯度向量作行列式并计算其值为

$$D=\begin{vmatrix}-2&-1\\-1&-2\end{vmatrix}=3$$

因 $D\neq 0$，故 $\nabla g_1(X^*)$ 和 $\nabla g_2(X^*)$ 线性无关。因此 X^* 在问题的可行域上正则。

最后进行 K-T 检验。由式（11-4a′）得

$$\begin{pmatrix}2(2-3)\\2(1-2)\end{pmatrix}=v_1\begin{pmatrix}-2\\-1\end{pmatrix}+v_2\begin{pmatrix}-1\\-2\end{pmatrix}$$

整理得到

$$\begin{cases}2v_1+v_2=2\\v_1+2v_2=2\end{cases}$$

解得

$$v_1=\frac{2}{3}>0, v_2=\frac{2}{3}>0$$

满足K-T条件的式（11-4c′）。故$\boldsymbol{X}^*=(2,1)^{\mathrm{T}}$为K-T点，必为该凸规划的全局最优解。（解毕）

实际上，本例中的NLP问题就是第10章例10-3中的问题。在例10-3中用图解法求得的最优解正是$\boldsymbol{X}^*=(2,1)^{\mathrm{T}}$。下面就以此例来解释K-T条件的几何意义。如图11-1所示，$\nabla f(\boldsymbol{X}^*)$位于紧约束函数梯度$\nabla g_1(\boldsymbol{X}^*)$和$\nabla g_2(\boldsymbol{X}^*)$之间，这表明：$\nabla f(\boldsymbol{X}^*)$可由$\nabla g_1(\boldsymbol{X}^*)$和$\nabla g_2(\boldsymbol{X}^*)$的非负线性组合表出。K-T条件式（11-4a′）和式（11-4c′）正好指明了这一点。

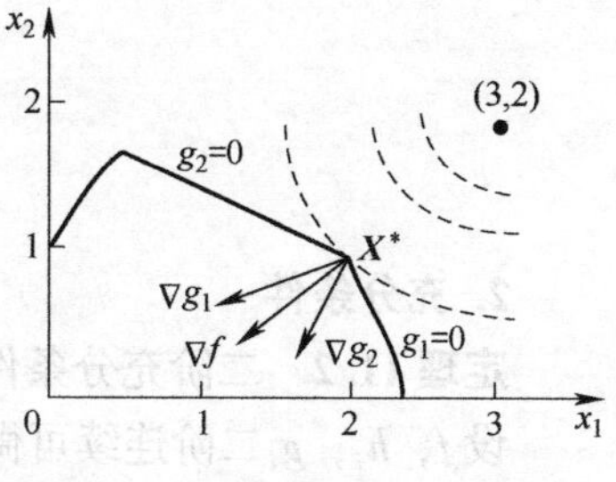

图11-1 K-T条件的几何意义

K-T条件有时还能用来求解一些简单的凸规划问题。但这时不能用式（11-4a′）去求解，而必须用式（11-4a）、式（11-4b）和式（11-4c）去求解。下面举例加以说明。

例11-2 用K-T条件求解：

$$\min f(\boldsymbol{X})=x_1+x_2+x_3$$

$$\text{s. t. }\begin{cases}x_1^2\leqslant x_2\\x_1^2\leqslant x_3\end{cases}$$

解：令

$$g_1(\boldsymbol{X})=-x_1^2+x_2(\geqslant 0)$$

$$g_2(\boldsymbol{X})=-x_1^2+x_3(\geqslant 0)$$

易知问题是凸规划（读者自行验证），K-T点必为最优解。

由式（11-4a）得

$$\begin{pmatrix}1\\1\\1\end{pmatrix}=v_1\begin{pmatrix}-2x_1\\1\\0\end{pmatrix}+v_2\begin{pmatrix}-2x_1\\0\\1\end{pmatrix}$$

即

$$\begin{cases}-2(v_1+v_2)x_1=1\\v_1=v_2=1\end{cases}$$

则

$$x_1=-\frac{1}{4}$$

又由式（11-4b）得

$$v_1g_1(\boldsymbol{X})=0$$

$$v_2g_2(\boldsymbol{X})=0$$

因$v_1=v_2=1\neq 0$，故由上面二式易知：

$$g_1(\boldsymbol{X})=-x_1^2+x_2=0$$

$$g_2(\boldsymbol{X})=-x_1^2+x_3=0$$

把 $x_1=-(1/4)$ 代入上面二式，可解出：

$$x_2=x_3=\frac{1}{16}$$

故

$$\boldsymbol{X}^*=\left(-\frac{1}{4},\frac{1}{16},\frac{1}{16}\right)^{\mathrm{T}}$$

$$f(\boldsymbol{X}^*)=-\frac{1}{4}+\frac{1}{16}+\frac{1}{16}=-\frac{1}{8}$$

2. 充分条件

定理 11.2 二阶充分条件

设 f，h_i，g_i 二阶连续可微，$\boldsymbol{X}^*\in R$。若

（1）$\boldsymbol{X}^*$ 满足 K-T 条件式（11-4）；

（2）矩阵 $L(\boldsymbol{X}^*)$ 在 $S\subset E^n$ 上处处正定，其中：

$$L(\boldsymbol{X}^*)=\nabla^2 f(\boldsymbol{X}^*)-\sum_{i=1}^{m}u_i\nabla^2 h_i(\boldsymbol{X}^*)-\sum_{j\in J(\boldsymbol{X}^*)}v_j\nabla^2 g_j(\boldsymbol{X}^*) \tag{11-5}$$

$$S=\{\boldsymbol{X}\mid \boldsymbol{X}^{\mathrm{T}}\nabla h_i(\boldsymbol{X}^*)=\boldsymbol{0},i=1,2,\cdots,m;\boldsymbol{X}^{\mathrm{T}}\nabla g_j(\boldsymbol{X}^*)=\boldsymbol{0},\ j\in J(\boldsymbol{X}^*)\} \tag{11-6}$$

则 $\boldsymbol{X}^*$ 是问题（N_1）的严格局部最优解。

例 11-3 已知

$$\min f(\boldsymbol{X})=x_1^2+x_2$$

$$\text{s. t. }\begin{cases}x_1^2+x_2^2=9\\x_1+x_2^2\leqslant 1\\x_1+x_2\leqslant 1\end{cases}$$

按定理 11.2 判断

$$\boldsymbol{X}^*=\left(\frac{1}{2}(1-\sqrt{33}),-\frac{1}{2}\sqrt{2+2\sqrt{33}}\right)^{\mathrm{T}}$$

是否为该 NLP 问题的局部最优解。

解：把问题的约束条件改写为标准形式：

$$h(\boldsymbol{X})=x_1^2+x_2^2-9=0$$
$$g_1(\boldsymbol{X})=1-x_1-x_2^2\geqslant 0$$
$$g_2(\boldsymbol{X})=1-x_1-x_2\geqslant 0$$

（1）可行性检验。把 $\boldsymbol{X}^*$ 依次代入各约束中，得

$$h(\boldsymbol{X}^*)=\left(\frac{1}{2}(1-\sqrt{33})\right)^2+\left(-\frac{1}{2}\sqrt{2+2\sqrt{33}}\right)^2-9=0$$

$$g_1(\boldsymbol{X}^*)=1-\frac{1}{2}(1-\sqrt{33})-\left(-\frac{1}{2}\sqrt{2+2\sqrt{33}}\right)^2=0$$

$$g_2(\boldsymbol{X}^*)=1-\frac{1}{2}(1-\sqrt{33})+\frac{1}{2}\sqrt{2+2\sqrt{33}}>0$$

故 X^* 可行，且 $h=0$ 和 $g_1\geqslant 0$ 为 X^* 点的紧约束。

（2）正则性检验

由

$$\nabla h(X^*)=\begin{pmatrix}2x_1^*\\2x_2^*\end{pmatrix},\nabla g_1(X^*)=\begin{pmatrix}-1\\-2x_2^*\end{pmatrix}$$

作行列式

$$D=\begin{vmatrix}2x_1^* & -1\\2x_2^* & -2x_2^*\end{vmatrix}=2x_2^*(1-2x_1^*)$$

因

$$x_1^*=\frac{1}{2}(1-\sqrt{33})\approx -2.3723$$

$$x_2^*=-\frac{1}{2}\sqrt{2+2\sqrt{33}}\approx -1.8364$$

故知 $D\neq 0$。因此 $\nabla h(X^*)$，$\nabla g_1(X^*)$ 线性无关，X^* 在 R 上正则。

（3）K-T 检验。由式（11-4a′）得

$$\begin{pmatrix}2x_1^*\\1\end{pmatrix}=u\begin{pmatrix}2x_1^*\\2x_2^*\end{pmatrix}+v_1\begin{pmatrix}-1\\-2x_2^*\end{pmatrix}$$

即

$$\begin{cases}2x_1^*u-v_1=2x_1^*\\2x_2^*u-2x_2^*v_1=1\end{cases}$$

解得

$$u=\frac{1-4x_1^*x_2^*}{2x_2^*(1-2x_1^*)}\approx 0.78$$

$$v_1=\frac{2x_1^*(1-2x_2^*)}{2x_2^*(1-2x_1^*)}\approx 1.05>0$$

即存在 u，v_1 使式（11-4a′）成立，且 v_1 满足式（11-4c′），故 X^* 为 K-T 点。

（4）二阶充分条件检验

由于

$$\nabla^2 f(X^*)=\begin{pmatrix}2&0\\0&0\end{pmatrix},\nabla^2 h(X^*)=\begin{pmatrix}2&0\\0&2\end{pmatrix},\nabla^2 g_1(X^*)=\begin{pmatrix}0&0\\0&-2\end{pmatrix}$$

因此

$$L(X^*)=\begin{pmatrix}2&0\\0&0\end{pmatrix}-0.78\begin{pmatrix}2&0\\0&2\end{pmatrix}-1.05\begin{pmatrix}0&0\\0&-2\end{pmatrix}=\begin{pmatrix}0.44&0\\0&0.54\end{pmatrix}$$

易知 $L(X^*)$ 在 E 上处处正定，当然在由式（11-6）所定义的子空间 S 上也处处正定。

综上，X^* 为问题的严格局部最优解。另外，由图解法可知，X^* 实际上是唯一全局最优解，$f(X^*)\approx 3.79$。

11.3 特殊非线性规划

本节介绍两类特殊的非线性规划：分式规划和二次规划。这两类规划都有其各自的特殊性，通过适当的处理，都能转化为线性规划的形式。下面主要通过例子来说明对它们的处理方法。

11.3.1 分式规划

如果一个 NLP 的目标函数是分式函数，而分子函数、分母函数和所有约束全为线性函数，则称这类 NLP 为线性分式规划。在不致歧义的情况下，也可简称为分式规划。对这类规划只需通过简单的变量代换，就能将它化成一个线性规划，从而方便地求出其解。下面举例加以说明。

例 11-4 求解下述分式规划：

$$\max f(\boldsymbol{X})=\frac{2x_1+3x_2-2}{3x_1+x_2+2}$$

$$\text{s.t.}\begin{cases}x_1-x_2\leqslant 4\\2x_1+x_2\leqslant 6\\x_1\qquad\leqslant 2\\x_1,x_2\geqslant 0\end{cases}$$

解：令

$$u=\frac{1}{3x_1+x_2+2}$$

$$y_1=x_1u$$

$$y_2=x_2u$$

因为 $x_1\geqslant 0$，$x_2\geqslant 0$，所以 $u>0$，从而又有 $y_1\geqslant 0$，$y_2\geqslant 0$。于是可将原问题化成

$$\max z=2y_1+3y_2-2u$$

$$\text{s.t.}\begin{cases}y_1-y_2-4u\leqslant 0\\2y_1+y_2-6u\leqslant 0\\y_1\qquad-2u\leqslant 0\\y_1,y_2,u\geqslant 0\end{cases}$$

解得最优解

$$y_1=0,y_2=\frac{3}{4},u=\frac{1}{8}$$

因此原问题最优解为

$$x_1^*=0,x_2^*=6$$

最优值为 $f(x_1^*,x_2^*)=2$。

例 11-5　求解下述分式规划：

$$\max f(\boldsymbol{X})=\frac{2x_1-x_2+1}{x_1-2x_2+2}$$

$$\text{s. t. }\begin{cases}3x_1-x_2\leqslant 2\\-x_1+2x_2\leqslant 1\\x_1,x_2\geqslant 0\end{cases}$$

解：由于无法确定分母的正负，故令

$$u=\pm\frac{1}{x_1-2x_2+2}$$

$$y_1=x_1u$$

$$y_2=x_2u$$

这样就把原问题化成下列两个 LP 问题：

$$\max z=2y_1-y_2+u$$

$$\text{s. t. }\begin{cases}3y_1-y_2-2u\leqslant 0\\-y_1+2y_2-u\leqslant 0\\y_1-2y_2+2u=1\\y_1,y_2,u\geqslant 0\end{cases}\tag{11-7a}$$

$$\max z=-2y_1+y_2-u$$

$$\text{s. t. }\begin{cases}3y_1-y_2-2u\leqslant 0\\-y_1+2y_2-u\leqslant 0\\-y_1+2y_2-2u=1\\y_1,y_2,u\geqslant 0\end{cases}\tag{11-7b}$$

分别解之，可知式（11-7b）无可行解；而式（11-7a）的解为

$$y_1=y_2=u=1$$

从而得到

$$x_1^*=x_2{}^*=1$$

$$f(x_1^*,x_2^*)=2$$

11.3.2　二次规划

若 NLP 的目标函数为二次函数，而约束全为线性，则称之为二次规划。对它运用 K-T 条件，可以构造出一个线性规划，并且在一定的条件下可用单纯形法解之，从而得到二次规划的最优解。下面举例加以说明。

例 11-6　求解下述二次规划：

$$\min f(\boldsymbol{X})=2x_1+4x_2-x_1^2-x_2^2$$

$$\text{s. t. }\begin{cases}x_1+2x_2\leqslant 4\\x_1,x_2\geqslant 0\end{cases}$$

解：将它化成标准形式：

$$\min \bar{f}(\boldsymbol{X})=x_1^2+x_2^2-2x_1-4x_2$$

$$\text{s. t.}\begin{cases}g_1(\boldsymbol{X})=x_1\geqslant 0\\ g_2(\boldsymbol{X})=x_2\geqslant 0\\ g_3(\boldsymbol{X})=4-x_1-2x_2\geqslant 0\end{cases}$$

运用 K-T 条件式（11-4a），得到

$$\begin{pmatrix}2x_1-2\\ 2x_2-4\end{pmatrix}=v_1\begin{pmatrix}1\\ 0\end{pmatrix}+v_2\begin{pmatrix}0\\ 1\end{pmatrix}+v_3\begin{pmatrix}-1\\ -2\end{pmatrix}$$

即

$$\begin{cases}2x_1-v_1+v_3=2 & (11\text{-}8)\\ 2x_2-v_2+2v_3=4 & (11\text{-}9)\end{cases}$$

给约束 $x_1+2x_2\leqslant 4$ 添上松弛变量 $x_3\geqslant 0$，得到

$$x_1+2x_2+x_3=4 \tag{11-10}$$

由此可得

$$x_3=4-x_1-2x_2=g_3(\boldsymbol{X})$$

再对二次规划运用 K-T 条件式（11-4b），即运用 $v_jg_j(\boldsymbol{X}^*)=0$，并考虑上式，可得

$$v_jx_j=0(j=1,2,3) \tag{11-11}$$

又由 K-T 条件式（11-4c），有

$$v_j\geqslant 0\ (j=1,2,3) \tag{11-12}$$

由二次规划，还有

$$x_j\geqslant 0(j=1,2,3) \tag{11-13}$$

联立求解式（11-8）~式（11-10），并随时注意运用式（11-11）~式（11-13），若能求得同时满足条件的解，则它就是二次规划的 K-T 点。因本例目标函数 f 严格凸，则所得 K-T 点必为该二次规划的最优解，具体求解过程如下：

联立式（11-8）~式（11-10），从中解出 x_1，x_2，x_3，得

$$\begin{cases}x_1=1+\frac{1}{2}v_1-\frac{1}{2}v_3\\ x_2=2+\frac{1}{2}v_2-v_3\\ x_3=-1-\frac{1}{2}v_1-v_2+\frac{5}{2}v_3\end{cases}$$

由于目标函数 $\bar{f}$ 可写成 $\bar{f}=(x_1-1)^2+(x_2-2)^2-5$，易见 $x_1=x_2=0$ 时的 $\bar{f}$ 值显然不如可行解 $x_1=x_2=1$ 的 $\bar{f}$ 值小，因此 $x_1>0$，$x_2>0$；则由式（11-11）可知必然 $v_1=v_2=0$。于是上式就简化为

$$\begin{cases}x_1=1-\frac{1}{2}v_3\\ x_2=2-v_3\\ x_3=-1+\frac{5}{2}v_3\end{cases}$$

又由（11-13）知 $x_3 \geqslant 0$，故由上面 x_3 的表达式可得

$$-1+\frac{5}{2}v_3 \geqslant 0$$

从而得 $v_3 \geqslant 2/5>0$，再由式（11-11）可知必然 $x_3=0$，则 $v_3=2/5$，于是可得 $x_1=4/5$，$x_2=8/5$，从而得到二次规划的最优解：

$$X^*=\left(\frac{4}{5},\frac{8}{5}\right)^{\mathrm{T}}$$

$$f(X^*)=\frac{24}{5}$$

本例较简单且较特殊，采用解方程组的方法尚能奏效。一般说来，采用该法不易求得问题的解。为了便于求解，可以给式（11-8）、式（11-9）分别引入一个人工变量 $y_1 \geqslant 0$，$y_2 \geqslant 0$，并按线性规划两阶段法的思想，构造一个人工 LP 问题：

$$\max z=-y_1-y_2$$

$$\text{s. t.} \begin{cases} 2x_1-v_1+v_3+y_1=2 \\ 2x_2-v_2+2v_3+y_2=4 \\ x_1+2x_2+x_3=4 \\ x_1,x_2,x_3,v_1,v_2,v_3,y_1,y_2 \geqslant 0 \end{cases}$$

从而可用单纯形法解之。

但应特别注意：因为由式（11-11）有 $v_jx_j=0$，$j=1$，2，3。所以 x_j 和 v_j 不能同时为正，或者说，x_j 和 v_j 不能同时充当人工问题任一基本可行解的基变量。为此，必须给出单纯形法一个附加规则：在每个迭代单纯形表中，若 x_j（或 v_j）是基变量，则不能选其互补变量 v_j（或 x_j）进基，除非是用 v_j（或 x_j）去替换基变量 x_j（或 v_j）。

按此规则用单纯形法求解上述人工 LP 问题，具体过程如表 11-1 所示。在初始单纯形表中，按单纯形法的最小检验数规则应选 v_3 进基，而按附加规则这时只能用 v_3 替换量 x_3，但因位于 v_3 列、x_3 行的数字为 0，不能做主元（即便该数字大于 0，但若不在最小比值所在行，则它也不能做主元，故不可能用 v_3 替换 x_3；这时按附加规则，只能由次小检验数 -2 所对应的非基变量 x_1（或 x_2）作为进基变量。

由表 11-1 的最优单纯形表可见最优解同前面解方程组所得结果一致。

表 11-1　单纯形表

$C_j \rightarrow$			0	0	0	0	0	0	−1	−1
C_B	x_B	$B^{-1}b$	x_1	x_2	x_3	v_1	v_2	v_3	y_1	y_2
−1	y_1	2	[2]	0	0	−1	0	1	1	0
−1	y_2	4	0	2	0	0	−1	2	0	1
0	x_3	4	1	2	1	0	0	0	0	0
C_j-Z_j			−2	−2	0	1	1	−3	0	0
0	x_1	1	1	0	0	$-\frac{1}{2}$	0	$\frac{1}{2}$	$\frac{1}{2}$	0

（续）

$C_j \to Z_j$			−2	−2	0	1	1	−3	0	0
−1	y_2	4	0	2	0	0	−1	2	0	1
0	x_3	3	0	[2]	1	$\frac{1}{2}$	0	$-\frac{1}{2}$	$-\frac{1}{2}$	0
$C_j - Z_j$			0	−2	0	0	1	−2	1	0
0	x_1	1	1	0	0	$-\frac{1}{2}$	0	$\frac{1}{2}$	$\frac{1}{2}$	0
1	y_2	1	0	0	−1	$-\frac{1}{2}$	−1	$\left[\frac{5}{2}\right]$	$\frac{1}{2}$	1
0	x_2	$\frac{3}{2}$	0	1	$\frac{1}{2}$	$\frac{1}{4}$	0	$-\frac{1}{4}$	$\frac{1}{4}$	0
$C_j - Z_j$			0	0	1	$\frac{1}{2}$	1	$-\frac{5}{2}$	$\frac{1}{2}$	0
0	x_1	$\frac{4}{5}$	1	0	$\frac{1}{5}$	$-\frac{2}{5}$	$\frac{1}{5}$	0	$\frac{2}{5}$	$-\frac{1}{5}$
0	v_3	$\frac{2}{5}$	0	0	$-\frac{2}{5}$	$-\frac{1}{5}$	$-\frac{2}{5}$	1	$\frac{1}{5}$	$\frac{2}{5}$
0	x_2	$\frac{8}{5}$	0	1	$\frac{2}{5}$	$\frac{1}{5}$	$-\frac{1}{10}$	0	$-\frac{1}{5}$	$\frac{1}{10}$
$C_j - Z_j$			0	0	0	0	0	0	1	1

最后指出：有附加规则的单纯形法，并非对任何二次规划都能奏效。但若极小（大）化二次规划的目标函数为严格凸（凹）函数，则采用该法必能求得最优解。

11.4 制约函数法

本节介绍有约束 NLP 的两种常用方法：惩罚函数法和障碍函数法。其主导思想都是将有约束 NLP 问题的求解，转化为求解一个或一系列无约束极小问题，因而称为系列无约束极小化技术（sequential unconstrained minimization technique，SUMT）。另外，根据两种方法所构造的辅助函数的性质，也可统称为制约函数法。

其实，这两种方法都可看作拉格朗日（Lagrange）乘子法的推广。其基本思想是针对问题

$$\min_{X \in R} f(\boldsymbol{X})$$

构造辅助函数

$$F(\boldsymbol{X}) = f(\boldsymbol{X}) + B(\boldsymbol{X}) \tag{11-14}$$

通过 $B(\boldsymbol{X})$ 的制约作用，使

$$\min_{\boldsymbol{X} \in E^n} F(\boldsymbol{X}) = \min_{\boldsymbol{X} \in R} f(\boldsymbol{X}) \tag{11-15}$$

从而把有约束问题转化为无约束问题。

当 $B(\boldsymbol{X})$ 对违反约束的点 $\boldsymbol{X} \bar{\in} R$ 起“惩罚”作用时，称为惩罚项，相应的辅助函数

$F(\boldsymbol{X})$称为惩罚函数，这种方法就称为惩罚函数法；当$B(\boldsymbol{X})$起着“阻碍违约现象发生”的作用时，则称之为障碍项，相应的辅助函数$F(\boldsymbol{X})$称为障碍函数，这种方法称为障碍函数法。

11.4.1　惩罚函数法

惩罚函数法又称罚函数法和 SUMT 的外点法。

1. 惩罚函数的构成

考虑标准形式的 NLP 问题（N_1）：

$$\min f(\boldsymbol{X})$$
$$\text{s.t.}\begin{cases} h_i(\boldsymbol{X})=0,\ (i=1,2,\cdots,m) \\ g_j(\boldsymbol{X})\geqslant 0,\ (j=1,2,\cdots,p) \end{cases}$$

要给它构造惩罚函数式（11-14），关键在于如何构造惩罚项$B(\boldsymbol{X})$。为使式（11-15）成立，自然希望$B(\boldsymbol{X})$满足如下性质：

（1）当$\boldsymbol{X}\in R$时，$B(\boldsymbol{X})=0$；

（2）当$\boldsymbol{X}\bar{\in} R$时，$B(\boldsymbol{X})>0$且充分大；

（3）$B(\boldsymbol{X})$连续。

于是可定义惩罚项如下：

$$B(\boldsymbol{X};M)=M\sum_{i=1}^{m}\varphi_i(\boldsymbol{X})+M\sum_{j=1}^{p}\psi_j(\boldsymbol{X})$$

式中，$M>0$称为罚因子，而

$$\varphi_i(\boldsymbol{X})=[h_i(\boldsymbol{X})]^2\quad(i=1,2,\cdots,m)\tag{11-16}$$

$$\psi_j(\boldsymbol{X})=\begin{cases}0, & g_j(\boldsymbol{X})\geqslant 0\\ [g_j(\boldsymbol{X})]^2, & g_j(\boldsymbol{X})<0\end{cases}\quad(j=1,2,\cdots,p)\tag{11-17}$$

这样，惩罚函数也就确定了，记为

$$F(\boldsymbol{X};M)=f(\boldsymbol{X})+M\sum_{i=1}^{m}\varphi_i(\boldsymbol{X})+M\sum_{j=1}^{p}\psi_j(\boldsymbol{X})$$

或

$$F(\boldsymbol{X};M)=f(\boldsymbol{X})+M\sum_{i=1}^{m}[h_i(\boldsymbol{X})]^2+M\sum_{j=1}^{p}[\min(0,g_j(\boldsymbol{X}))]^2\tag{11-18}$$

2. 惩罚函数法的收敛性

定理 11.3　设$X(M)$为问题

$$\min_{\boldsymbol{X}\in E^n}F(\boldsymbol{X};M)\tag{11-19}$$

的极小点。若$X(M)\in R$，则它就是原问题（N_1）的最优解。

证明　因为$X(M)$是式（11-19）的极小点，所以对一切$\boldsymbol{X}\in R$，都有

$$F(X(M);M)\leqslant F(\boldsymbol{X};M)$$

而$\boldsymbol{X}\in R$意味着$h_i(\boldsymbol{X})=0$，$i=1,2,\cdots,m$，以及$g_j(\boldsymbol{X})\geqslant 0$，$j=1,2,\cdots,p$，故这时由式（11-18）易知有$F(\boldsymbol{X};M)=f(\boldsymbol{X})$；类似可知对$X(M)\in R$，有$F(X(M);M)=f(X(M))$。因此，上式即

$$f(X(M))\leqslant f(\boldsymbol{X})$$

它对一切 $\boldsymbol{X}\in R$ 都成立，故 $X(M)$ 为原问题（N_1）的最优解。(证毕)

该定理表明，只要求出无约束问题（11-19）的极小点 $X(M)$ 并适当确定 M 值，则 $X(M)$ 就是有约束问题（N_1）的最优解。

但是，由于问题式（11-19）一般不易用解析法求解，因此往往需要赋予 M 一系列数值，并且求解一系列的无约束极小化问题：

$$\min F(\boldsymbol{X};M_k)=f(\boldsymbol{X})+M_k\sum_{i=1}^{m}\varphi_i(\boldsymbol{X})+M_k\sum_{j=1}^{p}\psi_j(\boldsymbol{X}) \tag{11-20}$$

式中，罚因子 M_k 的序列须满足：

$$0<M_1<M_2<\cdots<M_k<M_{k+1}<\cdots$$

且 $M_k\to+\infty$（当 $k\to+\infty$）。

设 $\boldsymbol{X}_k=X(M_k)$ 为问题（11-20）的极小点。下面分两种情况说明算法的收敛性。

（1）若某一 M_k（$k\geqslant1$）所对应的问题（11-20）的极小点 $\boldsymbol{X}_k\in R$，则由定理 11.2 可知，$\boldsymbol{X}_k=X(M_k)$ 就是原问题（N_1）的最优解。

（2）若上述情况总不发生，这时得一无穷点列 $\{\boldsymbol{X}_k\}$，其中 $\boldsymbol{X}_k\notin R$，$k=1$，2，…。这时可以证明，在某些条件下有

$$\boldsymbol{X}_k\to\boldsymbol{X}^*\in R,(\text{当 }M_k\to+\infty)$$

而极限点 $\boldsymbol{X}^*$ 即问题（N_1）的最优解。

由于迭代点列是从可行域外逼近问题的最优解，故该法又称为 SUMT 的外点法。

惩罚函数法具有实际的经济意义。设 x_1，x_2，…，x_n 为 n 种产品的产量，$\boldsymbol{X}=(x_1,x_2,\cdots,x_n)^{\mathrm{T}}$ 为一生产方案，目标函数 $f(\boldsymbol{X})$ 为生产 n 种产品所耗用的各种资源的费用，而约束条件则是对资源用量上限的规定。由于超量使用资源，如超量用电、用水等，需要付出罚款，于是惩罚函数 $F(\boldsymbol{X};M)=f(\boldsymbol{X})+B(\boldsymbol{X};M)$ 的经济意义就是生产这 n 种产品的总代价，而 $B(\boldsymbol{X};M)$ 就是罚款项。因此，若罚款规定得很苛刻（表现为罚因子 M 很大），稍一超量就罚款甚巨，而不超量（表现为 $\boldsymbol{X}\in R$）则罚款为 0，这时企业为了使生产总代价达到最小，必然情愿恪守规定去拟订最优生产方案，用数学语言描述就是：寻求 $\boldsymbol{X}^*\in R$，使

$$F(\boldsymbol{X}^*;M)=\min_{\boldsymbol{X}\in R}F(\boldsymbol{X};M)=\min_{\boldsymbol{X}\in R}f(\boldsymbol{X})=f(\boldsymbol{X}^*)$$

3. 惩罚函数法的计算步骤

（1）取 $M_1>0$（例如可取 $M_1=1$），精度 $\varepsilon>0$；令 $k=1$。

（2）求解

$$\min F(\boldsymbol{X};M_k)=f(\boldsymbol{X})+M_k\sum_{i=1}^{m}\varphi_i(\boldsymbol{X})+M_k\sum_{j=1}^{p}\psi_j(\boldsymbol{X})$$

得到最优解 $\boldsymbol{X}_k=X(M_k)$。

（3）令

$$\tau_1=\max_{1\leqslant i\leqslant m}\{|h_i(\boldsymbol{X}_k)|\}$$

$$\tau_2=\max_{1\leqslant j\leqslant p}\{-g_j(\boldsymbol{X}_k)\}$$

$$\tau=\max\{\tau_1,\tau_2\}$$

（4）若 $M_k\to\infty$，则取 $\boldsymbol{X}^*=\boldsymbol{X}_k$，算出 $f(\boldsymbol{X}^*)$，停止，否则令

$$M_{k+1}=cM_k,c\in[4,10]\text{或}[2,50]$$

$$k=k+1$$

返回（2）。

例 11-7　用惩罚函数法求解例 10-1 中的 NLP 问题。

解：在 10.1 节中已将这个 NLP 问题化为下述标准形式：

$$\min \bar{f}(\boldsymbol{X})=3x_1^2+2x_1x_2+2x_2^2-20x_1-16x_2$$

$$\text{s. t.}\begin{cases}g_1(\boldsymbol{X})=5-x_1-x_2\geqslant 0\\ g_2(\boldsymbol{X})=x_1\geqslant 0\\ g_3(\boldsymbol{X})=x_2\geqslant 0\end{cases}$$

其惩罚函数为

$$F(\boldsymbol{X};M)=3x_1^2+2x_1x_2+2x_2^2-20x_1-16x_2+M[\min(0,5-x_1-x_2)]^2+M[\min(0,x_1)]^2+M[\min(0,x_2)]^2$$

下面用解析法求其极小点 $X(M)$。由定理 11.1 的一阶条件（即$[\min(0,5-x_1-x_2)]^2$对 x_1和 x_2的偏导数，当 $x_1+x_2\geqslant 5$ 时，等于$-2(5-x_1-x_2)$；而当 $x_1+x_2\leqslant 5$ 时，等于 0；因此它等于$-2\min(0,5-x_1-x_2)$。一般来说，$[\min(0,g_j(\boldsymbol{X}))]^2$对 x_k的偏导数等于

$$2\min[0,g_j(\boldsymbol{X})]\frac{\partial g_j(\boldsymbol{X})}{\partial x_k}$$

$$\begin{cases}\dfrac{\partial F}{\partial x_1}=6x_1+2x_2-20-2M\min(0,5-x_1-x_2)+2M\min(0,x_1)=0\\ \dfrac{\partial F}{\partial x_2}=2x_1+4x_2-16-2M\min(0,5-x_1-x_2)+2M\min(0,x_2)=0\end{cases}\tag{11-21}$$

由于外点法是从可行域外向原问题的最优解逼近，所以由式（11-21）解出的驻点一般不在 R 内，即有

$$x_1+x_2>5,x_1<0,x_2<0$$

但上式不能同时成立，只可能两两成立或单个成立，这样就得分别考虑总共 6 种不同的情况（如图 11-2 所示），将使问题的求解变复杂。

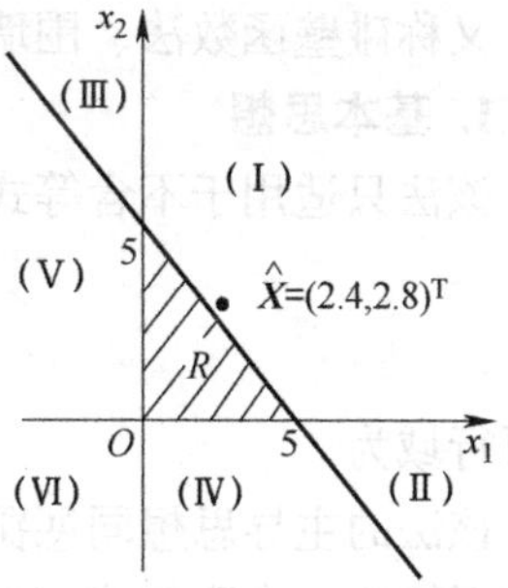

图 11-2　可行域 6 种不同的情况

若不考虑约束，由定理 11.1 可求得$\bar{f}(\boldsymbol{X})$的极小点

$$\hat{\boldsymbol{X}}=(2.4,2.8)^{\mathrm{T}}\in R$$

它位于图 11-2 的区域（Ⅰ）内，即

$$(\text{Ⅰ}):x_1\geqslant 0,\ x_2\geqslant 0,x_1+x_2>5$$

因此，应在这个区域向原问题的最优解逼近，就是说，应在这个区域内寻找式（11-21）的驻点 $X(M)$。这样，式（11-21）就简化为

$$\begin{cases}\dfrac{\partial F}{\partial x_1}=6x_1+2x_2-20+2M(x_1+x_2-5)=0\\ \dfrac{\partial F}{\partial x_2}=2x_1+4x_2-16+2M(x_1+x_2-5)=0\end{cases}$$

解得驻点

$$X(M)=\left(\frac{7M+12}{3M+5},\frac{8M+14}{3M+5}\right)^{\mathrm{T}}$$

由于这时 $F(\boldsymbol{X};M)$ 的海塞矩阵为

$$H(\boldsymbol{X})=\begin{pmatrix}2M+6 & 2M+2\\ 2M+2 & 2M+4\end{pmatrix}$$

而 $M>0$，知 $H(\boldsymbol{X})$ 正定，故 $X(M)$ 确为 $F(\boldsymbol{X};M)$ 在区域（I）上的极小点。于是，可得原问题的最优解为

$$\boldsymbol{X}^*=\lim_{M\to\infty}X(M)=\left(\frac{7}{3},\frac{8}{3}\right)^{\mathrm{T}}$$

及最优值

$$f(\boldsymbol{X}^*)=\frac{139}{3}$$

表 11-2 给出了迭代求解的一系列结果。由此可以看出：随着 M_k 值的增大，点列 $\boldsymbol{X}_k$ 及相应的目标函数值 $f(\boldsymbol{X}_k)$ 是怎样逼近最优解及最优值的。

表 11-2　迭代求解一系列结果

迭代次数 k	M_k	$x_1^{(k)}$	$x_2^{(k)}$	$f(x_1^{(k)},x_2^{(k)})$
1	1	2. 375	2. 75	3. 000
2	2	2. 36	2. 73	2. 345
3	5	2. 35	2. 70	2. 033
4	10	2. 34	2. 69	1. 857
5	100	2. 334	2. 669	1. 760
∞	∞	2. 333	2. 666	46. 333

11. 4. 2　障碍函数法

又称碰壁函数法、围墙函数法、栅函数法，以及 SUMT 的内点法。

1. 基本思想

该法只适用于不含等式约束的 NLP 问题，而这类问题的标准形式为（N_2）：

$$\min f(\boldsymbol{X})$$
$$\text{s. t. } g_j(\boldsymbol{X})\geqslant 0\ (j=1,2,\cdots,p)$$

其可行域为

$$R=\{\boldsymbol{X}\mid g_j(\boldsymbol{X})\geqslant 0;\ j=1,2,\cdots,p\}$$

该法的主导思想同惩罚函数一样，也是化有约束问题为一个或一系列的无约束问题，为此也要构造一个形如式（11-14）的辅助函数。但不同之处在于它是从可行域内一点 $\boldsymbol{X}_0$ 出发，在一系列的可行点之间施行迭代。为此，制约项 $B(\boldsymbol{X})$ 的作用好像是在可行域 R 的边界上筑起的一道牢固的障碍，使迭代点 $\boldsymbol{X}_k$ 稍一靠近它就得被迫离开，始终不得越出可行域外。故称 $B(\boldsymbol{X})$ 为障碍项。该法也由此得名。又因迭代过程始终在可行域内进行，所产生的点全都是可行域内的点，且为一系列无约束极小化问题的极小点，故又名之为 SUMT 的内点法。

为了实现上述意图，通常要求障碍项 $B(\boldsymbol{X})$ 具有以下性质：

（1）$B(\boldsymbol{X})$ 连续；

（2）$B(\boldsymbol{X})\geqslant 0$；

（3）当 X 趋近 R 的边界时，$B(X)\to+\infty$。

由此，定义障碍项为

$$B(X;r)=r\sum_{j=1}^{p}\tilde{\psi}_j(X)$$

式中，$r>0$ 称为障碍因子，而通常取作下述形式：

$$\tilde{\psi}_j(X)=\frac{1}{g_j(X)}\ (j=1,2,\cdots,p) \tag{11-22a}$$

或

$$\tilde{\psi}_j(X)=-\ln(g_j(X))\ (j=1,2,\cdots,p) \tag{11-22b}$$

这样，障碍函数也就确定了，记为

$$\tilde{F}(X,r)=f(X)+r\sum_{j=1}^{p}\tilde{\psi}_j(X) \tag{11-23}$$

由此可见，当 X 趋近 R 的边界时，至少有某一个

$$g_j(X)\to 0,\ j\in\{1,2,\cdots,p\}$$

与此相应地就有

$$\tilde{\psi}_j(X)\to+\infty,\ j\in\{1,2,\cdots,p\}$$

$$\sum_{j=1}^{p}\tilde{\psi}_j(X)\to+\infty$$

这样，求解问题（N_2）就可转化为求解无约束问题

$$\min_{X\in R_0}\tilde{F}(X;r) \tag{11-24}$$

式中，R_0是可行域 R 的内部，即

$$R_0=\{X\mid g_j(X)>0;\ j=1,2,\cdots,p\}$$

虽然形式上有约束 $X\in R_0$，但只要初始点 X_0选在域内，并且在迭代中控制好一维搜索的步长，就能够确保 $X_k\in R_0$，因而实际求解中无须考虑约束 $g_j(X)>0$，故式（11-24）实为无约束问题。

同惩罚函数法相似，式（11-24）一般不易用解析法求解，而往往需要迭代求解一系列的无约束极小化问题：

$$\min\tilde{F}(X;r_k)=f(X)+r_k\sum_{j=1}^{p}\tilde{\psi}_j(X)$$

式中，障碍因子 r_k（>0）满足：

$$r_1>r_2>\cdots>r_k>r_{k+1}>\cdots$$

$$\lim_{k\to\infty}r_k=0$$

可以证明，内点法生成的点列$\{X_k\}$满足：

$$X_k\to X^*\in R$$

而 X^* 即原问题（N_2）的最优解。

2. 计算步骤

（1）取 $r_1>0$（例如取 $r_1=1$），给定 $\varepsilon>0$。

（2）求可行域 R 的一个内点 X_0，令 $k=1$。

(3) 以 $\boldsymbol{X}_{k-1}$ 为初始点，用无约束优化方法求解

$$\min \widetilde{F}(\boldsymbol{X};r_k)=f(\boldsymbol{X})+r_k\sum_{j=1}^{p}\widetilde{\psi}_j(\boldsymbol{X})$$

其中 $\widetilde{\psi}_j(\boldsymbol{X})$ 可按式（11-22a）或式（11-22b）加以构造。得极小点 $\boldsymbol{X}_k=X(r_k)$。

(4) 可选择下述停止规则之一检查 $\boldsymbol{X}_k$：

① $\|\boldsymbol{X}_k-\boldsymbol{X}_{k-1}\|<\varepsilon$；

② $|f(\boldsymbol{X}_k)-f(\boldsymbol{X}_{k-1})|<\varepsilon$；

③ $|f(\boldsymbol{X})-f(\boldsymbol{X}_{k-1})|/f(\boldsymbol{X}_k)<\varepsilon$；

④ $r_k\sum_{j=1}^{p}\widetilde{\psi}_j(\boldsymbol{X}_k)<\varepsilon$（较为常用）。

若 $\boldsymbol{X}_k$ 满足所选定的其中一条规则，则取 $\boldsymbol{X}^*\approx\boldsymbol{X}_r$，算出 $f(\boldsymbol{X}^*)$，停止；否则令

$$r_{k+1}=\frac{r_k}{c},c\in[4,10]\text{ 或}[2,50]$$

$$k=k+1$$

返 3°。

例 11-8 用障碍函数法求解

$$\min f(\boldsymbol{X})=x_1+x_2$$

$$\text{s. t.}\begin{cases}x_1-(x_2-1)^2\geqslant 1\\x_2\geqslant 0\end{cases}$$

解：用解析法求解。障碍函数为

$$\widetilde{F}(\boldsymbol{X};r)=x_1+x_2-r\ln(x_1-(x_2-1)^2-1)-r\ln x_2$$

由一阶条件得

$$\begin{cases}\dfrac{\partial\widetilde{F}}{\partial x_1}=1-\dfrac{r}{x_1-(x_2-1)^2-1}=0\\[2ex]\dfrac{\partial\widetilde{F}}{\partial x_2}=1-\dfrac{-2(x_2-1)r}{x_1-(x_2-1)^2-1}-\dfrac{r}{x_2}=0\end{cases}$$

解得

$$\boldsymbol{X}(r)=\begin{pmatrix}r+1+\left[\dfrac{1}{4}(1+\sqrt{1+8r})-1\right]^2\\[2ex]\dfrac{1}{4}(1+\sqrt{1+8r})\end{pmatrix}$$

故有

$$\boldsymbol{X}^*=\lim_{r\to 0}\boldsymbol{X}(r)=\left(\frac{5}{4},\frac{1}{2}\right)^{\mathrm{T}}$$

表 11-3 和图 11-3 示出了迭代求解的结果。

表 11-3　迭代求解的结果

迭代次数 k	r_k	$x_1^{(k)}$	$x_2^{(k)}$	$f(x_1^{(k)},x_2^{(k)})$
1	1.000	2.000	1.000	3.000
2	0.500	1.536	0.809	2.345
3	0.250	1.350	0.683	2.033
4	0.100	1.272	0.585	1.857
5	0.010	1.250	0.510	1.760
6	0.001	1.250	0.501	1.751
7	0.0001	1.250	0.500	1.750
∞	0	1.25	0.5	1.75

上述两种方法都比较简单，易于编制程序，而且对目标函数和约束要求不高，适用范围较广。

但是为了求解一个有约束问题需要求解一系列无约束问题，显然计算量很大；而且因 M_k 和 r_k 的选取对收敛速度颇有影响，在迭代中，外（内）点法的因子 $M_k(r_k)$ 不断变大（小），使无约束问题的求解变得十分困难。另外，外点法求得的近似解 $X^*\approx X_k$ 往往只能近似满足约束，而严格说来并不可行，因此对某些实际问题是不适用的；内点法要求初始点 X_0 为 R 的内点，寻找它则使算法增加难度和复杂度，而且不能求解包含等式约束的问题，适用范围受限。

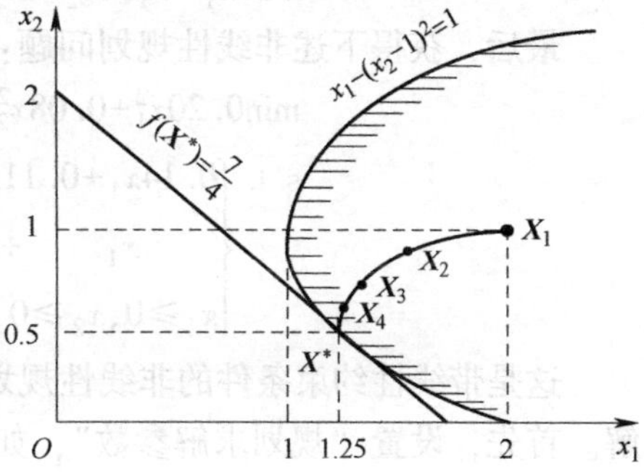

图 11-3　迭代求解的结果

为了克服缺点，使算法更为适用，可以将这两种方法结合起来使用，这就是混合罚函数法。对此不做介绍，感兴趣的读者可参阅有关文献。

11.5　用 Excel、LINGO 和 MATLAB 求解有约束非线性规划问题

求解有约束的非线性规划问题，实际中要用计算机求解，目前有很多求解非线性规划问题的软件，Excel、LINGO 和 MATLAB 就是其中的佼佼者。

11.5.1　Excel 求解有约束非线性规划问题

例 11-9　如果总投资额为人民币 1000 元，投资对象为三只股票。设 S_i，$i=1$，2，3 表示三只股票，如果它们的年期望收益分别为：$E(S_1)=0.14$　$E(S_2)=0.11$，及 $E(S_3)=0.10$，方差为 $\mathrm{Var}(S_1)=0.20$，$\mathrm{Var}(S_2)=0.08$ 及 $\mathrm{Var}(S_3)=0.18$，协方差为：$\mathrm{Cov}(S_1,S_2)=0.05$，$\mathrm{Cov}(S_1,S_3)=0.02$，及 $\mathrm{Cov}(S_2,S_3)=0.03$，构造方差（风险）最小的投资组合使年期望收益率不低于 12%。

解：设 x_i 为投资于股票 S_i 的资金额（$i=1,2,3$）。那么，投资组合的年收益率为

$$\frac{x_1E(S_1)+x_2E(S_2)+x_3E(S_3)}{1000}$$

将相关数据代入上式，获得收益率约束条件

$$0.14x_1+0.11x_2+0.10x_3\geqslant 120$$

同时，还有资金限制的约束条件：$x_1+x_2+x_3=1000$

及不允许空头的限制：$x_1\geqslant 0$，$x_2\geqslant 0$，$x_3\geqslant 0$

目标是希望最小化投资组合的风险，将其用方差表示为

$$\begin{aligned}&\mathrm{Var}\,(x_1S_1+x_2S_2+x_3S_3)\\&=x_1^2\mathrm{Var}(S_1)+x_2^2\mathrm{Var}(S_2)+x_3^2\mathrm{Var}(S_3)+\\&2x_1x_2\mathrm{Cov}(S_1,S_2)+2x_1x_3\mathrm{Cov}(S_1,S_3)+2x_2x_3\mathrm{Cov}(S_2,S_3)\end{aligned}$$

代入相关数据后，有

$$0.20x_1^2+0.08x_2^2+0.18x_3^2+0.10x_1x_2+0.04x_1x_3+0.06x_2x_3$$

最后，获得下述非线性规划问题：

$$\min 0.20x_1^2+0.08x_2^2+0.18x_3^2+0.10x_1x_2+0.04x_1x_3+0.06x_2x_3$$

$$\text{s.t.}\begin{cases}0.14x_1+0.11x_2+0.10x_3\geqslant 120\\x_1+x_2+x_3=1000\\x_1\geqslant 0,x_2\geqslant 0,x_3\geqslant 0\end{cases}$$

这是带线性约束条件的非线性规划问题，可直接利用 Excel 的“规划求解”功能进行求解。首先，设置“规划求解参数”，如图 11-4 所示。

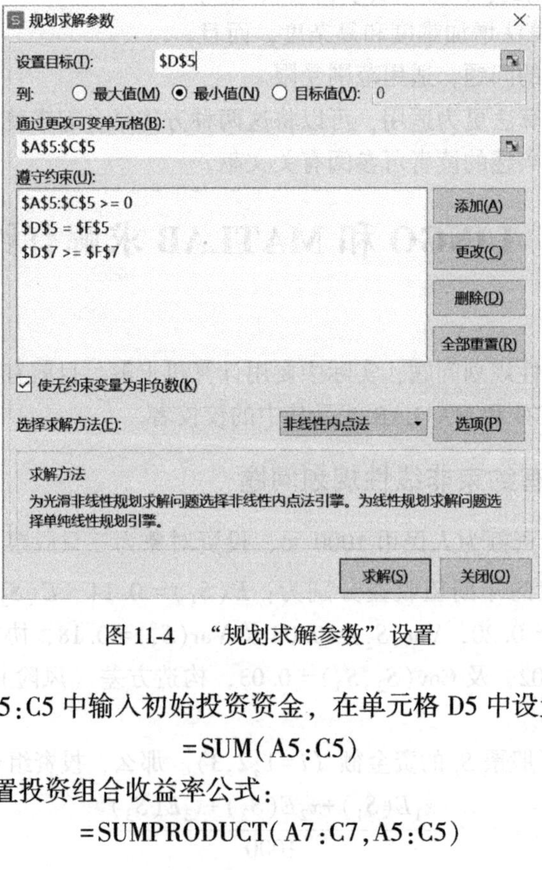

图 11-4 “规划求解参数”设置

首先，在单元格 A5:C5 中输入初始投资资金，在单元格 D5 中设置总投资额公式

=SUM(A5:C5)

在单元格 D7 中设置投资组合收益率公式：

=SUMPRODUCT(A7:C7,A5:C5)

在单元格 D10 中设置投资组合方差计算公式：

=MMULT(A5:C5,MMULT(A10:C12,TRANSPOSE(A5:C5)))

然后，最小化投资组合的方差（D10），而约束条件是投资额应当等于 1000 元（D5=F5），年期望收益不低于 120 元（D7≥F7），以及投资金额不能为负（A5:C5≥0）等条件，运行结果如图 11-5 所示。

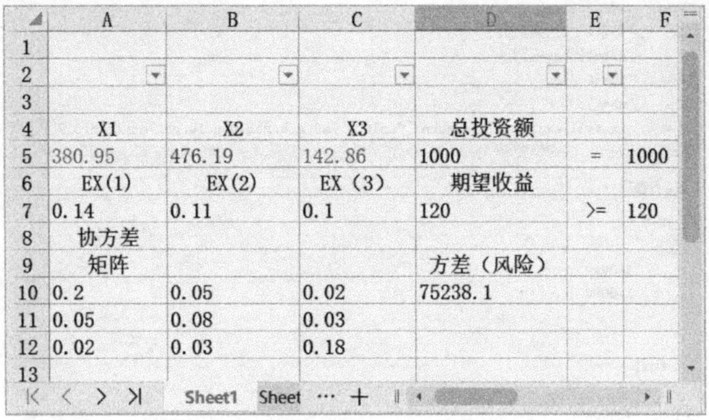

	A	B	C	D	E	F
1						
2						
3						
4	X1	X2	X3	总投资额		
5	380.95	476.19	142.86	1000	=	1000
6	EX(1)	EX(2)	EX (3)	期望收益		
7	0.14	0.11	0.1	120	>=	120
8	协方差					
9	矩阵			方差（风险）		
10	0.2	0.05	0.02	75238.1		
11	0.05	0.08	0.03			
12	0.02	0.03	0.18			
13						

图 11-5　规划求解图

11.5.2　LINGO 求解有约束非线性规划问题

求有约束极值问题的最小值。

$$\min f(x)=(x_1-2)^2+(x_2-1)^2$$

$$\text{s.t}\begin{cases}x_1+x_2^2-5x_2=0\\x_1+x_2-5\geqslant 0\\x_1,\ x_2\geqslant 0\end{cases}$$

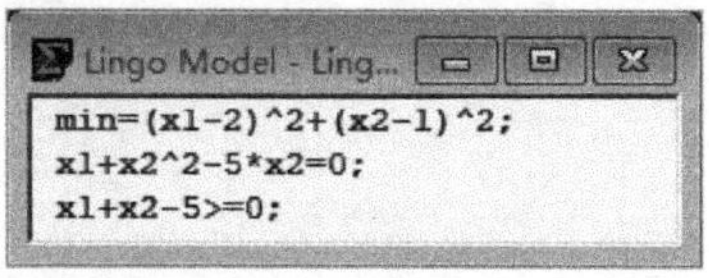


```
min=(x1-2)^2+(x2-1)^2;
x1+x2^2-5*x2=0;
x1+x2-5>=0;
```

图 11-6　LINGO 约束极值程序

编写 LINGO 程序和结果如图 11-6 和图 11-7 所示。

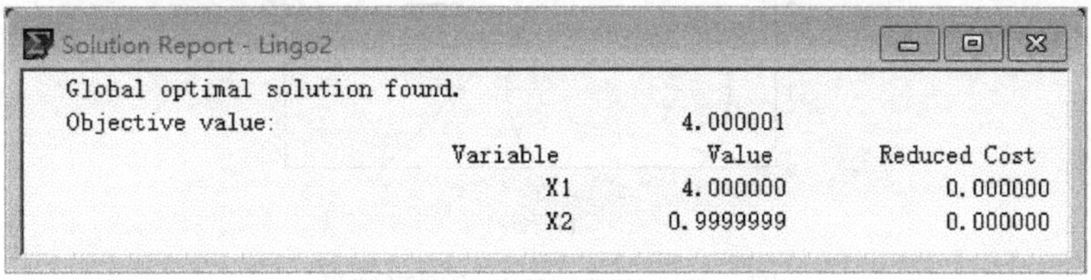


```
Global optimal solution found.
Objective value:                    4.000001
              Variable        Value      Reduced Cost
                    X1     4.000000          0.000000
                    X2    0.9999999          0.000000
```

图 11-7　LINGO 约束极值结果

计算结果不考虑浮点误差，最优解 $\boldsymbol{x}^*=(4,1)^{\mathrm{T}}$，最优解 $f_{\min}=4$。

11.5.3　MATLAB 求解有约束非线性规划问题

以上节 LINGO 的实例为例，其 MATLAB 实现的程序、结果及生成的图形如图 11-8 和图 11-9 所示。

最优解 $\boldsymbol{x}^*=(4,1)^{\mathrm{T}}$，最优解 $f_{\min}=4$。

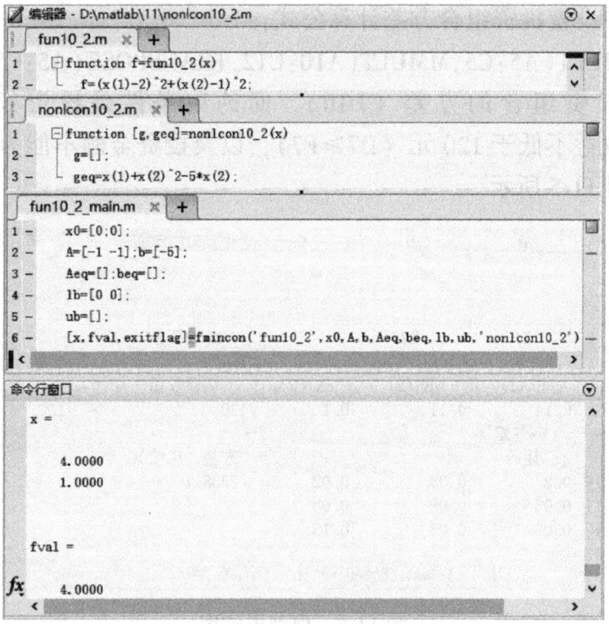

图 11-8　MATLAB 建模及结果

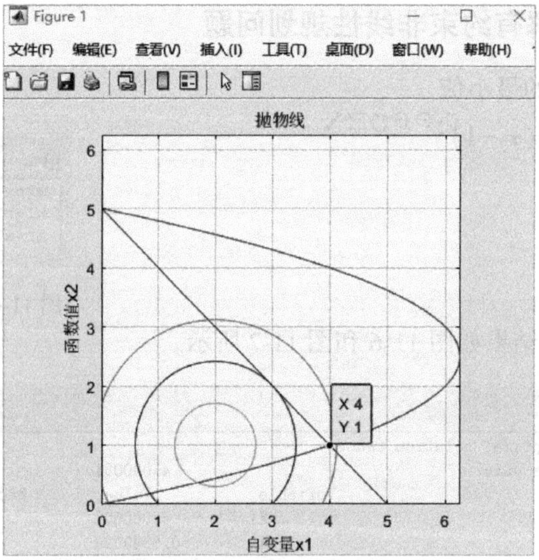

图 11-9　MATLAB 生成图形结果

【扩展】

探月精神

星空浩瀚无比，探索永无止境

2004 年我国正式启动月球勘探工程，并给它赋予了一个诗意的名字——“嫦娥工程”。那一年，69 岁的欧阳自远作为第一期绕月探测工程首席科学家与 64 岁的总指挥栾恩杰、75

岁的总设计师孙家栋一起组成了著名的“嫦娥铁三角”，带领团队开启了从无到有的艰难探索，一系列核心攻坚技术全面展开，探月一期工程实现了全程“中国制造”。2007 年 10 月 24 日，嫦娥一号在西昌卫星发射中心发射升空，中国民族飞天揽月的千年夙愿第一次梦想成真。嫦娥一号完成 5514 次绕月飞行，探月工程成功实现“绕”的第一步，2010 年 10 月 1 日，嫦娥二号发射成功，创造了中国航天器最远飞行纪录。2013 年 12 月 14 日，嫦娥三号成功实现月球软着陆，玉兔号月球车创下月表工作时间最长的世界记录。2019 年 1 月 3 日晚，嫦娥四号探测器携带玉兔二号月球车在月球背面成功着陆，传回了世界第一张近距离拍摄的月背影像图，率先解开了月背的神秘面纱。2020 年 11 月 24 日，重达 8.2t 的嫦娥五号探测器搭乘长征五号运载火箭奔向月球，中国探月工程迎来新的高光时刻，首次地外天体采样、封装，首次地外天体起飞，首次月球轨道交会对接，整个过程经历 11 个重大阶段，高度精准、环环相扣，需要所有的协作部门密切配合，高效运转，不能在任何一个环节和细节上出错，嫦娥五号被称为我国迄今为止难度最大、复杂程度最高的航天任务之一。中国航天人不仅书写了中国的探月奇迹，也在实践中凝练出追踪梦想、勇于探索、协同攻坚、合作共赢的探月精神。

习题 11

11.1　用图解法求解

$$\max f(\boldsymbol{X})=x_1$$

$$\text{s.t.}\begin{cases}(x_1-1)^3+x_2\leqslant 2\\ x_2-(x_1-1)^3\geqslant 2\\ x_1,x_2\geqslant 0\end{cases}$$

分析最优解是否为 K-T 点，这说明了什么？

11.2　用 K-T 条件求解。

（1）$\min f(\boldsymbol{X})=x_1+x_2$

$$\text{s.t.}\begin{cases}x_1^2\leqslant x_2\\ x_1\geqslant -1\end{cases}$$

（2）$\min f(\boldsymbol{X})=2x_1-x_2^2-x_2$

$$\text{s.t.}\begin{cases}x_1+x_2\leqslant 1\\ x_1,x_2\geqslant 0\end{cases}$$

（3）$\min f(\boldsymbol{X})=\ln(x_1+x_2)$

$$\text{s.t.}\begin{cases}x_1+2x_2\leqslant 5\\ x_1,x_2\geqslant 0\end{cases}$$

（4）$\max f(x)=(x-3)^2$

s.t. $1\leqslant x\leqslant 5$

（5）$\min f(x)=(x-3)^2$

s.t. $1\leqslant x\leqslant 5$

11.3　求解下列分式规划。

（1）$\min f(\boldsymbol{X})=\dfrac{x_1+4x_2+1}{x_2+1}$

$$\text{s.t.}\begin{cases}x_1+x_2=1\\ x_1,x_2\geqslant 0\end{cases}$$

（2）$\min f(\boldsymbol{X})=\dfrac{-2x_1+4x_2+2}{x_1+3x_2+4}$

$$\text{s.t.}\begin{cases}-x_1+x_2\leqslant 4\\ x_2\leqslant 6\\ 2x_1+x_2\leqslant 14\\ x_1,x_2\geqslant 0\end{cases}$$

(3) $\min f(\boldsymbol{X})=\dfrac{x_1+2x_2+3x_3+4}{-3x_1-2x_2-x_3+2}$

$$\text{s.t.}\begin{cases}x_1+x_2+x_3=9\\2x_1-x_2-x_3=6\\x_1,x_2,x_3\geqslant 0\end{cases}$$

11.4 求解下列二次规划。

(1) $\max f(\boldsymbol{X})=8x_1+10x_2-x_1^2-x_2^2$

$$\text{s.t.}\begin{cases}3x_1+2x_2\leqslant 6\\x_1,x_2\geqslant 0\end{cases}$$

(2) $\min f(\boldsymbol{X})=2x_1^2-4x_1x_2+4x_2^2-6x_1-3x_2$

$$\text{s.t.}\begin{cases}x_1+x_2\leqslant 3\\4x_1+x_2\leqslant 9\\x_1,x_2\geqslant 0\end{cases}$$

11.5 画出惩罚函数法的计算框图，并求解下列各题。

(1) $\min f(\boldsymbol{X})=(x_1-3)^2+(x_2-2)^2$

s. t. $x_1+x_2=4$

(2) $\min f(\boldsymbol{X})=x_1+x_2$

$$\text{s.t.}\begin{cases}x_1^2\leqslant x_2\\x_1\geqslant 0\end{cases}$$

11.6 用 SUMT 外点法求解

$$\min f(\boldsymbol{X})=x_1^2+x_2^2$$
$$\text{s.t.}\quad x_2=1$$

并求出当惩罚因子等于 1 和 10 时得近似解。

11.7 用 SUMT 外点法求解

$$\max f(\boldsymbol{X})=x_1$$
$$\text{s.t.}\begin{cases}(x_2-2)+(x_1-1)^3\leqslant 0\\(x_1-1)^3-(x_2-2)\leqslant 0\\x_1,x_2\geqslant 0\end{cases}$$

11.8 画出障碍函数法的计算框图，并求解下列各题。

(1) $\min f(\boldsymbol{X})=x_1^2+x_2^2$

s. t. $x_1\geqslant 1$

(2) $\min f(\boldsymbol{X})=\dfrac{1}{3}(x_1+1)^3+x_2$

$$\text{s.t.}\begin{cases}x_1\geqslant 1\\x_2\geqslant 0\end{cases}$$

11.9 用 SUMT 内点法求解

$$\min f(x)=(x+1)^2$$
$$\text{s.t.}\quad x\geqslant 0$$

11.10 用 SUMT 内点法求解

$$\min f(x)=x$$
$$\text{s.t.}\quad 0\leqslant x\leqslant 1$$

第12章 排队论

教学目标：

通过本章的学习，能够知道排队论的基本概念，辨认单服务台模型和多服务台模型，能熟练计算排队系统优化问题，学会使用软件进行排队模型建立和求解。

12.1 排队论的基本概念与模型

排队是日常生活中经常遇到的现象，如顾客到商店购买商品或病人去医院看病需要排队、水库水量的存储调节、电话的占线问题等。若需要服务的人数超过了服务机构（服务人员、服务台）的容量，即到达的顾客不能及时得到服务，这时就出现了排队现象。如果要增添服务设备，就要增加投资成本，这时又可能出现空闲浪费；如果服务设备少，就会出现严重的排队现象，给顾客和社会都会造成不利的影响。因此管理人员必须考虑如何在这两者之间取得平衡。排队论（queueing theory）也称随机服务系统理论，就是为解决上述问题而发展的一门学科。

12.1.1 排队系统

图12-1就是排队过程的一般模型。各个顾客由顾客源（总体）出发，到达服务机构（服务台、服务员）前排队等候接受服务，服务完成后离开。排队结构指队列的数目和排列方式，排队规则和服务规则是指顾客在排队系统中按照怎样的规则或次序接受服务的。

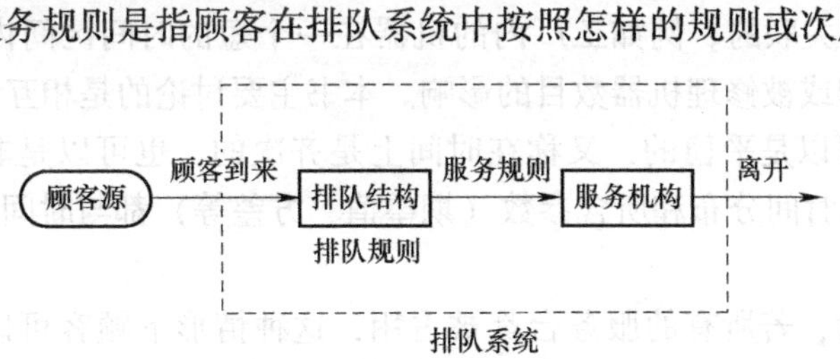

图12-1 排队过程的一般模型

我们所说的排队系统就指图中虚线所包括的部分。

现实生活中的排队现象是多种多样的，“顾客”与“服务机构”的含义也十分广泛。它们可以是人，也可以是非生物；排队的队伍可以是具体的，也可以是看不到的，如多个顾客同时打电话订购机票。顾客可以走向服务机构，也可以相反。表12-1的例子说明现实生活中形形色色的排队系统。

表 12-1　排队系统的应用

顾　　客	服务内容	服务机构
出现问题的机器	修理	修理的工人
病人	诊断或做手术	医生、手术台
电话呼唤	通话	交换台
文件	打字	打字员
理发的顾客	理发	理发师
即将降落的飞机	降落	机场
提货单	提货	仓库管理员
货船	装（卸）货	装（卸）货码头

12.1.2　排队系统的组成与特征

一般的排队系统都有三个基础的组成部分：①输入过程；②排队规则；③服务机构。

1. 输入过程

输入过程即顾客到达排队系统。可能有下列几种不同的情况，当然这些情况并不是相互排斥的。

(1) 顾客总体（称为顾客源）的组成可能是有限的，也可能是无限的。例如上游河水流入水库可以认为总体是无限的，而工厂内停机待修的机器则是有限的总体。

(2) 顾客到来的方式可能是单个有序的，也可能是成批的。例如到餐厅单个就餐的顾客和受邀参加宴会的成批顾客。

(3) 顾客到达的间隔时间可以是确定型，也可以是随机型。如在自动装配线上装配的各部件必须按照确定的时间间隔到达装配点，但到商店购物的顾客、去理发店理发的客人、到医院就诊的病人或通过路口的车辆等，它们的到达方式都是随机的。对于随机型的情形，我们要了解单位时间内的顾客到达数或相继到达间隔时间的概率分布。

(4) 顾客的到达可以是相互独立的。也就是说，前面的到达情况对后面顾客的到来没有影响，否则就是有关联的。例如工厂内的机器在一个短的时间区间内出现停机（顾客到达）的概率受待修理或被修理机器数目的影响。本书主要讨论的是相互独立的情形。

(5) 输入过程可以是平稳的，又称在时间上是齐次的，也可以是非平稳的。平稳是指描述相继到达的间隔时间分布和所含参数（期望值、方差等）都与时间无关。

2. 排队规则

(1) 顾客到达时，若所有的服务台都被占用，这种情形下顾客可以选择离开，也可以排队等候。因为离开的情况将失去许多顾客，因此又称其为即时制或称损失制，而排队等候的情况称为等待制。普通市内电话的呼唤属于前者，登记市外长途电话的呼唤属于后者。

对于等待制，为顾客提供服务的次序采用以下几种规则：先到先服务、后到先服务、随机服务、有优先权的服务等。

1）先到先服务，即按到达次序接受服务，这是最通常的情形。

2）后到先服务，如乘用电梯的顾客通常是后进电梯的人先出，仓库中存放的板材也是如此。在情报系统中，最后到达的信息往往是最有价值的，因而常采用后到先服务的规则。

3）随机服务，指服务员从等待的顾客中随机选取进行服务，如电话交换台接通呼唤的电话。

4）有优先权的服务，如医院对于病情严重的患者将给予优先治疗。

（2）从占有的空间来看，队列可以在具体的地点（如售票处、候诊室等），也可以是抽象的（向电话交换台要求通话的呼唤）。由于空间或其他原因的限制，有的系统规定容量，即允许进入排队系统顾客数的最大限度，但有的没有这种限制，即容量是无限的。

（3）从队列的数目看，可以是单列，也可以是多列。多列的情形中，各列间的顾客有的可以互相转移，有的不能。有的排队顾客可以因等候时间过长而中途退出，有的不能退出，如高速公路上的汽车流，必须坚持到被服务为止。本书只讨论各队列不能互相转移也不能中途退出的情形。

3. 服务机构

从机构形式和工作情况来看有以下几种情况：

（1）服务机构可以没有服务员，也可以有一个或多个服务员（服务台、窗口等）。例如在敞架售书的书店，顾客选书时没有服务员，交款时可能有多个服务员。

（2）在多个服务台的情形中，它们可以是平行排列的，可以是前后串列的，也可以是混合的，如图12-2所示。

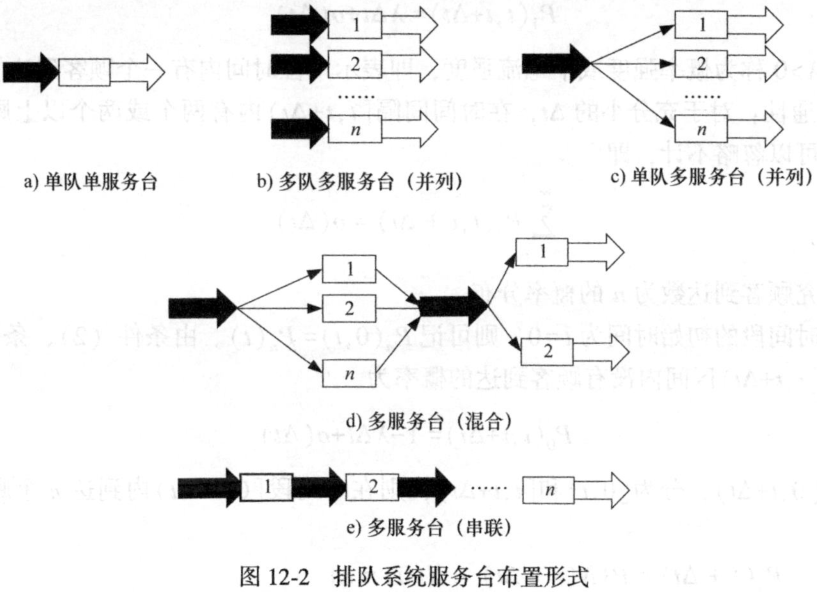

a) 单队单服务台

b) 多队多服务台（并列）

c) 单队多服务台（并列）

d) 多服务台（混合）

e) 多服务台（串联）

图12-2 排队系统服务台布置形式

图12-2a是单队单服务台的情形；图12-2b是多队多服务台（并列）的情形；图12-2c是单队多服务台（并列）的情形；图12-2d是多服务台（混合）的情形；图12-2e是多服务台（串联）的情形。

（3）服务方式可以对单个顾客使用，也可以对成批顾客使用。如公共汽车对在站台等候的顾客成批进行服务。本书将只研究单个的服务方式。

（4）和输入过程一样，服务时间也分确定型的和随机型。

自动冲洗汽车的装置对每辆汽车冲洗时间就是确定型的，但大多数情形的服务时间是随机型的。对于随机型的服务时间，需要知道它的概率分布。

如果相继到达的间隔时间和服务时间二者都是确定型的，那问题就非常简单。因此在排队论中所讨论的是二者至少有一个是随机型的情形。

（5）和输入过程一样，假定服务时间的分布是平稳的，即分布的期望值、方差等参数不受时间的影响。

12.1.3 排队系统中常见的几种经典理论分布

1. 泊松分布

设$N(t)$表示在时间段$[0,t)$内到达的顾客数（$t>0$）。

$P_n(t_1,t_2)$表示在时间段$[t_1,t_2)$（$t_2>t_1$）内有n（$n\geqslant 0$）个顾客到达（随机事件）的概率，即

$$P_n(t_1,t_2)=P\{N(t_2)-N(t_1)=n\}\ (t_2>t_1,n\geqslant 0)$$

满足如下三个条件时，称顾客的到达形成泊松流。

（1）无后效性：在不相交的时间区间内顾客的到达数是相互独立的。

（2）平稳性：对于充分小的Δt，在时间间隔$[t,t+\Delta t)$内有一个顾客到达的概率与时间段的长度Δt成正比，而与起始时刻t无关，即

$$P_1(t,t+\Delta t)=\lambda\Delta t+o(\Delta t)$$

式中，$\lambda>0$称为概率强度或平稳流强度，即表示单位时间内有一个顾客到达的概率。

（3）普通性：对于充分小的Δt，在时间间隔$[t,t+\Delta t)$内有两个或两个以上顾客到达的概率极小，可以忽略不计，即

$$\sum_{n=2}^{\infty}P_n(t,t+\Delta t)=o(\Delta t)$$

下面研究顾客到达数为n的概率分布。

如果取时间段的初始时间为$t=0$，则可记$P_n(0,t)=P_n(t)$。由条件（2）、条件（3）可以推出，在$[t,t+\Delta t)$区间内没有顾客到达的概率为

$$P_0(t,t+\Delta t)=1-\lambda\Delta t+o(\Delta t)$$

将区间$[0,t+\Delta t)$，分为$[0,t)$和$[t,t+\Delta t)$，则在时间段$[0,t+\Delta t)$内到达n个顾客的概率应为

$$\begin{aligned}P_n(t+\Delta t)&=P\{N(t+\Delta t)-N(0)=n\}\\&=\sum_{k=0}^{\infty}P\{N(t+\Delta t)-N(t)=k\}P\{N(t)-N(0)=n-k\}\\&=\sum_{k=0}^{n}P_{n-k}(t)P_k(t,t+\Delta t)\\&=P_n(t)(1-\lambda\Delta t)+P_{n-1}(t)\lambda\Delta t+o(\Delta t)\end{aligned}$$

即

$$\frac{P_n(t+\Delta t)-P_n(t)}{\Delta t}=-\lambda P_n(t)+\lambda P_{n-1}(t)+\frac{o(\Delta t)}{\Delta t}$$

令 $\Delta t \to 0$，则

$$\begin{cases}\dfrac{\mathrm{d}P_n(t)}{\mathrm{d}t}=-\lambda P_n(t)+\lambda P_{n-1}(t)\\ P_n(0)=0(n\geqslant 1)\end{cases} \tag{12-1}$$

当 $n=0$ 时，有

$$\begin{cases}\dfrac{\mathrm{d}P_n(t)}{\mathrm{d}t}=-\lambda P_n(t)\\ P_n(0)=1\end{cases} \tag{12-2}$$

由式（12-2）解得 $P_0(t)=\mathrm{e}^{-\lambda t}$，代入式（12-1）解得

$$P_1(t)=\lambda t\mathrm{e}^{-\lambda t}$$

$$P_2(t)=\frac{(\lambda t)^2}{2!}\mathrm{e}^{-\lambda t}$$

一般地，有

$$P_n(t)=\frac{(\lambda t)^n}{n!}\mathrm{e}^{-\lambda t}(n=0,1,2,\cdots,t>0)$$

表示在长为 t 的时间段内到达 n 个顾客的概率，即为泊松分布。数学期望和方差分别为

$$E[N(t)]=\lambda t$$

$$\mathrm{Var}[N(t)]=\lambda t$$

2. 负指数分布

随机变量 T 的概率密度若是

$$f_T(t)=\begin{cases}\lambda\mathrm{e}^{-\lambda t}, & t\geqslant 0\\ 0, & t<0\end{cases} \tag{12-3}$$

则称 T 服从负指数分布。它的分布函数是

$$F_T(t)=\begin{cases}1-\mathrm{e}^{-\lambda t}, & t\geqslant 0\\ 0, & t<0\end{cases} \tag{12-4}$$

数学期望 $E[T]=1/\lambda$；方差 $\mathrm{Var}[T]=1/\lambda^2$；标准差 $\sigma[T]=1/\lambda$。

负指数分布具有以下性质：

（1）由条件概率公式容易证明

$$P\{T>t+s \mid T>s\}=P\{T>t\} \tag{12-5}$$

这性质称为无记忆性或马尔可夫性。若 T 表示排队系统中顾客到达的间隔时间，那么这个性质说明一个顾客到来所需的时间与过去一个顾客到来所需时间 s 无关，所以说这种情形下的顾客到达是纯随机的。

（2）当输入过程是泊松流时，顾客相继到达的间隔时间 T 必须服从负指数分布。这是因为对于泊松流，在 $[0,t)$ 区间内至少有一个顾客到达的概率是

$$1-P_0(t)=1-\mathrm{e}^{-\lambda t},t>0$$

而这概率又可以表示为

$$P\{T\leqslant t\}=F_T(t)$$

结合式（12-4），这性质得到证明。

因此相继到达的间隔时间是独立且为同负指数分布（密度函数为 $\lambda e^{-\lambda t}$，$t \geq 0$），与输入过程为泊松流（参数为 λ）是等价的。所以在肯德尔（Kendall）记号中都用 M 表示。

对于泊松流，λ 表示单位时间内平均到达的顾客数，所以 $1/\lambda$ 就表示顾客相继到达的平均间隔时间，而这正和 $E[T]$ 的意义相符。

服务时间 v 的分布，对一位顾客的服务时间即忙期相继离开系统的两顾客的间隔时间，有时也服从负指数分布。这时设它的分布函数和密度分别是

$$F_v(t)=1-e^{-\mu t},\ f_v(t)=\mu e^{-\mu t} \tag{12-6}$$

式中，μ 表示单位时间能被服务完成的顾客数，称为平均服务率。而 $1/\mu=E(v)$ 表示一个顾客的平均服务时间，这里平均就是期望值。

3. 埃尔朗分布

假设 $v_1, v_2, \cdots, v_k$ 是 k 个相互独立的随机变量，服从相同参数 $k\mu$ 的负指数分布，那么

$$T=v_1+v_2+\cdots+v_k$$

的概率密度为

$$b_k(t)=\frac{\mu k\ (\mu k t)^{k-1}}{(k-1)!}e^{-\mu k t},t>0 \tag{12-7}$$

则说 T 服从 k 阶埃尔朗分布。

$$E[T]=\frac{1}{\mu};\mathrm{Var}[T]=\frac{1}{k\mu^2} \tag{12-8}$$

这是因为

$$E[v_i]=\frac{1}{k\mu},i=1,2,\cdots,k$$

所以

$$E[T]=\sum_{i=1}^{k}E[v_i]=\frac{1}{\mu}$$

例如串联的 k 个服务台，每台服务时间相互独立，服从相同的负指数分布（参数 $k\mu$），那么一位顾客走完这 k 个服务台总共所需要的服务时间就服从上述的 k 阶埃尔朗分布。

埃尔朗分布提供更为广泛的模型类，比指数分布有更大的适应性。事实上，当 $k=1$ 时，埃尔朗分布化为负指数分布，这可看成是完全随机的；当 k 增大时，埃尔朗分布的图形逐渐变为对称的；$k \geq 30$ 时，埃尔朗分布近似于正态分布；$k \to \infty$ 时，由（12-8）看出 $\mathrm{Var}[T] \to 0$，这时埃尔朗分布化为确定型分布，如图 12-3 所示。

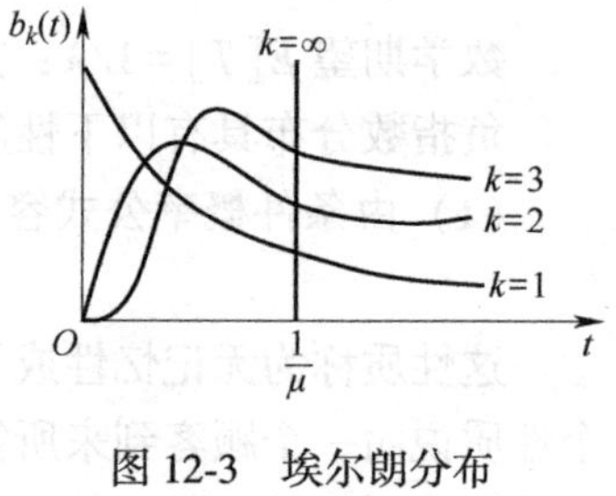

图 12-3　埃尔朗分布

所以一般 k 阶埃尔朗分布可看成是完全随机与完全确定的中间型，能对现实世界提供更为广泛的适应性。

12.2　排队模型及其分类

12.2.1　排队模型的一般表示

肯德尔曾提出影响排队模型分类方法最大的三个特征有：

（1）顾客相继到达间隔时间的分布；

（2）服务时间的分布；

（3）服务台的个数。

按照这三个特征分类并用一定符号表示，称为肯德尔记号。对于并联服务台的情形，所用的符号形式是：

$$X/Y/Z$$

其中，X 表示相继到达间隔时间的分布；Y 表示服务时间的分布；Z 表示并列的服务台的数目。

表示相继到达间隔时间和服务时间的各种分布的符号有：

M——负指数分布（M 是 Markov 的字头，因为负指数分布具有无记忆性，即马尔可夫性）；

D——确定型（deterministic）；

E_k——k 阶埃尔朗（Erlang）分布；

GI——一般相互独立（general independent）的时间间隔的分布；

G——一般（general）服务时间的分布。

例如，$M/M/1$ 表示相继到达间隔时间为负指数分布、服务时间为负指数分布、单服务台的模型；$D/M/c$ 表示确定的到达间隔、服务时间为负指数分布、c 个平行服务台（但顾客是一队）的模型。

后来在 1971 年关于排队论符号标准化会议上决定，将肯德尔符号扩充为 $X/Y/Z/A/B/C$ 形式，其中前三项意义不变，而后三项意义分别是：

A 表示系统容量限制 N；

B 表示顾客源数目 m；

C 表示服务规则，如先到先服务（FCFS），后到后服务（LCFS）等。

并约定若略去后三项，即指 $X/Y/Z/\infty/\infty/\mathrm{FCFS}$ 的情形。

12.2.2 排队模型的分类

一般按照服务台的个数可以把排队模型分为单服务台模型和多服务台模型。

1. 单服务台模型

单服务台的排队模型即服务机构中只有一个服务设施，排队规则为单队。

假设系统的输入过程服从泊松流，服务时间服从负指数分布，单服务台的排队模型有以下三种形式：

（1）标准形模型：$M/M/1(M/M/1/\infty/\infty)$；

（2）系统容量有限制的模型：$M/M/1/N/\infty$；

（3）顾客源为有限的模型：$M/M/1/\infty/m$。

2. 多服务台模型

多服务台的排队模型即服务机构中包含多个相互独立的服务台。在这里只研究单队并列的 c 个服务台的情形，主要有以下三种形式：

（1）标准形模型：$M/M/c(M/M/c/\infty/\infty)$；

（2）系统容量有限制的模型：$M/M/c/N/\infty$；

（3）顾客源为有限的模型：$M/M/c/\infty/m$。

12.2.3 排队数量指标

求解实际的排队问题时，首先要确定它属于哪个模型，其中顾客到达的间隔时间分布和服务时间分布需要实际测量的数据来确定，其他因素是在问题提出时给定的。求解排队问题的目的，是研究排队系统运行的效率、估计服务质量、确定系统参数的最优值，以决定系统结构是否合理等。所以必须确定用以判断系统运行优劣的基本数量指标，这些指标通常是：

(1) 队长：指在系统中的顾客数，它的期望值记作 L_s。

(2) 排队长：指在系统中排队等待服务的顾客数，它的期望值记作 L_q。

系统中的顾客数=在队列中等待服务的顾客数+正在接受服务的顾客数

一般来说，L_s（或 L_q）越大，服务效率越低，而排队成龙是顾客最排斥的。

(3) 逗留时间：指一个顾客在系统中的停留时间，它的期望值记作 W_s。

(4) 等待时间：指一个顾客在系统中排队等待的时间，它的期望值记作 W_q。

逗留时间=等待时间+服务时间

(5) 忙期：指从顾客到达空闲服务机构起到服务机构再次空闲为止的这段时间长度，即服务机构连续繁忙的时间长度。它关系到服务员的工作强度。

忙期和一个忙期中平均完成服务的顾客数是衡量服务机构效率的指标。

(6) 系统状态：系统中顾客数。如果系统中有 n 个顾客，则系统的状态是 n，它的可能值是：

队长没有限制时，$n=0,1,2,\cdots$；

队长有限制，最大数为 N 时，$n=0,1,2,\cdots,N$；

即时制，服务台个数是 c 时，$n=0,1,2,\cdots,c$。

(7) $N(t)$：在时刻 t 排除服务系统中的顾客数，即系统在时刻 t 的瞬时状态。

(8) $P_n(t)$：在时刻 t 系统中恰好有 n 个顾客的概率。

(9) λ_n：当系统中有 n 个顾客时新来顾客的平均到达率（单位时间内新顾客的到达数）。当对所有 n 值 λ_n 为常数时，可用 λ 代替 λ_n。

(10) μ_n：当系统中有 n 个顾客时整个系统的平均服务率（单位时间内服务完毕离去的顾客数）。当 $n\geqslant 1$ 且 μ_n 为常数时，可用 μ 代替 μ_n。

(11) 稳定状态：当一个排队服务系统开始运转时，系统状态很大程度上取决于系统的初始状态和运转经历的时间。但过了一段时间后，系统的状态将独立于初始状态及经历的时间，这时称系统处于稳定状态。

由于对系统的瞬时状态研究起来非常困难，所以排队论中主要研究系统处于稳定状态的工作情况。由于稳定状态时工作情况与时刻 t 无关，这时 $P_n(t)$ 可写为 P_n，$N(t)$ 可写为 N。

12.3 单服务台负指数分布排队系统的分析

本节讨论单服务台的排队系统，它的输入过程服从泊松分布，服务时间服从负指数分布。按以下三种情形讨论。

(1) 标准的 $M/M/1$ 模型，即（$M/M/1/\infty/\infty$）模型；

(2) 系统容量有限制的 $M/M/1/N/\infty$ 模型；

（3）顾客源有限的 $M/M/1/\infty/m$ 模型。

12.3.1　标准的 M/M/1 模型（$M/M/1/\infty/\infty$）

标准的 $M/M/1$ 模型是指适合下列条件的排队系统：

（1）输入过程——顾客源是无限的，顾客独自到来，相互独立，一定时间的到达数量服从泊松分布，且到达过程是平稳的。

（2）排队规则——单队，且对队长没有限制，先到先服务。

（3）服务机构——单服务台，各顾客的服务时间是相互独立的，服从相同的负指数分布。

此外，还假定到达间隔时间和服务时间是相互独立的。

在分析标准的 $M/M/1$ 模型时，首先要求出系统在任意时刻 t 的状态为 n（系统中有 n 个顾客）的概率 $P_n(t)$，它决定了系统运行的特征。

因已知到达规律服从参数为 λ 的泊松分布，服务时间服从参数为 μ 的负指数分布，所以在 $[t,t+\Delta t)$ 时间区间内分为：

（1）有 1 个顾客到达的概率为 $\lambda\Delta t+o(\Delta t)$；没有顾客到达的概率就是 $1-\lambda\Delta t+o(\Delta t)$。

（2）当有顾客在接受服务时，1 个顾客接受完服务（离开）的概率是$\mu\Delta t+o(\Delta t)$，没有离开的概率为 $1-\mu\Delta t+o(\Delta t)$。

（3）多于 1 个顾客到达或离开的概率是 $o(\Delta t)$，是可以忽略的。

在时刻 $t+\Delta t$，系统中有 n 个顾客（$n>0$）存在下列四种情况，如表 12-2 所示（到达或离开是 2 个顾客以上的没有列入）。

表 12-2　系统状态变化规律

情　况	在时刻 t 的顾客数	在区间$[t,t+\Delta t)$		在时刻 $t+\Delta t$ 的顾客数
		到　达	离　开	
A	n	0	0	n
B	$n+1$	0	1	n
C	$n-1$	1	0	n
D	n	1	1	n

1 表示发生（1 个）；0 表示没有发生。它们的概率分别是（略去 $o(\Delta t)$）：

情况 A：$P_n(t)(1-\lambda\Delta t)(1-\mu\Delta t)$

情况 B：$P_{n+1}(t)(1-\lambda\Delta t)\mu\Delta t$

情况 C：$P_{n-1}(t)\lambda\Delta t(1-\mu\Delta t)$

情况 D：$P_n(t)\lambda\Delta t\mu\Delta t$

由于这四种情况是互不相容的，所以 $P_n(t+\Delta t)$应是这四项之和，即（将关于 Δt 的高阶无穷小合成一项）：

$$P_n(t+\Delta t)=P_n(t)(1-\lambda\Delta t-\mu\Delta t)+P_{n+1}(t)\mu\Delta t+P_{n-1}(t)\lambda\Delta t+o(\Delta t)$$

$$\frac{P_n(t+\Delta t)-P_n(t)}{\Delta t}=\lambda P_{n-1}(t)+\mu P_{n+1}(t)-(\lambda+\mu)P_n(t)+\frac{o\Delta t}{\Delta t}$$

令 $\Delta t \to 0$，得关于 $P_n(t)$ 的微分方程

$$\frac{\mathrm{d}P_n(t)}{\mathrm{d}t}=\lambda P_{n-1}(t)+\mu P_{n+1}(t)-(\lambda+\mu)P_n(t) \quad n=1,2,\cdots \tag{12-9}$$

当 $n=0$ 时，则只有表 12-2 中 A、B 两种情况，即

$$P_0(t+\Delta t)=P_0(t)(1-\lambda\Delta t)+P_1(t)(1-\lambda\Delta t)\mu\Delta t \tag{12-10}$$

同理求得

$$\frac{\mathrm{d}P_0(t)}{\mathrm{d}t}=-\lambda P_0(t)+\mu P_1(t) \tag{12-11}$$

这样系统状态（n）随时间变化的过程是称为生灭过程的一个特殊情形。解上述方程是很麻烦的，求得的解（瞬态解）中因为含有修正的贝赛尔函数，也不便于应用，我们只研究稳态的情况，这时 $P_n(t)$ 和 t 无关，可写成 P_n，它的导数为 0。由上述方程可得

$$-\lambda P_0+\mu P_1=0 \tag{12-12}$$

$$\lambda P_{n-1}+\mu P_{n+1}-(\lambda+\mu)P_n=0, n\geqslant 1 \tag{12-13}$$

这是关于 P_n 的差分方程。它表明了各状态间的转移关系，如图 12-4 所示。

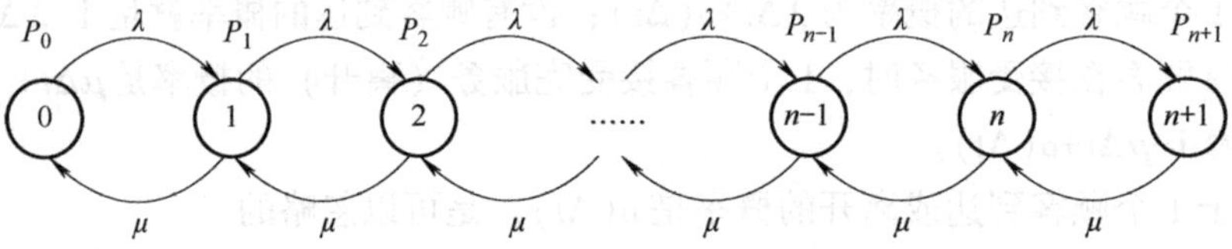

图 12-4　各状态间转移关系图

由图 12-4 可见，状态 0 转移到状态 1 的转移率为 λP_0，状态 1 转移到状态 0 的转移率为 μP_1。对状态 0 必须满足以下平衡方程

$$\lambda P_0=\mu P_1 \tag{12-14}$$

同样对于任何 $n\geqslant 1$ 的状态，可得到下述平衡方程。求解得

$$P_1=(\lambda/\mu)P_0$$

令 $n=1$，可得

$$\mu P_2=(\lambda+\mu)(\lambda/\mu)P_0-\lambda P_0;\text{所以 } P_2=(\lambda/\mu)^2P_0$$

同理依次推得

$$P_n=(\lambda/\mu)^nP_0$$

令设 $\rho=\lambda/\mu<1$（否则队列将排至无限远），又由概率的性质知

$$\sum_{n=0}^{\infty}P_n=1$$

将 P_n 的关系代入，可得

$$P_0\sum_{n=0}^{\infty}\rho^n=P_0\frac{1}{1-\rho}=1$$

则

$$\begin{aligned}&P_0=1-\rho,\rho<1\\&P_n=(1-\rho)\rho^n,\ n\geqslant 1,\rho<1\end{aligned} \tag{12-15}$$

这是系统状态为 n 的概率。

式（12-15）的 ρ 有其实际意义。根据表达式的不同，可以有不同的解释。当 $\rho=\lambda/\mu$ 时，它是平均到达率与平均服务率之比，即在相同时区内顾客到达的平均数与被服务的平均数之比。若表示 $\rho=(1/\mu)/(1/\lambda)$，它是为一个顾客的服务时间与到达间隔时间之比，称 ρ 为服务强度（traffic intensity）或话务强度。这是因为早期排队论是埃尔朗等人在研究电话理论时用的术语，一直沿用至今。由 $\rho=1-P_0$，它刻画了服务机构的繁忙程度，所以又称服务机构的利用率。读者可考虑由于 ρ 的大小不同值，将会产生顾客与服务员之间、服务员与管理员之间怎样不同的反应或矛盾。

以式（12-15）为基础，可以算出系统的运行指标。

（1）在系统中的平均顾客数（队长期望值）为

$$\begin{aligned} L_s &= \sum_{n=0}^{\infty} nP_n = \sum_{n=1}^{\infty} n(1-\rho)\rho^n \\ &=(\rho+2\rho^2+3\rho^3+\cdots)-(\rho^2+2\rho^3+3\rho^4+\cdots) \\ &=\rho+\rho^2+\rho^3+\cdots=\frac{\rho}{1-\rho},\ 0<\rho<1 \end{aligned}$$

或

$$L_s=\frac{\lambda}{\mu-\lambda}$$

（2）在队列中等待的平均顾客数（队列长期望值）为

$$\begin{aligned} L_q &= \sum_{n=1}^{\infty}(n-1)P_n = \sum_{n=1}^{\infty} nP_n - \sum_{n=1}^{\infty} P_n \\ &= L_s-\rho=\frac{\rho^2}{1-\rho}=\frac{\rho\lambda}{\mu-\lambda} \end{aligned}$$

关于顾客在系统中逗留的时间 W（随机变量），在 $M/M/1$ 情形下，它服从参数为 $\mu-\lambda$ 的负指数分布，即

分布函数

$$F(\omega)=1-e^{-(\mu-\lambda)\omega},\omega\geqslant 0$$

概率密度

$$f(\omega)=(\mu-\lambda)e^{-(\mu-\lambda)\omega}$$

于是得

（3）在系统中顾客逗留时间的期望值

$$W_s=E[W]=\frac{1}{\mu-\lambda}$$

（4）在队列中顾客等待时间的期望值

$$W_q=W_s-\frac{1}{\mu}=\frac{\rho}{\mu-\lambda}$$

现将以上各式归纳如下：

$$\begin{cases} L_s=\dfrac{\lambda}{\mu-\lambda}, L_q=\dfrac{\rho\lambda}{\mu-\lambda} \\ W_s=\dfrac{1}{\mu-\lambda}, W_q=\dfrac{\rho}{\mu-\lambda} \end{cases} \tag{12-16}$$

它们的相互关系如下：

$$\begin{cases} L_s=\lambda W_s, L_q=\lambda W_q \\ W_s=W_q+\dfrac{1}{\mu}, L_s=L_q+\dfrac{\lambda}{\mu} \end{cases} \tag{12-17}$$

式（12-17）称为李特尔（Little）公式。

例 12-1 某医院手术室根据病人来诊和完成手术时间的记录，任意抽查 100 个工作小时，每小时到达的病人数 n 的出现次数如表 12-3 所示。又任意抽查了 100 个完成手术的病例，所用时间 v(h) 出现的次数如表 12-4 所示。求该系统的各指标。

表 12-3　每小时到达的病人数 n 的出现次数

到达的病人数 n	出现次数 f_n
0	10
1	28
2	29
3	16
4	10
5	6
6 以上	1
合计	100

表 12-4　任意抽查 100 个完成手术的病例所用时间 v(h) 出现的次数

为病人完成手术时间 v/h	出现次数 f_v
0.0~0.2	38
0.2~0.4	25
0.4~0.6	17
0.6~0.8	9
0.8~1.0	6
1.0~1.2	5
1.2 以上	0
合计	100

解：(1)

$$\text{算出每小时病人平均到达率}=\frac{\sum nf_n}{100}=2.1(\text{人}/\text{h})$$

$$\text{每次手术平均时间}=\frac{\sum vf_v}{100}=0.4(\text{人}/\text{h})$$

$$\text{每小时完成手术人数(平均服务率)}=\frac{1}{0.4}\text{人/h}=2.5(\text{人/h})$$

(2) 取 $\lambda=2.1$，$\mu=2.5$，可以通过统计检验的方法（例如 χ^2 检验法），认为病人到达数服从参数为 2.1 的泊松分布，手术时间服从参数为 2.5 的负指数分布。

(3) $$\rho=\frac{\lambda}{\mu}=\frac{2.1}{2.5}=0.84$$

说明服务机构（手术室）有84%的时间是繁忙的，有16%的时间是空闲的。

(4) 依次代入式（12-16），算出各指标：

在病房中病人数（期望值）： $L_s=\frac{2.1}{2.5-2.1}=5.25$（人）

排队等待病人数（期望值）： $L_q=0.84\times5.25=4.41$（人）

病人在病房中逗留时间（期望值）： $W_s=\frac{1}{2.5-2.1}=2.5$（h）

病人排队等待时间（期望值）： $W_q=\frac{0.84}{2.5-2.1}=2.1$（h）

不同的服务规则（先到先服务，后到后服务，随机服务）的不同点主要反映在等待时间的分布函数不同，而一些期望值是相同的。上面讨论的各种指标，因为都是期望值，所以这些指标的计算公式对三种服务规则都适用（但对有优先权的规则不适用）。

12.3.2 系统容量有限制的情况（$M/M/1/N/\infty$）

如果系统的最大容量为N，对于单服务台的情形，排队等待的顾客最多为$N-1$，在某一时刻一顾客到达时，如系统中已有N个顾客，那么这个顾客就被拒绝进入系统（如图12-5所示）。

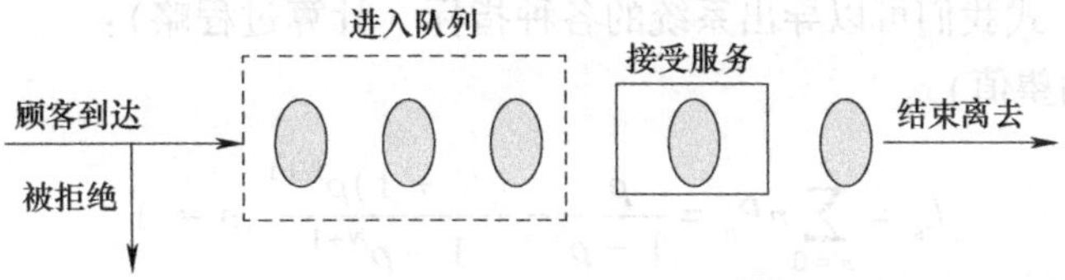

图12-5 系统容量有限制示意图

当$N=1$时，该系统为即时制的情形；当$N\to\infty$时，该系统为容量无限制的情形。若只考虑稳态的情形，可作各状态间概率强度的转换关系图，如图12-6所示。

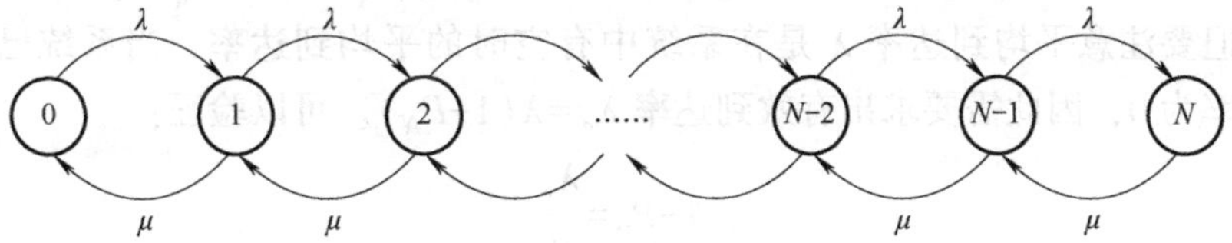

图12-6 状态间概率强度转换关系图

根据图12-6，列出状态概率的稳态方程：

$$\begin{cases}\mu P_1=\lambda P_0\\ \mu P_{n+1}+\lambda P_{n-1}=(\lambda+\mu)P_n,\ n\leqslant N-1\\ \mu P_N=\lambda P_{N-1}\end{cases}\tag{12-18}$$

解这个差分方程与解式（12-12）和式（12-13）是很类似的，所不同的是，

$$P_0+P_1+\cdots+P_N=1$$

仍令 $\rho=\lambda/\mu$，因而得

$$\begin{cases} P_0=\dfrac{1-\rho}{1-\rho^{N+1}},\rho\neq 1 \\ P_n=\dfrac{1-\rho}{1-\rho^{N+1}}\rho^n,n\leqslant N \end{cases} \tag{12-19}$$

当 $\rho=1$ 时，

$$\sum_{n=0}^{N}\rho^n=N+1 \qquad \left(P_0\sum_{n=0}^{N}\rho^n=1\right)$$

$$P_0=\frac{1}{\sum_{n=0}^{N}\rho^n}=\frac{1}{N+1} \quad \left(P_n=\frac{\lambda}{\mu}P_{n-1}=\rho^n P_0\right)$$

$$P_n=\rho^n\frac{1}{N+1}=\frac{1}{N+1},n=1,2,\cdots,N$$

在对容量没有限制的情形，我们曾设 $\rho<1$，这不仅是实际问题的需要，也是无穷级数收敛所必需的。在容量为有限数 N 的情形下，这个条件就没有必要了。不过当 $\rho>1$ 时，表示损失率的 P_N（或表示被拒绝排队的顾客平均数 λP_N）将是很大的。

根据（12-19）式我们可以导出系统的各种指标（计算过程略）：

（1）队长（期望值）

$$L_s=\sum_{n=0}^{N}nP_n=\frac{\rho}{1-\rho}-\frac{(N+1)\rho^{N+1}}{1-\rho^{N+1}},\rho\neq 1$$

（2）队列长（期望值）

$$L_q=\sum_{n=1}^{N}(n-1)P_n=L_s-(1-P_0)$$

当研究顾客在系统平均逗留时间 W_s 和在队列中平均等待时间 W_q 时，虽然式（12-17）仍可利用，但要注意平均到达率 λ 是在系统中有空时的平均到达率，当系统已满（$n=N$）时，则到达率为0，因此需要求出有效到达率 $\lambda_e=\lambda(1-P_N)$。可以验证：

$$1-P_0=\frac{\lambda_e}{\mu}$$

（3）顾客逗留时间（期望值）

$$W_s=\frac{L_s}{\mu(1-P_0)}=\frac{L_q}{\lambda(1-P_N)}+\frac{1}{\mu}$$

（4）顾客等待时间（期望值）

$$W_q=W_s-\frac{1}{\mu}$$

现在把 $M/M/1/N/\infty$ 型的指标归纳如下（当 $\rho\neq 1$ 时）：

$$\begin{cases} L_s = \dfrac{\rho}{1-\rho} - \dfrac{(N+1)\rho^{N+1}}{1-\rho^{N+1}} \\ L_q = L_s - (1-P_0) \\ W_s = \dfrac{L_s}{\mu(1-P_0)} \\ W_q = W_s - \dfrac{1}{\mu} \end{cases} \tag{12-20}$$

例 12-2　单人理发馆有 6 个椅子接待人们排队等待理发。当 6 个椅子均坐满时，后来到的顾客不进店就离开。顾客平均到达率 2 人/h，理发需时平均为 15min，则 $N=7$ 为系统中最大的顾客数，$\lambda=2$ 人/h，$\mu=4$ 人/h。求理发馆的损失率。

解：（1）求某顾客一到达就能理发的概率。

这种情形相当于理发馆内没有顾客，所求概率为

$$P_0 = \frac{1-2/4}{1-(2/4)^8} = 0.502$$

（2）求需要等待的顾客数的期望值。

$$L_s = \frac{2/4}{1-2/4} - \frac{8\times(2/4)^8}{1-(2/4)^8} = 0.97$$

$$L_q = L_s - (1-P_0) = 0.97 - (1-0.502) = 0.472$$

（3）求有效到达率。

$$\lambda_e = \mu(1-P_0) = 4\times(1-0.502) = 1.992(\text{人/h})$$

（4）求一顾客在理发馆内逗留的期望时间。

$$W_s = \frac{L_s}{\lambda_e} = \frac{0.97}{1.992} = 0.49(\text{h}) = 29.4(\text{min})$$

（5）在可能到来的顾客中不等待就离开的概率（$P_n \geqslant 7$）。

这就是求系统中有 7 个顾客的概率

$$P_7 = \left(\frac{\lambda}{\mu}\right)^7 \left(\frac{1-\lambda/\mu}{1-(\lambda/\mu)^8}\right) = \left(\frac{2}{4}\right)^7 \left(\frac{1-\frac{2}{4}}{1-\left(\frac{2}{4}\right)^8}\right) \approx 0.39\%$$

这也是理发馆的损失率。现以本例比较队长为有限和无限，两种结果如表 12-5 所示。

表 12-5　两种结果比较

$\lambda=2$ 人/h $\mu=4$ 人/h	L_s	L_q	W_s	W_q	P_0	P_7
有限队长 $N=7$	0.97	0.472	0.49	0.24	0.502	0.39%
无限队长	1	0.5	0.5	0.25	0.5	0

12.3.3　顾客源为有限的情形（$M/M/1/\infty/m$）

现以最常见的机器因故障停机待修的问题来说明。设共有 m 台机器（顾客总体），机器

因故障停机表示“到达”，待修的机器形成队列，修理工人是服务员，本节只讨论单服务员的情形。类似的例子还有 m 个打字员共用一台打字机，m 个会计分析员同用一个计算机终端等。顾客总体虽只有 m 个，但每个顾客到来并经过服务后，仍回到原来总体，所以仍然可以到来。在机器故障问题中，同一台机器出了故障（到来）并经修好（服务完了）仍可再出现故障（如图 12-7 所示）。

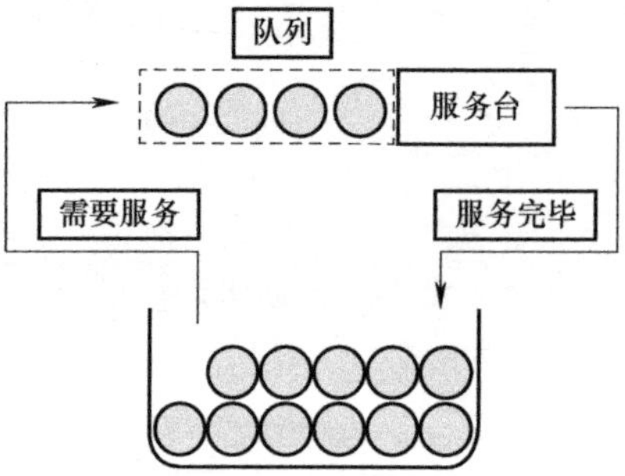

图 12-7　机器故障问题

关于平均到达率，在无限源的情形是按全体顾客来考虑的；在有限源的情形必须按每个顾客来考虑。为简单起见，设每个顾客的到达率都是相同的 λ（在这里 λ 的含义是每台机器单位运转时间内发生故障的概率或平均次数），这时在系统外的顾客平均数为 $m-L_s$，对系统的有效到达率 λ_e 应是

$$\lambda_e=\lambda(m-L_s) \tag{12-21}$$

对于（$M/M/1/\infty/m$）模型的分析可用前述的方法。在稳态的情况下，考虑时间的转移率。当状态 0 转移到状态 1，每台设备由正常状态转移为故障状态，其转移率为 λP_0，现有 m 台设备由无故障状态转移为有一台设备（不论哪一台）发生故障，其转移率为 $m\lambda P_0$。至于由状态 1 转移到状态 0，其状态转移率为 μP_1。所以状态 0 时有平衡方程 $m\lambda P_0=\mu P_1$。其关系如图 12-8 所示。

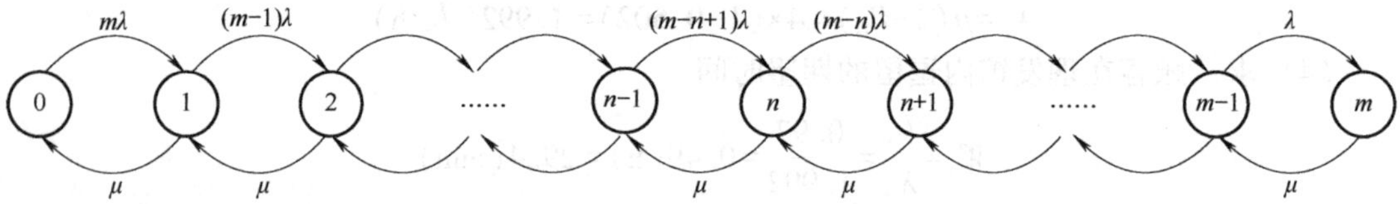

图 12-8　各状态间的转移关系图

由图 12-8 可得到各状态间的转移差分方程：

$$\begin{cases}\mu P_1=m\lambda P_0\\ \mu P_{n+1}+(m-n+1)\lambda P_{n-1}=[(m-n)\lambda+\mu]P_n,\ 1\leqslant n\leqslant m-1\\ \mu P_m=\lambda P_{m-1}\end{cases}$$

解差分方程，用递推方法，并注意到

$$\sum_{i=0}^{m}P_i=1\left(因而不要求\frac{\lambda}{\mu}<1\right)$$

得

$$\begin{cases}P_0=\dfrac{1}{\displaystyle\sum_{i=0}^{m}\frac{m!}{(m-i)!}\left(\frac{\lambda}{\mu}\right)^i}\\ P_n=\dfrac{m!}{(m-n)!}\left(\dfrac{\lambda}{\mu}\right)^nP_0(1\leqslant n\leqslant m)\end{cases} \tag{12-22}$$

求得系统的各项指标为

$$\begin{cases} L_s = m - \dfrac{\mu}{\lambda}(1-P_0) \\ L_q = m - \dfrac{(\lambda+\mu)(1-P_0)}{\lambda} = L_s - (1-P_0) \\ W_s = \dfrac{m}{\mu(1-P_0)} - \dfrac{1}{\lambda} \\ W_q = W_s - \dfrac{1}{\mu} \end{cases} \tag{12-23}$$

在机器故障问题中 L_s 就是平均故障台数，而 $m-L_s$ 表示正常运转的平均台数。

$$m - L_s = \frac{\mu}{\lambda}(1-P_0)$$

例 12-3 某车间有 5 台机器，每台机器的连续运转时间服从负指数分布，平均连续运转时间为 15min，有一个修理工，每次修理时间服从负指数分布，平均每次 12min。求：

（1）修理工空闲的概率；

（2）五台机器都出故障的概率；

（3）出故障的平均台数；

（4）等待修理的平均台数；

（5）平均停工时间；

（6）平均等待修理时间；

（7）评价这些结果。

解：$m=5$，$\lambda=\dfrac{1}{15}$，$\mu=\dfrac{1}{12}$，$\dfrac{\lambda}{\mu}=0.8$。

（1）$P_0 = \left[\dfrac{5!}{5!}\times(0.8)^0 + \dfrac{5!}{4!}\times(0.8)^1 + \dfrac{5!}{3!}\times(0.8)^2 + \dfrac{5!}{2!}\times(0.8)^3 + \dfrac{5!}{1!}\times(0.8)^4 + \dfrac{5!}{0!}\times(0.8)^5\right]^{-1}$

$= \dfrac{1}{136.99} = 0.0073$

（2）$P_5 = \dfrac{5!}{0!}\times(0.8)^5 P_0 = 0.287$

（3）$L_s = m - \dfrac{1}{\rho}(1-P_0) = 5 - \dfrac{1}{0.8}\times(1-0.0073) = 3.76$（台）

（4）$L_q = L_s - (1-P_0) = 3.76 - (1-0.0073) = 2.77$（台）

（5）$W_s = \dfrac{m}{\mu(1-P_0)} - \dfrac{1}{\lambda} = \dfrac{5}{\dfrac{1}{12}\times(1-0.0073)} - 15 = 45$（min）

（6）$W_q = 45 - 12 = 33$（min）

（7）机器停工时间过长，修理工几乎没有空闲时间，应当提高服务率减少修理时间或增加修理工人。

12.4 多服务台负指数分布排队系统的分析

现在讨论单队、并列的多服务台（服务台数 c）的情形，分以下三种情形讨论。

（1）标准的 $M/M/c$ 模型（$M/M/c/\infty/\infty$）；

（2）系统容量有限制（$M/M/c/N/\infty$）；

（3）有限顾客源（$M/M/c/\infty/m$）。

12.4.1 标准的 $M/M/c$ 模型（$M/M/c/\infty/\infty$）

关于标准的 $M/M/c$ 模型各种特征的规定与标准的 $M/M/1$ 模型的规定相同。另外规定各服务台工作是相互独立（不搞协作）且平均服务率相同 $\mu_1=\mu_2=\cdots=\mu_c=\mu$。于是整个服务机构的平均服务率为 $c\mu$（当 $n\geqslant c$）和 $n\mu$（当 $n<c$）。令 $\rho=\lambda/c\mu$，只有当 $\lambda/c\mu<1$ 时，才不会排成无限的队列，称它为这个系统的服务强度或服务机构的平均利用率（如图 12-9 所示）。

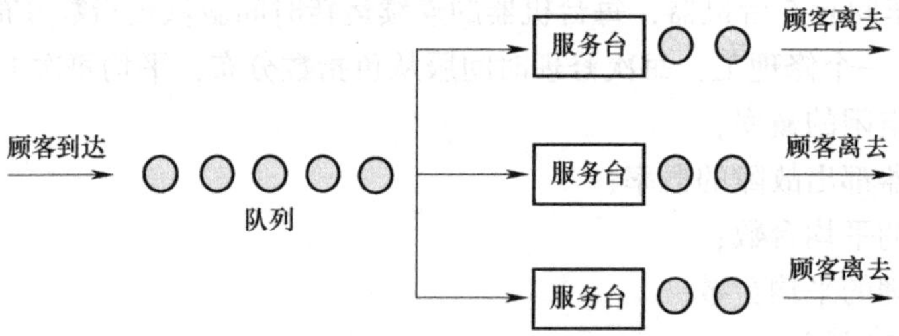

图 12-9 标准 $M/M/c$ 示意图

在分析排队系统时，仍从状态间的转移关系开始，如图 12-10 所示。如状态 1 转移到状态 0，即系统中有一名顾客被服务完了（离去）的转移率为 μP_1。状态 2 转移到状态 1 时，这就是在两个服务台上被服务的顾客中有一个被服务完成而离去。因为不限哪一个，那么这时状态的转移率便是 $2\mu P_2$。同理，再考虑完状态 n 转移到 $n-1$ 的情况。当 $n\leqslant c$ 时，状态转移率为 $n\mu P_n$；当 $n>c$ 时，因为只有 c 个服务台，最多有 c 个顾客在被服务，$n-c$ 个顾客在等候，因此这时状态转移率应为 $c\mu P_n$。

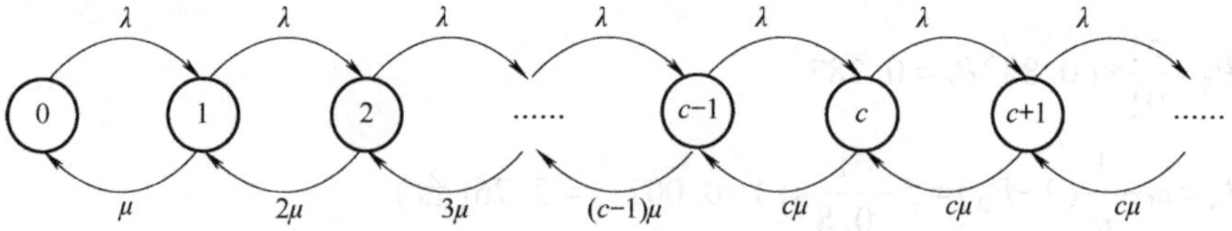

图 12-10 状态间转移关系

由图 12-10 可得

$$\begin{cases}\mu P_1=\lambda P_0\\(n+1)\mu P_{n+1}+\lambda P_{n-1}=(\lambda+n\mu)P_n\ (1\leqslant n\leqslant c)\\c\mu P_{n+1}+\lambda P_{n-1}=(\lambda+\mu)P_n\ (n>c)\end{cases}$$

这里 $\sum_{i=0}^{\infty} P_i = 1$，且 $\rho \leqslant 1$。

用递推法解上述差分方程，可求得状态概率。

$$\begin{cases} P_0 = \left[\sum_{k=0}^{c-1} \frac{1}{k!} \left(\frac{\lambda}{\mu} \right)^k + \frac{1}{c!} \frac{1}{1-\rho} \left(\frac{\lambda}{\mu} \right)^c \right]^{-1} \\ P_n = \begin{cases} \frac{1}{n!} \left(\frac{\lambda}{\mu} \right) n P_0 & (n \leqslant c) \\ \frac{1}{c! \ c^{n-c}} \left(\frac{\lambda}{\mu} \right) n P_0 & (n > c) \end{cases} \end{cases} \tag{12-24}$$

系统的运行指标求得如下：

平均队长

$$\begin{cases} L_s = L_q + \frac{\lambda}{\mu} \\ L_q = \sum_{n=c+1}^{\infty} (n-c) P_n = \frac{(c\rho)^c \rho}{c! \ (1-\rho)^2} P_0 \end{cases} \tag{12-25}$$

（因为 $\sum_{n=c+1}^{\infty} (n-c) P_n = \sum_{n'=1}^{\infty} n' P_{n'+c} = \sum_{n'=1}^{\infty} \frac{n'}{c! \ c^{n'}} (c\rho)^{n'+c} P_0 = $ 右边）

平均等待时间和逗留时间仍由李特尔公式求得

$$W_q = \frac{L_q}{\lambda}, W_s = \frac{L_s}{\lambda}$$

例 12-4 某售票处有三个窗口，顾客的到达服从泊松过程，平均到达率 $\lambda = 0.9$（人/min），服务（售票）时间服从负指数分布，平均服务率 $\mu = 0.4$（人/min）。求顾客到达后必须等待的概率。

解： 现设顾客到达后排成一队，依次向空闲的窗口购票，这就是一个 $M/M/c$ 型的系统，其中 $c=3$，$\lambda/\mu = 2.25$，$\rho = \lambda/c\mu = 2.25/3$（<1）符合要求的条件，代入公式得：

（1）整个售票处空闲的概率为

$$P_0 = \left[\frac{(2.25)^0}{0!} + \frac{(2.25)^1}{1!} + \frac{(2.25)^2}{2!} + \frac{(2.25)^3}{3!} \times \frac{1}{1-0.75} \right]^{-1} = 0.0748$$

（2）平均队长为

$$L_q = \frac{\lambda^c \rho P_0}{\mu^c c! \ (1-\rho)^2} = \frac{(2.25)^3 \times 0.75}{3! \ \times (1-0.75)^2} \times 0.0748 = 1.70$$

$$L_s = L_q + \frac{\lambda}{\mu} = 1.70 + 2.25 = 3.95$$

（3）平均等待时间和逗留时间为

$$W_q = \frac{L_q}{\lambda} = \frac{1.70}{0.9} = 1.89 (\text{min})$$

$$W_s = W_q + \frac{1}{\mu} = 1.89 + \frac{1}{0.4} = 4.39 (\text{min})$$

顾客到达后必须等待（即系统中顾客数已有 3 人即各服务台都没有空闲）的概率

$$P[n \geqslant 3] = \frac{(2.25)^3}{3! \ (1-0.75)} \times 0.0748 = 0.57$$

12.4.2 $M/M/c$ 型系统和 c 个 $M/M/1$ 型系统的比较

现就例 12-4 说明，如果原题除排队方式外其他条件不变，但顾客到达后在每个窗口前各排一队，且进入队列后坚持不换，这就形成了三个队列，而每个队列平均到达率为

$$\lambda_1=\lambda_2=\lambda_3=0.9/3=0.3(\text{人/min})$$

这样，原来的系统就变成了 3 个 $M/M/1$ 型的子系统。

现按 $M/M/1$ 型解决这个问题，并于上面比较如表 12-6 所示。

表 12-6　$M/M/3$ 和 $M/M/1$ 比较

指　标	模　型	
	(1) $M/M/3$ 型	(2) $M/M/1$ 型
服务台空闲的概率 P_0	0.0748	0.25（每个子系统）
顾客必须等待的概率	$P(n\geqslant3)=0.57$	0.75
平均队列长 L_q	1.70	2.25（每个子系统）
平均队长 L_s	3.95	9.00（整个系统）
平均逗留时间 W_s/min	4.39	10
平均等待时间 W_q/min	1.89	7.5

从表中各指标的对比可以看出（1）（单队）比（2）（三队）有显著优越性，在安排排队方式时应该注意。

由于计算 P_0 和各项指标式（12-24）、式（12-25）很复杂，现已有专门的数值表可供使用。在式（12-24）、式（12-25）各式中 P_0 和 L_q 都是由 c 和 ρ 完全确定的，于是 $W_q\mu$ 也是由 c 和 ρ 完全确定。可以构造一个 $W_q\mu$ 数值表 12-7，便于使用。

表 12-7　多服务台 $W_q\mu$ 的数值表

$\lambda/c\mu$	服务台数				
	$c=1$	$c=2$	$c=3$	$c=4$	$c=5$
0.1	0.1111	0.0101	0.0014	0.0002	0.0000*
0.2	0.2500	0.0417	0.0103	0.0030	0.0010
0.3	0.4286	0.0989	0.0333	0.0132	0.0058
0.4	0.6667	0.1905	0.0784	0.0378	0.0199
0.5	1.0000	0.3333	0.1579	0.0870	0.0521
0.6	1.5000	0.5625	0.2956	0.1794	0.1181
0.7	2.3333	0.9608	0.5470	0.3572	0.2519
0.8	4.0000	1.7778	1.0787	0.7455	0.5541
0.9	9.0000	4.2632	2.7235	1.9694	1.5250
0.95	19.0000	9.2564	6.0467	4.4571	3.5112

*小于 0.00005

在例 12-4 中，已知 $c=3$，$\rho=\lambda/c\mu=0.75$。查表 12-7，无此数。故用线性插值法求得

$$W_q\mu=0.8129$$

因 $\mu=0.4$，所以

$$W_q=2.03(\text{min})$$

$$W_s=2.03+\frac{1}{0.4}=4.53(\text{min})$$

$$L_q=\frac{2.03}{0.9}=2.26(\text{人})$$

$$L_s=2.26+2.25=4.51(\text{人})$$

这结果和前面计算的有差异，这是由插值引起的。

12.4.3 系统的容量有限制的情形（$M/M/c/N/\infty$）

设系统的容量最大限制为 N（$\geqslant c$），当系统中顾客数 n 已达到 N（即队列中顾客数已达到 $N-c$）时，再来的顾客即被拒绝，其他条件与标准的 $M/M/c$ 型相同。

这时系统的状态概率和运行指标如下：

$$P_0=\frac{1}{\sum_{k=0}^{c}\frac{(c\rho)^k}{k!}+\frac{c^c}{c!}\frac{\rho(\rho^c-\rho^N)}{1-\rho}},\ \rho\neq 1$$

$$P_n=\begin{cases}\frac{(c\rho)^n}{n!}P_0 & (0\leqslant n\leqslant c)\\ \frac{c^c}{c!}\rho^n P_0 & (c\leqslant n\leqslant N)\end{cases} \tag{12-26}$$

式中，$\rho=\lambda/c\mu$，但现在已不必对 ρ 加以限制，则

$$\begin{cases}L_q=\frac{P_0\rho\ (c\rho)^c}{c!\ (1-\rho)^2}[1-\rho^{N-c}-(N-c)\rho^{N-c}(1-\rho)]\\ L_s=L_q+c\rho(1-P_N)\\ W_q=\frac{L_q}{\lambda(1-P_N)}\\ W_s=W_q+\frac{1}{\mu}\end{cases} \tag{12-27}$$

由于公式的复杂，现在已有一些专门图表可供使用。

特别当 $N=c$（即时制）的情形，例如在街头的停车场就不允许排队等待空位，这时

$$\begin{cases}P_0=\frac{1}{\sum_{k=0}^{c}\frac{(c\rho)^k}{k!}}\\ P_n=\frac{(c\rho)^n}{n!}P_0,0\leqslant n\leqslant c\end{cases} \tag{12-28}$$

式中，当 $n=c$ 即关于 P_c 的公式，被称为埃尔朗呼唤损失公式，是埃尔朗早在 1917 年发现的，并广泛应用于电话系统的设计中。

这时的运行指标如下：

$$
\begin{cases}
L_q = 0, W_q = 0, W_s = \dfrac{1}{\mu} \\
L_s = \sum\limits_{n=1}^{c} nP_n = \dfrac{c\rho \sum\limits_{n=0}^{c-1} \dfrac{(c\rho)^{n-1}}{n!}}{\sum\limits_{n=0}^{c} \dfrac{(c\rho)^n}{n!}} = c\rho(1 - P_c)
\end{cases}
\tag{12-29}
$$

它又是使用的服务台数（期望值）。

例 12-5 某风景区准备建造旅馆，顾客到达为泊松流，每天平均到（λ）6 人，顾客平均逗留时间（$1/\mu$）为 2 天，试就该旅馆在具有（c）1,2,3,…,8 个房间的条件下，分别计算每天客房平均占用数 L_s 及满员概率 P_c。

解：这是即时式，因为在客房满员条件下，旅客显然不能排队等待。计算过程通过表 12-8进行（$\lambda=6, 1/\mu=2, c\rho=\lambda/\mu=12$）。

表 12-8 计算过程表

(1) n	(2) $(c\rho)^n=12^n$	(3) $n!$	(4) $\dfrac{(c\rho)^n}{n!}$	(5) $\sum\limits_{n=0}^{c}\dfrac{(c\rho)^n}{n!}$	(6) P_c（答）	(7) $\dfrac{\sum_{n=0}^{c-1}\frac{(c\rho)^n}{n!}}{\sum_{n=0}^{c}\frac{(c\rho)^n}{n!}}$	(8) L_s（答）
0	1	1	1	1	1		
1	1.2×10	1	12	13	0.92	0.08	0.96
2	1.44×10^2	2	72	85	0.85	0.15	1.80
3	1.73×10^3	6	288	373	0.77	0.23	2.76
4	2.07×10^4	24	864	1.24×10^3	0.70	0.30	3.60
5	2.49×10^5	120	2.07×10^3	3.31×10^3	0.63	0.37	4.44
6	2.99×10^6	720	4.15×10^3	7.46×10^3	0.56	0.44	5.28
7	3.58×10^7	5.04×10^3	7.11×10^3	1.45×10^4	0.49	0.51	6.12
8	4.30×10^8	4.03×10^4	1.07×10^4	2.52×10^4	0.42	0.58	6.96

第（4）栏：（2）/（3）。

第（5）栏：第（4）栏各数累加。

第（6）栏：（4）/（5）得满足率 P_c，注意第（5）（6）两栏的 c 就是同行的 n，P_c 的具体意义是：

当 $c=1$ 时，旅馆只有 1 个房间，满员（旅客被拒绝）概率 0.92；

当 $c=5$ 时，旅馆备有 5 个房间，满员（旅客被拒绝）概率 0.63；

当 $c=8$ 时，旅馆备有 8 个房间，满员（旅客被拒绝）概率 0.42。

第（7）栏：为求 L_s 做准备，用第（5）栏同行去除上一行结果。

第（8）栏：（7）×12 得 L_s，为每天客房平均占用数，它的具体意义是：

当 $n=1$ 时，旅馆只有 1 个房间，每天客房平均占用数 $L_s=0.96$（间）；

当 $n=5$ 时，旅馆备有 5 个房间，$L_s=4.44$（间）

当 $n=8$ 时，旅馆备有 8 个房间，$L_s=6.96$（间）

就是说每天平均都有 1 间以上的房间是空闲的。

12.4.4 顾客源为有限数的情形（$M/M/c/\infty/m$）

设顾客总体（顾客源）为有限数 m，且 $m>c$，和单服务台情形一样，顾客到达率 λ 是按每个顾客来考虑的，在机器管理问题中，就是共有 m 台机器，有 c 个修理工人，顾客到达就是机器出了问题，而每个顾客的到达率 λ 是指每台机器每单位运转时间出故障的期望次数。系统中顾客数 n 就是出故障的机器台数。当 $n\leqslant c$ 时，所有的故障机器都在被修理，有 $c-n$ 个修理工人在空闲；当 $c<n\leqslant m$ 时，有 $n-c$ 台机器在停机等待修理，而修理工人都处在繁忙状态。假定这 c 个工人修理技术相同，修理（服务）时间都服从参数为 μ 的负指数分布，并假定故障的修复时间和正在生产的机器是否发生故障是相互独立的。

(1) $$P_0=\frac{1}{m!}\frac{1}{\displaystyle\sum_{k=0}^{c}\frac{1}{k!\,(m-k)!}\left(\frac{c\rho}{m}\right)^k+\frac{c^c}{c!}\sum_{k=c+1}^{m}\frac{1}{(m-k)!}\left(\frac{\rho}{m}\right)^k}$$

其中

$$\rho=\frac{m\lambda}{c\mu}$$

$$P_n=\begin{cases}\dfrac{m!}{(m-n)!\;n!}\left(\dfrac{\lambda}{\mu}\right)^n P_0 & (0\leqslant n\leqslant c)\\[2ex] \dfrac{m!}{(m-n)!\;c!\;c^{n-c}}\left(\dfrac{\lambda}{\mu}\right)^n P_0 & (c+1\leqslant n\leqslant m)\end{cases}\tag{12-30}$$

(2) 平均顾客数（即平均故障台数）

$$L_s=\sum_{n=1}^{m}nP_n$$

$$L_q=\sum_{n=c+1}^{m}(n-c)P_n$$

有效的到达率 λ_e 应等于每个顾客的到达率 λ 乘以在系统外（即正常生产的）机器的期望数:

$$\lambda_e=\lambda(m-L_s)$$

在机器故障问题中，它是每单位时间 m 台机器平均出现故障的次数。

(3) 可以证明

$$\begin{cases}L_s=L_q+\dfrac{\lambda_e}{\mu}=L_q+\dfrac{\lambda}{\mu}(m-L_s)\\[2ex] W_s=\dfrac{L_s}{\lambda_e}\\[2ex] W_q=\dfrac{L_q}{\lambda_e}\end{cases}\tag{12-31}$$

由于 P_0，P_n 计算公式过于复杂，有专用表格可供使用。

例 12-6 设有两个修理工人，负责 5 台机器的正常运行，每台机器平均损坏率为每运转 1 小时 1 次，两工人能以相同的平均修复率 4（次/h）修好机器。求:

(1) 等待修理的机器平均数；

(2) 需要修理的机器平均数；

(3) 有效损坏率；

(4) 等待修理时间；

(5) 停工时间。

解：$m=5$，$\lambda=1$（次/h），$\mu=4$（台/h），$c=2$，$\frac{c\rho}{m}=\frac{\lambda}{\mu}=\frac{1}{4}$

$$P_0=\frac{1}{m!}\frac{1}{\sum_{k=0}^{c}\frac{1}{k!\ (m-k)!}\left(\frac{c\rho}{m}\right)^k+\frac{c^c}{c!}\sum_{k=c+1}^{m}\frac{1}{(m-k)!}\left(\frac{\rho}{m}\right)^k}$$

$$=\frac{1}{5!}\times\left[\frac{1}{0!\ \times 5!}\times\left(\frac{1}{4}\right)^0+\frac{1}{1!\ \times 4!}\times\left(\frac{1}{4}\right)^1+\frac{1}{2!\ \times 3!}\times\left(\frac{1}{4}\right)^2+\right.$$

$$\left.\frac{2^2}{2!}\times\frac{1}{2!}\times\left(\frac{1}{8}\right)^3+\frac{2^2}{2!}\times\frac{1}{1!}\times\left(\frac{1}{8}\right)^4+\frac{2^2}{2!}\times\frac{1}{0!}\times\left(\frac{1}{8}\right)^5\right]^{-1}$$

$$=0.3149$$

$$P_1=0.394, P_2=0.197, P_3=0.074, P_4=0.018, P_5=0.002$$

(1) $L_q=\sum_{n=c+1}^{m}(n-c)P_n=P_3+2P_4+3P_5=0.116$。

(2) $L_s=\sum_{n=1}^{m}nP_n=L_q+c-2P_0-P_1=1.092$。

(3) $\lambda_e=\lambda(m-L)=1\times(5-1.094)=3.908$。

(4) $W_q=\frac{L_q}{\lambda_e}=\frac{0.116}{3.908}=0.03(h)=1.8(min)$。

(5) $W_s=\frac{L_s}{\lambda_e}=\frac{1.902}{3.908}=0.28(h)=16.8(min)$。

12.5 排队系统最优化问题

排队系统最优化问题是指通过系统设计和控制的最优化，达到服务机构成本与顾客等待费用之和最小的办法。常用的优化决策变量有：最优服务率、最优的服务台数。评价指标有：队长、排队长、服务时间、逗留时间、忙期以及投资、成本费用、损失率等。

12.5.1 一般排队系统的最优化问题

1. 最优化问题的分类

排队系统的最优化问题一般分为两类：系统设计的最优化和系统控制最优化。

(1) 系统设计最优化，也称为静态最优化，是指从经济的角度，对排队系统的相关质量指标进行设置，从而使得整个系统设计的经济效益最大。例如：服务机构的规模大小、服务台的数量、系统的容量大小等。

(2) 系统控制最优化，也称为动态最优化，是指对于一个给定的排队系统，如何运营从而使其某一目标函数得到最优。

在本书中，仅讨论排队系统的静态最优化问题。

2. 系统的费用模型

排队系统中的费用，通常是指服务机构的服务费用以及顾客等待的费用。一般情况下，提高服务机构的服务水平，自然会降低顾客的等待费用（损失），但服务成本也会随之增加。最优化的目标之一就是使二者费用之和为最小，确定达到这个目标的最优服务水平。另一目标是使服务机构的纯收入（利润）为最大，如图 12-11 所示。

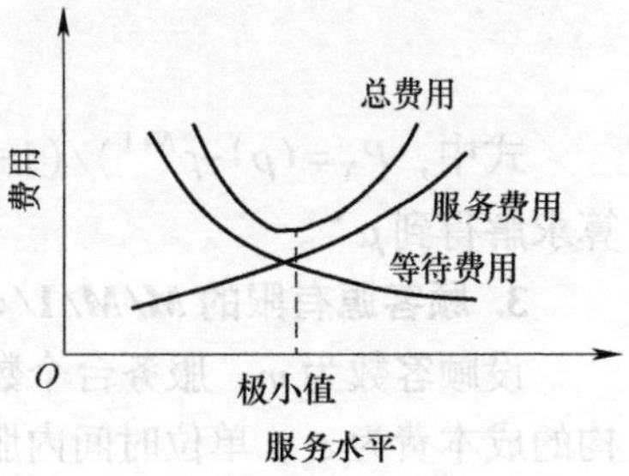

图 12-11　排队系统的费用模型

12.5.2　模型 $M/M/1$ 中的最优服务率 μ^*

1. 标准 $M/M/1/\infty/\infty$ 模型

设目标函数为 $z=c_s\mu+c_wL_s$，即单位时间服务成本与顾客在系统中逗留费用之和的期望值，其中 c_s 表示当 $\mu=1$（单位时间内服务完一个顾客）时服务机构的服务费用，c_w 表示每个顾客在系统中停留单位时间的费用。将 $L_s=\lambda/(\mu-\lambda)$（平均队长，即系统中顾客逗留的平均数）代入目标函数，得

$$z=c_s\mu+c_wL_s=c_s\mu+c_w\frac{\lambda}{\mu-\lambda}$$

为求极小值，以 μ 为变量进行求导得到 $dz/d\mu$，然后令其为零，则

$$\frac{dz}{d\mu}=c_s-c_w\lambda\frac{1}{(\mu-\lambda)^2}$$

$$c_s-c_w\lambda\frac{1}{(\mu-\lambda)^2}=0$$

解出最优解

$$\mu^*=\lambda+\sqrt{\frac{c_w}{c_s}\lambda}$$

即为最优服务率。

2. 系统容量有限制的 $M/M/1/N/\infty$ 模型

在该模型中，如果系统中已有 N 个顾客，后来的顾客将被拒绝，于是有：

P_N——被拒绝的概率；

$1-P_N$——接受服务的概率；

$\lambda(1-P_N)$——单位时间实际进入服务机构的平均顾客数。在稳定状态下，即为单位时间内实际服务完成的平均顾客数。

设系统每服务一个顾客收入 G 元，则单位时间收入的期望值为 $\lambda(1-P_N)G$ 元。

系统的纯利润为

$$\begin{aligned}z&=\lambda(1-P_N)G-c_s\mu\\&=\lambda G\frac{1-\rho^N}{1-\rho^{N+1}}-c_s\mu\\&=\lambda\mu G\frac{\mu^N-\lambda^N}{\mu^{N+1}-\lambda^{N+1}}-c_s\mu\end{aligned}$$

令 $dz/d\mu=0$，解得

$$\rho^{N+1}\frac{N-(N+1)\rho+\rho^{N+1}}{(1-\rho^{N+1})^2}=\frac{c_s}{G}$$

式中，$P_N=(\rho^N-\rho^{N+1})/(1-\rho^{N+1})$，$\rho=\lambda/\mu$，且 c_s，G，λ，N 是已知的，可通过数值计算求解得到 μ^*。

3. 顾客源有限的 $M/M/1/\infty/m$ 模型

设顾客数为 m，服务台个数为 1，服务时间服从负指数分布，当服务率 $\mu=1$ 时，服务机构的成本费为 c_s，单位时间内服务完一个顾客所得收入为 G 元，单位时间内服务完的顾客数为 $m-L_s$，则单位时间内的纯利润为

$$z=(m-L_s)G-c_s\mu=\frac{mG}{\rho}\frac{E_{m-1}\left(\frac{m}{\rho}\right)}{E_m\left(\frac{m}{\rho}\right)}-c_s\mu$$

式中，$E_m(x)=\sum\limits_{k=0}^{m}(x^k/k!)e^{-x}$ 为泊松和，$\rho=m\lambda/\mu$，有

$$\frac{d}{dx}E_m(x)=E_{m-1}(x)-E_m(x)$$

为了求最优服务率 μ^*，求出 $dz/d\mu$，令 $dz/d\mu=0$，则

$$\frac{E_{m-1}\left(\frac{m}{\rho}\right)E_m\left(\frac{m}{\rho}\right)+\frac{m}{\rho}\left[E_m\left(\frac{m}{\rho}\right)E_{m-2}\left(\frac{m}{\rho}\right)-E_{m-1}^2\left(\frac{m}{\rho}\right)\right]}{E_m^2\left(\frac{m}{\rho}\right)}=\frac{c_s\lambda}{G}$$

当给定 c_s，G，λ，m 后，利用泊松分布表和数值方法可以计算求解得出最优服务率 μ^*。

12.5.3 模型 $M/M/c$ 中的最优服务台数

在此仅讨论标准 $M/M/c$ 模型。在稳态条件下，单位时间内每个服务台的服务成本费为 c_s，每个顾客在系统中停留单位时间的费用为 c_w，则单位时间内费用（服务成本和等待的费用）的期望值为

$$z=c_sc+c_wL$$

式中，$L=L(c)$ 是系统中顾客的平均数或队列中等待的顾客平均数，与服务台的个数 c 有关，随 c 值的不同而不同。因此系统的总费用为 $z=z(c)$，记服务台个数 c 的最优值为 c^*，则最小费用为 $z(c^*)$。因为 c 只取整数，$z(c)$ 不是连续变量的函数，即是离散函数，所以可用边际分析法（marginal analysis）进行求解。

根据 $z(c^*)$ 为最小，有

$$\begin{cases}z(c^*)\leqslant z(c^*-1)\\ z(c^*)\leqslant z(c^*+1)\end{cases}$$

由 $z=c_sc+c_wL_s$，可以得到

$$\begin{cases}c_sc^*+c_sL_s(c^*)\leqslant c_s(c^*-1)+c_wL_s(c^*-1)\\ c_sc^*+c_sL_s(c^*)\leqslant c_s(c^*+1)+c_wL_s(c^*+1)\end{cases}$$

化简整理，得

$$L_s(c^*)-L_s(c^*+1)\leqslant\frac{c_s}{c_w}\leqslant L(c^*-1)-L_s(c^*)$$

依次求出 $c=1,2,3,\cdots$ 时 L 的值，并作两相邻 L 值的差，由 c_s/c_w 已知，即可根据这个数落于哪个不等式区间确定 c^*。

12.6　用 Excel 和 LINGO 求解排队论问题

12.6.1　Excel 求解排队论问题

例 12-7　超市收银台数量设置问题

某单人理发店的顾客到达为泊松流，平均每小时 4 人，理发时间服从负指数分布，平均每人 10min，求：

（1）理发店空闲的概率；

（2）店内有 4 个顾客的概率；

（3）店内至少有 1 个顾客的概率；

（4）店内顾客的平均数；

（5）等待理发的顾客平均数；

（6）顾客在店内平均等待的时间；

（7）顾客在店内消耗 15min 以上的概率。

解：首先在 Excel 中定义相应的单元格名称，如表 12-9 所示，并建立相应的数学模型，如图 12-12 所示。

表 12-9　单元格名称

单 元 格	B3	B4	B5	B8	E9	D12:D16
名称	Lambda	Mu	s	t	Rho	n

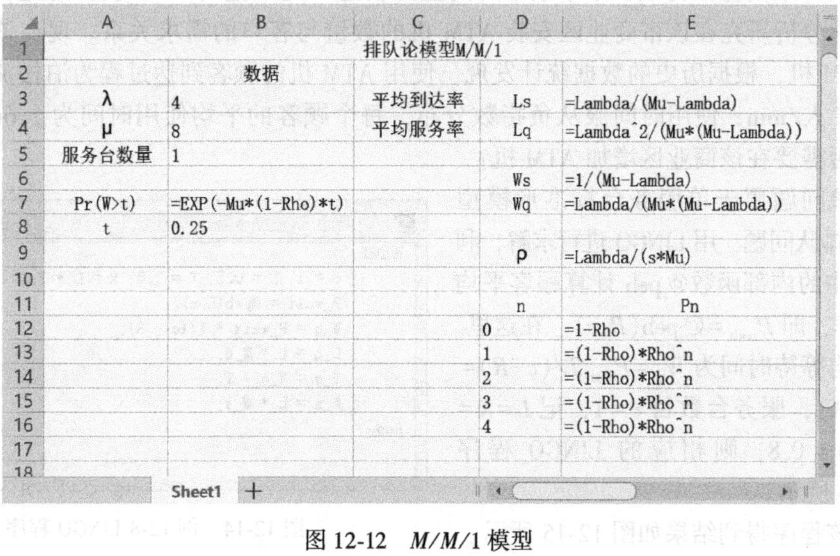

	A	B	C	D	E
1			排队论模型M/M/1		
2		数据			
3	λ	4	平均到达率	Ls	=Lambda/(Mu-Lambda)
4	μ	8	平均服务率	Lq	=Lambda^2/(Mu*(Mu-Lambda))
5	服务台数量	1			
6				Ws	=1/(Mu-Lambda)
7	Pr(W>t)	=EXP(-Mu*(1-Rho)*t)		Wq	=Lambda/(Mu*(Mu-Lambda))
8	t	0.25			
9				ρ	=Lambda/(s*Mu)
10					
11				n	Pn
12				0	=1-Rho
13				1	=(1-Rho)*Rho^n
14				2	=(1-Rho)*Rho^n
15				3	=(1-Rho)*Rho^n
16				4	=(1-Rho)*Rho^n
17					
18					

图 12-12　*M/M/*1 模型

计算结果如图 12-13 所示。

	A	B	C	D	E
1	排队论模型M/M/1				
2		数据			
3	λ	4	平均到达率	Ls	1
4	μ	8	平均服务率	Lq	0.5
5	服务台数量	1			
6				Ws	0.25
7	Pr(W>t)	0.367879441		Wq	0.125
8	t	0.25			
9				ρ	0.5
10					
11				n	Pn
12				0	0.5
13				1	0.25
14				2	0.125
15				3	0.0625
16				4	0.03125
17					
18					

Sheet1

图 12-13 计算结果

由图 12-13 的计算结果可知：

(1) 理发店空闲的概率 $P_0=0.5$；

(2) 店内有 4 个顾客的概率 $P_4=0.03125$；

(3) 店内至少有 1 个顾客的概率 $1-P_0=0.5$；

(4) 店内顾客的平均数 $L_s=1$ 人；

(5) 等待理发的顾客平均数 $L_q=0.5$ 人；

(6) 顾客在店内平均等待的时间 $W_q=0.125\text{h}$；

(7) 顾客在店内消耗 15min 以上的概率 $P(T>0.25\text{h})=0.3679$。

12.6.2 LINGO 求解排队论问题

例 12-8 某商业银行拟在某市繁华的商业区设置一定数量的 ATM 机，为此，银行根据客户的需求分析研究在该市商业区安装 ATM 机的数量与客户的需求关系。现在该商业区只有一台 ATM 机，根据历史的数据统计发现：使用 ATM 机的顾客到达过程为泊松流，平均到达率为 0.5 人/min，使用时间服从负指数分布，每个顾客的平均使用时间为 1.6min。试研究银行是否需要在该商业区增加 ATM 机？

解：该问题属于单服务台标准形模型 $M/M/1$ 的排队问题，用 LINGO 进行求解，利用 LINGO 中的内部函数@ peb 计算顾客平均等待的概率，即 $P_{wait}=@\text{peb}(R,c)$。在这里，顾客的平均等待时间为 $W_q=P_{wait}T/(c-R)=P_{wait}/(c\mu-\lambda)$，服务台数目 $c=1$，记 $L=\lambda=0.5$，$R=\rho=0.8$，则相应的 LINGO 程序如图 12-14 所示。

Lingo Model - Lingo1

```
MODEL:
      c = 1; L = 0.5; T = 1.6; R = L * T;
      P_wait = @peb(R,c);
      W_q = P_wait * T/(c - R);
      L_q = L * W_q;
      W_s = W_q + T;
      L_s = L * W_s;
End
```

图 12-14 例 12-8 LINGO 程序

运行该程序得到结果如图 12-15 所示。

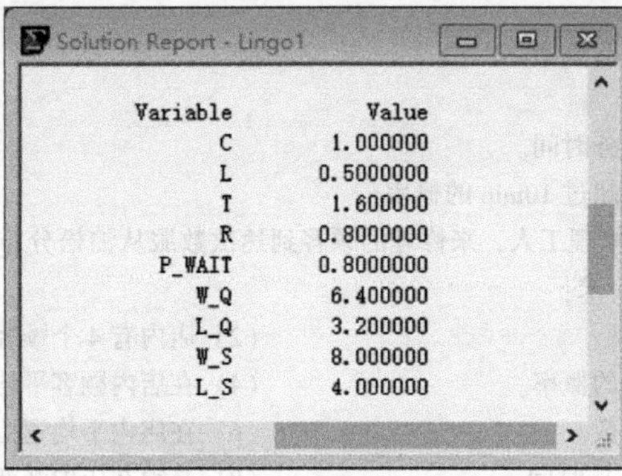

图 12-15 例 12-8 LINGO 程序运行结果

由运行结果可知，顾客平均等待的概率为 $P_{\text{wait}}=0.8$，平均等待时间为 $W_q=6.4\text{min}$；系统排队长为 $L_q=3.2$ 人；顾客平均逗留时间为 $W_s=8\text{min}$；系统的队长为 $L_s=4$ 人。由上述结果可知：显然一台 ATM 机不能满足现在的需求，需要增加 ATM 机的数量，减少顾客排队等待的时间和排队长。

【扩展】

抗洪精神

为抗击疫情贡献运筹优化力量

面对突发性传染病，众多从事科研的共产党员挺身而出，用实际行动续写抗击“非典”精神，奋战在科研攻关前沿，借助运筹优化模型及仿真分析工具，根据已有数据，模拟、推演它的传播规律，为精准预测疫情的发展态势和控制策略积累经验。例如，杨新民院士领衔的团队能够直观地展现不同点位的疫情推演情况，预测结果具有很高的精确性，为防疫工作提供了更精准的数据支持。

习题 12

12.1 一个有两名服务员的排队系统，该系统最多容纳 4 名顾客，当系统稳态时，系统恰好有 n 名顾客的概率为：$P_0=1/16$，$P_1=4/16$，$P_2=6/16$，$P_3=4/16$，$P_4=1/16$ 试求：

(1) 系统中的平均顾客数 L_s。 (2) 系统中的平均排队的顾客数 L_q。

(3) 某一时刻正在被服务顾客的平均数。

(4) 若顾客的平均到达率为 2 人/h，求顾客在系统中的平均逗留时间 W_s。

12.2 某车间的工具仓库只有一个管理员，平均每小时有 4 个工人来借工具，平均服务时间为 6min，到达为泊松流，服务为负指数分布，

(1) 没有人借工具的概率。 (2) 系统中借工具的平均人数。

(3) 排队等待借工具的平均人数。 (4) 工人在系统中平均花费的时间。

12.3 某修理店只有一个修理工，顾客到达为泊松流，平均 4 人/h；修理时间服从负指数分布，平均需求为 6min，试求：

（1）修理店空闲的概率。

（2）店内至少有1个顾客的概率。

（3）店内的顾客平均数。

（4）每位顾客平均等待服务时间。

（5）顾客在店内等待时间超过10min的概率。

12.4 某修理店只有一个修理工人，来修理的顾客到达次数服从泊松分布，平均3人/h，修理时间服从负指数分布，平均需10min，求：

（1）修理店空闲时间概率。

（2）店内有4个顾客的概率。

（3）店内至少有一个顾客的概率。

（4）在店内顾客平均数。

（5）等待服务的顾客平均数。

（6）在店内平均逗留时间。

（7）平均等待修理（服务）时间。

（8）必须在店内消耗15min以上的概率。

12.5 某排队系统只有1名服务员，平均每小时有4名顾客到达，到达过程为泊松流，服务时间服从负指数分布，平均需6min，由于场地限制，系统内最多不超过3名顾客，求：

（1）系统内没有顾客的概率；

（2）系统内顾客的平均数；

（3）排队等待服务的顾客数；

（4）顾客在系统中的平均花费时间；

（5）顾客平均排队时间。

12.6 风景旅游区旅馆的建设既要满足旅客住宿的需求，又要考虑经济收益。某旅游公司拟在旅游风景区建造一个旅馆，根据已有旅馆的住宿情况对待建旅馆的规模大小进行设计。已知顾客的到达过程服从泊松流，平均每天入住50人。每天离开旅馆的顾客服从负指数分布，平均逗留时间为2天。在现有条件下，旅馆可建设的床位数量为40，60，80，100，120，140，160，180。试拟定一个最优的建设方案。

12.7 某理发店准备招聘一名理发师，并拟设6把椅子供客人排队等待。当店里的椅子坐满时，后面的客人将不再进入理发店。根据以往理发店的统计数据，来理发店理发的客人服从平均到达率为3人/h的泊松分布，该理发店运营的成本平均为30元/h·人，顾客在店内逗留的平均成本为25元/h。若要求理发师的理发效率起码为每20min为一位顾客提供服务，其服务时间服从负指数分布。试求：

（1）使顾客在理发店中逗留费用与单位时间服务成本之和（$z=c_s\mu+c_w L_s$）达到最小值的理发师理发效率μ^*。

（2）顾客到达理发店时无需等待就能理发的概率。

（3）该理发店的平均顾客数以及需要等待理发的平均顾客数。

（4）顾客在该理发店里的平均逗留时间和平均等待时间。

12.8 在例12.7中，考虑如下问题。由于理发店对顾客的最大限制数是N，故理发店中若已有N个顾客，则后来的顾客将被拒绝，于是，P_N表示理发店中有N个顾客的概率，则$1-P_N$表示顾客能够接受服务的概率，而$\lambda(1-P_N)$表示在单位时间实际进入理发店的平均顾客数，在稳定情况下，它也等于单位时间内实际服务完成的平均顾客数。假设该理发店每服务1人能得到G元收入，则单位时间收入的数学期望为$\lambda(1-P_N)G$元，服务成本为$c_s\mu$，于是该服务机构的纯利润为

$$z=\lambda(1-P_N)G-c_s\mu=\lambda G(1-\rho^N)/(1-\rho^{N+1})-c_s\mu \tag{12-32}$$

其中$\rho=\lambda/\mu$。

假设顾客到理发店理发平均每人需支付15元，或者说理发店平均理发一人收入为15元，其他条件不变，试求使得式（12-31）达到极大值时的服务率μ^*。

12.9 某工厂有5台设备需要维护，这些设备出故障的规律服从泊松分布，平均一小时有一台设备出现故障，设备出现故障平均给工厂带来的损失为60元/台·h。现该工厂需要招聘设备维修工，给维修工的待遇是每小时维修一台设备可得到25元。假设维修工维修设备花费的时间服从负指数分布，试求使该工厂总支出最小时所要求的维修工最佳服务效率。

12.10 在题12.8中，考虑机器故障处理的问题。设共有m台机器，各台机器连续运转的时间服从负

指数分布，有 1 个维修工人，修理时间服从负指数分布。当服务率 $\mu=1$ 时的维修费用 c_s，单位时间每台机器运转可得到收入为 G 元，平均运转台数为 $m-L_s$，于是单位时间的纯利润为

$$z=(m-L_s)G-c_s\mu=\frac{mG}{\rho}\frac{E_{m-1}\left(\frac{m}{\rho}\right)}{E_m\left(\frac{m}{\rho}\right)}-c_s\mu,$$

其中

$$\rho = m\frac{\lambda}{\mu},\ E_{m-1}\left(\frac{m}{\rho}\right) = \sum_{k=0}^{m-1}\frac{\left(\frac{m}{\rho}\right)^k}{k!}\mathrm{e}^{-\left(\frac{m}{\rho}\right)},\ E_m\left(\frac{m}{\rho}\right) = \sum_{k=0}^{m}\frac{\left(\frac{m}{\rho}\right)^k}{k!}\mathrm{e}^{-\left(\frac{m}{\rho}\right)}$$

若单位时间每台机器运转可得收入 100 元，试求使上式达到极大时所要求修理工的维修效率。

12.11 某检验中心为各工厂提供服务，假设做检验的工厂（即顾客）的到来服从泊松流，平均到达率为每天 50 批次，每次来检验因停工等原因造成的损失为 8 元。检验（服务）时间服从负指数分布，平均每天 25 批次，每设立一个检验员的服务成本（工资及设备损耗）为 5 元/天。其他条件符合标准 $M/M/c$ 模型，试求使得服务成本与等待费用之和达到最小时的最优检验员数。

参考文献

[1] 胡运权．运筹学基础及应用［M］．6版．北京：高等教育出版社，2014.
[2]《运筹学》教材编写组．运筹学［M］．4版．北京：清华大学出版社，2012.
[3] 韩大卫．MBA管理运筹学［M］．6版．大连：大连理工大学出版社，2010.
[4] 韩伯棠．管理运筹学［M］．5版．北京：高等教育出版社，2020.
[5] 熊伟．运筹学［M］．2版．北京：机械工业出版社，2009.
[6] 薛声家，左小德．管理运筹学［M］．4版．广州：暨南大学出版社，2010.
[7] 杨超，熊伟，白亚根．运筹学［M］．北京：科学出版社，2004.
[8] 胡运权．运筹学习题集［M］．5版．北京：清华大学出版社，2019.
[9] 田世海，张玉斌，兰小春．管理运筹学［M］．北京：科学出版社，2016.
[10] 刘满凤，陶长琪，柳键，等．运筹学教程［M］．北京：清华大学出版社，2012.
[11] 刘满凤，傅波，聂高辉．运筹学模型与方法教程例题分析与题解［M］．北京：清华大学出版社，2001.
[12] 谢金星，薛毅．优化建模与LINDO/LINGO软件［M］．北京：清华大学出版社，2005.
[13] ANDERSON D R，SWEENEY D J，WILLIAMS T A. 数据、模型与决策［M］．于淼，等译. 北京：机械工业出版社，2003.
[14] TAHA H A. 运筹学导论：初级篇　第8版［M］．薛毅，刘德刚，朱建明，等译．北京：人民邮电出版社，2008.
[15] 吴薇薇，宁宣熙．运筹学实用教程习题与解答［M］．北京：科学出版社，2013.
[16] 叶向．实用运筹学［M］．2版．北京：中国人民大学出版社，2010.
[17] 徐辉，陈光辉，张杰．管理运筹学［M］．2版．上海：同济大学出版社，2015.
[18] 周华任．运筹学解题指导［M］．2版．北京：清华大学出版社，2013.
[19] 韩中庚．实用运筹学：模型、方法与计算［M］．北京：清华大学出版社，2007.
[20] 李工农．运筹学基础及其MATLAB应用［M］．北京：清华大学出版社，2016.
[21] 吴祈宗，郑志勇，邓伟，等．运筹学与最优MATLAB编程［M］．北京：机械工业出版社，2009.
[22] 张莹．运筹学基础［M］．2版．北京：清华大学出版社，2010.
[23] 韩大卫．管理运筹学通论［M］．大连：大连理工大学出版社，2007.
[24] 谢家平，梁玲，张广思．管理运筹学：管理科学方法［M］．4版．北京：中国人民大学出版社，2021.
[25] 苗东升．“两弹一星”事业对中国社会发展的影响［J］．中国工程科学，2004（7）：14-20.
[26] 刘祥官，郜传厚，罗世华，等．华罗庚管理科学与工业大数据分析的系统工程［J］．中国管理科学，2022，30（11）：8-19.
[27] 周杰，丁明涛，黄涛，等．基于虚拟现实技术的川藏铁路地质灾害易发区减灾选线优化：以洛隆车站为例［J］．现代地质，2021，35（1）：92-102.
[28] 尚春剑，马良，刘勇．垃圾分类下带时间窗异构周期性混合车辆路径问题模型及算法［J］．系统工程，2021，39（6）：131-145.